WERK

Copyright © Josse De Pauw / Uitgeverij Houtekiet 2000
Uitgeverij Houtekiet, Vrijheidstraat 33, B-2000 Antwerpen

E-mail info@houtekiet.com
Omslag Jan Hendrickx
Foto omslag Phile Deprez
Zetwerk Intertext

ISBN 90 5240 585 9
D 2000 4765 36
NUGI 300

Josse De Pauw

Werk

Houtekiet
Antwerpen-Baarn

INSPIRATIE

Een jongedame heeft tegenover mij plaats genomen. Uit haar zéér dunne boekentas heeft ze een heftig gedesigned notitieboekje opgediept en een piepklein recordertje. Ze draagt een zéér diep uitgesneden, oranje bloesje. Haar gezicht is bleek alsof ze ziek is, maar dat is ze niet en haar lippen zijn rood als... ach, welaan dan maar... als rijpe kersen. Wat daar, in volle vrijheid, in dat bloesje leeft is moeilijk te beschrijven. Of ik altijd inspiratie heb, wil ze weten. Wat bedoelt ze? De ene welving is de andere niet. De ene glooiing heeft niks te maken met de andere. Ik woon in het Pajottenland, ik kan het weten. Net onder Brussel – Gaasbeek, Lennik, Gooik, die kanten – neemt elke heuvel ruim de tijd. Lui golft het landschap richting Vlaamse Ardennen. Maar verderop – Vollezele, Waarbeke, Geraardsbergen – snijden de hellingen mekaar de pas af, zijn de dalen dieper, alsof het golvende land door een storm wordt opgezweept. Of ik de vraag begrepen heb, wil ze weten. Wat bedoelt ze? In zo'n 'gorge' tussen het opbollende grasland, staan dan een paar huizen, blaft een hond, speelt een kind, werkt iemand in zijn tuin, breit een vrouw, op de bank voor het huis, een truitje voor het kind... Het gevoel van geborgenheid, dat mij bij de aanblik steeds weer overvalt, is te wantrouwen weet ik. 'Ben jij er ook zo één?!' zegt ze zichtbaar ontgoocheld. Wat bedoelt ze? En ze probeert met één hand het bloesje dicht te houden, maar dat lukt haar niet, daar is dat bloesje gewoon niet voor gemaakt. Het is een open bloesje. Net als ik haar wijzen wil waar ik zou willen wonen, staat ze met een ruk op en zegt: 'Dan niet!' Ze beent (het enige werkwoord dat ik kan verzinnen) naar de deur. Het café is zo goed als leeg. Sigarettenrook en verschaald bier. Voor de ene stank, voor de andere geur. Wat moet ik met de rest van deze dag? Ach, ik weet het wel... Dat schaamteloze kijken... Terwijl zij het over de kern van de zaak wou hebben. Heb ik altijd inspiratie? Wat zou ze bedoeld hebben? Zo'n bloesje is natuurlijk zo gesneden om vrijer te kunnen ademen. En dat deed ze. Ze ademde erg mooi. Het gebeurt niet zo vaak dat je iemand mooi ziet ademen. Inspiratie. Wat een woord.

STIL ZITTEN

Om de lieve vrede, zit nu toch eens even stil! Het is een vaak gehoorde, vooral winterse, roep. Het was koud buiten. Guur weer. De sneeuw, te nat om in te spelen en vroeg donker. Wij waren met zijn zessen thuis. Drie meisjes, drie jongens. Eerlijk verdeeld. Het huis werd 's winters gereduceerd tot de woonkamer, want daar brandde de kachel. In de andere kamers was het kouder dan buiten. Zolang er huiswerk gemaakt werd, was dat wel vol te houden, maar daarna werd de woonkamer te klein. Of ze in de keuken mochten gaan vechten, vroegen de jongens. Ja, zei moeder, maar trek de keukendeur dicht en breek geen armen of benen. Tussen aanrecht en fornuis besprongen we mekaar met ware doodsverachting, daar sleepte de ene de ander over de koude, stenen vloer en we lachten als het pijn deed. We schrokken wel eens van een harde klap of een te lang doorgezette houdgreep, maar huilen zou de woonkamer onnodig gealarmeerd hebben, het spel viel hoogstens even stil. We keken mekaar peilend aan – huilen en lachen vervlochten – en stortten ons vervolgens vol overgave in een nieuw gevecht. Als we uitgevochten waren, kropen we boven op het aanrecht en drukten, ter verkoeling, onze gloeiende koppen tegen het koude vensterglas. Buiten was het aardedonker, maar in het schijnsel van de keukenlamp dat op het koertje viel, zagen we de glazige klodders verharden, aaneenvriezen tot een levensgevaarlijke glijbaan. Onze gretigheid bewasemde de ruiten. We brachten de afgerukte hemdsknoop naar moeder en lieten ons lachend, met nog wat naduwen, in de zetel bij de kachel vallen. Hij hing er nog maar met één draadje aan, écht waar, hij zat allang los. Mijn hand ook, antwoordde ze, pas maar op. De priemende blik was niet gevaarlijk, deels gespeeld, wisten we. De knoop was de prijs die ze betaalde voor een uurtje rust, voor de lieve vrede.

Zit nu toch eens even stil! Ik wil wel. Het is misschien wel wat ik het liefste doe. Zo een beetje stilzitten. Maar het is iets dat aan alle fronten wantrouwen wekt. Wat gaat er in dat hoofd om als je stilzit? Als je bezig bent, als je met je hoofd bij je werk bent, is dat geruststellender voor je omgeving. Vroeg opstaan en hard werken. De werkende mens heeft geen tijd voor onnozelheid en dat is goed. Zelfs in kunstzinnige kringen, waar een liedje zingen toch al gauw als werken wordt beschouwd en waar een mens dus denkt op enig begrip te kunnen rekenen, is dé vraag waarmee een gesprek wordt geopend: Waar ben je mee bezig? Met mezelf, zeg ik, dat is een fulltime job. Ik lieg niet. Ik heb mijn handen vol. Alleen: het zweet loopt me niet in beekjes over de rug, eelt krijg ik liever op mijn gat dan op mijn handen en ik val eerder zuchtend in de zetel voor een zware dagtaak dan erna. Ik mis de houding, de loop waaraan je kan zien dat iemand druk in de weer is, een doel nastreeft. Iedere aap uit het kunstjeswereldje voelt zich, in de hoop au sérieux genomen te worden, vroeg of laat geroepen om te melden: dat het alles bij elkaar genomen toch voornamelijk hard werken is. Dat het allemaal niet zomaar komt aangewaaid. Dat het vaak eenzaam tanden bijten is. Dat zal allemaal wel, maar om uit het stof van Napels recht te krabbelen en op te klimmen naar de top, is vooral veel geluk nodig en de bereidheid, fluitend, vernederingen te ondergaan.

'Ik ga spelen,' zeg ik tegen mijn dochter als ik 's avonds de deur uitga. Het is niet makkelijk voor zo'n kind. Een vader die 's avonds naar zijn werk vertrekt en zegt dat hij gaat spelen. Het kan nog erger. Op dagen dat ik er geen zin in heb: 'Papa moet gaan spelen.'

Mensen kruipen in kleurige pakjes tegen rotswanden op, trotseren in grote rubberboten de wildste wateren, lopen door donkere bossen, kilometers ver van huis, onder de kundige leiding van mannen met een hoog Marlboro-gehalte, hout te sprokkelen voor een kampvuur en als het eindelijk zover is, zijn ze te afgepeigerd om hun gamel leeg te eten. Een overlevingstocht met de voltallige kantoorbezetting. Straks worden de opgedane ervaringen en de daardoor plotsklaps ontstane groepsgeest, rendabel gemaakt binnen het bedrijf. Er is een band geschapen en die moet geld opbrengen.

Als je te lang stilzit waait er van alles door je hoofd en 'van alles' is kippenstront, zei mijn grootmoe. Ze bedoelde dat je daar niks mee kon aanvangen. Zit daar toch niet zo te zitten, doe iets! Dat was later, toen de keuken allang te klein was voor de slungels die we geworden waren en de winters minder hard en centrale verwarming het huis rond. We hingen met onze lange slappe lijven over de leuningen van zetels, over de vensterbanken van openstaande ramen, trapleuningen, eerste lieven en af en toe kropen we, om te lachen, nog eens op moeders schoot. Doe iets! Zoek een hobby! Andere kinderen hebben hobby's! Postzegels verzamelen, kroonkurken, zilverpapier voor de zwartjes; andere kinderen houden een terrarium, kweken dikkoppen, bouwen modelvliegtuigjes of zeilschepen; andere kinderen zwemmen of fietsen; andere kinderen doen van alles! (Kippenstront dus.) Het kan mij niet schelen wát je doet, maar om de lieve vrede doe iets! Als ons vroeger werd gevraagd stil te zitten om de lieve vrede (oorlog was: vazen omstoten, achter mekaar aanjagen, met veel gedreun trap op trap af, met de deuren slaan dat de ruiten trilden, verstoppertje spelen tussen het witgoed aan de lijn), dan werd ons nu, om diezelfde lieve vrede, met aandrang gevraagd in beweging te komen. Want de oorlog zat nu in ons hoofd. Dat was niet goed. Ze wilden dat we hem zichtbaar maakten. Dat gewoel daarbinnen in die kreupele lijven, daar hadden ze geen vertrouwen in.

Zodra we er geld mee verdienen noemen we het werken, dat is het. Plots wordt tennissen werken, goudvissen kweken ook en toneelspelen, terwijl in de mijnen werken dat al heel lang was. In die zin is stelen ook werken, omdat je er geld mee verdient. Zo valt het te begrijpen dat een beetje solide diefstal, mits goed gemaskeerd, al gauw op gewoon hard werken gaat lijken. De meesten van ons hebben daar niet eens iets tegen en daarbij, we willen niet weten wat een ander verdient, dat hoort niet. De enigen die daar echt iets tegen hebben, zijn armoelijders, mensen die honger hebben. Mensen met honger stellen lastige vragen. En daar zijn er steeds meer van, dat is waar. Oorlog is hard werken.

HANA (1)

Ik heb mijn dochter voor de eerste keer naar school gebracht. Hoe moet dat nu verder? Ik denk dat opvoeding een kind minder vormt dan het woord laat vermoeden, veel minder dan volwassenen zouden willen. Als ze maar een prettige tijd heeft, denk ik. Er wordt wel eens gefluisterd dat de opvoeding op onze scholen vroeger beter zou zijn geweest. Veel hoofdrekenen en zo. De mensen die ons land leiden hebben dat soort degelijk onderwijs genoten. Maar goed, dat is verleden tijd. De jeugd is nu door en door rot. Nu toch al een kleine halve eeuw. Want zolang leef ik en ik heb nooit wat anders gehoord. Ze staat tussen al die andere kinderen die niet van mij zijn. Zo helemaal alleen. 'Straks komt papa je halen,' zeg ik, 'en dan gaan we een ijsje eten.' Ik hoor mezelf praten. Wanneer ik haar 's middags ophaal, zegt ze: 'Hana heeft alles opgegeten.' Haar middagbrood bedoelt ze. 'Goed meisje!' zeg ik, waardoor ze zich het ijsje herinnert. 'Hana wil TWEE bollekes,' zegt ze. Eén dag op school en al zoveel geleerd. Later, na het avondbad, laat mijn kersverse peuter zich dramatisch op het vloerkleed vallen en roept: 'IK BEN DOOD!' Hoe moet dat nu verder?

Als in een stomme film: een boek valt uit het rek en allebei, beleefd, onhandig bukken wij gelijktijdig en slaan met onze koppen tegeneen nog voor het boek te raken. Wij kijken op en lachen wat nerveus, prevelen wederzijds verontschuldigingen. De nieuwe Nolens ligt aan onze voeten. 'Wil jij hem hebben?' vraag ik, want het is na nieuwjaar, het is wat overblijft. Hij schudt het hoofd. 'Te duur,' zegt hij, 'Niet dat ik het de dichter niet gun. Ik gun hem het goud van de wereld, maar ik heb het niet. Ik leer ze wel uit het hoofd.' Wij kijken neer op het boek dat voor ons op de grond ligt en rapen het niet op, bang voor een nieuwe botsing. Leonard Nolens/En verdwijn met mate/Gedichten/Querido. Echte kleuren, goed papier, heldere druk, prachtige uitgave. 'De mooiste titel in jaren,' zegt hij.

Hij heet Boken. Hij is voor in de veertig. Gewoner kan je niet gekleed gaan en hij heeft een rugzak. Ik stel voor samen koffie te drinken, maar dat slaat hij af. Ik kan een slok warme chocolademelk van hem krijgen. Hij heeft een thermos in zijn rugzak zitten en zelfgebakken kramiek. Staande, want je kan nergens zitten in de winkelgalerij, tenzij op de terrassen, maar dan ben je verplicht geld op te maken.

'Daar is deze soort gebouwen tenslotte voor opgetrokken,' zegt hij, 'om geld op te maken. Maar ik trek mijn plan. Als ik in een etalage iets moois zie liggen, kijk ik er lang naar. Ik kom twee keer per week naar de benedenstad en ik loop er telkens langs tot ik er niks meer aan vind. En als de liefde toch blijft duren, wat me zelden overkomt, dan loop ik de winkel in en doe alsof ik het wil kopen. Ik hou het zo lang mogelijk in mijn handen en verander dan zogezegd van gedacht. Zo vriendelijk als ze zijn als ik binnenkom, zo kortaf zijn ze als ik buitenga. Je kan niet voor iedereen goed doen. Ik zorg voor mezelf.' Hij leert gedichten uit het hoofd, staande bij het rek in de boekhandel. Twee per week. Honderd en vier per jaar. Hij is al zes jaar werkloos. Hij kiest gedichten uit waarvan hij vindt dat ze bij hem passen. Soms valt hij voor één regel. Zoals die van Piet Gerbrandy: 'Genieten is niet zijn, vergeten is de kunst.' Die onthoudt hij dan.

I.

Ik had er bij moeten zijn. Het is mij nadrukkelijk gezegd. Ik had daarbij moeten zijn. Of ik moest een hele goeie reden hebben. Werk of een sterfgeval in de familie. Zoniet had ik mijn boeventronie wit moeten verven en Brusselwaarts moeten ijlen, alwaar wij met zijn allen zouden tonen dat wij van kinderen houden, justitie niet vertrouwen en de politiek beu zijn. Ik was er niet. Ik was nochtans vrij die dag en mijn familie verkeert in goede gezondheid. Ik kan niet goed tegen zoveel mensen op een hoop. Ik hou van Dylan en de Stones maar heb ze nooit zien optreden. Te veel mensen op een hoop. Dit was wat anders, ik weet het wel. Hier moést ik bij zijn. Maar betogingen verplichten is even onzinnig als ze verbieden. Zou ik er in Belgrado bij zijn? Ik weet het niet. Zoveel volk. Alles versimpeld tot een kreet, een kleur. Ze zijn in het gewoel de naam van het Marokkaanse meisje vergeten. Geen racisme. Erger: gewoon vergeten. Als de stoet voorbij is, staan de vaders voor de rechtbank die ze niet vertrouwen en maken ruzie over het gebruik van de namen van hun dode dochters.

Houden wij van kinderen? Er zijn plekken op de wereld waar men ze 's nachts van de straat schiet. Als ratten. Houden wij van mensen? Ginder beneden creperen ze van de honger, hier in de buurt van de kou. Houden wij van dieren? Als ze niet in huis schijten. Zijn wij vrienden? Voor even toch. Laten we maar kijken hoever we komen. Hangt een beetje af van hoe hard we mekaar nodig hebben, denk ik. Of zoals een vriend mij ooit zei: laten wij mekaar onderweg vriendelijk gebruiken. Misbruik? Daar zijn wij tegen! Het is in dit broze leven niet altijd even duidelijk wanneer gebruik misbruik wordt. Maar de keren dat het duidelijk is, dan vliegen we erin. Dan verven we de maskers wit en stuiven naar het centrum!

2.

Hoe oud en vriendelijk het woord 'dief' geworden is. Iemand die het doet zonder je te storen. Zonder ook nog je leven in gevaar te brengen. Liefst wanneer je er niet bent. Het is een woordje voor de film geworden of voor een spannend boek bij de haard. Bij inbraak hier en nu wordt je voordeur weggeblazen met een bazooka, ze rijden met een speciaal voor de gelegenheid gepantserde auto los door de gevelmuur, je woonkamer binnen, het huis wemelt van zwarte bivakmutsen, nylonkousen, carnavalsmaskers, een zware Magnum tegen je slaap of in je nek, prop in je mond, de kolf van een riot in je ribben, overal om je heen schoten en rook en ze nemen de stereotoren mee. Of was dát de film?

3.

Iedereen in Windeke wist hoe groot de kerkhaan was. Hij stond nochtans hoog boven het dorp op de torenspits. Maar een pasgeborene werd er meteen na het knippen van de navelstreng over ingelicht. De haan was samengesteld uit twee helften van geslagen staal, mat van kam tot poten 84 cm en 71 cm diagonaal van bek tot staart. Hij had 21 cm borstwijdte en woog 64 kg. Dat kwam: hij was er op een dag afgevallen. Geen zuchtje wind nochtans. Een strakke zomerse dag. Hij was boven op een schaap gevallen. Waar nog geen graven waren rond de kerk, werd gras gezaaid en dat moest kort gehouden worden. Het schaap van Tuur van den Brempt, plat op de kop. Op slag dood. Niemand iets gehoord of gezien, behalve van den Brempt zelf. Hij hield een café-kapsalon op het kerkplein (toen Café Modern, nu In 't Gesneuveld Schaap) en de deur stond open met dat weer. *Laat me nu toch niet alleen* van Verminnen lag op de platenspeler, hij had daarop zijn vrouw leren kennen. Hij hoorde een doffe dreun die hij niet kon thuisbrengen en ging buiten kijken. Het kerkplein lag er doodstil bij. Verminnen en de schoolbel van vier uur. Niks abnormaals. Maar hij zag zijn schaap niet. Dat kwam met de kop of, als het graasde, met de bovenkant van de rug, boven het lage kerkmuurtje uit. Nu niet. Hij liep naar het kerkhof en daar lag het, onder de kerkhaan. Het gras kleurde donker van 't bloed. Van den Brempt vertelde later dat hij de eerste minuten niet wist wat er op zijn schaap gevallen was. Hij had de kerkhaan niet herkend. Hij had hem altijd ginder boven, hoog, zo klein geweten. Hij stond daar. Het water liep uit zijn ogen. Hij wist niet of hij huilde om zijn schaap of omdat de kerkhaan zo groot was. De kinderen liepen joelend de school uit, het kerkplein op. Ze werden stil bij 't zien van het tafereel op het kerkhof: De grote ijzeren haan op het malse dode schaap en de volwassen man met een betraand gezicht. De plaat bleef hangen. 'Italleenitalleenitall eenitalleenitalleen...' En de blauwe lucht. Zo was dat gekomen.

4.

Je groeit op met een beeld van je omgeving. Om die omgeving met je mee te nemen, heb je 'dragers' nodig. Het zijn de 'dragers van het beeld' die je in staat stellen, op elk moment, vaak jaren later, die omgeving te reconstrueren. Een boom, een huis, een put in het voetpad, een steeg, een omheining.

Het huis van Godfried Kurth. Later leer ik dat de man Godfroid heette, geschiedkundige was en een boek schreef: *La frontière linguistique en Belgique et dans le Nord de la France*. Maar belangrijker is dat zijn huis, mijn jeugd lang, groot en imposant, in mijn straat heeft gestaan met een koperen plaat aan de gevel: Godfried Kurth. De enorme gebogen inrijpoort had aan weerszijden een schutpaal om het prachtige hout te beschermen tegen de wegglijdende wielen van scherp indraaiende karossen. De ramen van de benedenverdieping stonden zo hoog in de gevel dat je onmogelijk naar binnen kon kijken. Je liep onder de vensterbank door en zag hooguit iets van een kroonluchter of overdadig plafonneersel. Je was zo klein als je daar voorbijliep. Kastanjelaars, lindebomen en een ceder torenden hoog boven de daken van de, veel kleinere, aanpalende huizen uit. Achter in de tuin lag een slagveld. Daar, tussen de kastanjelaars en de lindebomen, vloeide regelmatig bloed. Na elke geschiedenisles als het ware. Elk belangrijk verdrag is onder de grote groene ceder bezegeld met roemers wijn en boogschutterswedstrijden.

De houtzagerij en het eeuwige zingen van de zagen. Enorme boomstammen werden door een takel op rails, die het hele terrein bestreek, met verbluffend gemak opgetild en ergens anders neergelegd. 's Zomers, na een stevige regenbui en met een late zon, het natte pasgezaagde hout en de rosse gloed daaroverheen, dan stond de zagerij in brand.

De boogschutters hadden hun lokaal bij René van de Statie. Blozende mannen in zondagse pakken, een zo goed als uitgedoofd sigarenstompje in de mondhoek gemetseld, zwart-lederen foedraal met het wapen losjes over de schouder. Ze vonden er mekaar om te oefenen op 'de liggende wip'. Bij elk goed schot lichtte het sigarenstompje toch nog op en kringelde de rook om het lachende gezicht van de schutter. Later had 'een liggende wip' niks meer met boogschutters te maken. Toch schoten je, telkens als, bij broeierige gesprekken in de spoorwegberm, de uitdrukking werd gebruikt, blozende mannen met zwarte foedralen en het gezucht van de wegschietende pijlen door het hoofd.

De put in de straat voor het huis. Elke voorbijrijdende vrachtwagen deed het vensterglas rammelen. Bij regenweer vormde zich een grote plas en als 'de prinses van het kasteeltje' met de Mercedes naar school werd gebracht, spatte het water koninklijk op. In 'het kasteeltje' woonde een Franstalige familie, die geen contact had met de straat. Over de oudste dochter des huizes gingen dan ook de wildste verhalen die nooit werden weersproken. Je zag 'de prinses' zelden. 'Het kasteeltje' had een ommuurde tuin. Soms kon je haar achter die muur horen spelen, korte hoge gilletjes. Als er familie op bezoek kwam, vertoonde ze zich wel eens in de voortuin en als ze door papa met de donker-groene Mercedes naar school werd gebracht, kon je haar zien zitten achter het licht gefumeerde glas. Dat was het. Daar moesten de meesten van ons het mee doen. Ik niet. Ik had een dakraam met uitzicht op de tuin. In het voorjaar liep ze op laqué schoentjes heen en weer over het jonge gras, met een schriftje waarin ze af en toe iets verifieerde en dat ze dan weer in haar beide handjes op de rug hield. Ze keek naar de wolken en praatte hardop in een zangerig Frans. Als het goed ging maakte ze een sprongetje. Ik hing uit het dakraam en moedigde haar aan. Ze moest goed studeren om later te regeren.

De tuin van Huize Belvédère kwam tot de straatkant. Het grote huis lag dieper in het park en werd bewoond door non-

nen, die er een meisjesschool hadden. Grote oude bomen en
veel rododendron. Ieder kind uit de Stationstraat kon voor zijn
drie jaar 'ro-do-den-dron' zeggen. Op een dag werd een van de
bomen omgehakt. Een gat in het fresco van mijn jeugd. Het
is nooit meer opgehouden. Huizen veranderden van eigenaar
en werden verbouwd, rode voetpaden, andere straatverlichting,
vluchtheuvels... alleen de spoorweg kruist nog steeds brutaal
de straat. Een stalen streep door de rekening. Als de trein komt
staat alles stil. Het is de spoorweg die maakt dat het nog steeds
de Stationstraat is. Dat ik mij mijn Stationstraat nog steeds
voor de geest kan halen. Het huis van Kurth, de houtzagerij,
de boogschutters, de prinses, Belvédère, elke put in het voetpad, elke druppende dakgoot.

En daar overheen: tonnen ruwe olie. Alles onder een zwarte
smurrie. Dat moet pijn doen. Moeder heeft gebeld uit Japan:
een Russische olietanker is gebarsten, midden in de baai. De
hele kust zit onder de olie, honderdzestig kilometer kust én
de jeugd van mijn vrouw. Het hele visbestand en de zeewier-
winning naar de kloten. En de jeugd van mijn maat. Ze vertrekt. Ze gaat kijken. Ze kan het niet laten. Het zal pijn doen.

5.

'Maar meneer De Pauw,' schettert de mevrouw uit Kortrijk,
'wij zijn toch allemaal mensen met een vrije wil?!' Ze draagt,
kunstig om schouders en borst gedrapeerd, een sjaal van Del-
vaux met stijgbeugels en paardenkoppen. Daar is ze 's middags, thuis voor de spiegel, een klein halfuur mee bezig geweest. Het is nu acht uur 's avonds en hij is nog geen millimeter verschoven.

6.

Hij besloot bij Fabienne langs te gaan. Fabienne Damart. Een
lief uit de duizend met een familienaam als een warm onderlijfje. Ze bewoont een pand boven een leegstaand ESSO-sta-
tion, vanwaar de nogal voor de hand liggende grap: bij Fabienne
gaan tanken. Ze is een biologe en heeft hem al veel geleerd.
Dat de slurf van een olifant tot 150 kg kon wegen bijvoorbeeld.
Dat was tweemaal zijn eigen gewicht. Dat een mens 8 liter

lucht per minuut inademt. Dat was bijna een emmer. Dat er in Zweden meren zijn met water, zo helder. Prachtige meren en je kan de bodem zien. Het absolute water. En op de bodem liggen bomen, door de jaarlijkse stormen ontworteld en door bergstromen meegevoerd. Het vreemde is dat het er zoveel zijn. Dat komt omdat die bomen niet meer aan ontbinding toekomen. Het water is zuur. De bacteriën die de verrotting op gang moeten brengen, kunnen er niet meer in leven. Het meer is dood. 'Le lac est mort,' zegt ze. De bodem bezaaid met zwarte gladde vormen. Een kerkhof denk je, maar dat is fout. Ze staat bij het fornuis en slaat wat eieren in de pan.

'Manger une omelette, le soir,' zegt ze, 'ça me rend triste, pas possible.'

'Je ne veux pas que tu es triste,' zegt hij, 'on mange dehors alors.'

We ploegen over de boulevards.

Tegen wind in.

We weten wie we zijn.

We zoeken ons een tafel.

AU STOP CHEZ JEAN TSATSOUASIS.

'Quesque tu prends,' zegt hij, 'je t'aime.'

'Je prends une omelette,' zegt ze.

Hij zegt 'tu vas devenir triste.'

'Je sais,' zegt ze, 'c'est l'omelette, le soir.'

Ze hadden nog wat ruzie gemaakt en hij had nog maar eens gezegd 'je t'aime.'

Niet vandaag had ze geantwoord.

7.

Wij waren twaalf en stotterden de eerste Latijnse woordjes. De culturele pater vroeg wie er toneel wilde spelen en ik stak mijn vinger op. Het stuk heette 'Radeske' en vertelde over een jongetje dat met de hulp van zijn vriendjes de draak versloeg. Ik speelde met overtuiging, hakte met het veel te grote zwaard op de draak in, het bloed droop van de muren. Onze ouders klapten in de handen tot het pijn deed. Wij kregen cola en frisco en heel veel aandacht. Een paar dagen na de vertoning ontbood de culturele pater mij op zijn kamer. Hij wou mij duidelijk maken waarom ik een volgende keer geen hoofdrol meer

zou mogen spelen. Ik had tijdens het groeten gekeken alsof
ik de Ronde van Frankrijk had gewonnen, zei hij, ik kon niet
omgaan met succes.

Het is na twaalven en in de kamer hiernaast zingt mijn dochter. Dat kan niet. Het kind moet slapen.
Als ik ga kijken heeft ze zich rechtop gedroomd in bed. Ze
zingt in haar slaap:
Roodborstje tikt aan het raam tin tin tin
Laat mij erin, laat mij erin.
't Is hier zo koud en te guur naar mijn zin,
Laat mij erin, tin tin tin.
Ze zit in een houding die ze van haar moeder kent: in kleer-
makerszit, met rechte rug. Daar bovenop: het slaapdronken
hoofdje dat zich met veel moeite staande weet te houden. Te
midden van de omgewoelde dekens, wazig, warm en loom,
slaapzingend, zinnelijk. En ze hapert waar ze altijd hapert en
ik help haar op dreef.
(Ik:)
't Meisje deed open,
(En zij:)
Het beestje kwam snel.
(En samen:)
Binnen was beter,
De guit wist dat wel.
Maar toen de lente weer kwam tin tin tin,
Vloog hij het bos zeker in.
'Weder in,' zeg ik,' 'het is niet "zeker in", maar "weder in".'

WARD COMBLEZ

(He do the life in different voices)

Het wachten van de man heeft iets vrouwelijks

I.

Kreta zegt ze. Curaçao, Beni-Yeni zegt ze.
Waarom blijft gij niet gewoon hier bij mij op de grond, zegt
ze.
Waarom moet gij altijd...
Ja, zeg ik. Beni-Yeni.
De zeven heuvelen van Beni-Yeni, zeg ik.
Zeven heuvelen aan de rand van de woestijn.
Ik kon niet zomaar verdergaan.
Ze smeden daar juwelen.
En tijdens de onafhankelijkheidsstrijd hebben ze daar in de
buurt, in Biskrao, een duizendtal Algerijnen in een rotsspleet
gesmeten en er dan beton over gestort. Om maar te zeggen:
de streek heeft geschiedenis. Een oude Algerijn heeft daar een
triestig liedje over gemaakt en zingt dat tegen betaling bij de
spleet en er mogen foto's gemaakt worden.
Ze hersmeden daar juwelen.
Want het zilver is op. Dus smelten ze de oude familie-
juwelen steeds opnieuw. Ik vind dat dat iets heeft. Ik vind dat
écht.
De Kabielen. Zo heten die mensen daar.
1 Kabiel/2 Kabielen.
Kabiel is Arabisch voor verbonden.
De Kabielen/De Verbondenen.
Juwelen zijn belangrijk voor Kabielen. Ze behangen er hun
vrouwen mee. Vrouwen rinkelen in Kabilië.
Zo rond het middaguur, het uur dat er in Afrika enkel nog
Europeanen op straat lopen, krijgt het gerinkel iets erotisch.
Het dorp ligt lamgeslagen in wit licht. Zelf wordt ge ver-
plicht uw ogen tot spleetjes te vernauwen anders worden uw
hersens overbelicht.

En alles trilt en rinkelt.

Ik moet pissen.

Maar het gat in de muur is dicht. Het gat in de muur wordt pas later weer BAR. Later, als de zon klaar is met vloeken.

Maar ik moet nu pissen.

Ik ga tegen de muur staan.

Deugd. Ik laat mijn warme voorhoofd rusten tegen de koele steen en pis.

Dan houdt het gerinkel op. Alleen de lichtjes vulgaire klank van mijn water in het zand. Ik begin héél alleen te blozen. Kijk om mij heen en zoals altijd bij het blozen langs de muur op naar de lucht. En daar, door een piepklein venster boven in de muur, kijken twee vrouwenhoofden recht in mijn hart. Ik probeer in de muur te kruipen.

En dan Gelach en dan Gerinkel.

En de blos trekt weg.

En de blaas is leeg.

En de spijt komt en de weemoed.

Ze hebben in mijn hart gekeken.

Ik bedoel maar, zo rond het middaguur krijgt het gerinkel iets erotisch.

Pratend komen ze de heuvels afgeslenterd. Groepjes vrouwen zingen. Al wat nog niet of niet meer kan lopen wordt gedragen naar het dal tussen de zeven heuvelen van Beni-Yeni.

Daar drinken we thee.

De vrouwen rinkelen niet vandaag. Zonder hun juwelen hebben ze iets nederigs. Die hoofden blijven altijd wel rechtop (zelfs na hun dood denk ik) en ze kijken nog steeds recht in uw hart, maar ze zijn hun wapens kwijt. Hun juwelen. Daar hebben ze de laatste dagen op geschuurd tot de schittering het verbood nog te kijken. Ze hangen in de heesters nu, op de heuvel daar, voor ons. Na de thee lopen we de tegenoverliggende heuvel op en nestelen ons. Tenminste, zij nestelden zich. Ik was gewoon gaan zitten. Ik wist niet wat ik ging meemaken. Later zou ik mij ook nestelen.

De zon rechts achter ons. Een te verdragen zon op dit uur. Op de heuvel voor ons een schittering van vrouwelijk vertrouwen.

Ze spuwt haar licht nog, zegt de Oude Zanger naast mij.

Straks gééft ze licht, straks wordt ze vriendelijker. Ik vond het al prachtig. Maar ik was dan ook gewoon gaan zitten. Want ze wérd vriendelijker. Ze liet de juwelen opgloeien als kooltjes. Mij deed dat denken aan winteravonden. En ik nestelde mij.

Toen ze achter de eerste heuvel verdween, ging er een droeve zucht door de zwijgende menigte. Ik was ontredderd. Iemand deed het licht uit in mijn hoofd. Ik was kwaad. Zij wisten beter. Ik was te gulzig. Te snel tevreden ook. Zij wilden meer. En beter. En ze wilden daarop zwijgend wachten.

Toen ze opnieuw te voorschijn kwam en al het licht gaf wat ze nog had... Het was verpletterend.

Dat zou ze daarna nog drie keer doen. Vier heuvels nog en drie keer zou ze in glorie verschijnen en strooien en strelen en verdwijnen en opnieuw verschijnen... en de hemel zou haar kleuren nog een tijdlang onthouden.

Nu moet ge wenen, zegt de Oude naast mij.

Ik bekijk zijn gezicht. Het leven heeft daar al serieus slag geleverd, maar ik zie geen traan.

En gij, vraag ik.

Ik ween, zegt hij, alleen mijn water is op, maar ik ween, zijt gerust, ik ween.

Ik heb mij beter op mijn nest gezet en geweend.

Ik had nog zoveel water.

Ze zegt waarom blijft gij toch niet gewoon hier bij mij op de grond, zegt ze.

Waarom moet gij altijd...

Ze zegt T.S. Eliot zegt ze.

Ze zegt gisteren las Edward Fox een gedicht van T.S. Eliot op t.v. zegt ze.

What the thunder said zegt ze.

Schoon zegt ze.

Schoon. Zegt ze.

Schoon.

He who was living is now dead
We who were living are now dying
With a little patience

Here is no water but only rock
Rock and no water and the sandy road

Schoon zegt ze.

II.

We zitten met zijn vijven op een rij. Gehurkt midden in een roestrode zanderige woestenij. Enkel cactussen. Voor de toevallige voorbijganger die zot genoeg is om hier toevallig voorbij te gangen, zal het wel niet zo duidelijk zijn waarop wij wachten. Wat wij verwachten zo smeltend in de middagzon. Gehurkt. Op een rij. Wij vijven.

Milton Jansen, Oswaldo Willeks, John Pinedo en Joey Pinedo en ik.

Ik heb over die jongens geschreven:

Producten van hooghartig, overmoedig zaad, gekoesterd tijdens lange slaafse drachten, in slaap gezongen met verhalen van de zwarte Mambo, brutaal gewekt door tromgeroffel.

Ik was daar fier op. Zij vonden dat een beetje overtrokken.

Een kleine zwarte spin zit doodstil in het rode zand vlak voor mij. Ik teken met mijn vinger een vierkant rond de spin in het zand en bedenk een land bij deze nieuwe vlag. Joey, de jongste van de twee Pinedo's, slaat mij gade en glimlacht. De anderen staren voor zich uit. Spinazië misschien. Het is erg warm. Plots schiet de spin weg. Iets verderop heeft ze tussen twee bolle cactussen haar web geweven. De vlieg die erin hangt heeft dat niet tijdig gezien. De spin zweeft over de webdraden op haar prooi af en maakt er in geen tijd een cadeautje van. Echt waar. Een cadeautje. Met een lusje aan de bovenkant om het makkelijker te dragen. Het pakje bungelend aan één van haar vele pootjes, verwijdert zij zich met een reeks elkaar snel opvolgende korte sprintjes van haar web. Ze schrijft morse in het zand. Dan stopt ze op korte afstand van een grote bolle cactus en schudt het pakje van haar schoot en wacht.

We zijn met zijn zessen nu.

Onder de dikke cactus worden kleine straaltjes zand opgespoten.

Een wijfje, fluistert Joey.

Hou je mond, zegt zijn broer.

Het wijfje is veel groter dan haar bezoeker. Ze wandelt waardig naar het pakje, maakt het rustig open en begint de inhoud leeg te zuigen. Het mannetje schiet in een bocht om haar heen en bestijgt haar.

Wat galant van hem een cadeautje mee te brengen, zeg ik.

Zonder cadeautje zuigt ze hém leeg, zegt Oswaldo.

Joey lacht.

Zijn broer kijkt.

Joey zwijgt.

Het wijfje is voldaan en draait zich een halve slag in een poging het mannetje te pakken te krijgen. Deze springt echter razendsnel van haar af en neemt meteen een veilige afstand in acht.

Ik hoop in stilte dat hij klaar was.

Pok! Eindelijk.

Pok! Pok! Pok! Daarvoor waren we gekomen.

Pok! Pok!

Pok!

Pok! Pok! Pok!

Door de van hitte zinderende lucht vliegen kleine knalrode balletjes. Als niemand u vooraf heeft ingelicht denkt ge dat ge zot wordt.

Pok! Pok!

Pok!

Het is goed zo. Met zijn vijven. Gehurkt. In het zand. Kijken naar de wonderschone zaadlozing der cactussen.

Toen ze nog mijn lief was, heb ik geschreven:

Ze heeft heur haren gedrenkt in henna. Maar voorzichtig. Smeulend.

En een bleke hals zoals dat hoort. Een beetje donzig met het bruine vlekje. Het pigment van een lange wilde zomer dat daar overwintert. Goeie schouders en de rug van iemand die vaak zwemt. Niet in chlore-plassen. In koele vijvers. Heupen met hersens en benen die fier en zelfverzekerd al die schoonheid dragen van stap naar stap en zij zal zeggen waar dat heengaat.

Ik was daar nogal fier op. Zij vond dat overtrokken.

STINAPA. Milton en Oswaldo hebben de leiding over STINAPA (Stichting Nationale Parken Nederlandse Antillen), opgericht met als doel het natuurbezit op de eilanden te beschermen. John Pinedo is zeventien. Hij komt uit een gezin van negen kinderen uit Dorp Lagun en wordt hier in Christoffelpark opgeleid tot parkwachter. Joey is zijn jongere broertje dat mee mocht komen en zijn bek moet houden. Milton, Oswaldo en John lopen voorop. Waar de weg breed genoeg is, loopt Joey naast hen. Waar hij versmalt, trapt hij hen op de hielen. Joey heeft haast om groot te zijn. Ik kom vijf meter later.

Ze praten Papiamento, een mengtaal ontstaan uit het Spaans, Nederlands, Portugees, Engels, Frans en een beetje Afrikaans. John krijgt les vermoed ik.

Af en toe valt er zo'n warm woord voor mijn voeten. Woorden kunnen zo mooi zijn, denk ik, zonder hun rommelige context.

Rechts van ons, midden in een cactuswoud, ligt de ruïne van landhuis Zorghvlied. De waterput is het enige dat hier nog werkt. We gieten water over onze hoofden. Het landhuis beheerst van op een lage heuvel het domein. Rondom liggen kleine huisjes tussen de cactussen gestrooid. De voormalige slavenhutten.

Kleine ruïnetjes rond de grote ruïne.

Zon, wind, regen en tijd hebben dit landgoed geteisterd, maar de verhoudingen blijven onaangetast.

Op die dakpannen staat BOOM, zegt Joey, wijzend naar een van de huisjes waarvan het dak is ingestuikt.

Joey, hou je mond, zegt zijn broer.

Joey slentert mokkend mijn richting uit.

Het is toch even dom als een boom waar DAKPAN op geschreven staat, zegt hij.

Ik leg hem uit dat BOOM een dorp is bij Antwerpen, waar vroeger veel steenbakkerijen waren en dat de dakpannen dus waarschijnlijk daarvandaan komen.

Antwerpen is na Rotterdam de grootste haven van Nederland, zegt hij.

Ik zet mij tegen de muur van het ingestorte huisje, in de schaduw van een divi-divi of watapana of waaiboom. De kruin van een divi-divi groeit steevast in zuidwestelijke richting omdat de passaatwinden die haar vormen steevast uit noordoostelijke richting waaien.

Geknakte bezems zijn het.

Een door de natuur geleverd symbool voor het in 1862 afgeworpen juk der slavernij, schreef ik.

Hier zaten de slaven 's avonds na het zwoegen bij mekaar en luisterden naar Mozart of Chopin of Liszt of Schubert of eender wat de dochter des huizes uit de piano perste.

Für Elise bijvoorbeeld.

Ti da ti da ti da da da ti da da
Ti da da
Ti da di da
Ti da ti da ti da ti da da da ti da da
Ta da da
Ta da da

Het is feest op de Sha Caprileskade, waar elke ochtend de drijvende markt ligt. Dagelijks steken de Venczolaanse kooplieden de plas over om hier hun verse groenten, fruit en vis te komen slijten. Vanavond staan overal terrasjes opgesteld en wijkorkestjes spelen ten dans.

Für Elise dus.

Ka ting ta ting kaga ding dang dang
Di dang dang
Di dang didang
Ka! Ka! Ka ting ta ting kaga didading
Di dading
Kagadidading

Ik leg mijn voeten op de lege stoel voor mij en kijk naar de wereld. Mijn voeten doen pijn in mijn zeesloefen. Er is nog niet veel volk. Kleine trosjes kleurige mensen hier en daar.

En kinderen.

Ze zegt kinderen zegt ze
Ik zeg Kerstmis zeg ik. Daarom denkt ge aan kinderen zeg ik.
En gij zegt ze.
Ik zeg ik denk aan kinderen als ze klein zijn.
Zo tussen 3 en 5 zeg ik.
Doorgaans leven ze langer.

De orkestjes lopen rustig warm. Het feest komt er aan. Straks gaan ze dansen en harder praten en de muziek wordt dan ook luider en dan krijg ik het moeilijk. Want hún dans en hún muziek en hún lacherig papiamento dat daar tussendoor spartelt.

Ik mag kijken ja.

Ik heb de cactussen gezien en de divi-divi's, de landhuizen en de Christoffelberg en de oude kopermijn, de baaien en het fort. Ze hebben het me getoond en uitgelegd en een orchidee door het knoopsgat van mijn hemd gestoken en gelachen.

En nu mag ik kijken. Ze geven alles. Ze zijn geweldig. Milton staat, geboend, met wat vrienden aan een toog verderop. Hij zwaait en steekt zijn duim in de lucht. Ik steek ook mijn duim in de lucht.

Oswaldo danst voorbij. Zijn vlammende hemd zwaait iets vertraagd rond zijn lijf. Hij staat in brand.

Con ta bai?

Het lijkt of hij het met zijn heupen vraagt.

Mi ta bon.

De schone die hem met korte kontslagen over de dansvloer jaagt, knipoogt en is weg.

Hoe gaat het met u?

Ik ben goed.

Con ta bai?

Mi ta bon.

Het zijn de tweede en derde regel van bladzijde 256 van Het Reishandboek voor Curaçao door Rien van der Helm.

Bent u Nederlander?

Nee ik ben Belg zeg ik maar neemt u plaats.

Een oudere getaande man in short en onderlijfje komt naast me zitten. Hij is hier meer dan de helft van zijn leven schoolmeester geweest en is gebleven. Hij woont aan de baai van Boca Ascención, in een van de weinige grote bomen die het eiland rijk is. Hij is gelukkig zegt hij.

Joey komt langs en vraagt of hij mijn aansteker mag gebruiken. Ik vraag waarvoor. Om vuurwerk te maken zegt hij. Ik zeg hem voorzichtig te zijn.

U had ze moeten leren dat Antwerpen in België ligt, zeg ik.

Waarom, vraagt hij.

Omdat dat zo is, zeg ik.
En weet hij dat niet?
Nee. Hij denkt dat het in Nederland ligt.
En dat vindt u erg?
Ja. Nu. Eventjes.
O.K. zegt hij. Papendrecht is vanavond een eiland voor de Belgische kust.
Ik mag hem graag.
We drinken bier en doen alsof we naar de dansers kijken, maar we kijken naar de vrouwen. Zijn vrouw is hier op het eiland gestorven en begraven. Acht jaar geleden nu.

Ze zegt ik wil gecremeerd worden zegt ze.
Ik zeg cremeren doet mij altijd aan taartjes denken zeg ik.
Ik ben bang voor vuur zeg ik. Gooi mij maar in zee.
Wegwaaien zegt ze.
Ik zeg en als de wind verkeerd staat.

Acht jaar geleden nu. Hij heeft toen beslist hier te blijven. Bij haar en bij zijn vrienden.
We drinken bier en doen niet meer alsof, maar kijken naar de vrouwen.
Waar heb je die te gekke schoenen vandaan?
Uit de rue de Flandre in Brussel, zeg ik.
Hij lacht. Moeilijk landje toch.
Welke maat hebt ge?
Acht. Tweeënveertig in jouw taal.
Ik trek mijn rechter zeesloef uit en leg hem op tafel.
Pas hem.
Als gegoten.
Ik trek mijn linker uit.
Ze doen me toch pijn, zeg ik.
Of ik ooit al papegaaivis gegeten heb, vraagt hij.
Als je om middernacht een papegaaivis vangt met je handen, hem roostert en opeet, dan heb je zeven jaar geluk voor de boeg. En ik hoef het niet te geloven want het is ook gewoon lekker. Hij nodigt mij uit. Hij haalt mij morgenavond op voor PENHA & SONS op de hoek van de Handelskade en de Breedestraat.
Ik zal er zijn, zeg ik.

Het was een goeie avond. Ik wandel blootsvoets over het warme asfalt. Achter mij staat de Sha Caprileskade in vuur en vlam. Ik moet mijn voeten wassen voor ik slapen ga. Die legerjeep heeft hij in Venezuela gekocht en laten overvaren. Het is valavond en het licht is mooi. De stofferigheid van overdag valt weg om deze tijd. De contouren tekenen zich duidelijker af en Curaçao hééft contouren. De cactussen staan afgelijnd tegen de avondlucht en lijken een of ander oeroud schrift.

Die kern van schoonheid die zelfs in de lelijkste dingen zit. Ik geef hem gelijk, maar ik zeg niks.

Een huis in een boom aan een baai.

Robinson Crusoë is een Nederlandse schoolmeester op de Antillen en ik ben Vrijdag. Maar het is woensdag. Dus ben ik Woensdag.

De zee kan wild zijn hier. De stromingen van de noordoostkust staan bekend als verraderlijk.

Niet vanavond, zegt Wouter, niet vanavond.

Hij zegt dat zo geruststellend dat ik niet waag te vragen waarom niet vanavond.

Hij heeft een klein gerieflijk huis in de boom gebouwd, met een vrij groot, stevig gesjord terras ervoor, dat vrij zicht geeft op de baai van Boca Ascención. Wij drinken Amstelbier. Op het eiland gebrouwen. Zeer goed bier. Het ligt aan het water zegt Wouter. Ze brouwen hier met gedestilleerd zeewater. Dat is uniek in de wereld.

Het kan niet op.

Ik zit hier op het terras van een huis in een boom aan een baai met een met zeewater gebrouwen pils in mijn hand.

De maan staat bijna vol tussen de rossige en violette wolkenslierten. Er is een dikke einderstreep. De zon gooit nog wat licht over de rand.

Zo is de wereld vierkant.

Als de wereld vierkant is, zegt Wouter, is de zee rustig.

Dat is logisch, zeg ik.

Ja, zegt hij.

Hij duikt het huis in en komt even later terug met meer bier en een schaal met gedroogde vis en stukjes zoete aardappel en funchi (een zachte koek van maïs en meel.)

Hoe oud ben jij, vraagt hij.

Veertig, lieg ik zonder daar een reden voor te hebben.
Getrouwd?
Wat is dat, vraag ik.
Een zachte koek van maïs en meel, zegt hij. Funchi. Een zachte koek van maïs en meel.

Rond middernacht dalen we de ladder af. We lopen naar de waterlijn, gooien onze kleren uit en waden door het ondiepe water.
Ze verbergen zich meestal in de spleten tussen het koraal, zegt Wouter. Ze sluiten de opening af met een kleverig web. Hun aanvallers moeten zich daar doorheen bijten en worden verrast door de afschuwelijke smaak. Je moet de vis grijpen door het web heen. De kleverige draden maken het wat makkelijker hem vast te houden tot je hem op het strand kan werpen.
Ik begrijp er niks van. Ik knik.
Hij duikt geruisloos onder. Alsof de zee hem opzuigt.
Dan ik.
De verscheidenheid van kleur en vorm die het koraalrif tentoonspreidt, is hallucinant.

Beetje bij beetje, zegt ze, jaar in jaar uit, groeit het koraalrif naarmate miljoenen kleine diertjes hun kalkskeletjes afzetten.
Beestje bij beestje zeg ik. Ze lacht.
Een massief levend labyrint zegt ze.
Bekerkoraal, paddestoelkoraal, hertshoornkoraal, vingerkoraal, venuswaaiers, zakpijpen, haarsterren. Hier wonen vrouwtjeskrabben zegt ze, gekluisterd in kamers in het koraal. Veilig voor rovers maar levenslang gevangen, zegt ze. Kleine gaatjes in het op haar aanvraag dichtgegroeide koraal laten voedsel en water binnen. En het nietige mannetje tijdens de paartijd. Ze lacht.
Koraalriffen zegt ze, gevormd in een tijdsbestek van eeuwen, groeien jaarlijks ongeveer vijf centimeter en doen 's mensen grootste bouwwerken nietig lijken, zegt ze. Het grootste van alle, Het Grote Barrière Rif, strekt zich over bijna 2400 km langs de noordoostkust van Australië uit, zegt ze. Het zou genoeg kalksteen kunnen leveren om ongeveer acht miljoen kopieën van de grootste Egyptische piramide te bouwen, zegt ze.

En vergeet niet af en toe boven adem te gaan halen, had Wouter mij gezegd. Ik heb gelachen toen. Nu haast ik mij naar boven. Ik kom op adem. Wouter duikt iets verder op. We zitten gevangen in een zilveren avenue van maanlicht.

Ik heb er twee gevonden.

Het water brengt deinend zijn woorden tot bij mij.

Kom.

We duiken onder. Ik volg Wouter tot bij een grote spleet in het rif.

Ik had gedacht dat ze kleiner waren. Papegaaivissen. Maar de twee jongens die hier trillend hangen te slapen in hun slijmcocon zijn stevig gebouwd.

Wouter brengt zijn armen langzaam opwaarts naar de spleet. Zijn handen in grijpstand. Ik doe hetzelfde. We bekijken mekaar. Nu.

Mijn handen grijpen door het kleverige web naar de vis. Maar die is daar al niet meer. Naast mij schiet Wouter als een pijl door het wateroppervlak. Als ik boven kom zie ik hem zijn vis op het strand werpen. Hij spoelt zijn handen en schaterlacht. Hij is twaalf jaar, hooguit. Hij heeft de vis schoongemaakt en op de rooster gelegd. Ik snuif beurtelings de braadlucht en de zee. Ik kijk naar Wouter. Ik proef de vis. Ik voel de bries. Nooit eerder werden mijn zintuigen al te samen zo verwend.

Het is de jouwe, zegt Wouter.

Ik heb nog drie jaar te goed van de vorige. Deze zeven zijn voor jou.

Zeven jaar geluk in ruil voor een paar zeesloefen, zeg ik, dat kan niet kloppen.

Doe het dan kloppen, zegt hij.

Ik loop naar de waterlijn en leg me op mijn rug.

Het water kabbelt over mijn veel te grote aderspat.

De zee is rustig want de wereld is vierkant vannacht.

He who was living is now dead
We who were living are now dying
With a little patience

34

Here is no water but only rock
Rock and no water and the sandy road
The road winding above among the mountains
Which are mountains of rock without water
If there were water we should stop and drink
Amongst the rock we cannot stop or think
Sweat is dry and feet are in the sand
If there were only water amongst the rock
Dead mountain mouth of carious teeth that cannot spit

Here one can neither stand nor lie nor sit
There is not even silence in the mountains
But dry sterile thunder without rain
There is not even solitude in the mountains
But red sullen faces sneer and snarl
From doors of mudcracked houses

If there were water
And no rock
If there were rock
And also water
And water
A spring
A pool among the rock
If there were the sound of water over a rock
Where the hermit-thrush sings in the pine trees
Drip drop drip drop drop drop drop
But there is no water

III.

De muilezel sloeg om. Gewoon om. Op zijn zij. Hij kwakte tegen de grond en balkte niet.

Het af en aan rollen van de zee daar diep beneden en de paniek in ons beider ogen. Hij balkte niet. Hij krabbelde ook niet overeind. Hij lag daar op zijn zij en keek mij dwaas aan door de stofwolk dic hij door zijn val had veroorzaakt.

Een groot blik feta botste met veel kabaal de rotsachtige berghelling af naar zee. Vrolijk achternagezeten door hoog-

35

opspringende groene en rode pepers, honderden zwartglanzende olijven en een kleine kleurrijke metalen wereldbol. Alleen de tomaten haalden het niet. De rest van de circusstoet stortte zich opgetogen in zee.

Dc ezel lag kwijlend in het stof. Zijn bovenlip hoog opgetrokken boven zijn gelig gebit. Ik rukte vloekend aan zijn halster. Hij weigerde. Ik praatte zacht namaak-Grieks in zijn oor. Ik smeekte. Ik sloeg.

Hij keek lachend over zee.

Ik daalde onvoorzichtig snel het bergpad af naar het dorp. Zesentwintig dagen geleden was ik met de boot uit Piraeus op Kreta aangekomen. Ongeveer twintig kilometer richting Réthymnon en dan een bergpad tot aan zee.

AYIA PELAGIA.

De vrouw van de sinaasappels had niet overdreven. Ayia Pelagia was een klein paradijs.

Dertig witgekalkte huizen, bewoond door in het zwart geklede vrouwen en bruingebrande mannen met diep nadenkende kinderen.

Ik was ingetrokken bij een oud echtpaar. Kinderen het huis uit. Het dorp uit zelfs en plaats genoeg. Een koele witgekalkte kamer met een klein venster op zee. En eten en drinken en 's middags een schaal rosaki's op het tafeltje naast mijn bed met een brede glimlach en een aai over mijn gegeneerde kop. Een verweerde moederhand. Een gewoonte.

Hij had een muilezel waarmee hij het goederentransport verzorgde vanaf de hoog over de berg getrokken asfaltweg de helling af, tot het dorp. Zittend op de ezelsrug dokkerde hij 's ochtends vroeg, wanneer de vissers hun boten het strand op sleepten, het bergpad op. Zonder benen. Zo leek het. Want ze hingen in de grote gevlochten manden, die op de flanken van de ezel waren vastgemaakt. Tegen de middag aan zag ik hem hoog op het pad verschijnen, de ezel aan de halster leidend. De manden meestal overvol.

Een goed uur later wreef hij in de stal zijn kameraad droog. Gaf hem te eten en te drinken en verzorgde zelf de verdere levering van de goederen.

Het beest had hard genoeg gewerkt.

Tegen tweeën hoorde ik het water lopen in het douchehok en een kwartier later zaten we aan tafel, in het lommer van een woekerende druivelaar.

36

's Middags sliep hij. Hij zei dat hij nadacht. Hij snurkte als hij nadacht.

's Avonds gingen we zwemmen. Hij was een uitstekend zwemmer.

Hij leerde me een plek kennen die bij hoogtij door het water werd omsingeld. De branding die rond de afgezonderde rotsplaat ontstond, was zo sterk dat de plaat enkel in het midden droog bleef. Bij laagtij wandelde ik er vaak heen. Het overslaande water had kleine meertjes gevormd waarin een fles retsina een tijdje koel bleef. Vier uur zat ik vrijwillig gevangen tussen opspattende regenbogen.

Hij praatte tijdens het zwemmen.

Ik begreep geen woord maar stemde mijn schoolslag af op zijn rustig kabbelende zinnen. Wij waren vrienden.

Dat wisten wij heel zeker.

En nu lag zijn ezel daar hoog achter mij op zijn zij in het stof. Ik rende voortdurend wegglijdend het brokkelige pad af. Veel te snel. Mijn hoofd barstte van de hitte en de schuldgevoelens.

Hij was ziek geworden en ik had automatisch zijn handel overgenomen. Wij hadden daar geen woorden aan vuil gemaakt. Welke woorden trouwens. Ik was hem vaak genoeg tegemoet gewandeld. Dan stopte hij mij het leidsel in de hand, ging achteraan lopen en begon te praten.

Als ik te snel ging, kwam hij voor me lopen en gebaarde goed te kijken. Hij zakte iets door zijn knieën en zette voet voor voet dwars in het gruis. Vooral nooit te snel. Als hij het voorbeeld lang genoeg had aangehouden, ging hij weer achteraan lopen praten. (Eigenlijk praatte hij tegen mij wanneer hij zweeg.) Vooral nooit te snel!

Ik stormde over het strand op het huis af. Toen ik verwilderd in de deuropening verscheen, keek de vrouw op van het strijken. Zijn hemden. Ze staarde mij één seconde aan, dook onder mijn arm door naar buiten, vloog de stal in en uit, sloeg de handen voor de mond en keek mij wezenloos aan. Ik wees naar de berghelling. Even later stoof het halve dorp het pad op.

De ezel lag nadenkend in de zon. Ze hebben hem begraven.

De vrouw vroeg mij die avond weg te gaan.

Toen ik naar zijn kamer wou om mij te verontschuldigen en afscheid te nemen, ging ze tussen mij en de kamerdeur in staan.

Ik liep het strand op en om de eerste groep huizen heen terug. Voorzichtig naar de zijkant van het huis waar zijn kamer een venster had. Hij lag naar buiten te staren, want toen ik door het openstaande venster naar binnen keek, keken we mekaar recht in de ogen.

Ik had hem zo graag de wereldbol gegeven en getoond waar Brussel lag.

Dan wendde hij het hoofd af en begon te praten.

IV.

De Tsjech ging knock-out in de tweede ronde. Daardoor kwamen we voor te liggen op het uurrooster. De chauffeur had zijn bus plankgas over de slingerpaden door het Dikti-gebergte gejaagd. Aan de overkant, halverwege de afdaling had zijn neef een lichtblauwe taverna met televisie.

De Kretenzer was de Tsjech al een tijdje aan het rammen, toen de buschauffeur op een stoel voor het scherm neerplofte. De bus stond slordig voor de deur gestald. De diesel liet de glazen rinkelen.

Ik zag lijkbleek. Ik had mijn ogen gesloten tijdens de rit, maar mijn maag had alles gezien.

Ik kreeg mijn thee en de Tsjech ging knock-out en de diesel viel stil.

De chauffeur leek ontgoocheld en bestelde ouzo.

Ik stapte de weg op en begon te lopen.

Op het marktplein van Anatolí huurt men mankracht voor de tomatenpluk. Ik klauter op een vrachtwagen. Anatolí verdwijnt in een stofwolk. Een lange Franse jongen biedt mij een gauloise aan.

Ze hebben ons een houten keet tussen de olijfbomen toegewezen. Hij is aangenaam gezelschap.

Vroeger, toen men nog met de hand oogstte, werd hier tussen de olijfbomen, graan verbouwd. Dubbel grondgebruik. Later maakten de olijfbomen de maaimachines het werken onmogelijk en begonnen de boeren lager bij de kust tomaten te kweken in kassen. En bananen. En komkommers.

De halmen die nu hier en daar nog opschieten zijn verbasterd. De wind waait er omheen.

Het is valavond en het licht is mooi. De stofferigheid van overdag valt weg om deze tijd. We zitten voor ons huis en kijken naar de lichtjes van Ierápetra.

Er staat een stevige bries.

Moe, vraagt hij.

Mat, zeg ik.

Afgemat.

Vermoeid.

Doormoe?

Bekaf.

Afgetobd.

Afgepeigerd!

Uitgeput.

Halfdood!

Doodop?

Gebroken.

Geradbraakt.

Kapot.

Vleugellam.

Ik ga slapen, zeg ik.

In mijn droom ontploffen mijn hersens.

In mijn droom ontploffen, splijten, barsten, bersten, splinteren, versplinteren mijn hersens en ik schrik wakker. De deur van de keet staat wijd open. (Het regent even hard op tafel.) Dan gooit de wind ze krakend, knerpend, knarsend, kriepend, knersend dicht.

Zijn bed is leeg.

Ik loop, mank, waggel, been, hink, sleep mij naar de deur.

Buiten ranselt de regen mijn vel.

Hij hangt breeduit in de verwrongen kruin van een olijfboom. De wind schudt, ranselt, ramt, geselt, striemt, knuppelt de boom heftig.

Het water slaat met bakken op zijn blote lijf.

Hij monkelt, giechelt, grunzelt, joelt, schatert, proest, kraait, loeit boven de storm uit.

Hij is gek geworden.

Ik neem de boom naast hem.

Ik zal schrijven, zegt ze.
Toen ze nog mijn lief was, heb ik geschreven:
Ze heeft heur haren gedrenkt in henna.
Maar voorzichtig. Smeulend.
En een bleke hals zoals dat hoort. Een beetje donzig met het bruine vlekje. Het pigment van een lange wilde zomer dat daar overwintert.
Goeie schouders en de rug van iemand die vaak zwemt.
Niet in chlore-plassen. In koele vijvers.
Heupen met hersens en benen die fier en zelfverzekerd al die schoonheid dragen van stap naar stap en zij zal zeggen waar dat heengaat.
Ze brengt moedig de glazen draaideur in beweging, versmelt er even mee en schrijdt, schrijdt de trap op en in de spiegeling van het tollend glas zie ik haar wel niet wel niet wel niet niet meer.

Ze zegt ik wil gecremeerd worden zegt ze.
Ik zeg cremeren doet mij altijd aan taartjes denken.
Ik ben bang voor vuur zeg ik. Gooi mij maar in zee.
Wegwaaien zegt ze.
Ik zeg en als de wind verkeerd staat.
Geen mens vindt mij ooit terug zegt ze. Niemand zal weten hoeveel tanden ik nog had.
Behalve ik zeg ik.
Hoeveel zegt ze.
21.

8.

Ik zit op een toilet, ergens diep in Mexico. Het eethuis, waar het vertrek deel van uitmaakt, staat voor de helft op palen in het meer. Door het openstaande raam kijk ik uit over het water. Het is midden in het regenseizoen, gedurende een paar uur valt het elke dag met bakken uit de lucht. Het meer is vol, de oevers groen en alles barst van het sap. De zon brandt hoog aan de hemel, toch wemelt het van de bootjes op het meer. Over een paar uur begint het en het vissersvolk wil graag droog zitten tegen die tijd. Een grote zwarte vlinder fladdert door het open raam naar binnen. Als ik groot zeg, bedoel ik: elke vleugel een handpalm. Als ik zwart zeg, bedoel ik: zwart. Hij gaat zitten klapwieken tegen de houten lijst van het raam. Ik veeg mij voorzichtig schoon en sluip het toilet uit. Boven in de eetzaal ligt mijn fototoestel, toerist die ik ben. 'Doe dat niet,' zegt mijn Mexicaanse vriend, wanneer ik mijn voorne-men kenbaar maak, 'de dood fotografeer je niet.' Dat hij de Mexicaan is en ik de Belg, zeg ik. Toerist en arrogant. Ik loop terug naar het toilet en maak de foto: grote zwarte vlinder op de voorgrond en één derde water, de raamlijst net aangesne-den. Ik heb de dood gekaderd. We rijden naar Uruapan. De laatste twintig kilometer leggen we af in de gietende regen. We moeten schreeuwen tegen elkaar, want het water trom-melt onafgebroken, hard en scherp op het dak van de auto. De ruitenwissers kunnen het werk bijwijlen niet aan. Soms is er ook hagel bij, hagelbollen als knikkers die kleine deuken slaan in het koetswerk van de Dodge. De dagelijkse stortbuien spoe-len de bermen weg tot het water zijn weg zoekt onder het wegdek en grote gaten laat vallen in het asfalt. We zigzaggen, op de maat van een Mexicaanse wals en met de slappe lach, over de weg. Over die laatste twintig kilometer doen we an-derhalf uur. Het hotel is een opgeknapte hacienda. Vier vleu-gels opgetrokken rond een binnenplaats, waar nu een zwem-bad is aangelegd. Ik pak mijn bagage uit en ga languit op bed liggen. Het regent nog steeds, maar minder, het staartje van de bui. Van op het bed kan ik het zwembad zien. Een hotelbediende, blauwe broek met gouden stiksel op de zijnaad en wit hemd met zwarte vlinderdas, staat voorovergebogen bij het zwembad en is druk in de weer met een lange bamboestok. Zijn witte hemd is doorweekt, zijn broek diep donker blauw op zijn kont en zijn haar kleeft in natte slierten tegen zijn voorhoofd. Zenuwachtig vist hij met de lange bamboe in het water, spant zich dan, kijkt wanhopig om zich heen, spant zich opnieuw en haalt een kinderlijkje boven. Hij neemt het in zijn armen en draait zich om. Zoals ik hier lig en kijk, staat hij, door het venster gekaderd, op de voorgrond met het dode kind in zijn armen, één derde water en de raamlijst net aangesneden. Hij draagt zijn trieste vondst naar een ligstoel, legt er een badlaken overheen en loopt weg. Onder het afdak, dat de hele binnenkoer omzoomt, staat een kooi met een grote, bonte papegaai uit de wouden van Chiapas. Hij draait zijn kop een halve slag en kijkt de man na. Ze komen met velen terug en de moeder is in hun midden. De vrouw rukt het badlaken weg, schreeuwt haar longen leeg tegen de hemel, valt bijna in zwijm, herpakt zich, spuwt, slaat op alles wat in haar nabijheid komt, jankt. Het heeft opgehouden met regenen, de wereld staat stil. Onder het afdak wordt elke schreeuw, elke zucht van de vrouw door de vogel nagebootst.

9.

Nog meer dood: Michail Timofejevitsj Kalasjnikov. De man die een machinegeweer werd. Ik heb althans, bij het lezen van zijn naam, nooit aan de man gedacht. Hij werd al te lang met kleine letter geschreven. Hij heeft er *van Dale* mee gehaald. Voor de foto poseert hij, gezond en wel en glunderend, met zijn dodelijk alaam. In vijftig jaar werden er zeventig miljoen van vervaardigd. Daar moeten aardig wat mensen hun brood mee verdiend hebben. Tel daarbij op: de vrijgekomen arbeidsplaatsen van diegenen die ermee overhoop werden geschoten, dan is hier sprake van een, weliswaar brutaal, edoch efficiënt tewerkstellingsbeleid. Vijftig jaar kalasjnikov. In het zuiden van Albanië wordt de verjaardag enthousiast gevierd.

10.

Nog: iemand heeft een gordel ontworpen die je 'de gevangene' omdoet en dan kan jij er door middel van een druk op een knop voor zorgen dat 'de gevangene' zich ontlast. Zomaar. Waar en wanneer jij dat wil. Knap gevonden, toch?

11.

Meer Mexico en nog een beetje dood: met de Dodge, de putten vermijdend, op weg naar de Paricutin. De jongste vulkaan van Mexico. Bij de uitbarsting zijn geen doden gevallen. Een boer op het land had alles op tijd zien aankomen. De dorpen werden ontruimd en zijn iets verderop wederopgebouwd. Nu vallen er af en toe wél doden, bij schietpartijen tussen de strijdende dorpen. De lavastroom heeft destijds halt gehouden precies voor het altaar van de kerk. Te midden van een maanlandschap, een klokkentoren, een halve muur en het deel van het gewelf waaraan de gekruisigde is opgehangen (hij hangt nu vrij in het landschap) en een altaar vol bloemen en brandende kaarsen met daar net niet tegenaan een enorme gestolde golf lava. De hand Gods dus en de mensen willen dat zien. Toeristen worden, tegen vergoeding, met paarden door de woestenij naar de mirakelplek gebracht. Om dat recht wordt gevochten tot de dood. Een handelsoorlog.

Ik hang lui met de voeten op het dashboard en bedenk cryptogrammen. Langs een schier eindeloos maïsveld (moeder is een akker: maïsveld) loopt een lange man. Helemaal alleen. Het laatste dorp ligt een halfuur achter ons en in de wijde omtrek is geen huis te zien. Hij loopt niet gewoon, hij stapt, de benen gestrekt heffend, als voor een parade, blootsvoets. Zijn lange haren hangen samengeklit op zijn rug. Hij draagt een hemdje zonder mouwen en een brede broek. Hij paradeert in strak tempo voor ons uit. Als we hem voorbijrijden, haal ik mijn voeten van het dashboard en draai me om in een poging zijn gezicht te zien. Een doodshoofd. Geschilderd of een masker? Ik heb het niet goed kunnen zien. Het was angstwekkend. 'Wat was dat?' vraag ik. 'Wat dan?' zegt mijn Mexicaanse vriend. 'Die man!' roep ik, 'wat was dat?' 'Een man,' zegt hij, 'wat dan?' Ik gooi mijn voeten mokkend op het dashboard. Het laat me niet meer los. 's Avonds, in het dorp bij de Paricutin, drinken we na het eten pulco, met mensen van daar. Ik vertel met handen en voeten en hulp van mijn vriend over het doodshoofd bij het maïsveld. 'Geschilderd of een masker?' vraagt iemand. 'Ik heb het niet goed kunnen zien,' zeg ik, 'het was angstwekkend.' 'Aparición,' zegt hij, een verschijning. Ik zucht en lach vermoeid en kijk naar de hemel. Toerist en arrogant. 'Ben je teruggegaan om beter te kijken?' vraagt hij. 'Nee,' zeg ik. Hij gooit zijn armen in de lucht en kijkt me breed lachend aan: 'APARICIóN,' roept hij. Op dat moment een schot en wat trompetten in de verte.

12.

Toen ze klein was is ze in de waterput gevallen en bijna verdronken. Haar moeder heeft altijd gezegd en soms gezworen dat vader haar heeft geduwd, maar moeder kan vader niet meer uitstaan en ze heeft het nooit geloofd. Ze weet wel nog heel goed hoe het was. Dat het geluid werd gesplitst, weet ze nog, alles héél dichtbij of héél veraf. Een beetje zoals wanneer je naar het geluid van de zee luistert in de schelpen, 's zomers op het strand of zoals met de zwemklas iedere vrijdag: het galmende gejoel van haar klasgenootjes en de verre sirene van een ziekenwagen, daarbuiten in de stad. Het koude water deed haar naar adem happen, mond en ogen wijdopen zakte ze weg: ze kon niet slikken, niet roepen, niet ademen. Ze heeft zich daar bijna meteen bij neergelegd, herinnert ze zich. Dikkoppen, had vader uitgelegd, worden kikkers en als ze niet gehoorzaamde noemde hij haar zo: dikkop. Dan moest ze maar een kikker worden, had ze traag gedacht, de weg van de dikkop gaan, ze was al zolang een meisje geweest. Eens uit de put, had vader nog gezegd, gaan ze elk hun eigen weg, behalve die ene die niet durft, die blijft zitten op de bodem van de put, die zit daar maar te groeien en niemand die weet hoe groot hij intussen geworden is. Dat had haar gered. De gedachte in een overmaatse, wijd opengesperde kikkermuil terecht te komen. Ze had gesparteld voor haar leven, een hand greep haar haren en haalde haar op. De hoofdhuid strak gespannen en haar ogen voelden Chinees. Dan licht en lucht en wilde schokken in haar borstkas. Vader had haar gered. Geduwd, zegt moeder en ze huilt. Gered, zegt zij, vader is een held.

44

13.

Het lijstje is de toverstaf van de alles voor zich uitschuivende mens. Ik stel uit. Ik stel het allemaal uit. Zo lang het enigszins mogelijk is, stel ik het uit. Als het te zwaar gaat wegen, maak ik een lijstje. Ik moet nog dit en ik moet nog dat en tegen dan moet ik absoluut klaar zijn met dat, tot ik leeg ben. Alles netjes geordend per datum en per item. Wanneer het lijstje klaar is, komt er een zeer te wantrouwen rust over mij. Het gevoel dat, alles wat op het lijstje voorkomt gedaan is, af is, voor mekaar is. En als er enige twijfel binnensluipt weet ik wat er schort: ik heb het lijstje met de hand geschreven en moet het nog even uittikken. Zoals alles daar dan netjes, links uitgelijnd, met een zakelijke Times New Roman-letter neergeschreven staat, kan mij niks meer overkomen. Dan is ook het huis meteen schoongemaakt, de strijk gedaan, de relatie met de huisgenoten loopt op wieltjes, de bankrekening is uit het rood en de zon schijnt, ook al regent het op datzelfde moment stront met haakjes. Zo zit ik daar dan een tijdje, het verwaande hoofd hoog in de wolken, te kijken naar mijn lijstje. Wat een overzicht! De wereld op een briefje. Die hele, boze, ingewikkelde wereld begrijpelijk gemaakt. De klappen komen achteraf, als ik me van horde naar horde sleep. Van doodlijn naar doodlijn. 'Papa niet boos, hé?' vraagt mijn dochter, zeer retorisch voor haar leeftijd. Nee, papa moe. De wereld gelooft niet in papa's lijstje.

14.

Het meisje Van de Put is een vrouw geworden en heeft onderweg wel duizend keer verteld hoe ze door haar vader is gered. Ze had hem zo graag meegebracht en aan vrienden en vriendinnen uitgebreid getoond. Haar redder. Maar dat kan niet. Jaren geleden is hij met de auto tegen een muur geknald, toen hij uitweek voor een spelend kind. Hij is dood. Daar stokt telkens het verhaal en trekt ze krijtwit weg. Vriend of vriendin pakt haar dan stevig beet en zoent haar in de nek. Dat voelt goed. Daar houdt ze van. ''s Nachts om drie uur spelen er geen kinderen op straat!' gilt haar moeder steeds weer. 'Hou nu toch eens op! Hij kwam van bij de hoeren! Hij zat stomdronken

aan het stuur! Hij heeft je in de put geduwd!' Maar ze kan zich
dat allemaal niet goed voorstellen. Ze heeft het geprobeerd.
De open waterput en vader die haar duwt. Maar het beeld
springt wazig heen en weer tot hij haar uit het water haalt en
in zijn armen houdt. Tot iemand op een avond, ze gingen nog
wat drinken na de film, zich luidop afvroeg hoe het kwam dat
je je moeilijk kon voorstellen dat je ouders neukten. Hoe ze
boven op elkaar zaten en wild heen en weer rosten en klauw-
den en mekaar in de nek beten. En dat was waar. Dat kon ze
zich niet voorstellen. De waarheid was soms onvoorstelbaar,
leerde ze. Misschien had hij haar toch geduwd en zich daarna
bedacht.

15.

Witness against Hitler heette de film en toen ik er zappend
midden in viel, werd een van moed uit zijn voegen barstende
acteur, ondervraagd door enkele vlot Engels sprekende Duitsers. James Wilby speelde Helmuth James von Moltke. Von
Moltke werkte voor de Duitse inlichtingendienst en probeerde
van binnen uit het nazi-bewind te ondermijnen. De film is
gebaseerd op ware gebeurtenissen en het zal dus allemaal wel,
maar de hoeveelheid kracht en doorzettingsvermogen die uit
elke porie van zijn goed gemaquilleerde close-up-kop gutste,
bezorgde mij een lachkramp die afbreuk deed aan de stichtende
intentie van de film. Als er hier één beestje rondloopt dat hoort
te weten dat 'moed' in het dagelijkse leven met een 't' geschreven wordt, dan is het ons acteurtje wel. Behalve wat dolge-
draaide insecten en een enkel labiel konijn wil er niemand in
dat felle licht. Dat je daar dan toch gaat staan, heeft te maken met de geruststellende wetenschap dat je straks 'con brio'
doodgaat maar niet écht dood bent, dat je een boeiend liefdes-
leven hebt zonder daarvan de lastige gevolgen te moeten dragen, dat je woedend de meubelen stuk slaat en geen nieuwe
hoeft te kopen, dat je ladderzat tegen de linnenkast oploopt
en daar applaus voor krijgt, 'goed gespeeld' wordt er geroepen.
Het is niet écht. Want als het écht is zijn we plots een beetje
ziek. Alles verloopt in een volgorde die wij bij voorbaat kennen, die we hebben ingestudeerd. We kunnen ons zelfs ver-
oorloven af en toe het toeval binnen te laten. Een geordend

leven, voor even. Daarbuiten heerst er chaos. Mij heeft het nooit verwonderd dat vele acteurs bleven doorspelen tijdens de bezetting. Wat moet je anders. Moedig zijn? Alleen als moed moet. Als het niet ander kan. Maar dan staat daar plots in een scenario: 'Heel zijn wezen straalt kracht en doorzettingsvermogen uit. Ondanks het vooruitzicht op een gruwelijke dood wendt hij de blik niet af.' De scenarist komt klaar. De acteur ziet zijn kans. De val ligt wijdopen. Speel mij de angst van de man, zijn twijfel, zijn afschuw en misschien krijgen we iets als moed te zien. 'Niet hoe je sterft is belangrijk, maar waarvoor je sterft,' zegt von Moltke in de film en dat is waar, maar terwijl hij dat zegt wil ik liever zijn angst om te sterven zien, dan waar hij voor staat.

Boken, heet hij. Gregory is zijn echte naam, Gregory Mathieu, maar iedereen noemt hem Boken. Ze waren hem thuis zo gaan noemen omdat hij verzot was op boterhammen met bruine suiker. Boken Bruine Suiker. Als hij om vier uur thuis kwam van school. Zo'n lange lap in twee. Zijn moeder bakte zelf. Grote karrenwielen. In 't midden van 't brood was dat al gauw een kleine halve meter. Met veel boter en een dikke laag bruine suiker. Dan was hij niet aanspreekbaar. Hij was aan 't eten. De lap met twee handen ondersteunend, beet hij halve manen uit het brood. Liefst zat hij onder het aanrecht in de keuken, waar niemand hem stoorde. In stilte genietend. Brood, boter en bruine suiker. Zijn heilige drievuldigheid. Vanaf het moment dat hij 's morgens de klas binnenging tot hij er om vier uur weer uitkwam, schoten hem met grote regelmaat en in alle mogelijke vormen, boterhammen met bruine suiker door het hoofd. Tijdens het 'hardop lezen,' waar hij goed in was, versprak hij zich geregeld omdat hij 'boterham' las of 'bruine suiker' terwijl er klaar en duidelijk 'beukennootjes' stond. Rekenen, waar hij helemaal niet goed in was, ging als vanzelf als hij de appelen of peren maar verving door boterhammen met bruine suiker. Optellen, aftrekken, delen, vermenigvuldigen, als vanzelf. De suiker knisperde tussen zijn tanden bij elke beet, de roomboter maakte hem smeuïg als hij smolt in zijn mond, het brood hield de zaak goed bij elkaar. Hij kneedde met zijn tong van elke hap een bal, klemde die tegen zijn verhemelte en dacht alleen maar: ZOET. Hij had al op jonge leeftijd bedacht dat gebrek aan genegenheid de oorzaak was van zijn obsessie. Terwijl hij op het eerste gezicht niks tekortkwam. De mensen met wie hij woonde, wat men dus familie noemde, waren goed voor hem. Mochten hem graag. Hij had zich wel vaak afgevraagd waarom hij precies bij hén geboren was. Of dat wel allemaal klopte. Maar klagen kon hij niet. Later, toen hij al veertig was en alleen op kamers woonde, ontmoette hij iemand met een stramme rug van chocolade eten. Het zoete gif had zich vastgezet op de spieren. En nog iemand anders die bij slecht weer onder de dekens kroop met een gezinspot Nutella. Een gemis dus, waar je langzaam ziek van wordt.

16.

En nu iets om te lachen: MACHT. Waarom verbiedt macht steevast minirokjes? Nochtans, ik mag daar graag naar kijken.
Naar ranke stengels in een fijne kous gestoken of rood gemarmerde pilaartjes. Van tak-tak-tak over 't plaveisel of smooth
op dikke Nikes. Heupen met hersens en het gewiebel in fel
gebloemde blouses of strak in 't pak met broeken die de bil-
naad volgen, even slaafs als ik. En ja, natuurlijk heb ik zin.
En nee, natuurlijk mag ik zomaar niet. Eerst vragen, héél beleefd. Macht wordt daar zenuwachtig van. Macht wikkelt alles liever in zwarte bombazijnen doeken. Die zwarte hoop
daar, is een vrouw.

17.

Ik heb een paleis gezien. Suikerspinnen kroonluchters, pla-
fonds als slagroomtaarten, (ze slagen er ook steeds in, je eerst
en vooral naar boven te laten kijken), eindeloos doorkrullend
meubilair, leeuwenkoppen en adelaars alom, enorme ramen
met vazen zonder bloemen op de vensterbanken, zware gordijnen bijeengehouden door gouden koorden met kwasten, en
franjes en krullen en goudstiksel en kristal en spiegels, veel
spiegels en groot, alles heel groot. MACHT wil alleen zichzelf
verbeeld zien. Wat er tussen de spiegels nog aan muur rest, is
opgevuld met flatteus geschilderde portretten van oude macht,
wat neerkomt op meer spiegels.

Ooit zag ik, in een of andere kathedraal, een stenen beeld: een
bisschop, aangevreten door de wormen. Secuur gekapte wormen kropen uit zijn oogkassen, vraten zich een weg door zijn
handpalmen. Ergens in Duitsland. Iemand moet ooit de opdracht hebben gegeven. De baas van de kathedraal. Iemand
heeft ooit gedacht: het gaat voorbij, laten we dáár tenminste
niet over liegen.

18.

Tweehonderd politiemensen en een helikopter namen deel aan een minutieus voorbereide, gerechtelijke actie, op de terreinen van de vroegere Asphaltco-fabriek in Asse. Het 'stinkfabrieksken', het 'teerkot'. Ik ben geboren en getogen in de schaduw van de schoorstenen van de Asphaltco. Mijn nonkel Jean werkte bij Asphaltco. Ze produceerden teerpapier waarmee platte daken waterdicht werden gemaakt en waarmee peter Charel de paadjes van zijn piekfijn onderhouden groententuin bekleedde. Lange grijs gespikkelde vellen, die hij met een lange spijker door een kroonkurk in de grond geslagen, op hun plek hield. 's Zomers als de zon er van 's morgens vroeg op brandde, werden de paadjes zacht, kon je er putjes in duwen. Dat mocht niet.

Asphaltco was een echte fabriek. Zwart en rokend. Moeder keek vanwaar de wind kwam, voor ze het witgoed aan de lijn ophing. En het kon stinken, maar het was welvaart. De tijd werd, meer dan door de klokkentoren, ingedeeld door de fabriekssirene. Na schooltijd speelden we in de spoorwegberm en het spel viel stil als ze zich traag en zwaar op gang trok en we stopten onze vingers in de oren bij de hoogste toon. Altijd zei er iemand: 't fabriek is uit. Dan liep het teerkot leeg. Uit de grote poort haastten de mannen zich over de spoorweg, want op hetzelfde tijdstip kwam er een trein aan. Dan gingen de slagbomen met schel gerinkel neer en stonden ze in dichte drommen te wachten. Sommigen kropen er nog snel onderdoor. Dat scheelde toch algauw drie minuten, een kleine Stella. Aan de overkant stond de avondploeg. Ze riepen naar elkaar en lachten. In de winter gooiden ze met sneeuwballen tot de trein kwam. De fabriek had een eigen spoor dat zich losscheurde van de hoofdlijn en mysterieus door een gat in de fabriek verdween. Daar, op die plek, wilden we ooit een spectaculaire foto maken van een aanrijdende trein. Een van ons had een Kodak gekregen voor zijn Plechtige Communie. We overtuigden hem het toestel tussen de biels klem te zetten met wat stenen en de tijdsluiter te gebruiken. Hij was er niet gerust op, maar deed het toch. Toen de trein voorbij was vonden we niks terug dan wat zwarte splinters. De jongen huilde. Later heeft hij mij overtuigd om met mijn nieuwe, 'waterproof' polshorloge te gaan zwemmen. Het liep vol.

Tweehonderd politiemensen en een helikopter. Gestolen fotokopieermachines en auto's, sluikstortingen, explosieven. Er werden geregeld schoten gehoord in de fabriek zeiden de buurtbewoners. Het stinkfabrieksken, het teerkot. Het doet je toch iets als er aan je allereerste wereld wordt geraakt.

De schoonheid van een meisje
of de kracht van water en aarde
zo onopvallend mogelijk beschrijven
dat doen de zwanen.

Ik zou willen zeggen dat ik het geschreven heb, maar dat mag ik niet van mijn zus. Althans, zij leerde mij op indringende wijze, zulks niet te doen. Ik speelde bij het liefhebberstoneel. Bij VRIJ EN BLIJ. We hadden repetitie en ik had mijn tekst in een mooie blauwe map gestopt. Op de map had ik een tekst geschreven van een hit van de Boxtops of de Monkees, ik weet het niet meer.

And I saw her face
now I'm a believer
not a trace
of doubt in my mind
I'm in love oeoeoeh
I'm a believer
I couldn't leave her
if I tried...

We zitten voor de repetitie in café Het Groot Hotel. Iemand ziet de tekst op mijn map en leest. 'Straffe kost,' zegt hij, 'hebt gij dat geschreven?' Mijn cortex kraakt, mijn hart breekt. De verleiding is te groot. 'Ja,' zeg ik. 'Straffe kost,' hij zegt het nog eens. We gaan repeteren. Na de repetitie zitten we samen aan een grote tafel in het café en mijn zus komt binnen. Mijn oudste zus. De strengste. Ze vrijt met een van de liefhebbers. Ze komt erbij zitten en haar lief zegt: 'Die tekst van Josse, straffe kost. Hij schrijft goed.' Ik duik weg, kom weer boven, wring mij in de meest onmogelijke bochten, probeer het gesprek een andere richting uit te sturen. Ander Onderwerp! Mijn kop staat in brand. 'Hoe is het met ons moeder haar rug?!' roep ik met haast overslaande stem. 'Die doet nog altijd pijn,' zegt mijn zus droog, verwonderd over zoveel medeleven van mijn kant. 'Maar wat is dat van die tekst?' vraagt ze. 'Nee!' roep ik. 'Hier,' zegt haar lief en toont haar de blauwe map. Ze leest. Ik wil dood. 'Dat is een liedje van de Monkees,' zegt ze. 'We hebben dat singeltje thuis.'

Daarom: dat van die zwanen is niet van mij, maar van Lucebert. Van Lucebertus Jacobus Swaanswijk, geboren te Amsterdam op de Lauriergracht, op 15 september 1924, gestorven op 10 mei 1994 te Alkmaar, en van niemand anders.

LAAT BOONTJE

Waarloos, zei Louis.
Maes-pils: waarloos,
't staat op den bak.
Dat is de brouwerij, zei de patron.
Het dorp, zei zijn vrouw.
Waarloos, zei Louis.
Maes-pils: waarloos,
't staat op den bak.

Dit is haar derde zomer en de rimpels en fronzen die ze, bij belangrijke scènes, in haar voorhoofdje dwingt, zal ze later voor de spiegel ontcijferen als een zeer oud schrift. Ze heft nu soms al het klagerige toontje aan. De wereld wil maar niet begrijpen wat ze bedoelt. Ik zie ze, vanuit mijn kamer boven, in de tuin. Ze wiebelt heen en weer op de pas verworven schommel. Terwijl ze met de punt van haar schoen een mierennest in verwarring brengt, probeert ze haar moeder klagerig te overtuigen van de hoge nood waarin ze verkeert. Ze wil een snoepje. Dat er vandaag al genoeg is gesnoept, zegt haar moeder zo streng als een moeder. 'Maar neeeee...,' zingt zij als een voltallig Grieks koor, 'mijn buikje wil nog een snoepje!' (Het gaat in die Griekse drama's ook altijd over snoep.) Er is nu groot alarm geslagen in het mierennest en de krijgers rukken uit. De kale plek onder haar zitje begint op het Centraal Station van Tokyo te lijken. Wild gekrioel van mieren. Mieren die hun leven willen geven. Ze springt, ten volle bewust van het reusachtige verschil, van de schommel af en laat het kleine gespuis over haar schoenen rijden. Ze buigt zich niet voorover, maar houdt de rug heel recht en kijkt van zo hoog mogelijk neer op het verstoorde nest. Soms verplaatst ze een voet, drukt hem draaiend in de aarde en kijkt dan vol verwachting naar de ravage die ze heeft aangericht. Pas als één mier, de moedigste krijger van allen, hoger is geklommen dan haar sokje en nu zijn weg zoekt op haar blote been (links, rechts, op, neer, achter, – onvoorspelbaar), loopt ze, in paniek en wild om zich heen slaand, het grasveldje af, staat stil en onderzoekt aandachtig beide beentjes. Niks. Ze kijkt, vanop een veilige afstand nu, wantrouwig naar het mierennest onder de schommel. Dan ziet ze haar moeder in de keuken staan en herinnert zich hoe het allemaal begon. Het snoepje. Ik zie haar zoeken naar de juiste fronzen, vervolgens zet ze aan: 'Mamaaa...! Mijn buikje wil een snoepje...!' Ik krijg het antwoord niet helder door hierboven, maar de toon heeft diezelfde gestrengheid van daarnet, dat komt dus neer op 'nee'. Ze gooit het hoofdje zuchtend in de nek, kijkt naar de hemel om de goden te vragen haar moeder nu meteen neer te bliksemen en ziet mij boven in het venster staan en verlengt haar klaagzang zonder noemenswaardige onderbreking: 'Papaaaa...!'

Ik maak hct raam open.

'Is Hana ongelukkig?'

'Maar papaaaa...! Hana wil een snoepje...!'

'Snoepje is voor af en toe,' zeg ik.

'Maar papaaaa...! Nú is af en toe!' zegt ze.

Ik sluit het raam en schrijf het op.

19.

Taal is vergissingen. Kalkoen. De 'h' is er met de tijd uitgesleten heb ik altijd gedacht. Hoenders hebben kalk nodig om hun eierschalen uit op bouwen. Zo'n fors beest legt ook forse eiers en verbruikt dus meer kalk, zoveel dat ze hem ernaar genoemd hebben, dacht ik. Maar het is niet waar. 'Kalekutisch huon': letterlijk: 'hoen uit Kalekoet,' schrijft Bart Mesotten in *Binnenkijken in woorden.* Calicut is een stad op de Westkust van Indië, bezuiden Bombay, ook wel Calcoen en thans Kozhikode. Het was de voornaamste uitvoerhaven tussen Indië en Europa, voor de rest heeft geen mens daar ooit een kalkoen gezien. Het land van de Indus zaait nog steeds verwarring in de Europese hoofden. Oost-, West-, Voor- en Achter-Indië, India, Indonesië, Antillen, Bahama's, van Malakka tot Australië, het is of was allemaal op een of andere manier Indisch. Maar kalkoenen komen uit Mexico. De Azteken, de indianen dus, hielden kalkoenen als huisdier. De Spanjolen brachten hen hierheen. De Fransen noemden hem 'coq d'Inde': 'Indische kip'. Later: 'dinde' voor het vrouwtje, 'dindon' voor het mannetje en voor de kindjes 'dindonneau'. Het Portugese woord voor 'kalkoen' is 'perù,' zij zitten er dichtbij. De Engelsen zeggen 'turkey' vanwege de Turkse pluimveehandelaars. In het Japans heet het beest 'hichi-men-cho': 'de vogel met de zeven maskers'. En nu hebben we het nog maar gewoon over een kalkoen.

20.

't Was woelig weer. De zon sloeg helverlichte gaten in de dikke pakken wolken, zodat een God-de-Vader-met-opgestoken-wijsvinger te verwachten viel. Af en toe natte stukken van twintig frank en dan toch weer niks. En wind, maar niet te koud. Ik loop over het land en daar ligt een dikke rode aardbei op een groen blad. En ze kan spreken. Ze zegt: Josken eet mij op.

Maar Josken is een danige schijter. Hij wil de boer niet achter zijn gat. Trouwens ook uit principe: andermans goed, daar blijf je af. Poten thuis. Alhoewel het daar gewoon groeit. Vanzelf. De natuur. Nee Josken, da's cultuur. Agricultuur zelfs. Die mensen steken hun geld in die plantjes en die willen dat dat rendeert. En de wolken breken open en al dat licht en Hij komt, Hij is in het helverlichte gat gedoken en uit zijn wijsvinger schiet de bliksem weg. Josken eet mij op! Ze zegt het weer. Ik zweer het. Als iedereen die hier voorbij wandelt een aardbei eet, is dat veld na twee weken kaalgevreten. Er is niemand. Waar je hier ook draait of keert, er is niemand te zien. Ik ga geïnteresseerd op mijn hurken zitten: de boer die kijkt hoe het ermee staat, de bioloog die zich afvraagt hoe hij zijn vondst zal noemen, de arts die het gezwel betast. Als er iemand komt opdagen kan ik nog altijd zeggen: 'ze zijn dik van 't jaar!' Het waait nu harder en het gaat regenen. Ze ligt in mijn hand. Ze is in mijn hand gevallen. Van de struik gewaaid. In mijn hand. Het gaat nu steeds harder regenen. Ik moet ze opeten of ze wordt nat. Ik sta op, kijk als een echte landman naar de lucht, trek mijn regenjas tot over mijn oren en frommel de aardbei in mijn mond. Goed doorstappen nu. Ik heb nog nooit zoiets geproefd.

21.

Het Lam Gods, Geboorte van een huursoldaat, Gevallen engel, De huilende, Meisje op ram, Torso, Guerrilla, een van de twee dansende Haften, ik heb gepoogd hun gewicht gelijkelijk te verdelen over mijn spierkracht, ben in krampachtige omhelzingen verzeild geraakt, heb er uiteindelijk mijn rug op gekraakt.

> *Een raad: (op de wijs van Wannes)*
> *Hebt gij een beeldenhouwer lief,*
> *Die spreekt al van verhuizen,*
> *En gij weet zeker: 't zijn geen kuren,*
> *Verhuis dan zélf,*
> *Voor g'uwen rug breekt op zijn sculpturen.*

Ze staan in de stal bij Lucien. De poort gaat open en de wereld van Tinel breekt los. Een week licht valt door het dak op brons en roestig staal. Van wereldse gekte verwrongen koppen omkranst door stoffige licht. Ze zijn niet in hun gewone doen, niet tentoongesteld. Ze staren naar een hoek van de stal of naar het dak, vangen wat licht, verstoppen zich achter een ander, groter beeld of leunen ongemakkelijk tegen elkaar aan. Ik heb ze nooit op die manier gekend. Hier hoeft geen oordeel uitgesproken, geen mening gevormd, ze moeten van hier naar de vrachtwagen, dat is alles. Ik heb ze nooit op die manier gekend. Zo vlakbij. (Pas op voor haar hoofd, leg hem op zijn zij.) Het zijn geen meubels. Tentoongesteld, moest hun vorm tot mij spreken, nu zoek ik bij diezelfde vorm een makkelijk houvast om ze te verslepen. Zwaarte of lichtheid die ik voorheen alleen maar kon vermoeden, overvallen mij nu, verrassen mij, laten mij om mijn moeder roepen. Beelden waar ik vroeger veel van hield vervloek ik hier omdat ze niet te pakken zijn en andere waar ik niks mee had, bloeien plots open tot een ongekende schoonheid omdat ik ze met gemak tot bij de vrachtwagen breng. Kunst is relatief. Maar straks zitten wij allen aan de dis in de pas verworven doening. Aan de voet van de Kongoberg (een oude zandbank, de zee kwam vroeger tot hier). Een vijver voor de deur met een eiland. Een binnenkoer, een voetbalplein groot. Het klokje op het dak, waarnaar met stenen wordt gesmeten om de klank te kennen. De wind in de populieren. De zon over de nok van 't dak. Een koppel buizerds in de lucht die hun jongen leren vliegen. Piep! Piep! Piep! Van schrik dat ze zouden vallen. Het vuur brandt al en 't vlees ligt klaar en in de keuken wordt gewerkt.

1. Corps of Discovery

De Smid
Madison/Amerika, 5 februari 1804
    Eerste sneeuw.
    Het dak lekt. Smeltwater.
    Bud Arkwright op bezoek. Met schuldeis.
    Die ouwe weet godverdomme goed
    waarom hij zijn doofstomme zoon laat innen.
    Vloeken helpt niet.
    Paarden, bij God.
    Madison: één smid en géén paarden.
    In dit godvergeten land sterft zelfs niemand.
    De lijkenkaros blijft binnen.
    D.w.z. 6 paarden/24 hoeven die nooit verslijten.
    Ik hoop nu al op lijken.
Madison, 9 februari 1804
    Ik heb mijn horlogeketting verkocht
    en Arkwright betaald. Echt goud. Een familiestuk.
    Vader zou me nooit vergeven.
    De negende dag zonder werk.
    Ik heb vanmiddag het vuur gedoofd
    en de hamer in het vet gelegd.
    Heilige Barbara bid voor ons.
Madison, 11 februari 1804
    Strontweer.
    Net Ierland. Carrickfergus.
    Moses op bezoek.
    Zat. Zat. Zat.
    Hij heeft zichzelf ingeschreven voor
    het Corps of Discomfort. Discovery! roept hij.
    Het Corps of Discovery zoekt nog een smid.
    Of ik zin heb? Bidden helpt.
    Ik heb Moses mijn laatste bodem whisky
    en mijn laatste gepekelde haring geserveerd.

Ierland is op.
Overmorgen meld ik me aan.
Nog tweemaal slapen.
Pacific House. St.Louis, 12 *februari* 1804
St.Louis in de sneeuw. Een modderpoel.
De stad volgeplakt: Corps of Discovery werft aan!
Mijn laatste geld voor een nacht in de Pacific.
Het trappenhuis ruikt naar kool en natte hond.
Nog één keer slapen.

3u.30.
Ik kan niet slapen.
Schoten in de steeg. Stikdonker.
Een vrouw wordt geslagen in de kamer hiernaast.
Wachten. Wachten. Wachten.
Pacific House St.Louis, 13 *februari* 1804
6u.30.
Ik heb niet meer geslapen.
Een halfuur lopen naar de legerbarak.
Ik heb nog tijd.
Bidden, wassen, scheren, bidden.
St.Louis, 13 *februari* 1804
Zat. Zat. Zat.
(haast onleesbaar)
uitverkorene.
St.Louis, 14 *februari* 1804
Moses ligt snurkend op bed. Aangekleed.
Ik weet niet waar ik ben en wie de vrouw is
in ons bed.
't Is zover en ik weet niks meer.
Duizend mannen in de kou voor de barak gisteren.
Beestenkeuring.
Verhalen. De hemel of de hel... uren.
Dan mijn beurt.
Twee heren, streng, beleefd, gepoederd.
Ik was hun vijfde smid die dag.
Ier, smid, geen vrouw, geen kinderen.
En dan Clark, ik denk dat hij Clark is
en de andere Lewis, Clark die zegt:
jij bent een van de dertig uitverkorenen.

Een spoorzoeker van de natie.
En dan gaan zuipen met Moses.
Moses wordt wakker.
Morgen appél.
Discovery-kazerne. St.-Louis, 15 *februari* 1804
Middernacht.
De eerste dag opleiding achter de rug. Bekaf.
Doodop.
De dertig uitverkorenen zijn vanochtend
aan elkaar voorgesteld.
Vreemde namen. Vreemde koppen.
Colter, John
Floyd, Charles
Gass, Patrick
McNeal, Hugh
Newman, John
Reed, Moses
York, Samuel... de zwarte dienstbode
van William Clark

Moses kon zijn smoel niet houden.
'Zijn negers nu ook al uitverkoren?'
Hij werd gestraft. Latrines kuisen.
Drie maanden lang.
De hele opleiding.

We zullen de komende maanden jaren
met elkaar doorbrengen.
We hebben elk een brief van de President
persoonlijk gekregen. Ik heb hem aan Moses
voorgelezen. Moses kan niet lezen en wil niet
dat de anderen dat weten. Na de tweede regel
viel hij in slaap.

Brief van President Thomas Jefferson aan de leden van
het Corps of Discovery.

Het doel van Uw missie is de Missouri en haar bijrivieren
te exploreren, in kaart te brengen en de bevaarbaarheid
van de stromen van ons continent te onderzoeken, ten
einde een wijd vertakt handelsnet op te zetten.

Tevens zult U de bodem en landschappen aan nauwkeu-
rig onderzoek en beschrijving onderwerpen, plantengroei
en groententeelt in kaart brengen en de dieren, meer be-
paald de voor de VSA onbekende soorten, bestuderen en
voor onderzoek mee terugbrengen.

Ten slotte dient U zich in contact te stellen met de bewo-
ners van het land, de volkeren en hun aantallen registre-
ren, de omvang van hun bezittingen en hun relaties met
naburige stammen in te schatten en hun meest invloed-
rijke opperhoofden, binnen de grenzen van het menselijk
mogelijke, uit te nodigen zich met ons of onze plaatselijke
vertegenwoordigers in verbinding te stellen.[1]

St.Louis, 13 mei 1804
De president.
Ik dacht dat hij groter zou zijn.
Schone verschijning.
Zwarte cape, bruine handschoenen, wit haar
en geen lippen.
Maar praten!
St.Louis, 14 mei 1804
Eerste mijlen afgelegd.
Vanmorgen was St.Louis vol met mensen
Alsof alles al achter de rug was.
Feest, lawaai en wij wachten.
Kinderen met bloemen, kanonschoten
en toespraken.
Het weer is goed.
Colter zingt. Benieuwd hoelang hij dat
gaat volhouden.
St.Louis, 16 mei 1804
Ik ben aangesteld als verantwoordelijke
voor Scammon, de Newfoundlandhond
van kapitein Lewis. En ook voor de duurste post
op het budget: de geschenken voor de indianen
ter waarde van 669.50 dollar.
Camp Belle Fountain, 22 mei 1804
Vandaag in de buurt van ons kamp een kudde
bizons van wel 10.0000 stuks gezien.

Ze schrikken niet op wanneer we langs hen heen
trekken.
St.Charles, 2 juni 1804
De afdaling van de Missouri is veel lastiger
dan voorzien. Zwermen muggen. Ze vliegen
in mond en ogen. Scammon huilt dag en nacht
onder de aanhoudende aanvallen
van de insecten.
Council Bluffs, 8 augustus 1804
Bij zonsopgang waagden de eerste indianen
zich in de buurt van het kamp. Ze lijken ons
niet vijandig gezind. Ze noemen zichzelf Oto's.
De geschenken worden uitgehaald.

Redevoering van Kapitein Lewis voor de indianen.

Kinderen,

Het grote opperhoofd van de zeventien naties van Ame-
rika heeft, gedreven door zijn vaderlijke gevoelens jegens
zijn pas geadopteerde kinderen bij de kolkende stromen,
ons uitgestuurd om de weg te effenen.
Hij heeft ons, zijn krijgshoofden, bevolen deze lange tocht
te ondernemen.
Gij zult in vrede leven met de blanke man, want hij is
zijn kind.
Gij zult geen oorlog voeren met de roodhuiden, uw buren,
want ook zij zijn zijn kinderen en hij is vastbesloten ze
te beschermen.
Verwond niet de handelaars die onder uw volk zullen ver-
schijnen.
Volg de raadgevingen van uw Grote Vader op en wees ge-
lukkig.
Vermijd samenzweringen van slechte vogels. Wend u af
van hen zoals gij u van de afgrond afwendt indien ge wilt
vermijden door één foute stap de toorn van uw Vader op
te wekken. En weet dat hij u kan verschroeien als de brand
het prairiegras.[2]

Drie schoten uit de luchtkarabijn
van sergeant Floyd. Die maakten meer indruk
dan de toespraak van de kapitein.

Soldier's River, 17 augustus 1804
Sergeant Floyd braakt alle voedsel uit.
Een straf van God.
God staat aan onze kant, zegt kapitein Lewis
elke avond voor het slapengaan.
Maar misschien hebben deze mensen ook een god,
een andere, een oudere.
Mahar Village, 19 augustus 1804
Verplichte halte. Floyd moet rusten.
Moses op bezoek in mijn tent.
Ziet, zoals altijd, overal slechte voortekenen.
Angst.
Hij vraagt mij mee te vluchten.
Ik zwijg.
's Nachts sluipt hij het kamp uit.
Mahar Village, 20 augustus 1804
Floyd is overleden.
32 jaar. Geen vrouw, wel twee kinderen.
Jongens volgens Patrick Gass.
De sergeant wordt morgen begraven.
Naar de eeuwige jachtvelden, zeggen de indianen.
Schoon.
De rivier wordt naar hem genoemd.
Floyd's River, 21 augustus 1804
Voor zonsopgang verzameld voor de begrafenis.
Gebogen hoofden. Denken aan thuis.
Klaroengeschal en de eerste zonnestralen
over de trage rivier. Zijn rivier. Floyd's River.

Wat ik vreesde is gebeurd.
Clark heeft de desertie opgemerkt en wil
een voorbeeld stellen. Een patrouille
als bloedhonden achter hem aan.
Moses heeft een etmaal voorsprong.
Ik vrees het ergste.

Floyd's River, 23 augustus 1804
Moses gunt me geen blik.
Hij ligt daar maar te liggen.
Ze hebben hem gepakt en door een erehaag
gedwongen.
Op handen en voeten en met ontblote rug.
Ik heb ook geslagen, ja. Maar ingehouden.
Vertel dat maar eens aan een geslagen Ier.
Burnt Wood, 22 oktober 1804
Newman heeft het ook geprobeerd.
Hij is gepakt en afgezweept.
Het Teton-opperhoofd was verbaasd
over de straf.
Clark vroeg hem wat hij zou doen. Opknopen.
Canon Ball River, 7 november 1804
De Sioux bieden hun vrouwen aan.
Voor het eerst weet de kapitein niet wat gedaan.
De mannen praten over niets anders meer.

Voorschriften m.b.t. omgangsvormen met nieuwe volkeren

Het is de expeditieleden toegestaan vriendschappelijke rela-
ties aan te knopen met leden van het andere geslacht indien:

1. *De vrouwen door hun eigen volk worden aangeboden.*
2. *Het betreffende volk nog nooit met blanken in aanraking*
   is geweest.
3. *De relaties met de vrouwen worden afgebroken zodra de*
   expeditie haar weg vervolgt.

Bij overtreding zullen gepaste maatregelen worden getroffen.

Kapt. Meriweather Lewis   *William Clark*

Old Mandan Village, 28 november 1804
Hugh McNeal blijkt nu ook besmet.
Colter noemt hem 'het derde slachtoffer
van de liefde'.
Hugh vertelde me dat hij een affaire had
met een indiaanse op wier arm 'J. Bowman'
stond getatoeëerd.

Fort Mandan, 29 december 1804
Afscheid genomen van Moses.
Hij wordt met een beestenboot naar St.Louis
verscheept. Samen met Newman. De deserteurs.
Moses zat vloekend naast een geketende das
en boven op een kooi met bevers en muskusratten.
Vlak voor de afvaart greep hij mijn hoofd beet:
'Zorg dat Ierland aan die stomme Oceaan geraakt.'
'Beloofd.'
Hij was zo graag nog enkele dagen gebleven.
Oudejaar tussen de stinkdieren. Hij kon er zich
niets bij voorstellen.

Fort Mandan, 23 januari 1805
Nieuwelingen.
Een Frans-Canadese tolk, Toussaint Charbonneau
(of zoiets) en zijn hoogzwangere vrouw
Sacajaweja (of zoiets.) Vogelvrouw.
Ze is eigenlijk nog een meisje.
De sergeant vertelde me dat ze enkele jaren geleden
bij haar stam werd weggeschaakt door
de Minnetarees en als slavin aan de Canadees
werd verkocht.
Lewis wil haar erbij als gids naar het land
van de Soshones. De Slangen hebben paarden
die wij nodig hebben.

Fort Mandan, 24 januari 1805
Clark heeft gelijk gekregen.
De whisky bevriest in de vaten.
De indiaanse vrouwen hokken samen rond
het vuur terwijl ik hun ketels herstel.
De sergeant en Colter zijn jaloers.
De zwangere indiaanse is vanochtend
haar dikke buik komen warmen bij het vuur.

Fort Mandan, 8 februari 1805
Eén nacht afwezig geweest en gestraft.
Ik heb gisteravond tijdens de jacht
in het kreupelhout de indiaanse gevonden
die gehurkt zat te baren.
Ik heb haar verzorgd en vanochtend
naar het fort gebracht.

Daarvoor ben ik gestraft.
Ik vermoed dat de fiere vader op mijn arrest
heeft aangedrongen. De lamme Canadees.
De sporen van haar nagels in mijn arm.

Pomp
Ze was die dag alleen het woud ingetrokken.
Toen de nevelslierten zich om de bomen
wikkelden, was ze neergehurkt in het kreupelhout.
Ze had de deken opengespreid en de ringen
van de ratelslang stukgebeten.
Even later waren de weeën begonnen.
Dan was de Smid uit het struikgewas opgedoken.
Geschrokken, hulpeloos, dwaas.
Elke wee lokte hem dichterbij.
Zij had zijn arm gegrepen en geperst.
Na korte tijd brak het kind uit haar lichaam.
Pomp, zei ze. Eerstgeborene.
Ze sneed de navelstreng door.
De Smid had vuur gemaakt en de indiaanse
met zijn jas toegedekt. De volgende ochtend had
hij haar en de pasgeborene naar het fort gedragen.
De indiaanse vertelde later hoe de Canadees me
jaloers uit de armen van de Smid had weggerukt.

De Smid
Fort Mandan, 10 februari 1805
De Canadees heeft het jongetje Jean-Baptiste
genoemd.
Ik noem de kleine Pomp.
Fort Mandan, 2 maart 1805
De Canadees weet van geen ophouden.
Hij is opnieuw de indiaanse komen weghalen.
Telkens als ze Pomp in de warmte van de smidse
komt zogen, sleurt hij haar naar buiten.
Ik wou dat hij doodviel.
Fort Mandan, 19 maart 1805
De indiaanse op bezoek in de smidse.
Ze wil weten of haar draagstoeltje tijdig klaar
zal zijn. Ze praat voortdurend over het volk

van de Slangen en hoe fier ze zullen zijn als ze
met de kleine op haar rug in het dorp
zal verschijnen.
Ik denk dat ze me graag mag.
Fort Mandan, 7 april 1805
    4u 's nachts.
    Ik heb van haar gedroomd, in brons
    en met de armen van een kind.
Mouse River, 10 april 1805
    De winterslaap is voorbij en we trekken verder.
    De indiaanse loopt voorop.
    De Canadees wijkt geen duimbreed van haar zijde.
    Pomp is rustig.
    Het schommelen bevalt hem.
    Clark is opgetogen over de indiaanse.
    Femme Janey noemt hij haar.

Logboek Clark
Stone Walls, 9 juli 1805
    Femme Janey, de indiaanse gidse die ik heb
    aangeworven, heeft zich in enkele dagen
    onmisbaar gemaakt. De tocht verloopt
    voorspoedig. Ze heeft ons tijdig tot de voet
    van de Rocky Mountains gegidst en voorziet
    de manschappen van wortels nu er geen vlees
    meer voorhanden is.
    Als enige vrouw en moeder met kind vertedert ze,
    en maakt ze de gesprekken gemakkelijker.
    Femme Janey is een ware zegen en ik verblijd me
    er des te meer over vermits ik haar heb ontdekt
    en aangeworven.

Madison's River, 2 augustus 1805
    Vanochtend begon de indiaanse, die met
    Charbonneau een honderdtal meter voorop liep,
    te dansen van vreugde bij het zien van een groep
    roodhuiden te paard. Ze wees hen aan
    en begon opgewonden op haar duim te zuigen.
    Een oude vrouw trad vervolgens uit de groep
    naar voren en omhelsde Janey.

Vanmiddag bereikten we het kamp van de Slangen
en Janey trad tijdens de gesprekken
met Cameahwait, het stamhoofd, op als tolk.
Toen de onderhandelingen net begonnen waren,
sprong ze plots op en omhelsde het opperhoofd
in wie ze haar broer had herkend. Ze sloeg
een deken om zijn schouders en weende.
Het stamhoofd was eveneens ontroerd, doch niet
in gelijke mate. De ruil van de kano's en paarden
lijkt beklonken. Het is met pijn in het hart dat ik
de indiaanse bij haar eigen volk zal achterlaten.

Madison's River, 3 augustus 1805
    Een waarlijk heuglijke dag!
    Applaus steeg op uit de groep toen Femme Janey
    aankondigde het Corps of Discovery verder
    te zullen vergezellen.
    Toussaint Charbonneau, haar echtgenoot,
    wiens voet zwaar geïnfecteerd is door
    een cactusnaald, blijft noodgedwongen
    bij de Soshones achter.

De Smid
Madison's River, 3 augustus 1805
    Ze blijft bij mij.
    Bij ons.
    Tijdens het applaus heb ik haar op mijn schouders
    het kamp rondgedragen. Stom.
    Charbonneau ligt alleen te zweten in een tipi.
Chopunch River, 16 augustus 1805
    Charbonneau is dood.
    De indiaanse heeft haar zoontje uitgelegd
    dat ze voortaan ook een vader voor hem zal zijn.
Chopunch River, 18 augustus 1805
    Ik ben de eerste aan wie ze Pomp een aantal mijlen
    heeft toevertrouwd.
Columbia River, 7 november 1805
    We hebben voor het eerst het geluid van
    de golven in de verte gehoord.

Stille Oceaan, 7 december 1805
Feest op het strand.
Negentien maanden na St.Louis.
Colter weent. Sergeant Gass en York zijn naakt
het water ingedoken. Een witte en een zwarte.
Lewis en Clark staan met opgerolde broekspijpen
in de Oceaan. Ze kijken elkaar aan en glimlachen
minutenlang. Moses. Ierland heeft de Oceaan bereikt.

Ik heb de indiaanse beloofd een eindje te gaan
wandelen. Met Pomp. Weg van het feest.
In de ondergaande zon.
God, wat is ze mooi.

Pomp
Ze waren de vloedlijn gevolgd tot ze nog slechts
heel ver weg het feestgejoel hoorden.
Ze hadden mij ingegraven in het zand, onder
een rots, beschut tegen de wind.
De indiaanse herinnerde zich dat de heldere
sterrenhemel langzaam duisterde en de golven
dreigend af en aan rolden.
De Smid had haar voorzichtig uitgekleed.
Er was bliksem en donder en het oorverdovende
lawaai van de ontketende Oceaan.
Ik huilde luidkeels.

De Smid
Fort Clatsop, 23 maart 1806
Klaar voor de terugreis.
De buik van de indiaanse is al lichtjes gespannen.
Ik draag Pomp voortaan op mijn rug.
Main Fork, 2 juni 1806
We zijn niet meer van de indianen
te onderscheiden.
Bij elke nieuwe stam stroopt kapitein Lewis
zijn hemd op om zijn blanke borst te tonen.
De expeditie wordt vandaag in twee groepen
verdeeld.
Mijn besluit staat vast.

Ik zal de expeditie niet beëindigen.
Ik blijf bij de indiaanse en het volk van de Slangen.
Soshone-kamp, 3 juli 1806
Clark heeft ons uitbetaald. Een karig loon.
Hij voelde zich ongemakkelijk. Hij drukte mij
wel drie keer de hand bij het afscheid. Hij zei
dat hij zou schrijven.
Alleen in mijn tent.
Ik ben de enige blanke in een nest van Slangen.

Alleenspraak van de oudste Slang voor de stamraad
ter gelegenheid van de verwelkoming van de Smid in hun
midden.

Ons volk is weinig talrijk.
Wij zijn als verspreid staande bomen op een door de storm
geteisterde helling.
Er is een tijd geweest dat ons volk het land bedekte zoals
de golven van een door de wind gerimpelde zee de met
schelpen geplaveide bodem bedekken, maar die tijd is
sinds lang vervlogen.
Voor ons is de as van onze voorvaderen heilig en hun rust-
plaats is gewijde grond.
U bent een reiziger.
U dwaalt ver van de graven van uw voorouders en ogen-
schijnlijk zonder wroeging.
Zodra ze door de portalen van hun graftomben zijn ge-
gaan, houden uw doden niet meer van u en hun geboor-
tegrond.
Maar wanneer de laatste Soshone tot stof zal zijn vergaan,
en de herinnering aan onze stam bij de blanke man een
mythe zal zijn geworden, wanneer uw kindskinderen zich
bij de blanken alleen wanen, zullen ze niet alleen zijn...
's Nachts wanneer het in de straten van de blanke steden
en dorpen stil is, en u denkt dat ze verlaten zijn, zullen
ze overvol zijn met de terugkerende scharen die hen eens
bevolkten en nog steeds van dit land houden.
De blanke man zal nooit meer alleen zijn.
Gij zult nooit meer alleen zijn.
Gij zult nooit meer alleen zijn.

Behandel mijn volk met goedheid, want de doden zijn niet
zonder macht.
Wat zeg ik?
Sprak ik over de doden?
Er bestaat geen dood.[3]

De Smid
Soshone-kamp, 4 juli 1806
　'Er bestaat geen dood,' zei de oude.
　Alleen een overgang of zoiets.
　Ik ben naar het graf van de Canadees geweest.

　Voor het eerst in lange tijd denk ik aan Ierland.
　Het familiegraf in Carrickfergus.
　De mist die om de graven hing.
　De smidse van vader.
　Paarden beslaan voor de vossenjacht.
Soshone-kamp, zomer 1806
　Ik hou de dagen niet meer uit elkaar.
　De Slangen leren me jagen en vissen.
　En roken, tot ik er kotsmisselijk van word.
　Ik ben nog geen Slang.

　Het Kind groeit in de buik van de indiaanse.
Soshone-kamp, zomer 1806
　Ratelslangen in kokend water voor onze tipi.
　De oude vrouwen willen niet dat ik bij haar blijf.
　Ik blijf toch.
　De ringen van de ratelslang worden verbrokkeld.
　De weeën zullen komen.
　De indiaanse noemt vandaag: 'de laatste dag voor het kind'.
Soshone-kamp, de dag van het Kind
　Ik duizel.
　Sporen van haar nagels in mijn arm.
　Het beweegt.

2. De Slangen

Het Kind
Ik was geboren en begreep het allemaal: de vrouwelijke
regens en de mannelijke, de opslaande gensters uit het
vuur, Pomp en de geur van de vrouw die mijn moeder
was en mij op haar rug met zich meedroeg.

De indiaanse was mijn moeder, Pomp mijn broer, de
Smid mijn vader. Ik had rood haar. Brandend haar. Dat
kort gehouden werd. Blanke lengte.

Ik hielp vader de ketels lappen en messen scherpen.

Onze jongens moeten nog niet werken. Jongens die
werken kunnen niet dromen. Laat de jongen op de
grond voor de tipi plaatsnemen en dromen, anders
vertraagt hij de groei van de stam.[4]

Dus zat ik voor de tipi en deed alsof ik droomde. De tipi
was warm in de winter en koel in de zomer en bovenal
gemakkelijk verplaatsbaar.

Als de Grote Geest wilde dat de mensen op één
plaats bleven, zou Hij de wereld tot stilstand brengen; maar hij heeft hem zo gemaakt dat hij altijd
verandert, altijd anders, altijd ten goede; niets voor
niets.[5]

De eerste blanke die ik zag was John Colter. Hij bracht
brieven uit St.Louis. De blanke stad bij de stroom.
Brieven van William Clark. Clark wilde Pomp in
St.Louis een opvoeding geven als blijk van dank.

Vader en Colter dronken bij het vuur tot ze omvielen.
De indiaanse dekte hen toe en kwam bij ons in de tipi.
Pomp en ik sliepen dicht tegen elkaar aan.
De indiaanse schreef.

Geachte heer Clark,

Wij weten dat u het onderwijs dat op die scholen gegeven wordt zeer hoog aanslaat en dat de kosten die u bereid bent voor onze jongen te maken, zeer hoog zullen zijn. Wij zijn ervan overtuigd dat u met uw voorstel het goede met ons voorheeft, en danken u oprecht.

Maar u, die zo verstandig bent, weet toch dat verschillende volkeren verschillende opvattingen hebben en u zult het ons daarom niet kwalijk nemen dat onze gedachten over dit soort onderwijs niet dezelfde zijn als de uwe.
Verscheidene jongens van een naburige stam werden reeds naar uw scholen gebracht en werden er ingewijd in alle takken van uw wetenschappen. Maar toen ze bij hun volk terugkwamen, waren het slechte lopers, wisten ze niet hoe ze in de wouden moesten leven, konden ze koude noch warmte verdragen, konden geen hut bouwen, geen hert doden, geen vijand vellen, spraken ze de taal slecht en waren daarom ongeschikt als jager, krijger of zegsman, ze waren helemaal nergens goed voor.

Wij zijn evenwel zeer vereerd met uw vriendelijk aanbod, hoewel we er geen gebruik van kunnen maken; en om van onze gevoelens van dank blijk te geven, verzoeken wij u en de heren in St.Louis ons een dozijn van hun zonen te sturen; wij zullen voor hun opvoeding zorgen en hen alles leren wat wij weten en Mannen van hen maken.[6]

Oprechte groeten,

Sacajaweja

De Smid
Soshone-kamp, winter 1811
   Dertien slangenkinderen zijn omgekomen.
   De blanke ziekte.
   Sinds de komst van de pelsjagers vallen
   de indianen als vliegen. Verschrikkelijk.
   John Colter brengt de zoveelste brief van Clark.
   Het is zijn kans. Pomp moet hier weg.
   Het is verschrikkelijk.

Het Kind
   Colter dronk alleen bij het vuur tot hij omviel.
   Vader nam mij appart. De indiaanse weende.
   Een vrouwelijke regen.
   Vader knipte Pomps zwarte vlechten.
   's Anderendaags vertrokken de Smid, Colter en
   Pomp naar de blanke stad aan de stroom.
   Ik was zes jaar en ontroostbaar.

Pomp
   Ik draag voortaan een broek van zwarte stof
   en rood flanellen ondergoed.
   Gisteren heeft Mijnheer Clark, die lief is,
   krakende lederen schoenen voor me gekocht.
   Mijn voeten doen pijn.
   Ik heb voor het eerst een verkoudheid
   en de zwarte dienaar van Mijnheer Clark leert mij
   een zakdoek te gebruiken.
   Ik vind het vreemd te spuwen in een doek
   en die dan op te bergen.
   Elke nacht, als het lawaai van de stad verstomt,
   praat ik met jullie.
   Ik houd het zand van ons dorp in mijn vuist
   gekneld en slaap in. Pomp.

Het Kind
   Het was zomer.
   Cameahwait ontving de hoofdmannen met groot
   ceremonieel en liet ze plaatsnemen in zijn tipi.
   In de buurt van ons dorp sloegen vreemde mensen

hun kampen op en deden zonnedansen. Ik doolde
door de kleurrijke menigte. Ik zag voor het eerst
een Coeur d'Alene, een Sauk, een Shawnee,
Nez Percé, Cheyenne, Kiowa, Sioux...

    Ze denken dat ze hen willen bedriegen.

De stem van de indiaanse waaide somber
door de tipi.
De Smid luisterde met gebogen hoofd.

    Tecumseh zegt: over een spoor van bloed
    moeten ze verjaagd worden.[7]

's Anderendaags werd de Smid de weg versperd
door twee Shawnees. Een krijger zei: Ja.
Wij weten dat wanneer u komt, wij sterven.

Pomp
    Ik heb veel Engelse woorden geleerd en kan
    een gedeelte van de Tien Geboden opzeggen.
    Ik weet hoe ik in een bed moet slapen, tot Jezus
    bidden, mijn haar kammen, met mes en vork eten
    en een WC gebruiken.
    Ook heb ik geleerd dat een mens met zijn hoofd
    denkt in plaats van met zijn hart.[8] Pomp.

Het Kind
    Het zou de laatste brief worden, zei Colter.
    De verbindingsroutes werden levensgevaarlijk, zei hij.
    Pomp ging kapot van heimwee, zei hij ook.
    Hij dronk bij het vuur tot hij omviel.

De Smid
Soshone-kamp, herfst 1812
    De indiaanse is ziek.
    De medicijnman blijft dag en nacht aan de gang.
    Ik slaap niet.
Soshone-kamp, herfst 1812
    Die ouwe met zijn rammelaars begint op mijn

zenuwen te werken.
Dit is een blanke ziekte.

Het Kind
Het was herfst 1812.
We brachten de indiaanse naar Fort Manuel.
Daar zou de blanke dokter haar genezen.
Pomp zou daarheen komen. En blijven. Voorgoed.
De Smid, de indiaanse, Pomp, het Kind
Het zou weer goed zijn.

De indiaanse herkende Pomp niet.
De dokter zweeg, maar zijn ogen gaven ons gelijk.
De indiaanse ging dood.

De Smid
Fort Manuel, herfst 1812
Haar nagels in mijn arm.

Het Kind
20 september, 7 uur 's avonds, stierf de indiaanse,
onze moeder.
De Smid, Pomp, het Kind: mannelijke regens.
Onophoudelijk.

De Smid
Soshone-kamp, herfst 1812
Ik heb alweer van haar gedroomd in brons,
met de armen van een kind.

Het Kind
De indiaanse was dood en er was oorlog en
de Smid was blank en geen kind meer. De band
met de stam werd breekbaar. Vader vervulde
de laatste wens van Sacajaweja, de indiaanse,
en stuurde ons mee met een delegatie
onder leiding van Cameahwait, op rondreis
langs de andere stammen.
Ik was zeven. Pomp acht. We wisten niet
hoe groot de wereld was.

In de lente van 1813 trokken we zuidwaarts.
De Smid heeft ons zijn dagboek meegegeven.
Hij zou hard nadenken, zei hij.

Pomp
De
Er werd gezongen achter een zandheuvel en
we renden erheen. Tientallen witte vlokkige
dieren liepen te grazen in een mals groen dal.
Een man met een hoofddoek en een stok liep er
omheen en zong.
De Navajo's noemden zichzelf 'dine': 'het volk'.

Het Kind
De gesprekken werden aangevat.

Pomp
Het Kind en ik trokken op met een oude herder
die zijn kudde in de buurt van het kamp
liet grazen.

Ik begon als kleine jongen met de schapen
en ze werden mijn werk en hele leven;
ik werk voor vrouw en kinderen. Zij hebben
nooit honger en gaan gekleed zoals het
ons volk past.
Mijn vader leerde mij verhalen om huis
en kinderen tegen rampspoed te beschermen.
Hij leerde mij ook één lied voor de schapen.
Eén lied is genoeg om hen te doen grazen
en groeien.[9]

Het Kind
Op het middaguur voegde zich een jongere Navajo
bij ons.
De oude zuchtte: hij is altijd arm geweest.
Hij kent geen enkel lied. Zijn schapen lopen weg
en sterven. Hij kent geen enkel lied.

Pomp
De Navajo's schilderden met zand.

Het Kind
Urenlang.

Pomp
's Avonds zaten we gehurkt te kijken naar het
neerstromende gekleurde zand uit aarden potten,
dat wonderlijke figuren toverde op de vloer.

Het Kind
Ik wilde een tekening meenemen en aan vader laten
zien en de deur ging open en een zachte bries verschoof
voorzichtig het zand en er was niets meer.
'Jawel,' zei de tekenaar, 'het zand is er nog steeds.'

Old Oraibi.

Pomp
Old Oraibi was de oudste, onafgebroken
bewoonde nederzetting van Noord-Amerika.

Het Kind
Het woestijnland van de Hopi.

Pomp
Op elkaar gestapelde blokken verbonden door ladders.
De Hopi noemden hun huizen pueblo's en zichzelf
Hopitu-Shinumu: kleine mensen van de vrede.

Het Kind
Ze was een jaar of acht en had een baby in een doek op
haar rug gebonden. Ik zat uitgedroogd op het afgematte
paard en was voor het eerst verliefd. Ze haalde haar
stamgenoten uit hun middagslaap en gaf ons water en
maïs en koelte.

Pomp
Maïs, zo zeiden ze, is ons ware hart.
Maïs was hun leven.

Het Kind
Ik trok op met Walpi. Het eerste meisje van het dorp en
mijn leven. Pomp had Moki.

Pomp
Af en toe liepen we mekaar tegen het lijf.
We ontweken mekaars blik.

Het Kind
Walpi liet mij alles zien: de wisselende kinderen op haar
rug, de vrouwen die potten bakten en de mannen die
verhalen vertelden tijdens het weven.

Pomp
Moki liet mij alles zien: de wisselende kinderen op haar
rug, de vrouwen die potten bakten en de mannen die
verhalen vertelden tijdens het weven.

Het Kind
Over de man die in de zon keek tot hij blind was.

Pomp
Elk woord, hoe zacht ook gefluisterd, zou het aardewerk
doen barsten, had Moki mij verteld. De vlammen likten
de potten witheet. Iedereen zweeg. Ik keek naar Moki en
zei: ik ben hier graag. De vrouwen keken mij verstoord
aan. Ik had de potten lek gepraat. Alleen Moki
glimlachte.

Het Kind
Na een zeldzame regenbui lag ze naakt voorover in de
plassen. Haar gebrande lichaam en het zwarte, door de
regen samengeklitte haar op haar rug.
Ik wist niet waar te kijken.

Pomp
Je wist niet waar te kijken.

Het Kind
Ik wist niet waar te kijken.

De Mandans.
De Mandans waren een vervelend volk.

Pomp
De Coeur d'Alenes waren prachtige krijgers.
Hun dorpen lagen bij de rivieren van de hoogvlakte.
Zalm.

Het Kind
Er werd een jacht ingericht te onzer ere.

Pomp
Een gruzenjacht. Grus Americana.

Het Kind
Enkel de jongelingen mochten eraan deelnemen.
De avond van de jacht werd er gedanst om de geesten
gunstig te stemmen.
's Ochtends werd er niet gegeten. Het moest ons
duidelijk zijn waar de jacht toe diende.

Pomp
De kunst bestaat erin zo dicht mogelijk bij de vogel
te komen om hem dan in één snelle trek de keel
over te snijden.

Het Kind
We werden vermomd. Met veren van vorige jachten
werden witte mantels vervaardigd. Op ons voorhoofd
werd een spitse gele bek aangebracht. Onze haren
werden roodgeverfd. Een goeie vijftig witgevederde
jongens, met roodgeverfd haar en een gele bek op het
voorhoofd. Het was belachelijk.

Pomp
Wij liepen behoedzaam over het keienstrand.
Een kolonie gruzen stond verderop strak in het water
te staren. Af en toe uithalend met de spitse bek.
Altijd prijs.
Het kan úren duren eer zo'n vogel alle argwaan laat

varen. De mijne liep steeds pletsend van mij weg. Steeds dieper het water in.

Het Kind
De grus die ik al uren naliep keek om en haalde uit naar de bek op mijn voorhoofd. Mijn bek was verschoven en stond op mijn neus.

Af en toe was er het geroffel van vleugels op water en het krassen van een mes. Dan kleurde het water donkerrood. Alles gebeurde in stilte. Een ijle, onwezenlijke stilte. De kolonie werd onmerkbaar uitgedund. De vogels werden afgeslacht te midden van hun soortgenoten. Die merkten niets. Of deden alsof. Of vlogen op. Het water was ijskoud.

Pomp
Navajo. Hopi. Coeur d'Alene. Chinook. Wekenlange regens hadden de rivieren buiten hun oevers gejaagd. De Chinook waren uitgeregend.

Het Kind
De aanhoudende regen doofde de vuren.
De zalmen werden rauw gegeten.

Pomp
We hokten samen onder een houten afdak en keken naar de botenbouwers.

Het Kind
Onze kleren waren gekrompen van de nattigheid.
We waren moe.

Pomp
We hadden de wereld niet meer nodig.
We verlangden naar huis, naar vader en de droge, stoffige bodem van het Soshone-kamp.

Het Kind
Vader had ons veel vroeger verwacht. De avonden waren
kort. Vader luisterde.
Af en toe dwaalde zijn blik af en viel het verhaal stil.
De toenemende conflicten tussen blanken en indianen
bezorgden hem slapeloze nachten. Dan liep hij
blootsvoets tussen de tipi's naar de rand van het dorp.
Drie weken na onze terugkeer nam hij Pomp en mij
apart. Voor het eerst was hij oud.
Hij zei dat, als de kans zich voordeed, hij ons naar
Ierland/Europa zou sturen. Ierland/Europa.

Pomp en ik waren begonnen aan de bouw van een
nieuwe wickiup. Het zou onze laatste worden. Ik
betrapte Pomp erop dat hij de grashalmen niet
zorgvuldig dichtbond en dat er strooilicht door het dak
van de wickiup naar binnen viel. Ik zei niks.
Op een van onze wilde achtervolgingen door het woud
struikelde Pomp over een levenloze man, die nochtans
duidelijk zichtbaar in het gras lag. Pomp stond op en
glimlachte verontschuldigend. Ik zei niks.
De vreemdeling was uitgedroogd. We droegen hem naar
het kamp. Hij was een Engelse botanicus uit Fort
Manuel. Thomas Nuttall. Hij herstelde vlug. Ik hielp
hem vlinders opspelden. Pomp zei dat hij daar niet van
hield. Meisjeswerk noemde hij het. Ik zei niks.

Pomp
Het Kind wist het. Hij kende het verhaal. Van de man
die veel gereisd had en veel gekeken. Nu wou hij zien.
Dat lukte enkel als hij zijn ogen sloot. Dan doken alle
beelden op en regen zich aaneen als kralen aan een
snoer en toonden het verband. Als hij zijn ogen opende,
brak het snoer. De kralen kletterden tegen de grond en
rolden haastig weg. Het duurde jaren eer hij alles weer
teruggevonden had.
Hij had de berg beklommen. De zon stond hoog. Hij had
haar vragend aangekeken. Dagenlang. Tot ze zijn hoofd
was binnengedrongen en zijn ogen voorgoed had
dichtgeschroeid. Het snoer was heel. De kralen kregen

een nooit geziene glans.
Het moet vreselijk zijn blind te worden, had Moki
gezegd. Ja, zei ik, vreselijk.
Ze was mooi.

Thuis beklom ik de hoogste piek in de omgeving.
De zon stond hoog.
Het Kind wist het.
Hij kende het verhaal.
Er viel strooilicht door het dak van de wickiup.
Ik struikelde als een oude man.
Ik vond de spelden niet.
Meisjeswerk, zei ik.
Het Kind wist het.
Hij zei niks.

Toen je vertrok heb ik getwijfeld.
Maar de kralen in mijn hoofd kregen langzaam
hun glans.

Het Kind
  Thomas Nuttall stelde vader voor me als zijn helper in
  dienst te nemen.
  De smid wist dat dit mijn enige kans was om ooit in
  Europa te geraken. Hij vroeg bedenktijd.

  In de herfst van 1819 verliet ik met Sir Thomas het
  dorp. Pomp bleef achter. Hij wilde niet naar de blanke
  beschaving terug. Ook al heette die London/Europa of
  Ierland/Europa. Nog voor jij Europa bereikt, bereikt
  Europa ons dorp, zei hij.

Pomp
  Ga. Toe.

3. De Oversteek

Broer,

Wat je schrijft over London kunnen wij ons hier niet voorstellen.
Wij zijn blij te horen dat Sir Thomas goed voor je zorgt en je voorstelt aan voorname lieden. In Clubs.
Vader is blij dat je in het najaar naar Carrickfergus gaat. Hij vraagt bloemen op het familiegraf te leggen.
Vader is vaak ziek. Hij zegt: 'Ik denk dat ik eindelijk een Slang onder de Slangen ben geworden,' en lacht.

Je tweede brief bereikte ons sneller dan de eerste. De postbedeling wordt beter. De blanken rukken op. Sinds kort is onze stam verdeeld. Sommige krijgers zijn bereid, tegen betaling, als gids in dienst te treden bij de blanke jager.
Washaki gelooft dat de komst van de blanken een zegen is voor ons volk. Vele jongeren treden hem bij.
Cameahwait verzet zich niet. Je weet hoe hij is. Hij laat iedere krijger voor zichzelf beslissen.
Vader denkt erover noordwaarts te trekken. Vorige week nog noemde Washaki hem 'een toonbeeld van vreedzaam samenleven'. Vader verliet de kring, stapte op hem toe, en sloeg hem met de vlakke hand in het gelaat.
Ik denk dat ook hij de blanken vreest.
Ik hoop dat hij rust vindt in Oregon.

Pomp

Als je in Carrickfergus het familiegraf bezoekt, wil je dan de naam van het meisje rechts van het graf opschrijven. Vader weet niet meer hoe ze heette.

Broer,

Ierland is alles wat vader vertelde.
De lucht is goed hier.

De aardappeloogst is mislukt en de mensen hebben
honger.
Graanmolens worden 's nachts leeggeroofd. Daar staan
zware straffen op. Omheiningen worden gesloopt.
Laatst werd een schip met Indisch graan, dat voor de
kust lag, overvallen en geplunderd.
Families die de huur niet kunnen betalen worden op
straat gezet en de huizen worden met de grond gelijk
gemaakt.

O'Brien laat vader groeten.
Hij was de gerechtsdienaar die vader in mekaar heeft
geslagen voor hij naar Amerika vluchtte.
De gebroken ribben zijn lang geleden genezen en
vergeten, zegt hij.
Hij zag mij bij het familiegraf en vroeg mij bij hem
langs te komen.
Ik heb er vrienden van vader ontmoet.
Murrey, Finnerty, Perry, Heaton en John Thacker
Saxton.
Ze bereiden een overval op een graanschuur voor en
hebben me gevraagd mee te doen.
Ik weet het niet.

Het Kind

Het meisje op het kerkhof heet Mifanwy Price.

Geachte Heer,

Tot mijn grote ontsteltenis heb ik vernomen dat uw zoon in Ierland werd gearresteerd tijdens rellen in de buurt van Carrickfergus.

Ik heb alles in het werk gesteld om de strafmaatregel ongedaan te maken, maar zelfs een persoonlijk verzoekschrift aan de voorzitter van de Linnean Society heeft tot op heden geen vruchten afgeworpen.
Op dit ogenblik verkeer ik in het ongewisse wat betreft het lot van mijn protégé, uw zoon.

Ik zal evenwel tijd noch geld sparen om in deze hoogst onfatsoenlijke zaak te bemiddelen en uw zoon veilig en wel terug bij mij in London te krijgen.

De wegen van het gerecht zijn helaas niet steeds die van de rechtvaardigheid.

Hoogachtend,

Sir Thomas Nuttall

4. Terra Incognita Australis

Het Kind
Ik was blij. De boot bewoog.
Nu al drie weken.
Het jaar gevangenschap op de hulk had me bijna gek gemaakt.
Een vol jaar op een stilliggende boot. Elke storm was welkom geweest.

's Avonds werd er vaak en lang gezongen. De meeste gevangenen waren Ieren en kenden dezelfde liederen. Ik herkende sommige melodieën die mijn vader neuriede terwijl hij de ketels herstelde. Ik leerde snel.

De voorzanger heette Laurence Frayne. Frayne was in
Dublin opgepakt voor diefstal. Twee pond boter. Hij was
een pezige man, met een open gezicht en borstelig haar.
Hij had een meeslepend nasaal stemgeluid en zong met
overgave. Half in trance. Die lange nasale uithalen
rommelden door mijn buik.
Zelfs McCabe zweeg. Hij lag tussen mij en Frayne in en
weende of vloekte. Al drie weken. Bij de afvaart was dat
voornamelijk wenen geweest. Tegen het einde van de
reis zou hij enkel nog vloeken.
Het enige dat ik van hem wist was dat hij verliefd was.
Op Molly. Hij had haar naam honderden malen in het
hout gekrast. De smalle strook waarop hij lag was
bezaaid met Molly's. Hij murmelde 's nachts met zijn
handen tussen zijn benen haar naam.

Ik sliep weinig en meestal overdag.

Australië.
Ik had in London tekeningen gezien van de zwarte
bewoners daar. Jagers. De speren geleken heel sterk op
de wapens die de Coeur d'Alenes gebruikten. Nuttall
had gezegd dat ze waarschijnlijk door de tekenaar
gekopieerd waren omdat die zo goed als zeker nooit in
Australië was geweest. De afbeeldingen van de zwarte
jagers waren trouwens opvallend sterk geïnspireerd op de
tekeningen van de Oude Grieken, zei hij.
Ik probeerde mij een beeld te vormen van een Oude
Griek.

Een woest gebied, zei men, en ondoordringbaar.
Ik had verhalen gehoord in St.Louis.
Over Amerikaanse walvisvaarders en robbenjagers die
hun leven lieten op de vlijmscherpe rotskusten van
Australië.

'Mollyyy...' jankte McCabe, zich vastklampend aan zijn
pik in zijn in het hout gekraste hemelbed.
Ik had zin hem te slaan.
De hele meute trouwens. De hele zuchtende, steunende,

jankende meute. Ze droomden allemaal van de trotse Engelse kusten, waarop hun vrouwen huilend bewusteloos vielen terwijl hun kinderen krijsend aan hun rokken hingen.
Ik had het gevoel dat hun dromen de vaart van de boot afremden.

Frayne. Frayne had zijn ogen open en ademde rustig. Hij spaart zijn krachten en stuurt af en toe met lange uithalen zijn liederen vooruit, opdat ze zouden weten dat hij eraan komt. Frayne is goed.

Het was snikheet. De ruimen stonken naar brak water, urine en zweet. Het schip had twee dagen stilgelegen in die hitte. Er was geen zuchtje wind te bespeuren geweest.
Er hadden enkele rellen onder de gevangenen plaatsgevonden waarbij drie doden waren gevallen. De zweep was van de haak gehaald.

Het schip lag doodstil.
Bovendeks was de bijl in de vaten port geslagen.
Frayne had loom luidop gedroomd dat dit het geschikte moment was om de boot te overmeesteren. Hij zou de soldaten ontwapenen en in zee gooien, de officieren ophangen aan de ra's en de commandant naakt vastketenen in het kraaiennest. Dan zou hij koers laten zetten naar Zuid-Amerika.
Daarna was hij ingeslapen.
Ik had verzaligd geluisterd.
Ik was niet de enige geweest.

De officieren die de leiding hadden over de transporten hadden er een gewoonte van gemaakt van bij het begin van de reis enkele gevangenen te bevoordelen. Dat was waardevol gebleken. Ze kozen hun mensen zeer precies. Mannen die ziek, schichtig bang, of een zenuwinzinking nabij waren. Mannen die kraakten bij het zien van de zweep. Deze mannen leerden snel dat hun enige kans op overleven erin bestond anderen te verklikken. Ook als er niemand te verklikken viel.

Frayne en ik werden van het plateau gesleept en elk naar een stutpaal gebracht. Bekken, enkels en hals werden met lederen riemen aan de paal vastgesnoerd, onze armen in omhelzing gedwongen zodat de rug zich spande. We stonden tegenover elkaar opgesteld, het gezicht zijlings tegen de zware steunbeer gedrukt. Het hout was vochtig en rook naar verrotting.

De soldaten waren nog halfdronken en bang en schreeuwden dat ze de minste gedachte aan muiterij uit onze stomme karkassen zouden slaan. Voor de rest was het beangstigend stil in de ruimen, op wat zenuwachtig geschuifel van kettingen na.

Ik hoorde het fluiten en het doffe knallen van de zweep. Het was alsof je het kon optellen.
Fluit / Knal / Pijn.
Ik voelde hoe de knopen zich vasthaakten in mijn rug.
Fluit / Knal / Pijn.
Ritmisch / Ordelijk. Fluit / Knal / Pijn.

Dominee Samuel Marsden keek toe hoe in de verte de gevangenen in sloepen werden geladen. Hij was een evangelische zendeling. De gevangenen noemden hem 'de predikant met de zweep'.
Hij stond bekend om zijn ziekelijke haat tegen al wat katholiek Iers was.

Marsden had om meer werkvolk gevraagd en er was hem een lot van twintig gevangenen toegewezen.
Ieren.
Marsden zou ze breken. Dat zwoer hij.

De vlotten met de geketende gevangenen werden naar Parramata geboomd. Vanuit de baai van Sydney, tegen de stroom op. Ik zag bomen en planten die ik nog nooit had gezien. Af en toe vloog er een zwerm groene kanaries op uit de struiken. Het woud zat vol onbekende beelden en geluiden.
Maar ik kende het woud. Dat was dat.

De anderen kwamen uit Dublin of Belfast en herkenden niets.
Bij een vernauwing van de stroom zagen we op de oever een vogelbekdier. Enige mannen begonnen te wenen.

Parramata.
Marsden verzorgde zijn mensen ronduit slecht en betaalde hen een veel te karig loon, dat vaak vervangen werd door zweepslagen.
De Ieren spraken Gaelic onder mekaar en Marsden vermoedde overal samenzweringen en muiterij.
En er was de Vrouwenwerkplaats van Parramata.
Voor de mannen was de werkplaats 's nachts bordeel en huwelijksmarkt. Wanneer hun nachtelijk bedrijf uitkwam, werden de vrouwen kaalgeschoren. Wat de mannen betrof: Marsden ranselde 'de lage lusten uit hun lome lijf'.
En dan was er nog 'de zonde met de onuitsprekelijke naam'.
Mannen zochten vaak tederheid bij mannen en er waren ook de schapen.

Ik zwoegde mij de ziel uit het lijf. 's Avonds werd er niet gezongen. Marsden had dat verboden. De samenhorigheid onder de Ieren werd er niet minder om.
Toen de Anglicaanse kerk van Parramata in de as was gelegd, werd er door het gouvernement een waanzinnige beloning uitgereikt aan al wie inlichtingen kon verstrekken die tot de ontmaskering van de daders zouden leiden: onvoorwaardelijke invrijheidstelling, gratis overtocht naar Engeland en daar bovenop vijftig pond.
Nooit is men te weten gekomen wie de kerk van Parramata liet branden.
Marsden had het op zijn eigen manier geprobeerd.
Hij had de ruggen opengelegd en zelfs kostbaar zout in de wonden gegooid, maar niemand kwam ooit te weten wie de Anglicaanse kerk had laten branden.
Ik wist het.
Velen wisten het.

Ik herstelde een omheining bij het woonhuis.
Ik zwoegde en ploeterde en sprak geen woord.
Ik deed precies wat me bevolen werd. Meer. Ik deed
meer. Ik werkte harder, beter en meer dan men van me
verwachtte. Het was mijn enige vrijheid.
Ik dacht aan Pomp en aan de omheiningen waar hij het
in zijn brieven over had. En aan de omheiningen die ik
in Ierland had helpen slopen. En aan de omheining die
ik nu hier aan het herstellen was. Ik had het woord pas
na mijn vertrek bij de Soshones leren kennen. Nu was
mijn wereld er vol van. Omheiningen.

Een kaalgeknipte vrouw liep het erf op.
Dat was vreemd. Er kwam hier zelden een vrouw. Ze
liep naar het woonhuis en sloeg met gebalde vuist al het
vensterglas stuk.
Van raam naar raam liep ze en sloeg met haar bebloede
vuist verbeten al het glas eruit.
Marsden stoof het huis uit. Opzichters kwamen
vloekend toegesneld. De vrouw werd gegrepen, geslagen
en afgevoerd.
Het had niet lang geduurd. Hooguit een paar minuten.
Ik werkte verder terwijl het gebeurde zich in mijn hoofd
traag herhaalde. Almaar weer.

De ramen werden voorlopig met planken
dichtgespijkerd.
Even leek het erop alsof er niemand meer woonde.
Dat was een aangename gedachte.

Enige dagen later kwam het glas uit Sydney aan.
Het was op maat gesneden en mij werd bevolen het in
de ramen te plaatsen.
Een volle dag werkte ik.
Toen ik klaar was liep ik naar het eerste raam dat ik
's ochtends had hersteld.
Ik bekeek het, en sloeg er los doorheen.
Liep naar het volgende en deed hetzelfde.
Van raam naar raam liep ik en sloeg met mijn bebloede
vuist verbeten al het glas eruit.

Dan stond Marsden voor me. De toegelopen opzichters
hielden afstand. Wachtten op een bevel.
Marsden boog het hoofd. Als in gebed. Dat deed hij
altijd voor hij een straf uitsprak. Hij smeekte de hemel
om bijstand.
Ik zag het in een flits.
De dikke gebogen ossenkop van Marsden.
De zware, naar buiten openstaande deur.
Nog lichtjes nawiegend. Binnen handbereik.
Ik greep de deur en ramde ze tegen de ossenkop.
Marsden sloeg met gedeukte schedel tegen het erf.
De verwarring was totaal. Opzichters riepen en
vloekten.
Gevangenen kwamen uit de barakken, zagen Marsden
liggen, bloedend als een rund en juichten. Anderen
grepen de kans en vluchtten.
Er werd geschoten.
Ik voelde een warme gloed in mijn dij en zakte door
mijn linkerbeen.
En weer was daar die kaalgeschoren vrouw die met
bebloede vuist het glas uit de ramen sloeg. Almaar weer.

De wolken hingen zwanger boven zee en stortten hun
watermassa's uit over de Tasmaanse kusten.
De boot was vanochtend de brede monding van de
Derwent bij Hobart uitgevaren en draaide nu Storm Bay
binnen. De kust was hier een mozaïek van gebarsten
zeskanten, gevormd door het afkoelen van de oude
lavastroom. Enorme basaltblokken en ranke natuurlijke
rotsbogen.
De hemel inschietende orgelpijpen. Stenen pijlers tegen
de zwarte rotswand aangesmeed, hoog uitlopend in
spitsen en kantelen. Alles zwart en glimmend nat.
Zeevogels cirkelden ijl krijsend als schaduwen langs de
rotsen.

Hier zou Port Arthur worden gesticht.
Het strafkamp van de regelmaat.
De mannen in de boot waren de gedwongen stichters.
Het Kind was onder hen.

Ik tuurde door een warrig gordijn van neerslaand en opstuivend water naar de zwarte glimmende muur, die uit zee oprees en waarachter het glooiend Tasman-schiereiland schuilging.
Ik wist dat ik hier niet zou blijven.

Eagle-Hawk Neck.
De engte van Eagle-Hawk Neck was nog geen honderd meter breed en de enige mogelijkheid om het schiereiland over land te betreden of te verlaten en werd bewaakt.
Verder was het gebied één groot moeilijk doordringbaar woud. De kust was één en al steile rotspunt en aan de ene kant waren er de kolkende wateren van Storm Bay en aan de andere kant Norfolk Bay, een watervlakte waarop het kleinste bootje meteen de aandacht trok.
Hier was over nagedacht.

De mannen hakten bomen, braken stenen, bouwden officiershuizen en soldatenverblijven, zochten water, maakten gronden bouwrijp en trokken barakken op voor zichzelf.
De maanden sleepten zich voort. De mannen verloren het laatste restje waardigheid en alle hoop hier ooit weg te komen.

Twee gebeurtenissen in nog geen week tijd veranderden het leven in Port Arthur grondig. Drie dagen geleden was John Blunt ontsnapt en niet teruggevonden.
Er werd gefluisterd dat hij Eagle-Hawk Neck was doorgekomen en in het binnenland was verdwenen.
Dat veranderde alles.

En vandaag was de nieuwe kampcommandant aangekomen.
Charles O'Hara Booth.
Hij was een wat variétéachtig personage en sprak de mannen toe met een opgefokte stentorstem.
Hij had plannen.
Er zou een spoorweg komen.

Ik werkte in de zaagkuil. Met grote zagen werden
boomstammen tot planken verwerkt. De zaagkuil
leverde de hardhouten rails voor de spoorweg en
het hout voor de wagens. Het was zwaar
en van een dodelijke eentonigheid.

Eén keer was ik erin geslaagd een beeld te stelen
waar ik een tijd mee leven kon.

Elk jaar kwamen duizenden zwarte walvissen naar
Storm Bay om te kalven. Elk jaar hadden we het geloei
en geblaas van de dieren tot in het kamp gehoord. Wie
stopte met werken om te luisteren kreeg een maand
eenzame opsluiting.

Ik was 's nachts uit de barakken geslopen en ongezien
bij de kust geraakt.
De baai lag dichtgeslibd met duizenden logge
walvislijven, die briesend verdichte waterdamp opspoten.
Alles was glimmend zwart.
De scherpe basaltstapels, de muur met de opschietende
orgelpijpen, de ronde walvisruggen en de nacht.
Loeiend, wemelend zwart.
Bij mijn terugkeer in het kamp wachtte Booth me op
met enkele soldaten.

Het was 1833 toen de spoorlijn klaar was en de eerste
voorname bezoekers, onder militair trompetgeschal,
zenuwachtig lachend, de wagens bestegen.

Het kamp lag er verslagen bij.
Tot groot ongenoegen van Booth, die ons evengoed
verantwoordelijk stelde voor de storm die het
schiereiland had geteisterd.
Tijd om op te ruimen was er niet geweest.
Er was snel een aantal ruwhouten plankieren in elkaar
getimmerd, die een wankel pad vormden van de
commandantwoning naar de spoorlijn.

Een soort prinses stak voetje voor voetje over.
Steeds ingespannen voor zich uit tastend voor ze het
witgelakte voetje steun liet zoeken. Af en toe wierp ze
een angstige blik op de modderzee om zich heen, waarin
ze zichzelf wanhopig zag rechtkrabbelen als een verkleed
biggetje.
Ze haalde het.
Ik reikte haar de hand bij het instijgen, zoals ik dat bij
Nuttall had geleerd. Ze nam mijn hand, keek op om met
een glimlachend knikje te bedanken en begon in plaats
daarvan te gillen.
Een soldaat ploegde door de modder naar mij toe en
heide de kolf van zijn geweer in mijn maag.
Ik sloeg dubbel en dook de modder in.

We hadden de wagens de slopend steile helling
opgeduwd.
Voor ons lag de lange afdaling die ons genoeg vaart zou
geven om bijna de helft van de klim naar Eagle-Hawk
Neck zonder duwen af te leggen.
Het gevoel, toen we, nog tijdens de aanleg, voor het
eerst deze helling afdenderden, was overrompelend
geweest.
De wagens haalden hier een niet te stuiten vaart.
Er was wel een handspaak voorzien waarmee kon
afgeremd worden, maar van echt stoppen was er geen
sprake.
Na een tijd raakten we de handspaak trouwens niet
meer aan.
Het was te mooi.
Een paard haalde nooit zo'n snelheid.
Het leek op vluchten.

De wagens werden als een wig het woud in gedreven en
spleten het voor ons open. Bijbels. De dames hielden
met gesloten ogen de adem in.
De heren trokken wit weg en keken strak voor zich uit.
Prinses had mijn arm gegrepen en gilde alweer.

We scheerden door de laatste bocht op het diepste punt
van het dal af. Halverwege de helft van de volgende
helling lag een omgewaaide boom over het spoor.
Iedereen zag het. Er werd geroepen. Bevelen
geschreeuwd.

De handspaken schuurden rokend tegen de wielen
en braken.
De klim minderde de vaart van de wagens, maar
onvoldoende.
De trein sloeg tegen de boom aan. Ik werd door de schok
van mijn trede geslingerd. De berm in.
Ik kwam versuft recht.
Ik was alleen.
De trein was niet ontspoord en ratelde achterwaarts de
helling af. Ik hoorde ze roepen, gillen, snauwen.
Ik was alleen.
Het was 1833 en ik was alleen.
Ik dook het woud in.

Booth had van de bewaking van de landengte een
erezaak gemaakt. Na Blunt was elke wegloper gegrepen
en gedood of gewoon omgekomen.
Er was de brede baan gemalen witte schelpen, die
's nachts verlicht werd door lantaarns, zo opgehangen
dat zelfs een overstekende buidelrat een schaduw van
een halve meter voor zich uit wierp. En zelfs op een
buidelrat werd geschoten, tenzij de honden er eerst bij
waren.
Over de breedte liep een tiental honden aan een lange
lijn. Elke hond nam een goeie acht meter voor zijn
rekening. In het water aan weerskanten van de engte
zaten honden op houten staketsels en als er vanuit
het kamp een ontsnapping werd gemeld, werd er
onmiddellijk slachtafval uitgestrooid om de haaien
te lokken.

Alles was geprobeerd: lopen, kruipen, zwemmen.

Mijn pas verworven vrijheid kwam mij bijna meteen als
doodgewoon voor.

Ik liep door het woud. Dat was altijd zo geweest.
Ik hoorde stemmen en wierp mij tegen de grond. Mijn
hart bonkte in mijn slapen. Ik was koortsig. Ik moest
door die muur heen. Terug naar de wereld.
Pomp.
Het was een spel. We hadden een strootje getrokken en
ik was bij de doden ingedeeld. Als ik ongezien over die
strook witte schelpen kwam was ik weer levend.

Niks in de post wees erop dat mijn ontsnapping zou zijn
doorgeseind. Een soldaat wandelde rustig het bos in,
zette zijn geweer tegen een boom en ging staan pissen.
Ik vloog op, sloeg mijn handen om zijn hals en liet nooit
meer los. Daarna ben ik een van de honden aangevlogen.
Hij keek mij verrast aan toen ik hem de keel oversneed.
En dan heb ik gelopen.

Pomp
Oregon. Een paradijs.
De Smid in de herfst van zijn leven.
Willamette Valley, een plek om dood te gaan.

Blanken.
Pioniers van duizend mijlen.

Voorbij Fort Laramie het land bezaaid met kachels,
koffers, huwelijksjurken.
Bij Independence Rock de namen van de nieuwkomers
in een rots gekrast.
In Willamette Valley slachten ze het ossenspan, hakken
ze de huifkar stuk. Met vaders hamer.
En bouwen. En bouwen.
Een mensenzee.

Wailatpu. The place of the rye grass.
Een graanmolen, een missiehuis, een schooltje voor
indiaanse kinderen.
Een smidse.
Waarin vader met elk hersteld karrenwiel een blank
gezin verderop helpt.

Het Kind
Ik sloot mij aan bij een groep van zestien weglopers die
zich schuilhield op de kust bij Hobart.
De meesten kwamen van de boerderijen in het
binnenland waar ze waren tewerkgesteld.
Drie kwamen uit Port Maquerie en er was een jongen
uit Point Puer.
Dat ik uit Port Arthur was ontsnapt werd niet geloofd.
Maar het deed er verder ook niet toe.

De Amerikaanse walvisvaarder die ginder voor anker lag
zou vannacht een sloep uitzetten. De zeldzame
gesprekken werden gevoerd met weinig woorden en
de ogen op het schip gericht.
Elke hier aanwezige man, van de oude die ze Crancky
noemden tot de jongen uit Point Puer, was ervan
overtuigd dat voor welke misdaad dan ook genoeg
was geboet.
De vrijheid lag daar voor de kust voor anker.

De verhalen waren genoegzaam bekend.
Maandenlang hard gezwoeg en dan dobberend op zee,
achtergelaten in een sloep zonder roeispanen. Het uren
durende verdwijnen van het schip. Opgepikt worden en
de zweep, harder dan ooit. En de boeien, zwaarder.
En het strafkamp, dichter bij de hel.

De nacht viel.
De sloep werd uitgezet.
Als er niet voortdurend gepatrouilleerd werd in de buurt,
zou het gejuich oorverdovend zijn geweest.
Drie mannen stapten uit de sloep en waadden naar de
kust.
Ze waren gewapend.
Eén liep op ons toe en keurde ons snel. Hij wees met
zijn geweer naar de sloep. De groep liep ingehouden
joelend het strand af.

Crancky en de jongen werden teruggewezen.
Te oud. Te jong.

We zagen Crancky hees briesend op de rotswand
afstormen. Sneller dan mogelijk was op zijn leeftijd.
Hij gooide zich in volle vaart met zijn hoofd tegen
de rotsen.
De jongen staarde naar de sloep met ogen waarachter
moord en doodslag huishielden.
We roeiden van hem weg.

Na maandenlang zwoegen, dobberden we op zee zonder
roeispanen. Tijdens het uren durende verdwijnen van het
schip dacht ik aan de jongen van Point Puer. Hoe hij had
gekeken toen we van hem weg roeiden.
En aan de parende walvissen waarop we hadden
ingehakt tot de zee van kleur veranderde.
Het was hels.
De zee stortte het bloed uit over de rotsen, die het
opzogen en gedenkteken werden van de slachting.

Ik kan jullie ook doden, riep de kapitein bij het afscheid,
alleen mijn God verbiedt mij dat. Een van de mannen
antwoordde dat hij het dus eigenlijk niet kon. Ze hebben
hem gedood.

De storm die we al een tijdlang hadden zien aankomen,
stak nu op. Dat was ons geluk.
Mijn geluk en dat van, bij mijn weten, nog één andere.
De stroming zou ons recht naar de baai van Sydney
hebben gevoerd. Naar de zweep, de boeien,
het strafkamp.
De storm sloeg ons uit koers. Hij dreef ons zuidelijker.
Naar een kust die door de niet aflatende aanvallen van
een beukende oceaan was gespleten. Het water had er
een doolhof van gangen uitgespoeld waarin het woest
rommelend tekeerging. Iedere rots die het eeuwenlange
geweld had weerstaan, was een scheermes geworden.

We werden lachwekkend eenvoudig naar de slachtbank
geleid. Enorme watermassa's tilden ons op en brachten
ons met een ontzagwekkende elegantie dichter bij een
zekere dood.

Er werd gebeden. Gezongen.
Er heerste een vreemde blijheid in de sloep.
Gewoon doodgaan. Na alles.
En niet in de boeien.
De angst dat het misschien een beetje pijn zou doen
was al jaren geleden verdwenen.
Wat was dat, een beetje pijn.

De boot brak als een dorre tak.
Geen groot spektakel. Gewoon.
Het water was koud.
Ik tolde om en om. Zag rotsen vlakbij en zee en wolken
veraf en een lichaam af en toe.
Een grote golf hief me op en voerde me torenhoog en
helder de doolhof in en diep daarbinnen werd ik op een
klein keienstrand neergezet.
Het was als thuiskomen.

Ik moet uren hebben geslapen want de zon stond hoog.
Mijn lijf kraakte. Wat verderop lag nog iemand.
Hij ademde. Hij was nog heel.
Ik ging weg. Alleen was beter.

Dagenlang liep ik door het woud. Ik leefde van
vogeleieren, wilde honing, slakken en zwammen. Ik
kende de gewoontes van de dieren in dit land niet.
Eén keer stuitte ik op een mierenegel en voor ik beslist
had hoe hem aan te pakken, hakte hij zich een gat in de
grond en verdween.
Ik voelde mij vernederd.

Tot de dag waarop ik mijn leermeester ontmoette.
Midden op een open plek lag een zwarte man.
Naakt.
Hij leek te slapen.
Ik hurkte neer aan de bosrand en bespiedde hem.
Hij sliep niet. Hij was alert. En toch leek hij te slapen.
Hij lag doodstil. De armen onder het hoofd gevouwen.
Alleen liet hij de rechtervoorarm steunen op zijn
elleboog en hield deze rechtop.

Hij klemde iets in zijn vuist. Iets wittigs.
Enkel het gras bewoog.

Een grote grijze vogel dook de open plek binnen en
maakte een sierlijke zweefvlucht boven de zwarte man.
Vis. Gedroogde vis in zijn vuist. Een jager.

De vogel streek neer op een veilige afstand, keek om
zich heen alsof hij op het punt stond iets te doen wat
niet mocht, wipte dan naderbij.
Hij bekeek de zwarte man, de vuist en pikte reikhalzend
naar de vis, als een soort test, want de afstand was te
groot. De jager had geen vin verroerd. De vleugels breed
open en een wip. Hij was vlakbij nu.

De vogel pikte naar de vis en samensmeltend met dat
moment, alsof hij mét de vogel dacht, greep de jager de
nek van het klapwiekende dier, veerde recht en
zwaaide in diezelfde beweging het lijf van de vogel
een hele slag om.
De nek kraakte. Het lijf viel slap.
Het geheel had op een dans geleken.
Het wás een eeuwenoude, heilige dans.

De zwarte man liep met zijn vangst het bos in. Ik liep
naar de plek waar hij gelegen had, raapte het stuk
gedroogde vis van de grond en ging liggen.

Ik verliet de open plek en liep het bos in waar de zwarte
man dat had gedaan en zocht zijn spoor. De vogel,
levenloos, zwaar in mijn hand. Het stuk gedroogde vis in
de andere. Het had zelfs niet de schijn van een heilige
dans gehad, maar ik had hem.
Eindelijk zag ik rook tussen de bomen en ik hoorde
stemmen. Ze vielen stil toen ze me zagen. Ik naderde
behoedzaam en hield de vogel en het stuk vis in de
hoogte. Een man sprong op, greep een speer en gooide ze
wild schreeuwend voor mijn voeten in de grond.
Ik bleef staan, vogel en vis voor me uithoudend.
Het gebrek aan navolging deed hem neerhurken.

Ze staarden me een tijdlang aan en vervolgden dan de
gesprekken alsof ik er niet meer was. Ik schuifelde
dichterbij, wierp de vogel naar de vrouwen bij het vuur
en hurkte neer.

De volgende maanden leerde ik vogels uit de bomen
halen door ze met keien te treffen, een zwarte slang
onthoofden door ze bij de staart te grijpen en te laten
knallen als een zweep, in gombomen klimmen om een
slapend buideldier met een bijl uit zijn hol te hakken.
Ik leerde speerwerpen met de werphaak en trof, na lang
oefenen, tot op veertig meter doel. Er waren mannen die
tot op honderd meter een buideldas neerlegden.
Ik leerde dat ik tijd had. Dat was lang geleden.
Ik had tijd om te eten, te slapen, te jagen en te kijken.
Tijd om te kijken.
Naar de roze kaketoes. Ze hebben grijze ruggen en een
zacht roze frontje, zodat het, als een overvliegende
zwerm van richting verandert, lijkt of ze van kleur
wisselen.
Of naar de grote witte geelkuifkaketoes. Als ze op een
dode gomboom neerstrijken bedekken ze de takken als
een dikke witte laag bloesems.
Ik liep er luid schreeuwend op af en ze veranderden
weer in vogels en fladderden krijsend weg.

Kijken naar vogelbekdieren, dingo's, kangoeroes,
wombats, koala's.
De zwarte mensen verdroegen mij in hun midden.
Af en toe werd er zelfs vriendschap getoond.
Er werden mij vrouwen aangeboden.
Een kleine groep, onder wie de speerwerper van het
eerste uur, hield zich hardnekkig afzijdig.
Ze waren niet kwaadaardig, maar hadden niets met mij
vandoen.

De dagen wiegden voorbij en lieten nachten achter
vol dromen. Dromen waarin Pomp mij aan het lachen
bracht.
Ik moest terug.
Ik wist niet hoe.

Overdag waren er schoten gehoord en 's avonds
werd er ruzie gemaakt rond het vuur.
Er stak wind op en het woud werd zenuwachtig.

Een snerpende pijn in mijn benen deed mij schreeuwend
uit mijn slaap ontwaken.
Een groepje mannen wriemelde om mij heen in de
pikdonkere nacht. Mijn benen bloedden en ik slaagde er
niet in overeind te komen.
Ze rukten mij de kleren van het lijf en sleurden mij door
het woud met zich mee.
Ik begreep het niet. Zo plots.
Ik had het niet zien aankomen.
Een eind verder stond een patrouille hen op te wachten.
De zwarte mannen namen de zakken suiker en tabak
en verdwenen in de nacht. Ik hoorde het gerammel
van ketens.
Dan niets meer.

Pomp
Wailatpu. The place of the rye grass.
Een graanmolen, een missiehuis, een schooltje voor
indiaanse kinderen.
Een smidse.
Waarin vader met elk hersteld karrenwiel een blank
gezin verderop helpt.

Herfst.
Een laatste winter.
De eerste sneeuw.
Vader heeft de hamer in het vet gelegd.

Een paradijs herschapen in een vlammenzee.
Adam, Eva en de anderen uitgeroeid.
Ik werd gespaard, blind was ik geen ooggetuige.

De Slangen waren onthoofd.
Washaki, blankenvriend, bezorgde ons volk een prachtig
reservaat in de Wind River Valley en kreeg een
Amerikaanse vlag op zijn kist en een gebeitelde grafzerk:
'Trouw aan de regering en haar blanke broeders.'

Ik streek neer bij de Hopi.
Old Oraibi.
Het Kind zou komen.
Het wachten was begonnen.

Het Kind
Het Kind had bij zijn ontsnapping een soldaat en
een hond gedood.
De strop hing klaar.
De rechters hadden echter tot hun verbazing gemerkt
dat vele gevangenen graag stierven. Het strafkamp was
ze in wezen een zwaardere straf. Dat gold niet voor alle
strafkampen. Wel voor Norfolk Island.
Enkele kampen hadden een reclasserende werking.
Niet Norfolk Island.

Het eiland lag duizend mijlen buiten de kust.
In de lange ellendige geschiedenis van het strafkamp was
er niet één ontsnapping geweest en het aantal pogingen
lag bijzonder laag. Het was eenvoudigweg onmogelijk.

De man die ten tijde van het Kind de leiding had over
Norfolk Island heette James Thomas Morisset. Morisset
was door het leger gevormd.
Zijn familie had niet het fortuin bezeten om hem
een officierstitel te kopen en James Thomas had het
allemaal zelf gedaan.
De granaat die, tijdens de slag bij La Albuera, vlak naast
hem was ontploft, had van zijn gezicht een slecht gelukt
carnavalsmasker gemaakt.
Zijn mond liep schuin omhoog en bracht, wanneer hij
sprak, fluitende geluiden voort.
Aan één kant waren kaaksbeen en jukbeen verbrijzeld en
nadien vergroeid. Tijdens gesprekken placht hij die kant
van zijn gezicht uitdagend vooruit te steken, alsof hij
degenen met wie hij sprak tarten wilde een andere kant
uit te kijken.
Wat de gevangenen betrof: 'Hij kende hen.'

Toen ik vier jaar geleden op Tasman-schiereiland was
aangekomen had ik gezworen er nooit te zullen blijven.
Een dergelijke eed was hier, bij de aanblik van Norfolk
Island zo zinloos dat, bij het uitspreken ervan, de
woorden me halverwege in de strot bleven steken en ik
aldus de vermoedelijke waarheid sprak: 'Ik blijf hier...'

Bakstenen maken, koraal branden tot kalk voor cement,
dennen verzagen tot planken, steen houwen in de
steengroeve. De natte groeve, een speciale straf, een
gedeeltelijk door de zee bedekt rif. Daar, onder water,
werden we verplicht steen uit te hakken. Ik had naar
zee gekeken. Dat mocht niet. Als ik dan toch zoveel van
water hield, kon ik het van dichtbij gaan bekijken.
Fluiten mocht niet. Praten mocht niet.
Zuchten mocht niet. Glimlachen mocht niet.
Zingen mocht niet. Niks mocht.
Werken moest.
Dit was een eiland. Overal was water. Kijken naar zee
mocht niet. Een enkele maal was er een schip te zien
aan de horizon. Bij helder weer. Naar een schip kijken
werd bestraft met drie weken 'doodstille cel'. De
mannen die niet keken uit angst voor de harde straf
begonnen te kotsen of kregen stuipen.
Er lag een web van verklikkers over het eiland gespreid.
Iedereen wantrouwde iedereen. Geen week ging voorbij
zonder dat een of ander duister complot werd ontdekt.
Met bewijsstukken en lijsten met namen en al.
Complotten die enkel uitvoerbaar zouden zijn geweest
mits een bovenmenselijke samenhorigheid.
Die was er niet. Die werd vakkundig ondermijnd.
Dag aan dag. Uur aan uur. Met alle middelen.

Er werd gevochten. Gemoord. Dat was de bedoeling.
Gunsten werden enkel en alleen bekomen door iemand
aan de geselpaal te praten.
Door bloedhandel.

Op een nacht hoorde ik Frayne zingen.
Die lange nasale uithalen warmden mijn hart
als destijds.

Ik werd wakker. Ik wou niet dromen.
Zijn lied klonk nog na in mijn hoofd.
Er was gestommel en gevloek in de barak naast de onze.
Dan werd het lied weer aangeheven.
Het was Frayne. Geen twijfel mogelijk.
Een van zijn uithalen werd afgebroken door een droge
slag en iemand viel.
Zingen mocht niet.

Het zou nog enige tijd duren voor ik hem ook te zien
kreeg. Ze hadden hem twee weken doodstille cel
gegeven.
Twee weken Ierland, zoals hij dat zelf noemde.
Hij had de commandant om verlenging gevraagd.
Daarop hadden ze zijn rug opengelegd.
We losten een bevoorradingsschip en droegen gepekeld
vlees op onze naakte ruggen.
Dat ontsmet de boel, zei Frayne.

Morisset werd vervangen door Anderson.
Anderson werd opgevolgd door Bunburry en
Bunburry door Ryan.
En niets veranderde.

Het knallen van de zweep, vloekende bewakers,
het gegil van pijn, gerammel van ketens, de bonkende
zee, ruisende dennentoppen, regen op het dak.
Zo klonk Norfolk Island, elke dag.

Een mond was een gat in je lijf. Spreken was niet
de bedoeling. Woorden waren schaars en moesten
worden losgewrikt van het versteende hart, als oesters.
Te lang ongebruikt hadden ze hun betekenis geruild.
Goed was letterlijk slecht geworden. Een goede vriend
was heel erg.
Hij verkocht je in ruil voor begunstiging aan die andere
goede vrienden die de zweep zo graag hanteerden.
Slecht was goed. Verdorven was beter dan rechtschapen.

'Pomp,' zei een bewaker, toen hij achter me langsliep tijdens het eten. Mijn keel sloeg dicht, mijn hersens kraakten.
'Pomp.' Hij zei het zoals je een straathond lokt en keek me vaag glimlachend aan.
Ik wilde vragen: 'Hoe kom jij aan de naam van mijn broer?'
Maar ik zei: 'Ik vermoord je.'

'Hoe kom jij aan de naam van mijn broer?'
Zoveel woorden op een hoop kon mijn mond niet meer aan.
Al lang niet meer.
'Hoe?' zou nog gekund hebben, maar 'ik vermoord je' was duidelijker.

'Vreemde naam,' zei de bewaker en liet mij achter.

De volgende dagen schoof de bewaker af en toe langs me heen en mompelde mijn broers naam. Hij maakte er een gewoonte van, als we in colonne terugkeerden van het werk, samen met zijn maten de naam te scanderen om het marsritme aan te geven.
Pomp! Pomp! Pompompomp!
Pomp! Pomp! Pompompomp!

Enkele gevangenen begonnen het spelletje mee te spelen. Ze wisten niet waar het over ging, maar elke afleiding was welkom.
Ik werd gek.
Waarschijnlijk was er een brief. Die werden sowieso opengemaakt. Maar misschien was Pomp zelf wel in Australië.
Waarschijnlijk niet.
Misschien wel.
Ik werd gek.
'Ze doen het voor hun lol,' zei Frayne.
'Bederf hun lol en ze zullen met nieuwe gegevens komen. Want ze willen hun lol en ze hebben geen geduld.'

Toen de bewaker de volgende dag 'Pomp,' zei,
antwoordde ik 'Pomp,' alsof we mekaar goedemorgen
wensten.
Bij de terugkeer naar het kamp na het werk, keelde ik
het marsritme mee uit volle borst.
Pomp! Pomp! Pompompomp!
's Avonds zei hij mij dat mijn broer een mooi
handschrift had.

Morisset, Anderson, Bunburry, Ryan.
Niets veranderde.

Ryan werd opgevolgd door Maconochie.
Een paar dagen nadat de nieuwe kampcommandant voet
aan wal had gezet op Norfolk Island, liet hij alle
oudgedienden aantreden op de binnenplaats van
de gevangenis.
De tweemaal veroordeelden en dubbel verdoemden,
Schotse bankklerken en inheemse verkrachters, Spaanse
legionairs en Maleise parelduikers, Engelse moordenaars
en Ierse vrijbuiters.
'Een meer demonisch uitziend gezelschap zou ik mij
nauwelijks hebben kunnen voorstellen,' schreef hij later,
en 'die zee van naar mij opgeheven gezichten was zo
ongeveer de geduchtste aanblik die ik ooit heb
aanschouwd.'

Hij kondigde het einde aan van het Oude Systeem en
beschreef ons het Nieuwe. Zijn puntenstelsel. Punten
werden verdiend door arbeidsinspanning en
gehoorzaamheid. Hoe meer punten hoe minder streng
het opgelegde regime. Men kon ook punten verliezen,
maar precies zoals er geen gunsten zouden bestaan,
zo zou de enige straf het verlies van punten zijn.

Het klonk belachelijk. Kinderachtig.
Maar er werd tabak rondgedeeld en rum geschonken en
gejuicht en gelachen en geweend en getoost op het
Nieuwe Systeem.

Maconochie liet de galg afbreken en hij werd samen met
de zwepen openbaar verbrand. We dansten wild krijsend
rond het vuur.
Bij de nasmeulende balken werd gezongen.
Frayne op zijn best.
Dan vroeg Maconochie iedereen rustig te gaan slapen.
Hij vroeg het.

Norfolk Island veranderde.
Je hoorde mensen praten en er werd vaak gezongen,
gelachen.
Lachen van plezier, omdat iets om te lachen was.
Het was verwarrend.
Na jaren van gefluister en gesnauw, zingen met gesloten
mond en lachen om leed.
Woorden kwamen van ver terug. Goeie woorden.
Bijna vergeten.
Er werd gespeeld. Spelletjes gespeeld. Gelezen.
Maconochie had een bibliotheek uitgerust.

John Gibb, een gevaarlijke, niet te vertrouwen gek, die
eindeloos gegeseld was en uren in de doodstille cel had
doorgebracht, bleek een geletterde man te zijn, die zijn
medegevangenen 's avonds voorlas uit Robinson Crusoë.

Maconochie gaf me de brief van Pomp.
Ik zat in de barak die nu dienst deed als kapel.
Er hing een kruis en er stond een altaar met een linnen
doek er overheen. En lange rijen banken.
Ik zat midden in de barak en de brief lag op de bank
voor mij. Vooraan op de eerste rij zat James Lawrence.
Voor de feestelijkheden ter gelegenheid van de verjaardag
van de jonge koningin, begin deze maand, had Lawrence
met een tiental andere gevangenen een theaterstuk in
mekaar gezet. 'Het kasteel van Andalusië'. Een opera
buffa. Lawrence had Don Caesar gespeeld. Hij was een
goed acteur.

Hij had al een paar keer omgekeken en schoof nu over
de rijen naar me toe.

'Waarom lees je hem niet?'
Ik keek hem schaapachtig aan.
'Familie?'
de brief was te onverwacht gekomen.
Lawrence nam de brief en bekeek hem.
'Pomp,' las hij. Hij keek mij aan en lachte.
'Doe je ogen dicht,' zei hij, 'ik ben je broer.'

Lieve broer,

Ik had zo vaak geweend bij de gezangen van Frayne.
En nu, hier, bij het horen van de brief van mijn broer,
die mij de dood van mijn vader meldde, kwam er niets.
Geen traan. Ik had hevige hoofdpijn midden in
mijn hoofd.
Lawrence staarde met vochtige ogen voor zich uit.
Hij had mooi gespeeld.

Buiten steeg gejuich op en er werd druk
heen en weer gerend.
Lawrence keek over zijn schouder naar de deur, stond op
en verliet de kapel.
Ik nam de brief en las.

Lieve broer,

'Maconochie heeft permissie gegeven te gaan
zwemmen.'
Frayne stond bij me. Ik had hem niet horen komen.
'Kom.'

's Anderendaags liet Maconochie zeggen dat ik bij de
groeve het nodige kon halen voor een gedenksteen.
De brief was jaren onderweg geweest en het klopte dus
niet, maar ik beitelde 7 juni 1840 in de steen.
De Smid, daaronder een kleine slang en dan 7 juni 1840,
de dag dat hij hier stierf.

In de zomer van 1843 bracht een schip majoor
Joseph Childs naar Norfolk Island.
Hij was vergezeld van een paar regimenten goed
uitgeruste mariniers. Maconochie gebruikte hetzelfde
schip om Norfolk Island te verlaten.
De avond van de dag voordien, had Maconochie ons
laten verzamelen op de binnenplaats waar hij ons drie
jaar geleden voor het eerst had toegesproken.
Hij keek ons lang aan, opende zijn mond om te praten,
bleef zo een tijd met open mond staan, alsof hij samen
met ons op de woorden wachtte, sloot hem dan,
keek naar zijn voeten en ging weg.
Wij wisten niet wat er gaande was.
Voor het slapengaan kregen we rum.

De volgende dag werden de galg opgericht, de zwepen
uitgestald, de moestuintjes verwoest, de boeken
verbrand, de ketens bovengehaald, het puntenstelsel
afgeschaft.

De haat die drie jaar lang bedwongen was geweest
laaide in volle heftigheid op.
Er werd geslagen, gevloekt, gegild, gemarteld.
De duivel was herrezen. De hel werd in ere hersteld.
Sommige mannen pleegden zelfmoord.
Anderen konden dat niet.
Hun godsdienst verbood hen dat.
Het beeld van Maconochie vervaagde langzaam.
Het was in die overgangsperiode, toen zijn beeld nog
even helder was, dat groepen gevangenen bewakers
overmeesterden en lootten om de dood.
De oplossing.
Geen zelfmoord. Afgesproken moord.

Er zaten een kort en een lang strootje in het busseltje.
De houder van het korte strootje werd gedood door wie
lang trok. Zo was de afspraak.
De moordenaar kon niet op Norfolk Island terechtstaan.
Hij zou naar de rechtbank in Sydney worden
overgebracht, samen met de getuigen.

De bootreis naar Sydney en het wachten op de
rechtspraak boden een kleine kans op ontsnapping.
Zoniet werd het de strop voor de doder en terug naar
Norfolk Island voor de getuigen.
Je kon er hooguit het leven bij inschieten.
Er viel niets te verliezen.

Frayne trok kort.
Ik trok lang.
De aangescherpte pin werd in mijn hand gestopt.
Ik had het zo gedroomd en daarna de slaap niet meer
gevat. Maar ik had nooit gedacht dat het werkelijk zo
zou gaan.
Ik trok wit weg en keek naar Frayne.
Hij zei: 'Doe me dat plezier.'
Het zinnetje tolde door de lucht en sloeg te pletter tegen
mijn hoofd. De anderen werden onrustig.
Iemand riep: 'Kom op.' Ik stapte op Frayne toe.
Hij kwam me tegemoet en omarmde me, duwde me
stevig tegen zich aan.
De gruwel.

Na aankomst in Sydney werden we opgesloten.
Morgen zouden de getuigen worden gehoord.
Jacob Field stierf die nacht aan dysenterie.
We wikkelden hem in een stuk zeildoek en beukten
met zijn lijk de deur in.

Daarna heb ik geen woord meer gesproken tot nu.
Mijn leven bestond uit eilanden en water en boten en
kusten en spoorlijnen, Topeca, Santa Fé en zoeken in
reservaten Florence Nebraska, Fond du Lac en navragen
bij Indian Affairs, Indian Tours Fred Harvey Company,
Lewis and Clark Exposition, Portland, Oregon.
Pomp was het woord dat mijn hele hoofd in beslag nam.
Ik ben terug.

5. Het Beeld

Pomp
   Ze hebben van moeder een beeld gemaakt.

Het Kind
   Ik weet het. Ik heb het gezien.

'From the women of the United States in memory of
Sacajaweja and in honor of the pioneer mothers of
Old Oregon.'

'This woman was an Indian, a mother and a slave. And
as she pointed out the devious way in the wilderness
that led at last to the home of her people, a man-child
on her back, little did she know that she was helping to
upbuild a Pacific Empire.
In honoring her, we pay homage to thousands of
uncrowned heroines whose quiet endurance and patient
efforts have made possible the achievements of the
world's great men.'[10]

NOTEN

[1] Vrij naar brieffragmenten geciteerd in: B. Gilbert, *The Trailblazers*, The Old West/Time-Life Books, New York, 1973, pp. 37-44.

[2] Speech geciteerd in: B. Gilbert, *The Trailblazers*, p. 24.

[3] Vrij naar de toespraak van opperhoofd Seattle bij de ondertekening van het verdrag van Port Elliott in 1855, geciteerd in: T. Lemaire, *Wij zijn een deel van de aarde*, Jan van Arkel, Utrecht, 1988, p. 28.

[4] Vrij naar Smohalla, Nez Percé en stichter van de droomreligie, geciteerd in: S. Davidson, *Stemmen uit de eeuwige jachtvelden*, Tango, Leiden, 1973, p. 62.

[5] Vrij naar Sioux-opperhoofd Vliegende Arend, geciteerd in: S. Davidson, *Stemmen uit de eeuwige jachtvelden*, p. 70.

[6] Vrij naar Canassatego bij de ondertekening van het verdrag van Lancaster op 4 juli 1744, geciteerd in: T.C. McLuhan, *Want de aarde is onze moeder*, Hollandia, Baarn, 1973, pp. 13-14.

[7] Shawnee-opperhoofd Tecumseh tijdens een bijeenkomst in oktober 1811, geciteerd in: S. Davidson, *Stemmen uit de eeuwige jachtvelden*, p. 93.

[8] Vrij naar opperhoofd Zon, geciteerd in: S. Davidson, *Stemmen uit de eeuwige jachtvelden*, p. 114.

[9] Navajo, geciteerd in: T.C. McLuhan, *Dream Tracks. The Railroad and the American Indian, 1890-1930*, Harry N. Abrams, New York, 1985, p. 145.

[10] Speech bij de inhuldiging van het standbeeld van Sacajaweja, geciteerd in: J.S. Reiter, *The Women*, The Old West/Time-Life Books, Alexandria, Virginia, 1978, p. 5.

Enkele passages uit 'Terra Incognita Australis' zijn geïnspireerd op R. Hughes, *De fatale kunst. Het epos van Australië*, Kritak, Leuven, 1989.

22.

Mexico-stad, juli 1991. *Total eclips*. Over enkele dagen zal de maan tussen ons en de zon schuiven en ons voor enige tijd licht en warmte ontnemen. Eclips-T-shirts, eclips-petjes, eclips-posters, eclips-brilletjes, zonnetjes, maantjes, eclips-muziek, vuurwerk, oude rituelen op immense podia, borelingen krijgen sol of luna toegevoegd... de stad wordt zot. Hier werden ooit uitgerukte harten aan de zon geofferd. Het zit nog diep. Een gesprek over wat anders is nauwelijks mogelijk. Televisie, radio, kranten: ECLIPS. Ik kan het woord niet meer horen. 'Je ontkomt er niet aan,' zegt onze Mexicaanse begeleider, 'waar je ook gaat, het zal, tot het gebeurd is en zelfs nog een tijd daarna, enkel daarover gaan.' Over een paar weken beginnen de opnamen voor de film die wij hier komen draaien. Het liefst zou je aan niks anders meer willen denken, alleen nog daarmee bezig zijn, maar ECLIPS zet zich als een bloedzuiger vast op elke gedachte, wrikt gesprekken open en verstikt ze als een woekerplant. Als we niet opletten sluipt ze het draaiboek binnen. 'Laten we ze verfilmen,' zegt iemand, 'misschien is het bruikbaar materiaal.' Wat heb ik gezegd? Maar we denken er toch over na. Het is misschien niet eens zo een slecht voorstel. *If you can't beat haar, join haar.* We trekken met een kleine ploeg de stad uit, wat op zich al een verademing is. We gaan naar een plek die is uitgezocht als decor voor een scène uit de film. Een scène waar, áls het materiaal later bruikbaar zou blijken te zijn, misschien wel een zonsverduistering in zou kunnen... ach, we zien wel.

De eerste keer, een jaar geleden, dat we de betreffende plek bezochten, werd er op ons geschoten. We waren door omstandigheden aan de late kant. We reden bij valavond door een enorme vlakte, in de verte afgezoomd door het gebergte, dat zich scherp afzette tegen de avondlijke hemel. Hier en daar stonden groepjes bomen die belachelijk goed op Italiaanse bloemkool leken en zodoende de vlakte het uitzicht van een reusachtige, slecht onderhouden moestuin gaven. Onze Mexicaan zei dat hij hier ooit, omstreeks dezelfde tijd, een vliegtuig had zien landen. En niet zo een klein toeristje, maar een echte... en hij noemde een naam die ik nu alweer vergeten ben. 'Het vliegtuig dat met draaiende motoren op Humphrey Bogart staat te wachten tijdens de eindscène van Casablanca,' zei hij. 'Waarom landde dat hier?' vroeg ik. Hij keek me aan met een geheimzinnige glimlach en zei: 'Ik ben het niet gaan vragen.' Even later stapten we uit, volgden hem naar een omheining, klommen eroverheen en werden beschoten. Die plek.

Nu, een jaar later, is alles geregeld. De opziener is betaald om zijn geweer in de kast te laten en we lopen door de poort het domein in. Honderd vijftig jaar geleden heeft iemand hier een perfect cirkelvormige vijver laten uitgraven, een goeie vijftig meter doorsnede, en de oever op regelmatige afstand beplant met platanen. Honderd vijftig jaar geleden. Nu staan de bomen als reusachtige wachters rond de plas, alsof daarin iets heel kostbaars wordt bewaard. Met dikke laag over het water hangende takken en takken die zich verstrengelen met andere takken en takken die reiken tot hoog in de lucht. Een koepel van zacht ritselend groen met hier en daar een gat waardoor het zonlicht flikkerend op het water slaat. Enkele stammen zijn van ouderdom uitgehold en zwartgeblakerd door de vuurtjes die de opziener en zijn maats erin aanleggen als ze hier komen drinken en geen pottenkijkers willen. De oever is één woekering van naar water zoekende wortels. De natuur heeft hier jarenlang haar gang kunnen gaan, maar de mensenhand blijft voelbaar in de perfecte ronding van de vijver en de regelmaat van de bomenzoom. Dat maakt het spannend. En stil. Zo stil is het hier.

Ik had er wat smalend over gedaan. ECLIPS. De camera werd klaargemaakt. Er werden grappen gemaakt. Veel gekakel. Niemand had hier ervaring mee. Er moesten filters op de camera, dat wel, maar welke en hoeveel? We zien wel. Het is hier in elk geval een aangename plek. Als een mens dan absoluut een eclips moet zien. Hier dan. Het eerste wat wegviel was ons eigen gekakel, herinner ik mij. En niet vanwege de concentratie, maar omdat het ongelooflijk was. De maan schoof voor de zon. Plots was het ernst. Nu weer, terwijl ik het opschrijf, gaat er een huivering over mijn rug. Hoe die plek, die oase en de vlakte eromheen en de bergen in de verte, hoe alles veranderde. Hoe het grijs uit elke kleur tevoorschijn kroop, niks nog schaduw had en alles schaduw wérd. En kil. Het zweet op onze blote bovenlijven dat koudweg opdroogde. De vogels, die eerst in paniek hun kelen schor hadden gekwetterd en even plots hun bek hielden, ineengedoken op de takken. Een hele dunne wind die door de bladerkoepel blies. De rimpels op het brakke water. Alles in de war. Half gesloten bloemen op de middag. Ver in de bergen ontstaken de vrachtwagens hun lichten. Balkende ezels. En dan viel alles stil. Doodstil. De zon was weg.

23.

Hoe lichtgevoelig wij zijn. Een beetje zon en morgen bestaat niet meer. Ze zitten neuriënd in de metro omdat ze weten dat bovengronds de zon schijnt. Alles lacht en kwebbelt: dat het toch ongelooflijk is wat een beetje zon doet! En waar naartoe dit jaar? Naar Spanje. Elk jaar. Als motten naar de lamp.

24.

Terence Mallick heeft twee mooie films gemaakt. *Badlands* (met de jonge Martin Sheen en de tijdloze Sissi Spacek) en *Days of Heaven*. Laatstgenoemde film is voor een groot deel opgenomen tijdens wat men 'the golden hour' pleegt te noemen. Het gouden uur. Wanneer de zon de wereld vriendelijk over de bol aait voor het slapengaan. Alles verguld. Het weidse land van Alberta. Het grote houten huis (bijna schreef ik gouden) en Richard Gere in de schommelstoel op de veranda, de staande klok binnenin waarin het warme goud zich spiegelt. De zwarte schuren in het open veld en de met blik herstelde daken. Het blikkerende rad boven de waterput. De spoorweg: vloeibaar goud tot in de hemel. Stapels voor de winter gekliefd hout, dat overdag nat gehouden wordt, diep diep oranje nu. Het overrijpe koren, de donkerbruine merries, de dagloners die zich wassen bij grote kuipen, de kuipen zelf... alles gouden gloed. Een wereld zonder behoefte aan de hemel. Ik heb de film meerdere keren gezien en telkens kwamen de brandende korenvelden als een nekslag. Alles wordt in één nacht door het vuur verteerd. Pas dan weet je weer dat deze film over armoede en uitbuiting gaat.

25.

Nog zon. En een verraderlijke. Omdat er op de Benedenwindse Eilanden altijd een briesje staat, zodat je de hitte niet voelt. Curaçao. We hebben een pianist mee. Een vriendelijke, roodharige jongen met een zacht roze velletje. De bungalows worden toegewezen en er mag geen seconde verloren gaan: reeds spreidt hij zijn badlakens en gooit zich ten prooi aan de koperen ploert. Want dat is haar naam hier. Een klein uur later loopt er een vuurrode pianist over het eiland. De daaropvolgende dagen is hij vooral met zalfjes in de weer. Zijn spel, dat wij als vloeiend kenden, is die avond opvallend staccato. Elke toets een gloeiend kooltje.

26.

Wie 's middags buiten is, zoekt beschutting in de smalle streep schaduw van een muur of maakt zich klein onder een dadelpalm. Want ze staat hoog. De bewakers van het hoteldomein liggen op het betonnen vloertje van hun hut. Ze slapen. Dat is het beste wat je tot drie uur kan doen. Het hele eiland slaapt. Dan laten kleine lenige lijven zich zakken langs de heiningmuur en ploffen meters lager in het zand. Ze schieten van palm naar palm en vliegen als apen tegen de hoge stammen op. Op het betonnen vloertje rekt zich een bewaker. Alles blijft doodstil. Er zitten er zeker vijf in de bomen en evenveel maken zich dunner dan de stam. Eentje zit naast mij ineengedoken en houdt lachend zijn vinger op de lippen. De bewaker draait zich op zijn buik en zoekt met alles wat hij heeft de koelte van het vloertje. Op slag ploffen overal om mij heen dadeltrossen in het zand. Degenen die beneden wachtten, slepen ze met een vliegende vaart tot bij de muur en zwieren ze in het verlengde van hun loop, hoog op, over de muur. Dat gaat zo een tijdje door. Ze lopen mij lachend voorbij en leggen af en toe de vinger op de lippen. Maar hier wordt hard gewerkt en met een snelheid die je niet voor mogelijk houdt. Plots een korte, nog half ingehouden kreet van pijn ergens tussen het palmloof. Meteen staat alles stil. Als op bevel. Allen kijken ze naar één punt, de bewakershut. Het vloertje. Een bewaker krabt zijn kop en komt kreunend overeind. Wat nog in de bomen zat is in twee, drie sprongen langs de stam beneden en buitelt door het zand. Iedereen grist de trossen mee die op zijn weg liggen en slingert ze over de muur om er dan zelf tegenop te klauteren (ze kennen elke uitstekende steen, elk gat, elke barst in de muur.) De bewaker is een eindje in hun richting gelopen, vloekt wat, steekt een vuist op. De jongens zijn al weg. De man loopt naar een achtergelaten tros, plukt een dadel en proeft. Onze blikken kruisen. Hij sleept de tros naar mijn plekje onder de boom. 'Hier,' zegt hij 'ze zijn lekker.'

Zonneslag

En brandend sloeg zij mij zonder verwijt in 't
aangezicht.
Ik had haar lief in 't lommer, had ik haar gezegd,
ze sloeg.
Ik had haar lief bij avond als ze zakte, liefst in zee,
ze sloeg.
Zelfs als ze stralend opkwam, 's ochtends, en mij 't bed
uitjoeg,
had ik haar lief, zei ik. Ze sloeg en sloeg en ik viel neer.
Ik sta intussen weer en weet: ik hou van
wisselvallig weer.

Boken heeft mij aan zijn moeder voorgesteld. Madame Mathieu. 'Ik ga met mama vrijdag mosselen eten Chez Henri, heb je zin om mee te gaan?' 'Alleen als ik het etentje mag aanbieden,' zeg ik. 'Ja,' zegt hij, 'maar je geeft me het geld vooraf en ik betaal de rekening. Iedereen gelukkig: mama maakt zich geen zorgen om mij, want ze ziet dat ik wat geld heb, ik spaar geld uit en jij hebt je zin.' En dan dat slimme lachje in zijn ogen. Hij zegt dat hij vandaag zo vrolijk is omdat hij een gedichtje van Rudi ter Haar heeft gevonden. Uit: *Citroen, Citroen ("Loof de Heer" is Kampioen)*. De uitvinding van de romantiek, is de titel en het gaat: De zon gaat onder, ik voel me bijzonder. Dat is het, dat is alles, twee regeltjes. Dat heeft hem vrolijk gemaakt. We zien mekaar nu regelmatig, zonder dat we afspraken maken. Ik vind hem in de boekhandel of op het Muntplein bij de fontein of op de trappen van de Beurs.

Madame Mathieu heeft me uitgelegd hoe het komt dat haar zoon Gregory heet. Haar man zaliger was helemaal weg van *De Kanonnen van Navarone* met Gregory Peck in de hoofdrol. Hij had op het einde van zijn leven nog een videorecorder gekocht en de cassette van de film. Hij bekeek hem minstens één keer per week. Verder hield hij niet van film. Er heeft nooit een andere cassette in de recorder gezeten. Ze is een iel oud dametje, bijna doorschijnend. Zo voorzichtig. Zo beleefd. Als ze naar het toilet moet, neemt ze haar handtas en schuift behoedzaam tussen de tafels door. Bij de deur staat een lage kast met daarop stapels glazen asbakken. De deur naar het toilet is ook de deur naar de keuken en als madame Mathieu ze wil openmaken komt een dienster met een vol dienblad de zaal ingestoven. Madame Mathieu wijkt uit, overdreven bezorgd, en stoot daarbij een stapel asbakken om. De toren klettert tegen de vloer, de scherven springen alle kanten op. Ze dekt met haar dunne handen haar oren af en kijkt verschrikt naar Boken. Zegt: 'Ik ben altijd zo bezig de mensen niet lastig te vallen, dat ik niet zie waar ik loop.'

Ze wou gaan kijken of het schooltje er nog stond. Ze is drie jaar en een half en ze heeft haar eerste grote schoolvakantie bijna achter de rug. Ze vindt dat twee maanden lang is, zegt ze, langer nog dan drie jaar en een half. We rijden langs een binnenweg naar het schooltje want de 'buitenweg' vindt ze te druk. De 'zotte mensen' rijden te snel en dan kan ze niet goed kijken. Ze hoopt dat het schooltje niet op reis is of in elk geval al terug is, want de zon was ook al heel de zomer op reis geweest en Anton ook en zij vindt het veel fijner dat alles en iedereen gewoon thuis blijft en overdag naar school gaat. Ze kan zinnen bouwen waar geen eind aan komt. Soms kijk ik op de dagteller bij het begin van zo een zin. Haar record is een nogal ingewikkelde, maar begrijpelijke constructie van twee kilometer en enige meters. Het is nu al een tijdje stil op de achterbank. Ze zit op iets te broeden, voel ik. En dan:

'Maar papa... weet je, ik vind de meneer van de koelkast niet lief.'

We waren naar een nieuwe koelkast gaan kijken en terwijl de man van de winkel mij inlichtte over de voordelen van de duurste, was zij in een grote vrieskast gaan zitten. De man had haar streng toegesproken.

'Sommige mensen zijn lief,' zeg ik, 'andere niet.'

'Ja,' zegt ze, 'sommige mensen zijn lief en de mama is een sommige mens.'

'Dat is waar,' zeg ik.

Het blijft weer een tijdje stil en dan vanuit het niets:

'... en papa is een slechte mens.'

Ik schrik van zoveel inzicht.

'Ah ja... papa is een slechte mens want papa heeft toch slechte ogen?'

Blij met deze uitleg, doe ik er een schep bovenop:

'Papa is ook een válse mens,' zeg ik, 'want papa heeft valse tanden.'

'Ja,' zegt ze 'papa is een valse en een slechte mens... maar ook wel een beetje een sommige mens.'

'Dat is lief,' zeg ik.
'Ja,' zegt ze, 'sommige mensen zijn lief.'

27.

In Antwerpen worden door de stad hokjes voorzien, waar moeders, een beetje uit het zicht, hun kind kunnen zogen. Omdat borstvoeding een natuurlijke aangelegenheid is. Er klopt iets niet. Wij en onze lijven. In de zomer schilder ik rode bollen op mijn richel, roep ik, dan lijkt het of ik een zwembandje om heb. En lachen. Mijn peervorm. Het doet mij allemaal niks. Ik heb mijn lijf aanvaard. Maar ik heb opvallend weinig spiegels in huis. Eentje welgeteld. Boven de wastafel. En we hebben één terrasdeur met een foutje in het glas, wat mij bij valavond een flatteus spiegelbeeld oplevert. Jazeker droom ik zo bij tijd en wijle van de omgekeerde driehoek. Nooit in de winter. Altijd 's zomers. Maar luister eens: toen ik in Japan de allereerste keer in een kimono werd gehesen, was daar enkel lof voor de zachte welving net boven de ceintuur. Boeddha is het voorbeeld. Een kimono zonder een beetje buik is als een veel te grote jas. Buikje is Welstand. Ons voorbeeld: Christus. (Zou het daarmee te maken hebben?) Lijden dus. 's Ochtends, voor dag en dauw, op dure Nikes door de bossen. Kilometers malen. Scherp staan. Poten af van al dat lekkers. Eén glaasje wijn bij het eten. EENTJE. En niet ook nog een Lagavullin of een Oban of een Glenlivet of een Tamdhu of een Talisker of een Bushmills (ik zwel terwijl ik de naampjes noteer.) WATER. Veel water. En zweten.

28.

Een bar in een veel te warm land. De muren hebben een patine van jaren. Tafeltjes en stoelen uit de refter van de paters van het Heilig Hart. De baas leest staande de krant en zij danst. Ik zit hier al een goed halfuur en al die tijd heeft ze gedanst. Muziek uit de radio. Tijdens de nieuwsberichten wiegt ze heen en weer en kijkt naar het plafond. Ik weet niet of ze luistert. Dan is er weer muziek en tolt ze tussen de tafels door. Met

één hand houdt ze haar wijde rok iets op, de andere hangt ergens hoog in de lucht. Soms kijkt ze met haar kleine, kort-
gekapte vogelkop diep in de grond, de heupen doen het zware
werk. Soms gooit ze hem hoog op, in de nek en nemen de
schouders het over. Het zweet staat op haar bovenlip. Ze komt
nu heel dichtbij en kijkt naar mij en laat zich vallen op een
stoel.

Qui voilà, zegt ze.

Ik was al aardig in de war, nu ken ik mijn eigen naam niet
meer.

Vous dansez bien, zeg ik.

C'est tout ce que je peux faire, zegt ze.

Sinds ze gesproken heeft, heeft ze haar blik niet afgewend.
Ik zoek mijn sigaretten.

Vous voulez boire quelque chose, vraag ik.

Oui, zegt ze. En dan: Buvons!

Dit is een tank. Dit is een hele mooie tank.

(Zo een die ze tijdens de oorlog niet durven inzetten uit
schrik dat ze door de vijand beschadigd wordt.)

Ou bien manger, zeg ik. Je vous paie à manger.

Oui, zegt ze, invites-moi. Un restaurant plein de monde.
Montres-moi.

29.

Laten zien! Laten zien! Echt waar hij heeft er maar één meer.
Zoals een heks. Echt waar! Kom nonkel laat het hem eens
zien... alstublieft...! Ik heb voor mijn neefje ooit mijn valse
tanden uitgenomen en nu brengt hij vriendjes mee om dat te
komen zien. En stwaks dwaai ik mijn been uit, zei ik hem,
terwijl ik mijn gebit in mijn handpalm hield. En daawna mijn
awm, enzovewdew tot ew niks meew ovewblijft. Ik kan mezelf helemaal uiteen halen. 's Avonds leg ik de stukken in de
kast en ga slapen. Met zijn mond halfopen en ogen die het
zagen gebeuren en zijn kleine brein dat kraakte in zijn voegen. Toen lachte hij en liep heen. Een nachtmerrie voor hem,
een droom voor mij.

30.

Ik heb het al eens opgeschreven: ik ben van mening dat massage als vaste leerstof moet worden opgenomen in het lessenpakket van onze scholen. Ik meen dat. Ik heb in de les anatomie, op kleurprenten, wel gezien hoe ik ongeveer in mekaar zit, maar voelen onthou je beter. (Wie niet horen wil moet voelen, nietwaar.) De lichaamsconditie van onze scholieren zou beneden alle peil zijn. Massage maakt weliswaar enkel de spieren los die er zijn, maar het lijkt mij geen slecht begin. Sociaal gezien is massage een topper. Je doet iets voor mekaar. Je doet mekaar deugd. En als je het toevallig bij iemand moet doen die je niet zo ziet zitten, dan geef je een iets hardere massage. Dat lucht op. Fysiek contact met aandacht voor de ander. Niet slecht toch. Dat het laffige, wufte sfeertje dat rond massage hangt wordt doorgeprikt is meegenomen. Erotiek yes! En aardrijkskunde! Stromen en rivieren, bergen en dalen en grenzen. Had ik indertijd vrienden gehad die mijn betonnen bovenkant hadden kunnen loswerken, voor het mondeling examen, mijn leven had er misschien helemaal anders uitgezien. Ontspannen op school, stel je dat voor.

Verder wil ik hier nog betogen dat later, in eender welke huwelijkse staat, problemen voorkomen die met een vriendelijke massage kunnen worden opgelost. Bijvoorbeeld: DAT IS ALTIJD HETZELFDE MET U, roep ik verongelijkt. Ze staat een tijdje schuldbewust in het deurgat. Kom, zegt ze dan, ga zitten. Ze knijpt mijn nek fijn tussen duim en wijsvinger, trommelt op mijn schedel tot het me schemert voor de ogen, ranselt mijn monnikskapspier onder mijn oksels en snokt liefdevol mijn schouder uit de kom. 'T IS TOCH WAAR ZEKER, jammer ik. Een beetje wel, zegt ze. En dan is het al bijna over.

31.

Een dikke vrouw die er toch goed wil uitzien, trek ik geen strak pak aan, zegt Frans Molenaar. Haar kleding moet bewegen, dan zie je die vormen minder bubbelen. Ik wil mensen mooier maken, dat is mijn roeping, het leven mooier maken. Voor Wim (Kok) maakt hij een driedelig pak en zegt tegen Rita (Kok) dat ze ervoor moet zorgen dat hij het vest aantrekt. Dat maskeert het buikje. Zelf heeft hij een paar jaar terug een face-lift genomen (sic) Hij was toen wat kilo's afgevallen en dan gaat het in het gezicht wat hangen. Dat wilde hij niet, dat moest even gecorrigeerd worden. En zo balkt de Amsterdamse couturier vanop zijn verhoogje nog een tijdlang door. Dat slag volk dat het leven mooier wil maken.

32.

Vader gaat met zoontje naar het dierenpark. Straks, zegt vader, komen we bij de pauw. Het is een prachtige vogel met een enorme staart, die hij kan openvouwen als een waaier. Als hij dat doet roept hij jouw naam. LEOOO! LEOOO! Het jongetje kijkt pa met grote ogen aan. Mijn naam?! Jouw naam. Leo? Vader knikt. De bocht om en daar staat hij. Zijn kroontje een beetje kaduuk op zijn kop en de lange vedersleep achter hem aan. En yes! Daar gaat hij. Als een waaier in glimmend groen en blauw. Het jongetje in alle staten. De vogel zet een borst op en stoot het schor uit: ARRRMAND! ARRRMAND!
Het is nooit meer goed gekomen.

33.

Dat de Duitsers het leven mooier hebben willen maken, weten we. Maar dat ook de Zweden, de Noren en de Denen daar tussen 1935 en 1976 mee bezig zijn geweest slaat ons met verstomming. Ze hadden een opvallend goeie reputatie, dat wel. Wij wilden na de humaniora liever naar Denemarken dan naar de universiteit. Groot, blauwe ogen en blonde haren en toch geen Duitsers. Dat had wel wat. Bovendien woei er een vrije wind door die noordelijke koppen. Allen daarheen. Nu komen ze ons vertellen dat ze 'Mengeletje' hebben zitten spelen. Meer dan honderdduizend mensen, meestal vrouwen, die genetisch minderwaardig werden beschouwd, werden gesteriliseerd. Mensen met leermoeilijkheden, zwerversneigingen, horrelvoeten, dikke brillenglazen of een spraakgebrek. In Duitsland was dat een rechts initiatief, in het Noorden werd het door links gedragen. Links, Rechts, Voor, Achter, wat maakt het allemaal uit. Eenmaal dat ze daarboven zitten, krijgen sommige lieden ideetjes en de anderen zijn doorgaans te schijterig om daar tegenin te gaan.

34.

Tout le monde nous regarde, zegt ze als we aan tafel zitten.
Vous aimez ça?
J'aime bien qu'ils se demandent pourquoi je sors avec toi.
Ik kan mijn sigaretten weer niet vinden.
Pourqoui vous sortez avec moi? vraag ik terwijl ik zoek.
Parce que j'adore qu'ils se posent la question, zegt ze.

JAPANS DAGBOEK (1)

Gaijn

Brussel 15 december 1991

De ouders van mijn vrouw hebben een restaurant in Fukui, bij de Japanse zee. Broer Toshihiro studeert aan de koksschool in Osaka en maakt zich op om de zaak over te nemen. Met zusje Masayo is er iets mis gegaan bij de geboorte. Zij is drieëntwintig en leeft het leven van een zesjarige. Zij is mijn lerares Japans. Wij gebruiken niet van die omslachtige zinsconstructies, maar korte, duidelijke woorden. Als wij in bad willen zeggen wij: 'bad' (o furo) Hebben wij honger, zeggen wij 'eten' (taberu) en als wij het lekker vinden zeggen wij het ook (oishi) Wij zijn net genoeg ter taal om ons door het dagelijks leven te slaan en hebben daarbij het onschatbare voordeel dat er niet overdreven veel van ons verwacht wordt. Als ons dat zo uitkomt begrijpen wij geen woord.

De jumbo van SABENA is al een beetje Japan. De bemanning is gemengd Belgisch-Japans en onze medereizigers lijken, op een paar uitzonderingen na, allen meer op mijn vrouw dan op mij. Fumiyo zucht als een oude vrouw. Ze vindt dat de reis lang duurt. Ik zeg dat de mensen er ooit twaalf uur over deden om te voet van Brussel naar Gent te lopen, terwijl wij straks in Tokyo staan. Ze vindt het een slap argument. Twee jaar is lang als je mensen mist en aan dat laatste uur van die twee jaar komt gewoon geen einde.

Wij landen in Osaka en de druk van het dalen veroorzaakt een snijdende pijn die het tracé van mijn sinus haarscherp op mijn voorhoofd tekent. De tranen springen in mijn ogen. Fumiyo kijkt mij bezorgd aan. Ik stel haar gerust, maar in de aankomsthal staat het water mij nog steeds in de ogen. De familie die ons opwacht moet lachen om zoveel ontroering en ik krijg schouderklopjes en klapzoenen. Klapzoenen in Japan. Ik ben blij dat ik terug ben. Ik zak diep weg op de achterbank van de Nissan Laurel en slaap voor het eerst zonder te denken dat ik de telefoon hoor.

De eerste dagen verliezen we aan beleefdheidsbezoeken. Iedereen weet dat we er zijn en dus moeten we hen dat gaan zeggen. Doorgaans is dat een saaie bedoening. 'Omiyage' is het Japanse woord voor het geschenk dat je bij dergelijke bezoeken hoort te overhandigen. Meestal wordt het pakje over de 'tatami' naar de gastvrouw of -heer toegeschoven en wordt er bijverteld wat erin zit, zodat het niet hoeft opengemaakt en de ontvanger het op zijn beurt bij een bezoek kan doorgeven. (Zo dwalen er duizenden pakjes bedorven koekjes door Japan.) Maar bij tante Koharu gaat het er anders toe. Zij maakt de doos Belgische pralines open en bij het afscheid zullen ze op zijn, wees daar maar zeker van. Koharu. Kind van de Lente. Zij is vierentachtig nu. Zij is haar hele leven een geisha geweest. De gratie waarmee zij, nu nog, door haar kleine huisje schuifelt is verbluffend. Ze zingt voor ons en zegt dat ze gelukkig is dat we er zijn en ze huilt een poos. Zij was tégen ons huwelijk. Ik was geen Japanner. Ze draaide bij toen ze mij in kimono zag en vond dat ik er toch een beetje Japans uitzag. (Een aap in een kimono ziet er ook een beetje Japans uit.) Tijdens het feest kwam ze met me drinken. Ze wees met een breed armgebaar naar de familie om ons heen: anders dan ik, zei ze, zijn zij allen getrouwd en toch ben ik de enige die de liefde heb gekend. Fumiyo vertelt haar dat we morgen naar Nara willen. De belangrijkste tempelstad in Japan. Ze herinnert zich dat ze daar ooit met de kleine Fumiyo is geweest en dat die kleine slons het toen in een of ander heiligdom in haar broek deed. Ze herinnert zich dat ze die broek ter plekke heeft uitgewassen met gewijd water. Ze neemt een lange haal aan haar sigaret en bedenkt tijdens het uitblazen van een dikke blauwe wolk dat dat water daar eigenlijk voor dient. Om de stront weg te wassen. Kind van de Lente.

Bij de 'Todaiji' verkoopt een man warme, zoete aardappelen. Fumiyo heeft honger. Vijfhonderd yen: honderdveertig Belgische franken voor een zoete patat. Mijn vrouw geeft hem de volle laag. Het is overal ter wereld hetzelfde zeg ik, ze hangen rond de tempels en sjacheren en bedriegen tot het donker wordt. Hoog tijd dat er nog eens iemand met de zweep invliegt. Fumiyo lacht luid. De zoete aardappel spat alle kanten uit. Jaren geleden heeft ze de bijbel in het Japans gelezen. Toen ik haar toentertijd vroeg waarom ze dat in godsnaam deed, antwoordde ze: 'pour mieux apprécier vos blagues.'

Daar in de bergen rond Nara laten de boeren, op kleine tafeltjes langs de weg, netjes gestapelde hoopjes groenten en fruit achter zonder bewaking. Je neemt zo'n hoopje mee en laat wat geld achter. Soms ligt er een kaartje waarop staat hoeveel je geacht wordt te geven, soms ook niet. Ik wil meer geven dan op het kaartje staat, maar mijn vrouw zegt dat dat onbeleefd is. In de verte is een cultuurschok hoorbaar.

In vele landen van de wereld heb ik mijn ogen gesloten en geluisterd. Een land heeft een klank. Bij de Kasuga-tempel ga ik op de rand van het kleine waterbekken zitten en doe het weer. Zwarte raven slaan ka! ka! hun vleugels uit. Kleine klokjes worden beroerd door de wind en brengen zo de smeekbeden van bange mensen naar god. Het heldere water van de Kasuga-berg schuift door een gekliefde bamboestam en druppelt in het bekken. Het soort druppelen waardoor je denkt dat je moet gaan pissen en als je dan gaat komt er niks. Het eerbiedige geschuifel in het grind van nog een paar bezoekers. En puut! puut! pooit! puut! De raven vliegen op. Ik open mijn ogen en draai me om. In de licht golvende mostuin achter mij, tussen de frêle icho-boompjes, staat een tempeldienares in vol ornaat, met een mobiele telefoon in de hand. Nog even denk ik en ze faxen naar Boeddha. Later in de stad krijg ik gelijk. Ze faxen naar Boeddha.

Fumiyo zou iets kleins kunnen eten, zegt ze. Fumiyo kan altijd wel iets kleins eten. Ze koopt visballetjes op spiesjes. Meteen wordt ze omringd door een groepje herten. Nara loopt vol herten. Ook midden in de stad. Ook tussen het verkeer. Een duizendtal herten die visballetjes lusten. Japanse herten. Ze waren er voor de mensen en genieten goddelijke bescherming. Enkele jaren geleden werd er een wijfje geboren met een wuivend wit pelsje op het voorhoofd. Shiro-chan. Ze werd ongelooflijk populair in het hele land. Een paar jaren na haar geboorte kwam ze om in een verkeersongeval. Japan rouwde. Maar Japan weet dat ware schoonheid een kort leven beschoren is. Dit land is een vulkaan. Een uitbarsting. Een schokgolf. Er komt al eens een taifoen langs of een bom. Of een keizer zegt dat hij de hele tijd gelogen heeft. Maar uit het puin staat nieuwe schoonheid op. De kersenbloesem waait elk jaar als een roze golf van het zuiden naar het noorden over het land, licht overal even op en dan komt de wind. Dan drinkt en zingt en lacht en huilt het land onder de bloesemregen. Schoonheid is een flits. Wachten heet het werkwoord.

Het oudste beeld van Kangiten, de god die de familie behoedt voor allerhande onheil, staat in een kleine, wat verweerde tempel, diep in de bossen van de Kasuga-berg. Wij zijn hier helemaal alleen. De klim was zwaar voor de vermoeide danserskniëen van mijn maat, maar de moeite waard, vindt zij ook. Het is nog ochtend en zo stil als het hier is, is het op de Anspachlaan nog nooit geweest. We warmen ons in de vroege zon. Fumiyo zegt dat moeder Yoshiko zich erover verwonderde dat het Belgische ondergoed een subtiel blauw schijntje had. Ze heeft bekend, zegt ze, dat het aan mijn blauwe hemd lag en aan haar verstrooidheid. Wij lachen met de ogen dicht. Familie. We weten niet altijd even goed hoe het moet, maar we kunnen ze niet missen.

Aan het goed onderhouden tempeltuintje kan je zien dat hier af en toe iemand komt. Naast de 'torii', de toegangspoort, staat een stenen boeddha. Geen gekapt beeld, maar een gevonden steen met de goeie vorm. Op de mosgrond eromheen liggen muntstukjes. Go-en. Vijf yen. Maar Go-en ook: de ontmoeting, de band, het lot. Alles betekent méér. Ik leg een stukje van vijf op de steen en mag een wens doen. Ik wens dat alle Vlaams Blokkers morgen wakker worden met kroeshaar en lichtjes gezwollen lippen. Kwestie van mijn familie te behoeden voor allerhande onheil. De rust hier is voor een stadslijf bijna niet te harden. 'C'est du zen,' zegt Fumiyo. Ik mompel een flauwe woordspeling op de riool die onder Brussel loopt, maar ze luistert niet.

Ik wil drie dingen terugzien in Kyoto. De rotstuin van Ryoanji, het nachtleven en een tempel waarvan ik de naam niet meer weet, maar nog wel waar hij staat. We stappen in de Nissan, stoppen *The Shape of Jazz to Come* van Ornette Coleman in de cassettespeler en dansen naar de hoofdstad van Japan. We moeten tanken. Als ik het tankstation binnenrijd, springen vijf mannetjes in blauwe overalls achter een muurtje vandaan en beginnen te zwaaien en te roepen: Olai!Olai! Dat het 'allright' is bedoelen ze en dan OK! Sutopu!! De slang erin, de motorkap open, de spons erover. Dit is een pitstop. Wanneer het sop in elegante banen van mijn raam wordt gehaald, wordt voor mij een bord zichtbaar met daarop in digitalen: mijn pompnummer, hoeveel erin gaat, wat het kost, de buitentemperatuur en dat ik welkom ben. Ik verwacht mijn naam en geboortedatum, maar krijg een goede reis en dat ik voorzichtig moet zijn. Bij het oprijden van de snelweg voel ik mij even een spookrijder, maar we zijn met te veel om fout te zijn. Hier wordt links gereden.

De sneeuwbanden die vader heeft laten plaatsen voor het geval dát, maken een fluitend geluid dat op een aangename manier de snelheid benadrukt. Des te aangenamer omdat we maar honderd rijden. Boven die honderd stijgt er uit het dashboard een helder 'dingdong' op. Drijf je de snelheid op dan gaat dat ding tekeer als een overspannrn deurbel in een villawijk. Bij de free-stukjes van Coleman gaat dat nog wel, maar als Fumiyo *L'incoronazione di Poppea* wil beluisteren blijf ik eerbiedig onder het streepje.

De tempel waarvan ik de naam niet meer wist heet Ninnaji. Dit is ongehoord. Te veel tegelijk voor één man. De gebouwen staan hier luchtig over het domein verspreid. De bouwers hebben hier veel ruimte open gelaten, zodat hier niet de zwaarte hangt die sommige tempelcomplexen zo somber maakt. We zitten in de zon en drinken sake.

We wandelen naar het hotel. Kyoto is, zoals de meeste grote steden, een lelijke stad. De vraag is of de vereisten van een zo grote verzameling mensen te verzoenen valt met een mooi stadsbeeld. Parkeergarages, warenhuizen, woondozen, snelwegen en ander functioneel beton. Geldhonger en het smalle denken dat daarmee samenhangt. Maar ik ben een Brusselaar en heb mijn definitie van 'mooi' al lang geleden met plezier bijgesteld.

We nemen een bad. Onze 'minushuku' heeft een grote diepe houten kuip. Het wassen zelf doe je buiten het bad. Daarna ga je, met het achterhoofd steunend op de rand van de kuip en gedragen door de opwaartse druk, in het water hangen. Jazeker! Daarna loop ik zo een half metertje boven de grond naar onze kamer en drink thee en voel mij gruwelijk gezond.

Ik wil 'yakitori' vanavond. Alles van de kip op spiesjes. We stappen een smalle gang binnen en gaan aan de langgerekte toog zitten. Achter die toog staan drie mannen en een vrouw. Familie van die van de pitstop. Had Ons Heer enkel de kip geschapen, ze hadden dat hier niet erg gevonden. Niks gaat verloren. Wit vlees, vleugeltjes, hartjes, niertjes, levertjes, kontjes, strottenhoofd, vel, poten, maag. Gelakt, gerookt, gebraden, gevuld, gekookt of rauw. Met bier en warme sake voor de spijsvertering.

We eten en praten over Japan. Ze zou hier nooit meer kunnen leven, zegt ze. Er moét hier zoveel. Acht jaar bij ROSAS en ze heeft nooit de indruk gehad dat ze iets moést. Hier moét zoveel. En niemand die weet waarom. En weinigen die het zich afvragen. De competitie. Op school al. Een kind van twaalf werkt tot veertien uur per dag. Anders haalt het nooit voldoende punten om de beste school binnen te komen die het moet doorlopen om daarna aan de beste universiteit te kunnen studeren, waardoor het later bij het beste bedrijf aan de slag kan, waar ze het best betalen. Besto! Besto! Er moet hier icts veranderen, zegt ze, en er verandert wel degelijk iets, maar het gaat zo traag. Ik denk dat Van Wolferen een goed boek over Japan heeft geschreven, zeg ik. Zolang een Japanner dat boek niet schrijft, verandert er niks, zegt ze. Hoe zou jij het vinden, vraagt ze, dat een Nederlander, ook al woont hij dan tien jaar in België, een boek schrijft waarin hij het communautaire probleem analyseert? Misschien wel interessant, zeg ik. Maar verandert het iets, vraagt ze? Nee het verandert niets, je zal altijd het gevoel hebben, en niet helemaal onterecht, dat hij niet alles begrijpt. Dat bepaalde gevoeligheden hem vreemd zijn. Ik weet het niet, zeg ik en ik meen hct. Als ze hier alles gaan veranderen valt te hopen dat ze met hun tengels van het eten blijven, want dat is precies wat het moet zijn. En hoe is dat dan? Zoals ik het lust!

Wanneer we na het eten de deur uitlopen is Kyoto een andere stad. Het donker maakt veel goed. De stadsverlichting is één groot verstard vuurwerk. Overal stomende eetkraampjes en volk. Een ander volk. Weg statige, beleefde, stenen glimlach. Iemand heeft een steen door hun voorruit gegooid en niemand is daar rouwig om. Er wordt gelachen, gezongen, getierd. De hele stad lijkt straalbezopen. De halve stad is dat ook. Alsof we te laat en bloednuchter op een feest zijn aangekomen. Morgen is de keizer jarig en dat is de enige dag dat zo goed als niemand wcrkt. *Salarymen* staan, lachend om zichzelf, te wankelen op hun dunne kantoorpootjes. Stropdas los, hemd uit de broek. Dames doen geen moeite meer om achter hun hand te lachen. Ze kunnen hun plezier niet op. Als we de wereldeconomie in evenwicht willen brengen, moeten we ze zo een maandje houden. We lopen langs de rivier terug. Hier is het rustig. Het is niet koud. Mensen wandelen of zitten in groepjes te praten. Niet alle Japanners zijn overspannen. Het dochtertje van het theehuis komt buiten met een zak graantjes. Ze loopt naar het pad en strooit wat graantjes in het rond. Alsof ze hingen te wachten, strijkt bij haar voeten een vlucht duiven neer. Ze zondert één duif af, haar duif, en voedert ze graantje na graantje. De andere duiven trippelen zenuwachtig om hun as, maar wagen zich niet dichterbij. Degene die toch de moed opbrengt (honger genoeg waarschijnlijk), wordt hardvochtig verjaagd. Krijgt geen hap. Eén duif. Háár duif. Aan de overkant van het water schuift een dame het stadsplan van Kyoto onder de kont van haar hondje. Hij schijt het centrum vol.

We lopen langs het hotel om onze reistas en de auto op te halen. Bij de ingang speelt een groepje kinderen. Zodra ze mij zien wordt het spel gestaakt. *Gaijin! Gaijin!* (= alles wat geen Japanner is.) Op een of andere manier bestaat er niks snoezigers dan een héél klein Japannertje. De suikernonkel in mij steekt de kop op en bij het voorbijlopen aai ik er één over de bol. Het gevolg van deze welgemeende liefkozing is, dat gaijin over zijn eigen lompe poten struikelt en op zijn buik over de geboende houten vloer het hotel binnenschuift. Jolijt alom. Zo zien ze de gaijin graag. Hij kan het nog niet goed en hij zal het nooit écht leren. Ik lig verspreid over de hal. Mijn vrouw raapt mij bij elkaar en vraagt of het pijn doet. Ja, het doet een beetje pijn.

We rijden terug naar Fukui, langs de zee. Een grillige rotskust. De zon hangt laag. Gooit haar laatste licht hard op het water. Kawabata, Mishima, Akutagawa, Dazai.

Langs deze weg staat een koffiebar met toiletten waarvoor ik bij elk bezoek aan dit land, mijn stoelgang met plezier wat uitstel. En ik ben niet de enige. De parking staat weer vol. Je opent de deur van het toilet en loopt een kleine, goed verzorgde tuin in. Rotsen, mos, boompjes. En midden in dat kleine paradijs staat de pot. Zodra je gaat zitten klinkt uit kleine Sony-speakertjes, verstopt tussen de bosjes, de ruisende zee of vogelgezang. De greep op de natuur gaat hier zéér ver.

Eerst schateren en dan drukken of andersom, want tegelijkertijd doet pijn.

Er hangt een overdreven volle maan boven de bergen wanneer we Fukui binnenrijden. Elle doit être fière, zegt Fumiyo, tout le monde va parler d'elle ce soir.

Of je nu weggaat voor vijf minuten of voor vijf jaar, in Japan zeg je als je gaat 'itekimasu': 'ik kom terug' en degenen die je verlaat antwoorden 'iterashai': 'ga maar'. Of je dan vijf minuten wegblijft of vijf jaar, als je terugkomt zeg je 'tadaima': 'nu ben ik hier' en het antwoord luidt 'okaeri': 'je bent terug'. Vader en broer Toshihiro staan in de smalle pijp die de keuken is, vis schoon te maken. Moeder staat aan het fornuis. Ze hebben alle drie gezegd dat we terug zijn en we schuiven achter hun ruggen door het huis binnen. De zware stapschoenen die ik gewoon ben te dragen zijn niks voor dit land. Ze moeten tien keer per dag aan en uit en daar zijn die dingen niet voor gemaakt. Boven zit zusje Masayo mee te zingen met de reclamespots op TV en in zichzelf te praten. Ze zit aan de 'kotatsu'. De 'kotatsu' is een ingenieus tafeltje. Een stel poten met daarop een raster waar een verwarming zit ingebouwd, daarop een zware deken en daarbovenop het tafelblad. Vele Japanse huizen hebben geen centrale verwarming. 's Avonds trekt iedereen zijn 'chanchanko' aan, een korte dikke kamerjas, en stopt zijn benen tot aan het middel onder het deken van de 'kotatsu'. We kleden ons om en schuiven bij. Masayo neemt de zeeroverston. O nichan hora! Broertje hier! Ik weet wat mij te doen staat. De zeeroverston is haar geliefde speelgoed. Het hoofd van de zeerover zit op een veer en steekt boven de rand van de ton uit. In de duigen van de ton zitten gleufjes. Daarin passen gekleurde zwaarden. De bedoeling is, om de beurt, de zeerover te doorboren, tot iemand het foute gleufje kiest en het hoofd eraf knalt. Masayo wendt zich met knipperende ogen af, bij elk zwaard dat in de ton wordt geschoven. Ze weet wat er kan gebeuren en als dat niet gebeurt, klatert haar bevrijdende lach door het huis. Ze noemt elk zwaard 'midori': groen. Ook als het een rood zwaard is. Niet dat ze de kleuren niet kent, want als Fumiyo haar vraagt een geel zwaard te nemen, doet ze dat, maar ze noemt het 'midori'. Een ijzersterke persoonlijkheid, mijn zusje. Ik neem ook nog een 'midori' en stop hem in een gleuf. Het hoofd vliegt dzooing! een meter in de lucht. Masayo schrikt zich een aap, schatert dan, gaat over op een toon die glas laat barsten, valt dan stil en doet alsof ze weent. Ze aait over haar kin en kijkt ons met grote, trieste ogen aan. Toen ze het speeltuig, een paar jaren geleden, cadeau kreeg en er voor de eerste keer mee speelde, knalde het zeerovershoofd tegen haar kin. Dat weet ze nog. Ze haalt de zwaarden uit de ton, kruipt vertraagd de kamer rond op zoek naar het hoofd en zegt als ze het gevonden heeft: O nichan hora!

Machan, Fuchan, Josu! Gohan! Gohan is rijst en wil zeggen: Aan tafel! We dalen met zijn drieën af naar een piepklein kamertje naast het restaurant. Ook daar staat een 'kotatsu'. We leggen onze benen op een hoopje en warmen ons aan mekaar. Met zijn zessen in een kamertje van twee bij twee. Het huis wordt volgend jaar verbouwd. Ik heb gezegd dat ik het kamertje zal missen. Eerst werd er hartelijk gelachen en dan werd mij beloofd dat het kamertje blijft. Broer Toshihiro heeft voor de eerste keer 'gyoza' klaargemaakt en behalve vader vindt iedereen het lekker. Moeder schuift een 'tempura' op tafel. Knisperend licht. Niet van die slappe deegrollen die je meestal krijgt. Vader heeft weer een kleine tuin gebeeldhouwd uit groenten en daar wat gesneden visjes tussen gelegd. De man is een kunstenaar. Zes jaar geleden, bij onze eerste ontmoeting, nam hij een komkommer, hakte er met zijn mes een tijdje op los en vouwde hem toen open als een waaier. Een pauwenstaart met oogjes en al. 'Arigato,' zei ik en voelde me tamelijk lullig. Echt praten met mekaar kunnen we nog steeds niet, maar hij schuift mij allerhande lekkers voor mijn neus en ik eet het allemaal op. 'Josu moto?' Of ik nog wil. 'Hai, Josu moto!' Josu wil altijd wel moto. Het is een beetje zijn probleem van Josu. Van alles veel te moto veel te vaak.

Hugo De Greef aan de telefoon. Ik heb de staatsprijs voor toneelletterkunde gekregen. Ik zit wel op de tatami, maar val toch van mijn stoel. Vader en Toshihiro gooien zich met het aangezicht tegen de grond. 'Omedeto gozaimasu': 'Beleefde gelukwensen' of ook 'Laat het bloeien'. Staatsprijzen zijn hier niet om mee te lachen. Moeder vertelt Masayo dat ik een groot schrijver ben en probeert haar 'Omedeto gozaimasu' te laten zeggen, maar ze heeft een hekel aan moeilijke woorden en laat, in plaats daarvan, haar aanstekelijke schaterlach horen. Steeds opnieuw herstelt deze schat het evenwicht. Moeder brengt telefoonsgewijs half Japan op de hoogte en daarna bel ik naar Asse. Daar verneem ik dat mijn vader plichtsgetrouw naar zijn stamcafé is getogen om de honneurs waar te nemen. Ik kan er gerust op zijn. Wij hebben twee redenen om ons die avond te bezatten: de geslaagde 'gyoza' van Toshihiro en de staatsprijs. Big in Japan!

De volgende dagen draait het restaurant op volle toeren. Heel wat bedrijven sluiten het werkjaar af met een feestelijke maaltijd en alle kamers zijn voor de rest van de week geboekt. Wij lopen hier meer in de weg dan wat anders. Het zijn de dagen dat Fumiyo voelt dat ze in het dagelijkse leven van het gezin geen plaats meer heeft. Hoe zou het anders. Maar het besef komt elke keer weer hard aan. Ze stelt voor er tussenuit te trekken. Naar het noorden zegt ze, we zoeken de sneeuw.

We gooien wat spullen in een reistas. Het is nu 7u30 's ochtends en iedereen in huis is al op snelheid. Men zal mij zelden kunnen betrappen op al te grote haast. Niemand heeft mij ooit achter een tram aan zien lopen. In Brussel word ik op het trottoir voortdurend voorbijgestoken. In Japan heb ik soms het gevoel dat ik stil sta. Een 'sur place' in een spurtend peloton. We schuiven achter de bezige ruggen door de keuken uit. Itekimasu! Ze hebben amper de tijd om iterashai te mompelen. Dit is bittere ernst.

Langs de kust naar het noorden. Zelfs bij windstilte is de Japanse zee tamelijk ruw. 'Altijd,' zegt Fumiyo. 'De vis uit de Japanse zee heeft dat lekkere vaste vlees, omdat hij elke dag zijn gevecht met de golven levert.' Een schatje, mijn vrouw. De bergen duiken hier recht de zee in. Elke kloof of inham is door de mensen benut. Ofwel zijn er rijstterrassen aangelegd, ofwel is er een dorp gebouwd. Mooie rustige vissersdorpen. Houten huizen met half doorzichtige rieten omheiningen. De rietstengels lopen naar boven toe uit in dikke wuivende pluimen. Ze ontnemen de omheining elke agressiviteit. Midden in het dorp: een klein park en een tempel. De begroeiing is opgemaakt voor de winter. Yukizuri. Yuki: sneeuw. Tsuru: hangen. Tegen de stam van elke boom is een lange bamboestaak aangesjord. Langer dan de boom zelf. Vanaf de top van de staak lopen touwen naar de uiteinden van alle takken. Ze zullen hen bij zware sneeuwval helpen hun vracht te torsen. Onder de zwaardere takken van oudere bomen, zijn stutten geschoven. Struiken zijn in stro verpakt of met touw ingebonden. Het werk straalt een grote bezorgdheid uit. Bij grotere parken, zoals Kenrokuen in Kanazawa, lijkt het of er een Japanse Christo is langsgeweest. Ook de tempels worden ingeduffeld voor de winter. Tenminste als het open tempels zijn zoals hier in de dorpen langs de kust. Grote, uit rijststro gevlochten matten worden opgehangen tussen de buitenste steunberen. Ze moeten de tempel vrijwaren van rondstuivende sneeuw.

De weg loopt het binnenland in en als we langs de zee willen blijven, moeten we het strand op. Zandstranden zijn zeldzaam aan deze kust. We rijden vlak langs het water. Het tij jaagt de golven onder de auto door. In de verte twee tegenliggers. Nissan jeeps. Les Aventuriers de l'avenue Louise. Plots gaat de eerste van de twee wild slalommen over het strand. Te wild. Hij gaat eerst op twee wielen, stuitert dan op de twee andere, gaat over de kop en blijft op zijn zij liggen. Wij zijn geschrokken. Rijden erheen. Een jongen klautert door het zijraam naar buiten en tast naar zijn hoofd. Zijn vrienden zijn uit de andere jeep gesprongen. Het valt mee, zo te zien, al blijft er van zijn nepjeep niet veel over. Dat komt ervan als je reclamespots wil naspelen. Je kan het, zoals zusje Masayo, beter bij meezingen houden.

In een klein eethuisje, met zicht op zee, bestellen we 'nabe'. Een bouillon op basis van vis en zeewier, waarin allerlei groenten, vispasteitjes, paddestoelen en tofu in korte tijd worden gaargekookt. Het geheim van de 'nabe' is de 'ponzu', een vinaigrette waarin de gaar geworden groenten en vis worden afgekoeld voor je ze eet. Echt wintereten.

Arenden. Nog nooit zoveel gezien, en van zo dichtbij. Ik tel er negen. Ze hangen op de wind, boven zee en duiken af en toe als volleerde kamikazes in de golven. Altijd prijs. Een paar maken het zich gemakkelijk en pikken rustig kleine krabbetjes vantussen de rotsen op het strand. Hier, vlak onder het raam. Mijn 'nabe' wordt koud. Fumiyo lacht spottend om mijn opwinding. Kijkt alsof ze thuis zélf arenden kweekt. De stadsjuf. Ik herinner haar eraan dat ze voor ze mij kende, nog nooit een kip mét pluimen had gezien. Dat ik haar destijds met groot gemak kon wijsmaken dat je een koe moest melken door haar horens over te halen als de handel van een bierpomp, dat aardbeien hoog in de top van de perelaar groeiden en dat ze zo duur waren omdat het plukken toch enig gevaar inhield. Als ik twee dagen later, in het kleine kamertje, met handen en voeten en een woordenboek, aan vader uitleg wat ik gezien heb, zegt hij droog dat het havikken moeten geweest zijn. Fumiyo stopt haar hoofd onder de deken van de 'kotatsu'. Ik wacht tot ze begint te schokken, druk het uiteinde van de deken tegen de vloer en draai de verwarming van de 'kotatsu' op tien.

Bij CNN (MTV voor politici) stuurt men Bush de geschiedenis in met zijn *Oppression is defeated, the war is over!* Hij liegt. Baker zegt: 'Our number is 797204, if you're serious about peace, call us.' Hij liegt ook. Het waait hard buiten. Morgen sneeuw, zegt vader. Het waaide al hard toen we uit het noorden terugreden. Sneller dan vijftig per uur was gevaarlijk. Vanop de snelweg zagen we een schuimende zee. Ik wou ze van dichtbij zien en we reden naar Tojimbo. De kust vlakbij Fukui. De weg lag vol afgerukte takken en toen we uit de auto stapten, waaiden we bijna weg. De wind in de pijnbomen was oorverdovend. Arm in arm en zenuwachtig lachend, werkten we ons tegen de wind in tot bij de zee. Tojimbo heeft een nijdige, scherpe rotskust. Slachtoffers van onmogelijke liefdes plegen zich hier in zee te gooien. De kans er heelhuids uit te komen is nihil. 'Ce vent vient de Sibérie!' schreeuwt Fumiyo in mijn oor. Mijn vrouw is een geboren eilander en kent de geheimen van wind en water en gebieden van hoge en lage druk. Haar geliefkoosde televisieprogramma is het weerbericht op alle zenders. De wind slaat gaten in het water, drijft het wild tegen de rotsen op. Nog nooit zo'n zee gezien in Brussel. Golven van vijf meter, horen we later op TV. 'Elle est méchante!' schreeuwt Fumiyo, 'Il vaut mieux de se taire!' Niemand. Alleen wij. Dom en niet van plan verstand te krijgen. We likken het zout van onze lippen.

De zus van moeder Yoshiko is gehuwd met Kawabata-san. Ze wonen buiten de stad en verbouwen rijst. Het is 30 december en wij zijn uitgenodigd om te helpen bij het klaarmaken van de 'o mochi'. 'O mochi' maakt deel uit van elke maaltijd rond de jaarwisseling. Het heeft de hele nacht gesneeuwd en het sneeuwt nog steeds. We staan in de open rijstschuur rond het kacheltje. De gestoomde rijst wordt tot moes gehamerd in de holte van een houten blok. We hameren om de beurt en drinken hete sake. De moeder van Kawabata-san keert de rijst tussen elke hamerslag. Zij is tegen de zeventig en doet dit al heel haar leven. Als ze wil drijft ze het ritme op. 'Op mijn leeftijd nog in staat zijn de mannen af te matten,' zegt ze, 'het is een plezier.' Ik hamer tot ik gloei. Een beetje zweet en wat snot in de 'o mochi' mag, zegt Kawabata-san, moét eigenlijk. Voor we terug naar de stad rijden, moeten we allemaal op de foto. We krijgen rijst mee en appels en kiwi's en een bak 'o mochi'. Ze wuiven ons uit. Goed volk.

Morgen de laatste dag van het jaar. Grote schoonmaak. Alles wordt geschrobd en geboend. Het oude vuil en alles wat niet meer dienen kan, wordt in grote linnen zakken verpakt. Die zullen we 's nachts naar de tempel brengen waar in grote ronde schalen vuren zijn aangelegd. Het oude vuil wordt verbrand. Moeder vlecht kleine ringen uit rijststro. Alle waterkranen in het huis krijgen morgen zo'n ringetje om. Zo zullen we er op Nieuwjaarsdag aan herinnerd worden, dat we het eerste water van het jaar gebruiken. In de loop van de middag komt de dame langs die de bloemstukken in het huis verzorgt. 'Ikebana'. Ike: laten leven. Hana: bloem. Bloemen laten leven. Eén keer per maand voorziet ze elke kamer van een nieuw kunstwerkje. We kijken toe terwijl ze werkt en ik laat Fumiyo vragen of het waar is dat de leegte tussen de bloemen meer aandacht vraagt dan de bloemen zélf. De vraag klinkt beter in vertaling. Daar is iets van, zegt ze. Ze leidt mensen op en vertelt hen dat. Sommigen begrijpen dat. Het gaat om een gevoel van samenhang. Ze kent de kamers van de huizen waar ze voor werkt. De kleuren van de muren, de vazen en de hoeken waar haar werk komt te staan. Alles wat ze gebruikt komt uit de eigen tuin of uit het bos. Ze werkt seizoensgebonden. Heel af en toe koopt ze wat. Ze doet dat niet graag, maar met Nieuwjaar, bij bruiloften en geboortefeesten mag het wel eens wat buitensporiger. Ze praat rustig terwijl ze werkt. Bekijkt elke tak aandachtig voor ze hem wat bijknipt en een plaats geeft. De lange spiecht waarmee ze begonnen was, zakt wat weg in de vaas. Ze vindt het beter zo. Toeval is mijn beste vriend, zegt ze. Dát probeer ik mijn leerlingen bij te brengen: bevriend worden met het toeval.

31 december. De laatste dag van het jaar en ik ben ziek. Buikkrampen, rugpijn, keelpijn, flanellen benen en een hoofd vol snot. De 'futon' zat al in de kast en wordt weer uitgehaald. Het bed wordt elke ochtend opgeborgen, zodat een kamer gewoon gebruikt kan worden. Moeder vraagt om het zo stil mogelijk te doen want er zitten klanten in de benedenkamer. De papieren wanden maken Japanse huizen erg gehorig. Fumiyo studeerde als meisje piano. Wanneer er klanten waren kwam vader haar vragen beter te spelen of ermee op te houden, zegt ze. Masayo is ook ziek. We snotteren en blaffen tegen mekaar op. Ik wil nochtans mee naar de tempel vannacht. Het avondmaal bestaat uit overschotjes. Alles van het oude jaar moet weg. Tegen middernacht wandelen we naar de tempel. De hele stad is op de been. Lange rijen mensen schuiven taterend naar de tempel. Vader maakt al jaren lekker eten voor de mensen en dat loont. Bij elke zij-ingang van het tempelhof staan bewakers, maar na een korte babbel komen we overal doorheen. In Italië krijg ik het daarvan op de heupen, maar in dit overgeorganiseerde land is deze bijna rebelse houding van mijn schoonvader een weldaad. Het is een mooie nacht met veel sterren. De tempelgoden dansen heen en weer in het schijnsel van de vuren. Verlichte kraampjes en kwetterend volk. En ik denk enkel aan mijn bed. De laffe ziekte. Ik ben in de rug aangevallen op de laatste dag van het jaar. 's Anderendaags prop ik mijn lijf vol pillen voor we naar het feest gaan bij de grootouders. Iedereen is er al. De kinderen zijn groot geworden. Het is naar goede gewoonte een aangenaam, rustig feest. Tot op zeker moment Junchan, een van de jongeren, een spelletje aan de gang brengt dat neerkomt op het studentikoze 'ad fundum' van bij ons. Hij schenkt iemands glas vol en zet dan een rijmpje in dat eindigt op een luidkeels geschreeuwd Iki! Iki! Iki!: in één keer! Nu ben ik nooit een liefhebber van het 'ad fundum' geweest. Het mooiste stadium van de dronkenschap, de roes, wordt verwaarloosd en verder zegt het enkel iets over de doorsnede van je slokdarm. Ik doe één keer mee en dan raak ik ontstemd. Dit is geen drinken meer, dit is verdoven. Je kan beter een goeie anesthesist uitnodigen voor het feest. Moeder ziet het aan mijn gezicht en Fumiyo vertaalt. Junchan loopt stage in een restaurant van een warenhuis in Osaka. Voor het huwelijk van zijn nichtje durfde hij

geen vrijaf te vragen uit angst te worden ontslagen. Hij werkt hard, zegt moeder. Het zal wel. Ik ben ziek en dronken en ontstemd en ze kunnen vanavond allemaal de pot op, maar dat durf ik niet te zeggen. Het jaar van de aap is ingezet.

De volgende dagen hang ik wat slapjes voor een van de vijf televisietoestellen in het huis. Het hoofd wordt daar niet beter van, maar er bestaat ook zoiets als de weldaad van de ergernis. KTV brengt Japans hedendaags drama. In beeld gebrachte stationslectuur. Dronken huisvaders slaan hun vrouwen, die op slag verliefd worden op de jonge, rustige bovenbuur, die zijn dagen vult met bonsaï en joggen. Dat joggen had hij moeten laten, want dat geeft de huisvader de kans hem op een ochtend, bloednuchter overhoop te rijden. De geslagen vrouw komt met piepende remmen (het geluid ligt niet synchroon) het huis uitgestormd en gooit zich op het bloedende lijk. De huisvader, intussen toch alweer dronken, kent zijn tekst niet meer en verkoopt de vrouw dan nog maar een paar meppen. Die heeft echter een mes meegenomen uit de keuken en ploft dat hees krijsend in zijn buik. Ik denk dat de cameraman ook de hoofdrol speelt, want dat ding beweegt nooit. Het wordt gewoon telkens op een andere plek neergepoot en van de acteurs wordt verwacht dat ze binnen het kader blijven. Meestal doen ze dat. KANAAL 11 toont een hele dag weerkaarten en satellietfoto's, afgewisseld met sneeuwlandschappen en ondergaande zonnen boven zee. Altijd goeie muziek. *Mercedes Benz* van Janis Joplin bijvoorbeeld. Soms valt de beeldwisseling samen met de muziek en krijg je een nogal absurde videoclip. NHK is de staatszender. Geen reclame en daarom alleen al mijn lievelingszender. Maar ook goeie documentaires, reportages, 'bunraku' (Japans poppenspel), oude Japanse zwart-wit films en 'sumo'. Ik ben verzot op 'sumo', maar moet nog wachten tot half januari eer het eerste grote tornooi begint. Ik schakel naar wat ik het 'kawaii-kanaal' noem. *Variety for housewives.* Om de tien seconden roept er iemand 'kawaii!' Soms roepen ze het allemaal tegelijk. 'Kawaii' betekent snoezig, maar is veel erger. Als je tegen zusje Masayo zegt: 'Machan kawaii!' dan duwt ze met de wijsvingers putjes in haar bolle wangen, lacht overdreven breed en houdt haar hoofd schuin. Er bestaat geen betere definitie van 'kawaii'. Japan wil geen oorlog meer en dat is goed. Japan wil een zachter imago en dat is voor mijn part ook goed, maar of dat geregeld is door, versierd met kanten kraagjes, donzige konijntjes en ponponnetjes in zuurstokkleurtjes, de voeten iets naar binnen te draaien en af en toe 'kawaii!' te roepen, is zeer de vraag. NHK Educational is de schooltelevisie. Professor Barabas geeft scheikundeles aan achtjarigen. Hij is geweldig. Een echte. Ik vraag mij voor de zoveelste keer af waarom niemand mij indertijd met deze leerstof heeft weten te boeien. De man verricht hier het ene mirakel na het andere. De gezichten van zijn gehoor liegen er niet om. Halfopen monden, grote verwonderde ogen. Daar wordt gewerkt onder die hersenpannetjes. Zelf staat hij ook nog elke keer verwonderd dat het lukt. Ik begrijp geen woord van wat hij zegt, maar hang aan zijn lippen. Als ze het op school nu ook eens op die manier deden, zucht Fumiyo. Deze doet het zo op school, zeg ik. Als hij dat voor de camera spéélt, heeft hij zich van beroep vergist. De les is uit. Professor Barabas toont nog zijn verzameling half-edelsteentjes en ik zak naar CNN. *Crossfire.* Mike (What's left of the left) en Bob (Is it wrong to be right?) maken er weer een swingend programma van. Bob vraagt zich onder meer af waarom een man, die jaren deel heeft uitgemaakt van een carnavalsgroep die af en toe een neger in brand steekt, zich geen kandidaat zou mogen stellen voor de presidentsverkiezingen van een van de machtigste mogendheden van de wereld. Ja, waarom niet eigenlijk? Ook snot in de kop, denk ik. Ik flits voorbij een scholencompetitie. Bij de bekendmaking van de uitslag, begint iedereen te huilen. Het enige verschil is dat de verliezers zich daarbij ook nog tegen de grond werpen, terwijl de winnaars proberen ergens bovenop te springen. Allemaal snot in de kop. Bij KBS legt een grootvader uit hoe je een 'tako' maakt. Een windvlieger. Hij kromt de bamboelatjes en sjort ze stevig vast. Maakt het kleurige papier nat en spant het over het raamwerk. Een 'semmi'. Een kever. Die maakt hij het liefst. In sommige van de latjes heeft hij gleufjes gekerfd. Straks als de wind daarin speelt, gaat het papier trillen en maakt de vlieger hetzelfde geluid als een échte 'semmi'. Soms, zegt de oude man, wanneer ik heel alleen op het strand sta, vergeet ik dat ik een mens ben. Dan word ik een 'semmi' en vlieg ik boven zee.

Vader heeft er een gewoonte van gemaakt ons bij elk bezoek uit te nodigen voor een tweedaags verblijf in een 'ryokan' met 'onsen'. Een Japans hotel gebouwd bij een van de vele geisers in de bergen. Bij het horen van het woordje 'onsen', ben ik op slag aan de beterhand en als ik 's avonds in het hete vijvertje lig, is het alsof de ziekte met het water verdampt. Na het bad trekken we onze kimono aan en gaan aan tafel. We worden bediend door twee kamerdames. Aan één van beiden heeft moeder een fooi gegeven. Ze doet dat om twee redenen. Zusje Masayo kan het zo een kamerdame knap lastig maken en vader vindt niks lekker dat hij niet zelf heeft klaargemaakt en zeurt bijgevolg steeds over de kwaliteit van het eten. Dat mag nu dus. Er is voor betaald. Na het eten trekken we naar de kamers. We schuiven de tussendeuren open, zetten ons in een grote kring op de tatami en halen de spelletjes boven. Eerst de zeeroverston van Masayo, tot ze omvalt van de slaap. Dan de kaarten. Vader heeft allerlei lekkers uit de eigen keuken, het hotel binnengesmokkeld én bier én sake. Hij richt een tweede feestmaal aan. Na een vakkundige uiteenzetting over de verschillen met het afval dat we volgens hem daarnet te slikken hebben gekregen, mogen we aan het kaartspel beginnen. Fumiyo wil haar familie koste wat het kost leren 'fretten'. Dat is een nogal debiel kaartspel dat erg populair is bij de familie De Pauw, vooral omdat het spel de bedoeling heeft mekaar blauw te tergen. Iedereen heeft de regels begrepen en er wordt gespeeld. Edoch, algauw blijkt dat Japanners tergen onmogelijk als een spel kunnen zien en, tegen de geest van het spel in, heel beleefd met elkaar blijven omgaan. Wat overblijft is een kaartspel te dom voor woorden.

Gisteravond was het er te laat en te donker voor en heb ik binnen gebaad, maar vanochtend ga ik buiten in de tuin. Tussen de rotsen ligt de bron. Het water wordt wel naar binnen geleid en er wordt wel voor gezorgd dat het borrelt, maar hier komt het recht uit de warme buik van de berg. Het is koud en ik haast mij klappertandend in mijn dunne kimono over het tuinpad. Een paar heren zitten al met een doekje op het hoofd tot de hals in het water. Dat doekje moét, anders vriest je haar in pegels en dat is geen gezicht. Dat doekje ook niet, maar toch. In een kleine bron hogerop, nemen de apen die hier in de bergen leven af en toe een duik. Bij hen kan je zien hoe het is zonder doekje. Een ober komt langs, legt een kurken plaatje op het water met daarop een kruikje hete sake en een kopje. 'Ottosan no, kore.' Van vader. Hij geeft het plaatje een duwtje en de godendrank drijft over het dampende water naar mij toe. Een schip in de mist. De wereld vertraagt. Met dat doekje op mijn hoofd. Het leven kan verrassend eenvoudig zijn als je daar het geld voor hebt.

De familie moet weer aan het werk. Wij beslissen door te reizen naar Kurashiki. 'Kura' betekent schuur, opslagplaats. In Kurashiki werd vroeger rijst verbouwd en opgeslagen in schuren. Mooie witte gebouwen waarop tekeningen zijn aangebracht met donkere, glanzende keramiektegels. Rond de oude stad hebben de nieuwe tijden toegeslagen, maar alles is goed bewaard gebleven en toch geen museum geworden. Er wordt geleefd en de dienstbaarheid aan het toerisme is beperkt gebleven. We nemen onze intrek in het Kurashiki Kokusai Hotel. Het mooiste hotel waar ik ooit heb mogen verblijven. En dan heb ik het niet zozeer over het comfort, maar wel over de klasse van het gebouw en zijn inrichting. Het is een regelrecht plezier hierin rond te lopen. Elk meubel, elke vaas, de lampen, de asbakken, alles is met zoveel zorg gekozen, met zoveel liefde voor het materiaal vervaardigd dat het ontroert. Ja.

Om de brug te zien moeten we de boot nemen, vinden we. Ze hebben hier het eiland Honsju verbonden met het eiland Shikoku, door middel van de langste hangende brug ter wereld. Ze hebben daartoe op de beide kusten en op elk van de vijf piepkleine eilandjes die daartussen liggen, een monumentale pijler neergekwakt. De brug is met staalkabels opgehangen aan deze zeven reuzen. Het is mooi, lelijk, megalomaan, futuristisch en volgens velen onnodig. Een staaltje van het Japanse kunnen. Wij zoeken een overzetboot. Wij vragen de weg.

'Elle est Vietnamienne?' vroeg een Franse douanebeambte ooit, toen hij bij het controleren van mijn identiteit de naam van mijn vrouw las. Er liep een breed litteken schuin over zijn linkerwang. Dát en het leipe lachje waarmee hij die vraag stelde, liet mij vermoeden dat hij nog andere uniformen had gedragen. Maar misschien was hij na te veel pinard, gewoon omgevallen met zijn solex. 'Elle est Japonaise,' zei ik zo droog mogelijk. 'Elles sont ravissantes, les Aziatiques' en hij deed er een knipoog bovenop, die zelfs door Jacques Vermeire als overacting zou worden bestempeld. Dat slag volk loopt hier ook rond. Ze weten precies waarom ik een Japanse heb genomen. Ik lees het in hun blikken en Fumiyo hoort het aan het toontje dat ze aanslaan. Hier staat er weer zo één. De zielenpoot. We vragen de weg aan iemand anders. Maar iedereen wil ons die brug op. De boot ligt daar beneden, maar hij vaart maar twee keer per dag naar de overkant. 'Ze willen ons hier niet,' zegt Fumiyo, 'alsof ze zich schamen.' We nemen de eerste weg naar beneden, maar die loopt dood waar de berg is afgegraven voor de werken. Na lang zoeken belanden we eindelijk bij de kust en wat we te zien krijgen vergeten we nooit meer. Midden in het vissershaventje of wat daarvan overblijft, is de eerste pijler van de brug ingeplant. Een enorme betonnen plaat, met daarop een honderdnegentig meter hoge stalen pijler. De Eifeltoren in een vissersdorp. Een goed deel van de dag houdt hij de zon uit het dorp en werpt een sombere schaduw over de daken. We nemen wat foto's en maken ons uit de voeten. Over de brug. We hoeven ze niet meer te zien. De aangespannen staalkabels werpen met stroboscopische regelmaat hun schaduwen in de auto. De brug loopt wat op naar het einde toe. De door de brug heroplevende industrie aan de overkant, kleurt de lucht giftig geel. We rijden naar de hemel, zeg ik. Het is allemaal zo bedrieglijk, zegt ze.

'Kompira-san' staat er op een groot bord langs de weg. Fumiyo kent het woord van een kinderrijmpje dat ze vroeger zong bij het touwtje springen en ze wil erheen. Negenhonderd drieënzestig stenen treden tot de top van de heuvel en daar staat 'Kompira-san'. Als ze boven komt, zegt Fumiyo hijgend het rijmpje. De eerste keer in Avignon op de 'pont', zoiets. De tempel zelf is niet veel zaaks. Ik heb er wat te veel gezien vrees ik. Maar in een bijgebouw hangen zelfgeschilderde prenten, van mensen die de boeddha wat te vragen hadden. Een onderzeeër met voltallige bemanning en vaarroute, een man met een grote puist op zijn voorhoofd waarrond hij een ontroerend rood cirkeltje heeft geschilderd, iemand heeft een heel technisch schilderij gemaakt van een dieselmotor en een ander wou in de film, of grote tieten, want er hangt een schilderij van Jane Mansfield in onvervalste autoscooterstijl. Toch nog een waardige afsluiter. Morgen rijden we terug naar Fukui, waar we worden verwacht voor het huwelijk van Michan, Fumiyo's nichtje.

's Ochtends om 8u. stipt is iedereen op de afspraak in het huis van de bruid. Ze is dan al in vol ornaat en wordt door iedereen aangeraakt en er wordt haar moed ingesproken. Een klein breekbaar standbeeld. Ze kan nauwelijks bewegen in de strakke kimono en de maquillage en haaropmaak laten geen onbezonnen beweging toe. Ze heeft honger en wordt voorzichtig gevoederd. De familie bewondert en drinkt sake en iedereen vraagt of ik het mij nog herinner. Ja, ik herinner mij alles en wat ik vergeten was komt vandaag allemaal terug. Geroep, gejuich, geren: de bruidegom wordt aangekondigd. De smalle straatjes rond het huis staan vol buren. In één lange rij schuift de bruidegom met zijn familie door het straatje. Voor hij het huis betreedt drinkt hij sake, opdat het een geslaagd huwelijk moge worden. Zijn getuige slaat het lege kopje stuk op de drempel. Niemand zal nog uit datzelfde kopje drinken. Het is zijn geluk. Hij nodigt zijn bruid uit samen voor het huisaltaar te bidden. Intussen drinken de ouders samen thee en bespreken de bruidsschat. Daarna moeten alle mannen op het dak. Eén van de redenen waarom de buren zich rond het huis verzameld hebben is, dat vanaf het dak hopen lekkernijen over hun hoofden worden uitgestrooid. Hopen. Ik voel mij Sinterklaas. Gedurende een tiental minuten laten wij het manna neerdalen over het grabbelende joelende kluwen in de straat onder ons. Toen wij trouwden ging het daarna naar de tempel, maar dit is een andere generatie en een enige dochter. Er is een hotel afgehuurd. De geïmproviseerde tempel in het hotel is ronduit lelijk. We staan met zijn allen op mekaar gepakt en de priester van dienst wil zijn laatste trein halen. De zaak wordt hier gewoon afgehandeld.

Het feest daarna is wél indrukwekkend. Grootmoeder danst de traditionele openingsdans, zoals ze dat voor ons heeft gedaan. Ze gaat naar de zeventig, maar glijdt energiek over de scène en vertelt met brede armbewegingen het oude verhaal van de liefde. De families schenken elkaar ritueel sake en bier, er wordt gespeecht, de bruid verandert driemaal van kimono en wordt telkens met veel omhaal getoond en bewonderd en dan wordt er gezongen. Karaoke. De Japanse verslaving bij uitstek. De muziek van de best bekende Japanse liederen staat op laserdisc en de tekst wordt met begeleiding van een video-clip en met veel stemtrillingen ingezongen. Vorige jaren ontsnapte ik daaraan, want er waren geen Engelse nummers voorhanden, maar daar is deze keer aan gewerkt. Ik giet een laatste sake achterover en zing *Love me tender* van Elvis. Het was afgesproken spel. Het bruidspaar stond klaar achter de deur en wanneer ik de eerste noten kraak, stappen ze de zaal binnen. Zij in een witte satijnen bruidsjurk en bloemen in het haar en hij in een glimmend grijze tuxedo. En de volgspot erop. In de hoek van de zaal, op een verhoog, staat een torenhoge bruidstaart. Bij het aansnijden drijft er rook uit de bovenste verdiepingen, die hult het bruidspaar in een romantische mist. Op datzelfde ogenblik begint het plateau waarop ze staan te draaien. *Love me tender, love me true.* Mijn hoofd is van suikerspin.

's Anderendaags vertrekken de tortels naar Hawaï. Iedereen is op het perron. De vrienden hebben vuurwerk, serpentines en confetti meegebracht. Voor ze opstappen wordt nog een kort, heftig feestje gebouwd. Wanneer de trein het station uitrijdt, ruimen de achtergeblevenen zélf alles netjes op en gooien de resten van het feestje in de vuilnismand, die in Japan op een of andere manier altijd net naast of achter je staat. Ik kijk naar mijn vrouw en denk aan Brussel.

Tokyo - Moskou - Brussel. Fumiyo brengt mij naar Tokyo, waar we nog wat vrienden zien en boeken kopen. Op de luchthaven bellen we nog naar huis om een laatste keer 'itekimasu' te zeggen. Gisteravond heeft vader het restaurant vroeg gesloten en voor ons allen 'sushi' klaargemaakt. Met veel 'wasabi'. Bij de Japanners in Brussel is dat met water aangelengd poeder, maar de verse wortel die hier wordt gebruikt, trekt een streep van je gehemelte naar je hersenstam. Het water stond ons in de ogen. Fumiyo vroeg of hij gek geworden was. 'Josu gaat weg,' zei hij 'en dat is jammer. Ik wil dat iedereen huilt.' Mijn moeder, die het liefst met beide voeten op de grond staat, heeft indertijd de lange vlucht doorstaan om met deze mensen kennis te maken. Mijn vader heeft met háár moeder de tango gedanst op de tatami. Wat ik wil zeggen is: dat is hier mijn Eigen Volk en zoals we nu zo stilaan weten komt dat eerst.

35.

Uniform is een vreemd woord. Vreemd, omdat het uit het Frans stamt en verderweg uit het Latijn. Maar ook vreemd omdat het in zijn eerste betekenis (eenvormig, gelijkvormig, algemeen geldig) een pluisje rechtvaardigheid meedraagt, dat het in zijn vestimentaire betekenis (gelijke kledij, dracht voor bep. categorie van personen, in 't bijz. voor militairen) met een onverholen dédain van de epaulette plukt en tussen duim en wijsvinger vermaalt. Weinig is zo weinig uniform als het uniform. Sterren, manen, zonnen, strepen, punten, vierkanten; driehoeken, cirkels, trapeziums, lintjes, vlaggetjes, franjes, vlammen, toortsen, granaten, speren, dolken, degens, trompetten, trommels, toeters en bellen, de gehele fauna en flora, noem het maar... het siert ergens ter wereld een kraag, een mouw, een kepie, baret of een hoog opgezette borst. En het maakt het verschil in de gelederen. Het betekent dat je meer of minder te zeggen hebt, dat je andere plichten en rechten hebt. Hoe meer versierselen, hoe meer rechten. Hoe schraler, hoe meer plichten. Met een dood beest in de nek mag je zelfs recht spréken.

36.

Ze jagen achter mekaar aan door de grote, hoge zalen, verstoppen zich tussen de glazen toonkasten, vullen het statige gebouw met hun uitgelaten gekrijs. Een oud heertje kijkt verstoord op. De suppoost stapt met fikse tred op het onderwijzend personeel af en vraagt RESPECT! (Dit is nochtans het Jubelpark.) Respect voor al die broeken en jassen. De meute wordt tot kalmte gemaand. Eén enkele keer klinkt nog een scherp PATRICK!!! door de zalen, gevolgd door ingehouden gegiechel en dan vertelt een leraar over wie er vroeger in die pakken zat. Het oude heertje buigt zich weer voorover en zoekt, met zijn bril in de hand, de goeie scherpte voor het lezen van de voetnootjes. Hij knijpt zijn ogen tot spleetjes en knikt instemmend. Dan komt hij recht, zet een stapje achterwaarts en kijkt vol ontzag op naar het lege uniform.

37.

De bakker heeft nu ook 'authentiek' brood. Echt brood, dus. Een wat overmoedige benaming waardoor hij alles wat daarnaast in de rekken ligt tot misbaksel degradeert, wat onmogelijk de bedoeling kan geweest zijn. Het 'authentiekske' wordt u aangeboden bij de betere bakker, in een mandje met een vetvrij papiertje. Van mezelf weet ik dat, als ik er zoveel kak aanhang, er iets versluierd moet worden.

38.

Of ik authenticiteit, als acteur zijnde, belangrijk vind, vraagt de interviewer. Welja. Jazeker. Maar wat bedoelt u? Dat u écht bent! Juist. Dat wel, ja. Dat vind ik zeer belangrijk. Maar daar bestaat dan ook weinig twijfel over. Als iemand het niet langer kan aanzien en de scène opstormt met een voorhamer en daarmee op mijn fontanel begint te beuken, dan wordt dat heel snel duidelijk. Alles aan mij is echt. Echt waar. Maar zo bedoelde u het niet? Haha! Nee, ik bedoel eigenlijk dat u uzelf bent. Dat ik Hamlet speel, bedoelt u, maar dat ik toch mijzelf blijf? Juist. Hebben ze dat niet door, denkt u? Het staat in het programmaboekje. Hamlet: Josse De Pauw. Moeten we daar duidelijker over zijn? Kom, kom, u weet best wat ik bedoel. Jazeker. U wilt mij zien blozen. Dat is zeer authentiek, ja. Schaamte is vervelend authentiek. Slappe lach is authentiek. Niet meer verder kunnen. Tekst vergeten. Tijdens een woedende monoloog floept je vals gebit eruit en stuitert over het podium. Je tegenspeler heeft een grijns op zijn gezicht die niet bij zijn personage hoort. Gekreun in de coulissen, want lach dempen doet pijn. Je voelt je neusvleugels wijdopen, het zweet op je bovenlip. De zaal was eerst geschrokken, voelde met je mee en hield zich stil, maar kan het niet meer houden nu. Je tegenspeler ademt als een klaagvrouw met astma. Het kan niet doorgaan zo, iedereen voelt het aan zijn water. In de coulissen laat iemand een scheet, want wat je boven niet loslaat, zoekt een andere weg. En dat is het sein. De scheet. Oneindig authentiek. Dan barst hij los. De slappe lach. De wilde stuip. Moeder van alle lachen. Spelers, publiek, de plaasteren engelen aan het plafond, we lachen ons te barsten, want niks was écht. Het vals gebit, het enige echte, maakte in één klap alles helder. Het was maar om te lachen. Moord en doodslag, allemaal gespeeld! Iedereen was mee. We geloofden het allemaal. En toen dat gebit. De mooiste voorstelling in jaren. Geweldig authentiek.

39.

Ik ben de kippen dankbaar voor hun eitjes. Een zacht gekookt eitje is wel zo ongeveer het lekkerste wat er bestaat. Dat en sushi, zij het niet samen. Ik leg mijn eitje in koud water en vanaf het bruisen tel ik: één-en-twintig, twee-en-twintig, drie-en-twintig... tot één-en-tachtig. Als je een rustig tempo aanhoudt, wat niet altijd even gemakkelijk is bij grote trek, maakt dat één minuut.

De 'Metal Storm' vuurt, in de tijd dat ik mijn eitje uittel, om en bij het anderhalf miljoen kogels af. Ik zal het nog eens zeggen: een wapen dat 1.500.000 kogels per minuut spuwt. Dat zijn er 25.000 per seconde. Bij twee-en-twintig heeft dat monster mijn keuken al doorzeefd. 'Een muur van metaal,' zegt de ontwerper, want in vredestijd is dat slag volk altijd dichterlijk aangelegd. 'Ik lever een technologie die mijn regering en mijn land de mogelijkheid biedt zich beter te beschermen,' jaja, en nog: 'Eigenlijk is het veeleer een wapen om levens te redden dan om ze te vernietigen.' Wij lachen hier nogal wat af.

Handelaren in dergelijk speelgoed hebben ooit het centrum van Brussel bezet. Ik overdrijf, maar toch. De hele St.Hubertusgalerij was afgesloten. Mijn wandeling werd onderbroken door een politieagent met opgestoken arm. Een groot zeil aan de ingang liet zelfs geen inkijk toe. 'Wat gebeurt er?' vroeg ik. 'E fiest,' antwoordde de dienaar der wet, '... en nie veu ave pottemonnee!' Later op de avond werd, alweer met zeilen, de Grote Markt geprivatiseerd. Voor een dansje en wat vuurwerk.

CAYENNEPEPER

Of ik zo snel mogelijk naar Frans Guyana kan komen om er een scène te draaien met Richard Dreyfuss? Zouden zijn voorvaderen van Duitse afkomst geweest zijn en zou zijn naam dan 'dreipikkel' betekenen, vraag ik mij bij wijze van uitstel af. Ik woel de lakens overhoop. Ik kom er niet uit: het lijkt een droom, maar voor hetzelfde geld is het een nachtmerrie. Het sneeuwt buiten. De allereerste sneeuw. Op de sneltrein naar Parijs vraagt een klein zwart jongetje met veel te veel tanden me wel twintig keer hoe laat het is. Ik weet het niet. Wel twintig keer weet ik het niet. Hij vraagt het afwisselend in het Frans en in het Engels en zeer beleefd. Zijn moeder slaapt. Hij verveelt zich. Ik haal koffie in de restauratiewagen. THE OLD MAN WHO READ LOVE STORIES. Ik hou van lange titels. Vooral bij films. Waarom? Geen idee. Waarschijnlijk omdat ik weet dat producenten er doorgaans domweg niet van houden. Over een oude man die op latere leeftijd begint te lezen. Liefdesverhaaltjes. Er is daar in de jungle niks anders voorhanden. Hij leest ze niet alleen, hij wil elk woord begrijpen, alles verbinden met zijn eigen leven. 'It was a kiss of impassioned intensity, a kiss to remember their lives by...' Hij begrijpt er niks van. Hij kan zich zo'n kus niet herinneren. Het lukt hem beter als hij de romanpersonages vervangt door mensen uit zijn omgeving. Dan heeft hij het gevoel dat hij er greep op krijgt. Van sommigen onder hen kan hij zich zo'n 'kiss of impassioned intensity' wel voorstellen. Het is een mooi script. Of het goed is weet ik niet (als de film niet slaagt zal het een slecht script zijn), maar het is mooi. De vrouw die hem de boekjes bezorgt zegt: 'A man who reads love stories and admits it, is less of a fool than a man screwing a whore thinking she's in love with him.' Dat is lekkere tekst.

In de Gare du Nord word ik opgewacht door Fred. Een kortgeknipte Parisien, recht op de graat, halflange lederen jas, verbaasde ogen. Fred loodst mij met Franse slag door Parijs naar de luchthaven van Orly, levert mij af aan de veiligheidsbalie en zegt dat hij er zal staan bij mijn terugkeer. 'Amusez-vous bien!' Ik heb zelden van die gedetailleerde dromen. Ik kan ze me meestal zelfs niet herinneren. Ik weet ook nooit of ze in kleur waren of in zwart-wit. Nachtmerries staan mij wel eens scherper voor de geest, maar toch... 'Mesdames, Messieurs, bienvenue à bord de ce Boeing 707 à destination de Cayenne...' En daarna doet onze Franse gezagvoerder het allemaal nog eens over in een soort Engels dat helemaal van hemzelf is. De passagiers kijken mekaar glimlachend aan. Wanneer vervolgens de purser er, in diezelfde vreemde taal, de veiligheidsvoorschriften doorjast en de stewardessen, op de cadans van zijn gestotter, zwemvesten en zuurstofmaskers gaan demonstreren, met een nonchalance die ons in een noodsituatie het leven zou kosten, zitten we met zijn allen op het balkon van de Muppetshow.

De jungle is een muur. Het is veertig graden heet en dan wil een mens liefst het bos in. Dat kan hier niet. Niet zonder een gat in die muur te hakken. Dat hebben ze voor de film dan ook gedaan. Ze zijn er met de bulldozer doorheen gegaan en hebben zich een weg gebaand naar de rivier toe en daar een grote open ruimte aangelegd voor het basiskamp. Vandaar gaat het te voet, langs kleine 'tracks', naar de set: een aanlegsteiger bij een bocht van de kronkelende rivier, tegen de helling staan wat hutten, opgetrokken uit golfplaten en houtafval. Een deel ervan is echt, stond er al (hier wonen mensen!), een deel is decor. En verder de jungle. Altijd de jungle. Waar je ook kijkt. Wat heeft het plantje nodig om te groeien? Zon en water! Het plantje krijgt hier jaarlijks zes maanden water met wat zon tussendoor en daarna zes maanden zon met wat water tussendoor, en groeien dat het plantje doet! Het is lachwekkend. Al het groensel dat in onze huiskamers met zoveel zorg wordt omringd, schiet hier ten hemel als werd het door God zélf geroepen. En als het helemaal op de toppen van zijn tenen staat, valt het om, kunnen de wortels het niet meer houden, want die stuiten al te snel op rots en moeten het in de breedte zoeken. Zo bouwt de muur zich kris kras op: deels nieuw, jong groen, deels buitensporig, kreunend onder het eigen gewicht, deels oud en rot, schots en scheef gezakt en stervende. Daar tussendoor groeien bloemen. Allemaal overdreven. Heftig. Kleuren en vormen die je laten twijfelen aan de echtheid. En bij elke stap die je zet, beweegt er wat tussen het rottend afval, schiet er iets weg. Je weet nooit wát. Het laat zich horen maar niet zien. En 's ochtends vroeg als alles ligt te dampen in de vroege, maar meteen loodzware zon, als de nevels je opnemen in een draaierig makende wereld van vage silhouetten, dan kan je de ziekte ruiken. Die kan je niet alleen niet zien, die laat zich zelfs niet horen. Al dat leven waar wij niet mee overweg kunnen en dat wij de ziekte noemen, omdat we eraan doodgaan. Alles wat niet op de lijsten van dierenbeschermers voorkomt omdat er veel te veel van is. De jungle zit propvol leven, maar dan met zulk een dichtheid dat alles er dommig van wordt. (Het Engelse woordje 'dense' hééft die twee betekenissen.) De mensen die hier wonen zijn stilgevallen. Zetten doelloos voet voor voet of zitten urenlang op omgekeerde stoelen te staren naar het water. Alles om hen heen rot weg en er wordt gelaten meegerot. 'Personne n'a choisi de vivre ici,' zal mij de komende dagen meermaals, weliswaar lachend, worden meegedeeld. Ik loop de helling af, naar de aanlegsteiger, maak kennis met *cast* en *crew*, wordt (álles voor de kunst!) van onder tot boven met modder uit de nabijgelegen kreek besmeurd en speel mijn rol.

Alles ging goed. Iedereen gelukkig. Méér dan gelukkig. Heer Dreipikkel zegt dat ik een *terrific scene* heb gespeeld en dan durf ik daar zelf niet meer aan te twijfelen. Morgen, zondag, vlieg ik terug. Het vliegtuig vertrekt rond zes uur 's avonds en ik heb dus zowat de hele dag om Cayenne te bezoeken. Peper natuurlijk! Ik loop mij hier al drie dagen af te vragen hoe het komt dat de naam van het stadje mij zo vertrouwd in de oren klinkt. Cayennepeper! La place des Palmistes, is een groot groen plein, midden in de stad, met lange rijen metershoge palmbomen, omringd door grote plantershuizen. Midden in staat een standbeeld van Felix Eboué, leider van de slavenopstand, met daaronder een gedicht van Malraux. Tegenover het monument is een groot café met een schaduwterras. Ik maak er mijn uitvalsbasis van voor de rest van de dag. Langer dan een halfuur rondlopen in deze hitte is dodelijk en dus maak ik vanaf het terras korte uitstapjes door het centrum. Naar pleintjes als Place Heder, met een bronzen beeld van een goed geklede man, Monsieur Heder, de blik op de toekomst gericht, zijn forse arm om het middel van een schaars geklede inlandse geslagen (om haar te beschermen, denk ik) en dan verderop een schooltje, Ecole Madame Heder. Ieder zijn hobby. Ik zou een hele goeie koloniaal geweest zijn, bedenk ik. Zo één waarvan de inlanders later het vertrek betreuren. Zoals ik hier zit, op mijn (nu al) favoriete plekje in de schaduw, met een guavesapje, de voorbijgangers groetend met korte knikjes. Ik zou dat goed doen, dat weet ik wel zeker. Zondag in Cayenne, dat is de totale stilstand. De mannen van de gemeente maken daar gebruik van om de kerstverlichting op te hangen tussen de palmbomen.

De volgende uitval die ik onderneem heeft als doel: de zee en prentkaarten kopen. Halverwege zoek ik koelte in een Chinese bazar. Zij zijn de enigen die open zijn op zondag. Ik koop een aansteker, een pen, papieren zakdoekjes en zoek wat prentkaarten uit. Blauwe zee en palmen. Het is een leugen, merk ik later. De zee is hier bruin. De vele stromen en rivieren van Frans Guyana voeren vanuit het binnenland zoveel modder mee, dat de zeeboezem is vertroebeld. Later in de middag, met de zon onder een andere hoek, verandert het water in vloeibaar goud. Erg mooi. Maar zo verkoop je dat niet in het buitenland, moeten ze hier gedacht hebben en dus kleuren ze al die prentkaarten bij. Onder de palmen aan zee wordt petanque gespeeld en op de banken van een kiosk zitten oude zwarte mannen mekaar uit te kafferen, met overslaande stem. Het gaat over God. Dieu. En ze zijn het oneens.

Pas na mijn derde uitstap (uitval) valt het mij op, dat het café waar ik zit een cybercafé is. Dat wordt met grote kleefletters op de pui van het etablissement aangekondigd. En vermits geen lijm ter wereld bestand is tegen deze volgehouden hitte en vroeg of laat moet loslaten, staat er: CY ER AFE e-ma l cyb palm n p us .gf.

De aansteker die ik bij de Chinees heb gekocht, heeft wel een staafje om de vlam bij te stellen, maar dat is versiering. Als ik een voorbijganger vuur aanbied, vliegen de gensters uit zijn strohoed. Het pennetje dat ik mij in dezelfde zaak heb aangeschaft, schrijft enkel als het daar zelf zin in heeft en nooit meer dan twee woorden na elkaar en als ik vervolgens uit pure nieuwsgierigheid mijn neus snuit, knalt het snot los door het doekje in mijn handpalm. Chinese bazar.

Ik vraag aan de dienster hoe laat het is. 'Il est deux heures,' zegt ze, terwijl ze met een dienblad vol leeggoed naar binnen loopt. Als ze bij de deur is draait ze zich om, houdt haar hoofd wat schuin en lacht: 'Je ne sais pas,' zegt ze. Dan wendt ze zich tot een voorbijganger en vraagt hoe laat het is. De man kijkt op zijn horloge en zegt: 'Il est quatre heures moins quart.' Ze lacht haar tanden bloot en zegt: 'Le temps passe vite!' Cayenne is de ideale plek om op een vliegtuig te wachten. Iedereen wacht mee.

We gaan niet meteen naar Parijs. In Martinique worden reizigers van dezelfde maatschappij al meer dan een dag opgehouden door het stormweer en we gaan die mensen eerst ophalen. We vliegen naar Port de France en zullen vier uur later dan gepland in Parijs zijn. In Port de France zijn er dan technische problemen met het vliegtuig en we worden vriendelijk verzocht ons met onze handbagage naar de transithal te begeven. Daar blijven we acht uur. We krijgen een broodje met sap. Het is vijf uur in de ochtend van de volgende dag als we Martinique verlaten, we hebben nog acht uur voor de boeg. Rekening houdend met het tijdsverschil schat ik dat we tussen vijf en zes in de namiddag in Parijs zullen landen. Daarna de sneltrein naar Brussel. Ik word om kwart voor acht in het Lunatheater verwacht voor de uitreiking van de Océ-prijs. Het zal krap worden. Le bon Fred wacht mij, ondanks de verlate aankomst, zoals beloofd, op in de luchthaven, loodst mij door het spitsuur naar het station, laat in een mum van tijd mijn tickets veranderen, stopt mijn bagage in het rek, zoekt het nummer van mijn zitplaats, wenst mij een goede reis en een lang leven en wuift mij uit vanop het perron. Tien voor acht Brussel. Om tien over acht word ik, vergezeld van vele vrienden, het podium van het Lunatheater opgeleid. Wij mogen onze benen onder tafel schuiven en van ons wordt niet anders verwacht dan dat wij genieten van het feestmaal dat te onzer ere wordt aangericht. Er zal muziek zijn, lofredes zullen worden uitgesproken en te gepasten tijde zal dan worden bekend gemaakt wie dat miljoen op zak mag steken. Eén miljoen Belgische franken, dames en heren! Een échte prijs. En iedereen zegt dat ik hem krijg. Iedereen! Dat het niet anders kan. Al mijn vrienden. Goeie vrienden! Een miljoen. Voor mij. Mijn gevels! Ik kan eindelijk mijn gevels laten cementeren! Geen mens die eraan twijfelt. Behalve ik nog een beetje. Ik wil er liever niet te zeker van zijn. Het is niet mijn sterkste kant.

Maar die andere in mijzelve, die waar ik niet altijd even goed mee overweg kan, die zit al stiekem een sympathiek dankwoord in mekaar te draaien! En de blaaskapel van Ingelmunster speelt van téttérétééé! En de wijnen zijn héérlijk! En de druivenkoningin spreekt zoete woordjes! En applaus op alle banken! En de ceremoniemeester brengt de voorzitter binnen! En de voorzitter scheurt de enveloppe open! En de winnaar is?!?!?!... Het Nieuwpoorttheater!... Bravo!... Bravo!... En ik klap mijn handen stuk! Bravo! Want die jongens hebben dat verdiend! Dat is goed volk! Die zijn al jaren goed bezig en dat mag beloond worden! Dedju toch! Een Miljoen! Wat erg toch! Bravo! Mijn gezicht? Waar is mijn gezicht?... Onder tafel. Mijn gezicht is onder de tafel gevallen. In stukken vaneen. De scherven krijsen onder mijn schoenzolen. Heb ik geen ander bij me? Dedju toch! Ik had er moeten aan denken mijn reservesmoel mee te nemen. Het moest ook allemaal zo rap gaan. Ik ben zo moe. Zo ineens. Dat is normaal. Ik sta al vierendertig uur op mijn poten. En daarbij is de rol van 'sportieve verliezer' wel van het zwaarste wat er te spelen valt. Ik ga slapen. Eerst nog wat drinken toch, want een miljoen is veel geld om zomaar te krijgen, maar het is nog méér geld om zomaar niet te krijgen! Eerst nog wat drinken en dan slapen. En 's morgens, tussen de overhoop gewoelde lakens: wat was het nu? Droom? Nachtmerrie? Een hallucinatie, denk ik.

Ze kleurt buiten de lijnen. Ik hoop dat ze later met dezelfde vrolijke baldadigheid het leven te lijf gaat. Als ze me vraagt haar te helpen, heb ik een probleem. Ik kan het niet meer. Het is duwen en trekken. Ik kan niet meer moeiteloos buiten de lijnen kleuren. Ik probeer het wel, want ik vind mijn eigen gepriegel er zo laffig uitzien naast die forse uithalen van haar, maar het resultaat is krampachtig, mist onbezonnenheid. Het, in een schijf berkenhout gekerfde, Bezint Eer Gij Begint, dat zovele Vlaamse schouwen siert, heeft waarschijnlijk al veel onheil voorkomen in de bouwsector, maar in de kunsten, meneer, is onbezonnenheid een deel van het talent. Ze spreekt mij bestraffend toe: ik moet wél in de goeie 'richting' kleuren. Dat is het woordje van de week. De trap naar boven is bijvoorbeeld de 'richting' om te gaan slapen. De keukendeur is de 'richting' van de koelkast en dus de 'richting' van de Ice Tea, haar allereerste verslaving. 'Papa, gaan we nu in de richting van de luchtavond?' vraagt ze als we haar moeder gaan ophalen in Zaventem. De enige juiste 'richting' om te kleuren is diagonaal begrijp ik. Niet van boven naar onder of van links naar rechts, want dat is niet mooi. De netjes-binnen-de-lijntjes-gekleurde voorbeelden vindt ze een beetje ziek. 'Waarom?' vraag ik. 'Ze bewegen niet,' zegt ze, 'ze gaan dood.' En toegegeven, er is een groot verschil. Waar zij met haar kleurendoos is langs geweest, spat het leven van de bladzijden. Ze zingt en kwebbelt aan één stuk door tijdens het werk, maar als we aan een slapende Donald Duck willen beginnen, fluistert ze: 'Ssst...! Voorzichtig kleuren, anders wordt hij wakker.' Onbezonnenheid en inlevingsvermogen. Een mens verliest onderweg zijn grootste kwaliteiten.

40.

Eindelijk het wezenlijke verschil ontdekt tussen feitelijk en eigenlijk. Ik weet wel, 'feitelijk' (het woord zegt het zelf) heeft iets met feiten te maken en 'eigenlijk' (het woord zwijgt als vermoord) heeft met de diepere betekenis vandoen, maar we gebruiken ze door elkaar en daar moet nu maar eens een einde aan komen. Bij een opname voor de Openbare Omroep (die met de cirkelzaag als logo), worden wij, met verontschuldigingen weliswaar, een halfuur te vroeg de studio binnengeleid omdat we later, vanwege de cameraopstelling, niet meer bij de ons toegewezen plaatsen kunnen komen. Wij zijn eenvoudige jongens en tillen niet zwaar aan de zaak. Op onze knieën sluipen wij het programma binnen waarin wij straks zullen zeggen welk een wonderlijke film wij gedraaid hebben en dat iedereen die moet gaan zien, ook al wordt hen dat door de Pravda verboden. Stil als volwassen muizen zitten wij op onze stoelen, terwijl het programma, met enthousiaste medewerking van enkele politici, het logo van de zender alle eer aan doet. Plots gaat een van de camera's, in een uitzinnige poging de uitzending meer vaart te geven, bewégen. Op zich een prijzenswaardig initiatief, ware het niet dat het gevaarte onze richting uit glijdt. Mijn vriend en gewaardeerde collega kan dan ook niet anders dan, vast besloten niemand te storen met zijn aanwezigheid, boven op mij kruipen, zodat de mensen, die hard aan deze uitzending werken, alle ruimte krijgen. Zo zitten wij daar een wijle: twee dikke stille muizen boven op elkaar. Straks mogen wij piepen. Alle verontschuldigende blikken van mensen met koptelefoons en zendertjes en schrijfplankjes, weren wij grootmoedig af. Is niet erg. Wij zitten gráág boven op mekaar. En nu goed opletten, want we verwarren ze maar al te vaak: FEITELIJK is er niks ergs gebeurd, maar EIGENLIJK heeft de Openbare Omroep een probleem.

41.

Niks is zo nieuw als een troppel kastanjes in een pas gebarsten bolster. Vochtig, glimmend hout. En, hoe ongelijk ook, elke kastanje, toch samen, in elkaar gepast. Ik raap ze graag. Ik eet ze niet, maar ik raap ze graag. Gebogen rondslenteren onder de boom en enkel en alleen 'kastanje' denken. Het zijn er veel en als je goed kijkt zijn het er nog meer. Het is vast de overvloed die trekt. Maar ook wel het verkrampen af en toe, als een volle bolster zich, ruisend door het verdroogde bladerdak, aankondigt en neerploft. Net naast me. Altijd net naast me. Of iets verderop. In een kleine halve eeuw kastanjes rapen, ben ik nooit geraakt. Edoch nu, vandaag, vijfenveertig jaren en acht maanden oud, word ik vol op de kruin getroffen. En het doet pijn. Dezelfde pijn, met opzet aangedaan, zou zorgen voor een hels rumoer. Maar hier? Het is de boom, de wind, het lot. Fortuna, speels gemaakt door zomers licht, laat in oktober. Ik vloek en wrijf lachend mijn kop en waag het weer. Ik heb mijn jas met grote zakken aan en raap ze vol. Stop dan mijn handen diep in de kastanjes en wandel, met graaiende vingers, tevreden weg.

42.

De gemiddelde Belg stoort zich meer aan hard rijdende auto's en aan hondenpoep op de stoep dan aan zware vormen van criminaliteit. Het staat in een studie die de Algemene Politie Steun Dienst (APSD) op verzoek van minister van Binnenlandse Zaken Johan Vande Lanotte (MVBZJVDL) heeft verricht. Vreemd, uit heel andere studies leren wij dat de gemiddelde Belg veel te hard rijdt en nu blijkt dat hij daar zelf zenuwachtig van wordt. Ik geloof daar geen fluit van. Ik denk dat de gemiddelde Belg zich net zo min stoort aan zijn eigen hard rijden als aan de drol van zijn eigen gemiddelde Hond. Ik denk dat de gemiddelde Belg zich stoort aan het gescheur van anderen en dan nog vooral wanneer die dat in zijn eigen rustige wijk doen. Ik denk dat de gemiddelde Belg een hekel heeft aan de drol van de hond van zijn buurman. Opvallend is ook, zegt de studie, de sociaal-economische bepaaldheid van vele onveiligheidsgevoelens: in het algemeen voelen hogergeschoolden zich veiliger dan lagergeschoolden. Ik kijk daar, zonder al te veel studies te hebben gedaan, niet van op. Wat verder nog opvalt: vrouwen voelen zich sneller onveilig dan mannen. Hoe zou dat nu toch weer komen?! Grootstedelingen voelen zich minder veilig dan hun landgenoten in het algemeen. Dat wist ik al. Ikzelf, bijvoorbeeld, sluip in Brussel langs de muren. Abram de Swaan zegt in zijn boek *Blijven kijken:* Een straat of een wijk waar haast alles 'kapot, smerig en doodeng' is, die is in ieder geval onleefbaar, maar omgekeerd 'heel, schoon en veilig', dat zijn toch meer de randvoorwaarden voor een badkamer dan voor een grootstedelijke samenleving.

43.

Niks kan mij dieper raken dan theater. Ik lees graag en, vanwege het alleen zijn, doe ik dat misschien wel het liefst. Ik slenter graag door een tentoonstelling. Ook dat heeft iets allenigs, al heb ik liever een maatje in de buurt om af en toe iets aan te wijzen en te kijken of wij min of meer hetzelfde zien. Muziek. Liefst ergens in een kleine keet. Liefst zonder veel gedoe. Liefst als ze lachend het kleine podium opstommelen en hun instrumenten warm blazen met wat grappen tussendoor en een roffel. Tot de zwarte met zijn trompet en een te klein hoedje op zijn hoofd, om zich heen kijkt en iedereen vragend toeknikt, zichtbaar inademt en dag, tot over een uurtje. Daar kunnen dingen gebeuren die het verstand te boven gaan. En toch, en toch. Als theater mij raakt. Het is niet te vergelijken. Omdat het woorden zijn, denk ik. Omdat het een wonder is dat die tot bij mij geraken. Dat ik begrijp wat daar gezegd wordt. (Het woordje 'tafel', door mij of mijn Japanse eega gedacht, levert al een hoogteverschil op van om en bij de halve meter. Hoe zit dat met een woord als 'liefde'?) Iemand neemt de woorden van iemand anders in de mond en zorgt er met handen en voeten voor dat ik ze begrijp. Dat het verhaal achter, onder, tussen die woorden zijn belang krijgt. Als dat lukt is dat magisch. En het gebeurt nu, daar, voor mijn ogen. En morgen weer. Opnieuw, altijd weer opnieuw. Daar gaat *De keizer van het verlies* van Jan Fabre over. Dirk Roofthooft zegt het misschien wel tien keer: 'Ik begin opnieuw.' Een tekst van Jan Fabre (met hier en daar een flard van Nolens, wordt gezegd): de karwats en de zalfpot. Slaan en daarna liefdevol de striemen verzorgen. Woorden als stroomstoten, als schetterende trompetten, als gehamer in zand of wolken van woorden die mijn hoofd binnenwaaien, mijn hart. Ze maken mij rillerig of warm of triest of giechelig. En terwijl ik ze daarbinnen hun gang laat gaan, kijk ik. Naar een roodfluwelen, keizerlijke speeldoos, waarin een acteur, tussen het vertonen van zijn kunsten door, van zijn hart proeft, dat hij in een plastiek tasje bij zich draagt. ('Ben ik de eerste mens die zonder een levend hart kan leven? Heb ik een kunsthart? Of heb ik een hart voor...') Een acteur die voor op de scène *My Way* van Sinatra zingt zonder Sinatra ook maar één moment te imiteren. Het lied was me nooit voorheen zo helder. Een uil op een stok die het allemaal aankijkt. Geen opgezet stofnest maar een uil. Een echte uil die, wanneer Roofthooft zegt dat hij zou willen vliegen, zijn vleugels achteloos spreidt, zich rekt en zwijgt zoals alleen een uil dat kan. Morgen doet hij dat niet. Morgen doet hij wat anders en ook dat zal betekenis krijgen omdat alles op zo'n avond gevangen zit in het wonder van het theater. Ik ook. Ik die liever speel dan toekijk. Er zijn heden ten dage meer acteurs dan facteurs. Velen beginnen hun vervelende tirades met: 'In ons vak...' Het is geen vak. Het heeft zelfs niet de schijn van een vak. Zo gemakkelijk komen ze er niet vanaf. Fabre heeft Roofthooft woorden gegeven en zijn plaats in een beeld. Hij heeft hem gevraagd te begrijpen. En Roofthooft begrijpt. Roofthooft begrijpt zo goed dat, langzaam, ook ik begrijp. Een uur en veertig minuten lang. Daarna blazen we weer bellen naar elkaar, als goudvissen.

BELLE VUE

Het hotel heette, zoals zoveel andere hotels op andere plaatsen, Belle Vue, en bood inderdaad, vanuit de ontbijtzaal, een aardig uitzicht op het lager gelegen stadsdeel en de rivier die daar onverstoorbaar doorheen stroomde. Af en toe trad hij buiten zijn oevers. Daar was niks aan te doen. Er werd gezegd dat de nieuwe stuwdam er voor iets tussen zat, maar ook voordat die gebouwd werd liep de streek geregeld onder water. Getuige de rampenfoto's die de ontbijtzaal sierden, waaronder een paar uit 1930. Het hele stadje blank. Mensen op het dak van hun huis. Mensen huilend te midden van drijvend huisraad. Een man met een snor in een wastobbe zwaait met zijn peddel naar de fotograaf. Kinderen lopen met gespreide armen over smalle noodbruggetjes. Een opgezwollen varken op zijn rug in het water, zijn poten als korte pookjes in de lucht. Een foto van de peilplank met daarnaast de burgemeester die aanwijst hoe hoog het water stond. Tentoonstelling van een steeds weerkerend drama. Maar in de balk boven de balie stond met gotische letters gekerfd: 'Slaap rustig, het water komt hier niet.' Het was een hotel voor het iets beter bemiddelde volk. De goed verkopende handelsreiziger, de journalist van de betere krant, de gastacteur bij het stadstheater, de ingenieurs van de stuwdam en af en toe zelfs een directeur met zijn secretaresse, op bezoek bij één van zijn kleinere vestigingen, die het familiale sfeertje van de Belle Vue verkoos boven het zakelijke van één of andere hotelketen. Eenentwintig kamers, zo goed als altijd bezet. Veel vaste klanten en de nieuwelingen kwamen meestal op aanraden van iemand die het huis kende. Eenentwintig kamers zeg ik, maar daarvan waren er slechts twintig te huur, want één kamer werd nu al meer dan een jaar bewoond door een man van wie niemand wist wie hij was of wat hij deed. Vorig jaar rond Pasen had hij een kamer genomen voor één nacht. 's Ochtends had hij gevraagd of hij nog een nacht kon blijven en de dag daarna vroeg hij dat weer. Toen wilde hij een maand vooruit betalen en dat kon. En dat deed hij nu nog. Altijd netjes op tijd. Een maand vooruit. Hij at altijd in zijn kamer. Ontbijt zowel als avondmaal. Heel af en toe ging hij overdag de deur uit. Nooit lang. Nooit 's avonds. Het was een heel gewone man waar niks op aan te merken viel. Altijd beleefd. Altijd keurig gekleed. Netjes geschoren. Maar altijd alleen. En dat valt dan toch op.

Kamer 21 ligt aan de voorkant van het gebouw en heeft een erker. De man kijkt naar het water. Het liefst kijkt hij daar waar het de pijlers van de brug omspoelt, daar zie je het best hoe hard het gaat. Baldadig water. Hij is een man van achter in de veertig. Hij draagt een goed gesneden, beige, linnen broek en een wit hemd zonder das, maar met manchetknopen. De kamer heeft een zacht geel bloemetjesbehang. Tegenover de erker staat een groot bed met twee nachtkastjes. Rechts daarvan, tegen de korte wand, een kleerkast met daarnaast een berglandschap aan een haakje, links een ladenkast met daarop een leeg vaasje. In de erker staat een ronde tafel met twee stoelen. Alles van mahoniehout. De deur naar de gang heeft een kapstok, daaraan hangt een jas. Er liggen geen boeken in de kamer, geen tijdschriften, geen pen en papier, geen wekker, geen sigaretten, er is zelfs geen asbak voorhanden. Het lege vaasje, de jas, het berglandschap, de meubelen en de man. Dat is alles. Hij trekt een haartje uit zijn neus.

Dan is er gestommel op de gang en de man kijkt naar de deur en luistert. De deur van de kamer naast de zijne wordt opengemaakt. De man pakt een stoel, loopt naar de muur, haalt het berglandschap weg en gaat op de stoel staan. Er zit een gaatje in de scheidingswand met de aanpalende kamer. Hij brengt zijn rechteroog naar het gaatje. Een oude man zit op bed. Hij hijgt. Er is geen lift in het hotel. Een mooie jonge vrouw maakt zijn kleren los. Ze stopt hem in bed. Dan rommelt ze een tijdje in de badkamer. De oude heeft pijn. Hij kreunt. De vrouw komt terug en legt een handdoek over zijn borst. Ze gaat naast hem, schrijlings op bed zitten en voedert hem met een theelepeltje. Terwijl ze dat doet streelt de oude man de binnenkant van haar dijen. Ze laat begaan. Hij is nu rustiger. Ze veegt zijn mond schoon en bergt de spulletjes op. Ze buigt zich over hem heen en ze zoenen. Hij kneedt haar borsten. Dan trekt de vrouw haar mantel aan en spreekt de oude geruststellend toe. Haar woorden zijn aan deze kant nauwelijks verstaanbaar, maar haar toon en aaien en neuze-

neuze-neuze... 'Even weg en zo terug ik hou van jou.' De kamerdeur half open, ze zegt nog iets, hij glimlacht vaag, de deur valt dof in het slot.

De oude man alleen. Het oog achter het gluurgat schiet nu alle kanten uit, betast het oude lichaam, schaamteloos. Zoekt koortsig een verhaal. Wil weten: leeftijd, ziekte, naam, beroep, verleden... De oude man op bed, met van haar enkel nog wat geur. Zijn gelige, gegroefde vogelkop daarnet zo wankel op zijn dunne hals en nu nog nietiger in dikke kussens. De adamsappel in zijn keel gevallen. Het frêle, lege vel. Het kan zo scheuren. Zijn schrale lijf verder gehuld in een wijnrode pyjama met witte bies. Voorname smaak. Het polshorloge op de nachttafel, glas water, medicijnen. Hij staart naar het plafond, zijn ogen wijd geopend. Hij lijkt wel dood. Enkel zijn lippen af en toe beroerd door een briesje uit de borstkas.

De man aan deze kant stapt van zijn stoel en hangt het berglandschap terug. Er is niet veel te zien aan een oude man die sterft. Hij gaat in de erker staan en kijkt weer naar het water. Zou hij ervoor betalen? Getrouwd? Nee, niet getrouwd. Te jong. En daarenboven is getrouwd veel meer routine. Hier was honger in het spel. Of komt dat terug als je doodgaat? Liefdesappetijt. Doodsangst. Zou dat hetzelfde zijn? Het water omspoelt schuimend de pijlers van de brug. In de bocht slaat het wild tegen de oever. 'We hebben het altijd over het geweld van de stroom, nooit over het geweld van de oevers.' Hij wist niet meer wie dat gezegd had. Het kreunen in de andere kamer maakt hem zenuwachtig. Hij pakt zijn stoel en haalt het berglandschap weer weg. De oude is half overeind gekomen. Hij steunt op zijn ellebogen en pompt alsof zijn leven ervan afhangt. Wat haat hij die man toch. En dan, waarom? Om de paniek in zijn ogen. Hij haalt het niet. De oude schudt het hoofd langdurig heen en weer en perst er alles uit nu. Meer dan hees gegorgel komt er niet. Hij sterft. De man aan deze kant haalt zijn oog weg van het gat en zet na even aarzelen zijn mond ertegen. Roept met getuite lippen, alsof hij de woorden door het gat wil spuwen: 'Ik zie u! Niet bang zijn! Ik zie u toch!' Dan valt de stilte in de andere kamer.

Ik heb ooit een veel kortere versie van dit verhaal verteld in de film *Pour toujours* van Eric Pauwels. René vertelt aan zijn blinde vriend het verhaal van een film die hij vroeger zou gezien hebben. Ik speelde die scène graag omdat ze op elegante wijze het medium zelf voor schut zet. In een film het verhaal van een andere film vertellen aan een blinde. Het verhaal van een gluurder. Iemand die graag door een gaatje kijkt naar anderen, op zoek naar een verhaal. Zoals de man achter de camera naar mij keek toen ik het verhaal vertelde. Of zoals ik naar een blinde kijk omdat ik weet dat hij me niet kan zien. En dat een mens op een of andere manier (en wel zéker op het allerlaatste) wil gezien zijn.

44.

Lissabon begin november. We wachten op tram 28. Hij zal ons
de heuvels op knarsen, naar Al Fama. We wachten met zijn
allen, gelijnd langs de goot van het sombere smalle straatje.
Het is buiig weer, de straat vol plassen. In een raam, hoog aan
de overkant, springt een gekooide vogel op en neer in een late
streep zonlicht. Hij krast – blijdschap of irritatie, ik ken de
vogel niet – de muren vol. Hij klinkt een beetje als tram 28.
De rij wordt langer. Een meisje en een jongen sluiten aan. Een
jong stel met ruzie. Ze toont hem haar rug. Hij smeekt en bidt,
probeert met alles wat hij heeft een zinnige uitleg bij mekaar
te praten. Ik ken het. Hier en daar valt een woord waarvan de
wortels mij niet vreemd zijn, maar ook zonder dat: ik ken het.
Hij danst om haar heen, wil haar gezicht zien. Ze wendt zich
steeds weer af. Ze speelt het hard. Ik kijk tersluiks naar wat
hij graag zou willen zien. Ik lees de twijfel in haar ogen, de
zenuwtrekjes om haar mond. Wat hij zo graag zou willen zien.
Ze wankelt. Ik wou dat ik hem een teken kon geven, dat ik
kon roepen: NU! Nu Romeo! Kijk even naar de vogel boven,
mompel halfluid 'bueno' en stap uit de rij. Laat haar je hielen
zien. Ik weet wel zeker, ze sleept zich over het mozaïek van
de Portugese trottoirs, huilend achter je aan. Jouw beurt. Maar
zonder overmoed, held! Niet de zoete wraak! Want o wee, als
je haar te lang over de keien laat kruipen. Dan komt ze vlam-
mend recht en slaat een zijstraat in. En dan moet jij weer, op
je buik, door de plassen en kamperen voor haar deur. Aantrekken en afstoten. Daar zijn hele choreografieën rond verzonnen en mooie ook. Maar nooit zo triest.

45.

De eerste lijnen die je door een stad trekt, zonder plan. Je eerste
wandeling. 's Namiddags aangekomen en nog even voor het
avondeten, of 's ochtends na het ontbijt, je eerste dag. De rich-

ting die je kiest, waarom je welke hoek omslaat, het heeft zijn reden. Je registreert het niet altijd zo bewust, maar iets trekt of duwt je. Het is een plein met duiven of een rode muur met overhangend groen. Het ritme van de straatlantaarns. Een man in tweedpak die met breed gebaar een ander groet en wijst naar een terras diep in de straat. Daar ga ik koffie drinken. Omdat die man dat zei. Omdat zo'n pak en koffie samengaan. En in een kleine straat de hoge stalen liften, die je naar andere stadsdelen brengen, maar nu buiten dienst zijn wegens werken. Daar wil ik onderdoor. Om net als bij de Eiffeltoren hun geweld te voelen. Een patroon in het plaveisel. Een boekenwinkel met te weinig woorden die ik begrijp. Een smalle zijstraat en aan het eind daarvan de zee. Ik zie ze niet, want de steeg loopt ietsje op, maar het licht waarin ze uitloopt is gespiegeld. Langs een markt, waar ik een mes koop en verderop wat wijn, de hoek om en ik sta weer op het plein met de duiven. Het is mijn eerste loop. De vanzelfsprekende. Ik zal daarop de komende dagen variaties maken, lussen, bochten, doorsteken, maar hij blijft het basispatroon. Alleen zo kan het dat ik de laatste dag het winkeltje terugvind, waar ik de eerste dag de armband heb zien liggen, die ik nu wil kopen voor mijn vrouw. Van de duiven naar de rode muur, de straatlantaarns, koffie bij de baas zonder bovenlip, de liften en tegenover de boekenzaak het kleine winkeltje met het sieraad op blauw fluweel. Ik had, het Portugees onmachtig, wat wazig naar de boeken staan staren en in de spiegeling van de ruit het kleine juweel aan de overkant opgemerkt. Zo was dat gegaan. De armband is nog even mooi als op de eerste dag, wat zeldzaam is, maar blijkt bij navraag veel te duur.

46.

Straks gaat de oven open. Dan wordt, tegel na tegel, het werk van Benoît weer samengesteld. Daarvoor zijn wij hierheen gekomen. Benoît heeft in zijn Brussels atelier een jaar gewerkt. Getekend en hertekend, geschilderd met penseel en grove borstel en gegomd, op ladders, steigers, de grootte aangepast, een andere verf, een ander zwart, een ander wit, een ander woord gezocht voor wat hij deed. Wij (Peter van Kraaij en ikzelf) hebben hem gevolgd. Het zoeken en tasten voorzichtig op beeldband vastgelegd. Daar werd in twee uur soms geen woord gesproken. Mensen die mij kennen geloven dat niet. Maar ik zeg u: twee uur, en enkel het geslis van borstel op papier en het zoemen van de camera. En als hij, boven op de ladder, stond na te denken hoe het moest, het piepen van de ladder, die plots dan zweeg als hij de lijn aanzette, alsof de muze 'smoel toe!' had geroepen. Soms ging het goed, soms ging het fout. Bij fout dronken we drie grote Stella's op de hoek en praatten over voetbal. Over Club Brugge moet ik zeggen, over de rest valt met de schilder niet te praten. Het werk heet *Maalbeek/Maelbeek*. Metrostation Maalbeek/Maelbeek moet het worden. Ergens in de herfst van volgend jaar wordt dat station ontmanteld en heringericht. De tere lijn van Benoît moet daartoe stadsbestendig worden gemaakt. Hier, in het Land der Azulejo's, doet hij daarom alles nog eens over, op tegels. Grote zalen vol tegels in alle maten en kleuren, waartussen vrouwen in geruite schorten aan het werk, met veel palaver en gelach. Te midden van het gewoel, loopt Benoît op kousenvoeten over de uitgelegde tegels en trekt zijn lijnen. Hij hoort of ziet niemand en Peter filmt. Zelfs mijn dochter is onder de indruk: hij mag op die tegels en zij niet. De schakeringen in het zwart blijven slechts korte tijd zichtbaar, daarna valt alles plat. De verf droogt tot een matte grijze streep. Tijdens de luttele momenten dat ze glimt, moét hij er wat van vinden: goed of niet? Herbeginnen of doorgaan? Straks, in het vuur, wordt de kleur weer levend. Straks gaat de oven open.

47.

Wat ze wil doen, vraag ik. Haar laatste dag in Lissabon. Of er iets is wat ze nog absoluut wil doen voor we op huis toe gaan? We zitten in café Martinho da Arcada, waar Pessoa zijn eigen tafel had. 'Hana wil op hoge stoel zitten,' zegt ze. Ik begrijp haar niet. Dat zal wel niet de laatste keer zijn, maar toch, doorgaans weet ik vrij goed wat ze bedoelt. 'Welke hoge stoel dan?' 'Hoge stoel!' Met nadruk. Verbijsterd over mijn domheid. Ik beloof haar dat we zoeken tot we vinden. Ze is meegekomen, want haar mama danst in Brussel én ze heeft afstand gedaan van het geliefde tietje. Bijna drie jaar is wel genoeg. Er wordt stilaan schande over gesproken. Ze raakte in paniek omdat ze dacht dat de tietjes zouden smelten, verzwinden, wég! Dat er bij Fumiyo een soort van blanke zone zou ontstaan, daar waar ze zaten. Ook ik werd wat paniekerig bij het door haar geschetste beeld. Wij hebben de verzekering gekregen dat de tietjes blijven waar ze zijn, doch leeg. Niks meer te tutteren voor kleine veelvraat. Ik herover langzaam terrein. Ze blijft er met heimwee over praten. Een hoge stoel? Wij hebben geen paleizen of kathedralen bezichtigd. Een hoge stoel? 'Met Peter van Kraaij in restaurant met happy birthday op kaasje!' Juist. De eerste dag. Ze had het schapenkaasje, dat als voorgerecht werd geserveerd, volgeprikt met tandenstokers en de ober had ze aangestoken, zoals men dat met kaarsjes op een verjaardagstaart doet. Daar hadden ze een lange roestvrij stalen bar met krukken. Ze zit parmantig op haar hoge stoel nu, met chips en limonade. Zo gelukkig aan de lange toog! Zou het genetisch zijn?

48.

Toen Edgar J. Hoover (Gods eigen stofzuiger) het lang beloofde land schoonveegde, vond hij in het vol tapijt een behoorlijk weerbarstig stofje, zo eentje waar je drie tot vier maal overheen moet, dat luisterde naar de naam Johannes Eisler. Hanns voor de vrienden, zei hij in de verhoorzaal (lacht). Man van het Lied, uit Duitsland, vanwaar hij was gevlucht omdat zijn Lied niet klonk zoals het op dat moment hoorde. Of hij ooit lid was geweest van de Communistische Partij, wilde de kuisploeg weten. Ja, zei Hanns, in zijn eigen Engels, ik heb een aanvraag gedaan, maar al snel heb ik begrepen dat mijn artistieke ambities nooit zouden samenvallen met de doelstellingen van een politieke partij en ik heb geen lidgeld meer betaald. Het aanzetstuk van de stofzuiger (dat stuk waar je nooit een waarborg voor krijgt) wou weten: JA of NEE. Heer Eisler herhaalde wat hij al had gezegd. Maar hakkelde. Versprak zich in een taal die toch al niet de zijne was. Meteen was het glashelder: hij was niet zeker van zijn zaak. JA of NEE, was de vraag. Een kind weet dat het leven zich daartussen afspeelt, dat JA en NEE de handjes van de wurger zijn en dat die de klus, als het moet, ook met één hand klaart. *Mister Eisler, were you at any time a member of the Communist Party, YES or NO?*

Same answer, Sir: I made an application, but soon I realised
that I would never be able to combine my artistic ambitions
with the objectives of any political party. Eisler ging weg uit
Amerika. Vloog terug naar Duitsland en landde in het intussen plat gebombardeerde Berlijn en schreef de hymne voor de
DDR. Nooit zo'n smeekbede gehoord. Nooit een hymne gehoord – niet dat ik er zoveel heb beluisterd, maar toch – nooit
een hymne gehoord die in elke strofe smeekt om menselijk-
heid. Enkele jaren later bewerkte hij Goethes *Faust* tot een
libretto. Een Commissie vroeg zich af waarom en hoe en wat
hij daar eigenlijk mee bedoelde? Hanns ging zich in West-
Berlijn bedrinken, werd rond sluitingstijd door de politie opgepakt en teruggebracht naar *Checkpoint Charly.* Daar wachtte een horde fotografen hem op. Hij haalde alle West-Duitse
covers. De man die de hymne van Oost had geschreven, kwam
zich bedrinken in West. Oost West, Links Rechts, Ja Nee. De
handjes van de wurger.

49.

Zoals daar zijn: de twinkelende lichtjes, de glimmende ballen,
de engelenmuziek uit de in het dennengroen verstopte luid-
sprekers, de zilvertjes, de valse sneeuw of met wat geluk de
echte, ik hou daarvan. Ik heb wel iets met Kerstmis. Hier
wordt niet bedoeld: het middenstandsfeest, de eeuwigdurende
viering van het gouden kalf, de uit zijn voegen barstende Feest-
kalender der Commerçanten. (Als je ze laat doen maken ze
van ieder jaar een schrikkeljaar om de Negenentwintigste te
kunnen vieren.) Ik hou niet van Christmas-parties met cham-
pagne, flitsende reukwerkwinkels, Helmut goes Lotti en ander feestelijk geslijm. Wel van de kerstboom thuis en met zijn
drieën wat eten met kaarsen op tafel en een laatavondwan-
deling met hier en daar in 't veld een huis met lichtjes en als
er nog iemand op stap is 'goeienavond' zeggen en het gebeier
voor de nachtmis. Erg hé? Heel erg. Noem het een prettig
jeugdtrauma. Vroeg gaan slapen op kerstavond en om elf uur
werden we gewekt en aangekleed. Echt goed wakker werden
we door de vrieskou, midden in de nacht, op weg naar de kerk.
Uit alle hoeken en spleten van het dorp kropen slaperige families tevoorschijn. De schouders hoog opgetrokken in dikke

jassen, met mutsen en sjaals. De koude kerk. Kouder dan buiten. We hoorden 'diejengelen' zingen en de koster perste een oorverdovend 'stille nacht' uit de orgelpijpen. Na de nachtmis, op het plein voor de kerk, wat achter mekaar aanjagen om warm te worden of als het gesneeuwd had snel een baantje trekken, terwijl de ouderen in wolkjes praattcn met mekaar. Dan naar huis en chocolademelk met koeken en pakjes openmaken, midden in de nacht. (Van kleine broer krijg ik een wagon van de trein, die ik hem voor zijn verjaardag heb gekocht. Dat is het, zegt pa, zo gaan we dat van nu af aan doen. We geven met Kerstmis gewoon de verjaardagscadeaus terug.) De pakjes waren een prettige bijkomstigheid. Een kleine attentie van de een aan de ander. Een schrijfboek, warme sokken, een gedicht, de eerste bustehouder voor een zus. Belangrijker was dat voor een paar dagen de druk wegviel. Dat iedereen er alles aan deed om het rustig te houden. Wanneer iemand die dagen zijn stem in huis verhief, zei moeder: 'Tutut... 't is Kerstmis.' 'Kerstmis is den dag dat ze niet schieten,' zong Wannes en hij doelde op de hypocrisie daarvan, maar evengoed valt de waarde van dat tuttig bestand niet te onderschatten. Al was het maar opdat er altijd genoeg 'grote kinderen' zouden zijn die zich de vredigheid ervan herinneren.

50.

Een man, een boer druk doende met een zware tractor, de vrouw intussen bezig bij de koeien, hun kleine kind, waar even niemand op lette, komt spelend onder het zware wiel terecht. Dat wordt mij telefonisch gemeld en ik ken de mensen die het overkwam. De kamer waar ik zit ligt vol rondslingerend speelgoed. (We moeten haar leren op te ruimen voor het slapengaan.) Onder het wiel van zijn tractor. Zo een manshoog zwart achterwiel. Ik hoor het kraken. Vloek mijn longen leeg. Straks is het Kerstmis. En elk jaar weer zal het Kerstmis zijn. Dat is niet te verdragen.

En een van de honderd negenentwintig persoonlijkheden, waaruit ik ben samengesteld, ziet reeds de openingsscène van een film, een ander leest de eerste bladzijden van een nog te schrijven roman, nog een ander spcelt de boer al na, probeert te voelen hoe dat moet zijn, daar boven op die tractor. Zit er dan geen spat moraliteit in mij? Kan ik niet anders dan de werkelijkheid meteen tot fictie degraderen? Of is het opwaarderen? Maakt mij niet uit. Ik weet: het is mijn redding. Mijn beste wapen in de strijd.

Want in mijn toneelstuk wordt 'het lot' gespeeld door een acteur, een goeie acteur, één die de waanzin van zijn rol begrijpt. (Ik vraag het aan Tom Jansen.) En Fatum daalt in vol ornaat, hangend in een harnas waarvoor wij een gespecialiseerde Engelse firma hebben ingehuurd, uit de toneeltoren neer en voor hij zeggen kan: 'Gij moet aanvaarden...' (zijn enige tekst), plant de boer zijn vuist waar het het meest en het langdurigst pijn doet en voor hij weggaat spuwt hij het lot in het aangezicht. Omdat het onrecht is wat is gebeurd. Ik heb theater nodig. Alleen dáár kan een mens een spook aan 't schrikken brengen.

51.

Een huisdier maken. Zelf samenstellen. Onbehaard, want anders krijg je haren in het vloerkleed en de zetels bij het ruien. En 's avonds als je halfluid je gedachten op een rijtje zet, spitst het zijn oren en kijkt je aan. Alsof het luistert. Zo lief. Het gaat overal met je mee, want het is zindelijk en anderen zijn steeds vol lof en willen ook zoiets. Het springt niet steeds maar tegen alles en iedereen op, is eigenlijk alleen maar speels op die momenten dat je dat zelf ook bent (lente, volle maan) en gaat het toch, op een of ander feest, een koekje vragen bij de buren, dan is een simpel 'rustig maar' genoeg. Niet 'af' of 'zit', dat zeg je niet, dat klinkt je te bezitterig, te dominant. Je hebt het op zijn achterpoten leren lopen zodat het bij de lichtknop kan en deuren openmaken. Koffie zetten, broodjes smeren, ontbijt op bed, een omelet lukt al heel aardig. Het kent de juiste stand voor wol of witgoed bij de wasmachine, vult om de drie maanden het zout in de waterverzachter bij, gaat om de maand naar Colruyt voor het proviand, vult eens per jaar de belastingbrief in zoals je dat zelf nooit hebt gekund, bank, post, verzekeringen, water, elektriciteit, gas, telefoon, afval sorteren, stofzuigen, bed opmaken, ramen zemen, lekkende dakpan, verstopte goot, gebarsten dorpel, overgroeiende klimop, zwerfvuil in de voortuin, scheefzakkende brievenbus, het beest lost het allemaal voor je op. Zo lief. En zindelijk. En af en toe, 's avonds bij de open haard, net voor je dat zelf wou gaan doen, laat het een diepe zucht en je hoort jezelf zeggen: 'zullen wij gaan slapen?'

52.

En hij beschreef mij het vuurwerk, dat hij als jongeman, zestig jaar geleden op de oevers van de Jiangtsekiang had gezien. Hij zat al een hele tijd boven de rand van zijn glas naar mij te loeren, had ik vanuit mijn ooghoek gezien. Nogal vervelend, omdat ik uit zijn blik niet kon opmaken wat hem bezielde. Een oude man, goed in het pak, nog nooit gezien in dit café. Terwijl ik mij, uit het raam starend, afvroeg hoe jong vijfenveertig zou zijn voor iemand van tachtig, vroeg de baas: 'Meneer vraagt of ge iets wilt drinken?' Weigeren verraadt argwaan en ik wil absoluut een grootstedeling zijn. 'Met plezier!' dus. Hij stond meteen op van zijn stoel en schuifelde, glas in de ene en geruite pet in de andere hand, naar mijn tafel. 'Hoe heet ge?' vroeg hij. 'Josse.' 'Josse,' herhaalde hij goedkeurend en rateld meteen door en heeft een halfuur aan een stuk door gerateld en intussen nog tweemaal besteld zonder zijn verhaal te onderbreken. Een vuurwerk op de oevers van de Jiangtsekiang en dat hij nooit meer, in zijn hele lange leven niet, nog zo iets moois had gezien. En dat hij daar elk jaar, rond deze tijd weer aan dacht en het dan moest vertellen. Omdat wij dat niet kunnen. Omdat wij niet weten wat feesten is. Dat feesten niks te maken heeft met achter mekaar aan hossen en lallen en zuipen en omvallen op 't einde, maar dat het is: ALLEMAAL SAMEN IETS MOOIS ZIEN! Dat heeft hij wel twintig keer herhaald en daar tussendoor de beschrijving van goudgele waaiers, de slangen, salamanders, de steile blauwe schichten die uitmonden in bloedrode cascades, spiralen die doorgaan tot je de spetters met de sterren verwart, fonteinen van vuur in al zijn onvermoede kleuren en gedaanten. Hij imiteerde het ploffen en het sissen en het spetteren en de oooh's en aaah's van de toekijkende menigte. Dat het nooit ophield, zei hij, dat er altijd nog iets kwam, iets meer, mooier. Dat je, als het al lang afgelopen was en iedereen een beetje triest, langzaam naar huis wandelde, dat je dan af en toe nog opkeek naar de zwarte hemel in de hoop dat er nog een vergeten pijl... Hij had er vochtige ogen van gekregen. 'Dat is... dat is niet uit te leggen zo mooi...' zei hij. 'Maar elk jaar rond deze tijd probeer ik het opnieuw. Ik zie dan iemand zitten in het café en denk: deze misschien. Maar 't ligt niet aan de mensen. 't Is vuurwerk hé! Boem en weg! Ge waart daar bij of niet.'

WEG

Goeieavond.
Er waren eens twee goden. Kleine goden. Godjes.
Die zagen voor het eerst een mens en dat ging zo:
Kijk daar.
Waar?
Daar!
Waar?!
Kijk dan. Dáár!
Ik kijk. Ik zie niks. Wáár?!
Dáár!
Ik zie niks!
't Is weg.
Wat was het?
Moeilijk te zeggen.

Joskenastblieftdoeidaschoenenait.
Gezietochdakiegekoishtèm...
èndèngaméamoëterschoenendadeu...
Zoëkannekikblèvekoishn!

Awél! Awél!... klanerattenkop!...
Zedde gevaln?!...
Alleikomalliedakàopraap!

Dasèntochnogaldagenèjoenges!
Alleizietanàaf!
Inwafeuneweireltleivewailnè?!

Moknekidagaitmainewegzètga!
Gapaastakkiktaitinsootnèmzeker!

Etapattatnop!
Negoeienoorlogzoidegamoeitemeemaken!
Negoeielangenoorlog!
Gezoitsedènwelopeetn...

181

Maakinnekelief... vraagmadatochniet!
Ikweetniewatakdàopmoeitantwoorn...
Vraagtadaanapa! Vraagtadaanapa! Vraagtadaanapa!

Esàaishwerekgemoktè?
Moktènekiëdageweenabovezèt...
IèstàaishwerekèndèntéléviseJosken!

Hé... Elarattenkop!
Moeidenekivamainsigaretrekken?
Gemoezaigenè... nibàzn...

MàdakamanischilndadAndreekenBettesdawèlmag...
Gameutaniet!
AndreekenBettesmagdadAndreekenBettesmagda...
AsAndreekenBettesintwaterspringtgoidergàachterspringen?

Toekinnernasteblieftzènatochnekiëwastillekes...
Tèskéssemes!... Nondedjutoch!...
Moeitadiedènaltèdoorlogzènindakot?!...

Gagoitnibeginenè!
Ikèmàaldikkesgenoegezeit:
tleivenèswachtn.
Enwachtegoidega.
Gelèkasalleman!

Kombinn... kombinn... Zétaëgat...
Dasgoetagàameikenognekikombezuukesè...
Ksittekikialtèdalliënè...
Moeidietèmmeveutedrinken?
Nesinzano?... mèemaddeleineken?...
Aiaiai... minselieftoch!... minselieftoch!...

Nondedjusepachacrout!...
Gemoeitfamainjètbezenblèvenofiksalasebietekoppelmottn
opàntootgevendadamoeierànemiërkint!

Maemaezoërgèzdanatochniet.
Opellekpottekepasteendékselken

ènteesdékselkewastegroëtfeuàpotteken,
dasalles!
Alleikomalliemaklaklaanètteken...

Het ging traag.
Een week geleden was zijn gebit tijdens het middagdutje uit
zijn mond gevallen.
Het lag in zijn schoot toen hij wakker werd.
Hij had de tanden met twee bruistabletten in een glas water
gelegd.
Een kwartier gewacht, nagedacht.
Hij zou niet meer eten.
Het was genoeg.
Zijn tanden op de tafel.
Hij had gedacht dat het sneller zou gaan.
In het begin had hij nog honger gehad, voelde hij dat hij
wegging.
Hij voelde nu niks meer.
Maar hij leefde nog.
Dat verbaasde hem.

Doeidalichtnait!
Ofèszdafeudekeuninkdatèieblèvenbrann?!...

Shht...shhht...zèmastillekes...
Maadadèsniwaa... àpaziedaoëkgeirn...
Dasfantaitewamoeilèkdazalles...

Paasdegadatopeenannerbeiterès?
Dènmoeidegaopeenannergaan!
Maaikgoiàiëndingezeggenè:
Wattagalètkoeinenemikraigen!

Moestegàalesseveutschoolévegoekinn
asaingelseliekes,
gazatalopduneversetait!

Het was een komisch gezicht.
Zijn tanden op de tafel.
Zo totaal ongevaarlijk.

Hij had er zijn neus bij willen leggen, of zijn oor.
Elke dag een stuk. Tot hij op was. Weg.
Het ging veel te langzaam.
Kogel, mes, gas, koord, pillen...
Het was hem allemaal te heftig.
Het liefst had hij willen smelten.

Oeoeoeoe! Daannèsgroëtgeweurn...
Nogeenbéttekenengekoeintagiënruuzenemimèmaken.

Wachoidegalaterweurn?
Oishkeskoisher! Dèzèneraltètfandoen... Schaitndoeinzetoch!

Ogèkandawél... maaèwilniè...
Ikweetniwattawailndameemoeitndoenzè...
Daazèngedachtezittnoveralbalvenbazèwèrrek.

Een groot blok ijs midden op de weg.
Het was van de vrachtwagen gevallen.
Het lag daar. Midden op de weg. Te smelten.
IJs in de zon. Dat was prachtig. Dat wist hij nog.
Bijna onmerkbaar weg.
Wat overblijft is een natte plek in het zand.
Iemand komt voorbij en zegt: wat is hier gebeurd?
Kan van alles zijn.
Als ijs.
IJs in de zon.
IJs was op zijn mooist in de zon.

Monique, Christiane, Pierre, André, Gilbert, Denise, Josse,
Jan, Bert, Leentje en Sigiswald.
Elf kinderen. Dat is veel lawaai. Broers en zussen. Ze zaten
in zijn hoofd als op een oude foto. Alle elf.
Hij kon daar niks aan doen. Een mens denkt niet wat hij
wil. Alles is er nog.
Alles zit klaar, daarbinnen. En op een dag schuift het als
een plank voor je kop.
Zijn tanden op de tafel. En hij, zonder. Met een hoofd dat
leegloopt.
Monique, Christiane, Pierre, André, Gilbert, Denise, Josse,
Jan, Bert, Leentje en Sigiswald.

Monique was met de helm geboren. Een eerste is altijd
zwaar. Christiane dat was een zucht geweest. Een vrolijk
kind van bij het begin. Voor Pierre waren ze bang geweest.
Hij had lang omgekeerd gelegen. Hij was maar net op tijd
gedraaid. André was veel te laat gekomen. Vier kilo vier.
Geluk dat er al drie de weg hadden gemaakt. Gilbert, dat
was couveuse geweest. Dat is hard een kind in een glazen
bak. Dat is niet te verdragen. Maar het was een vechter en
dat is hij nog. Denise, een fluitje van een cent. Ze voelde
het op het toilet. Het scheelde geen haar of ze had in de pot
gelegen. Josse dat wist ze niet meer. Het regende. Dat wist
ze wel. Ze zag zich met de regenjas van pa in het
moederhuis. En die kon helemaal dicht. Een zware dracht
kon dat niet geweest zijn. Jan, die zat helemaal in een
knoop daarbinnen. Dat was een keizersnee geweest. Een
caesarienne. Dan zijn ze wel schoon gaaf. Geen
schrammetje. Geen vlekje. Bert daar wist ze ook niet veel
meer van. Ja, dat pa te laat was. Maar ja, dat was al het
negende. Alles wordt een gewoonte. Leentje daar had ze
heel erg naar verlangd. Bert was al zeven toen, de jongste.
Ze wilde iets om vast te pakken. En op de koop toe was het
een meisje. Daar was ze heel gelukkig mee geweest. En
Sigiswald die had haar bang gemaakt. Ze was al over de
veertig en ze dacht dat ze misschien wat overdreven
hadden. Maar het was toch goed afgelopen. Ach kinderen,
als ze er zijn, tellen ze mee. Maar om ze treffelijk groot te
brengen: bloed, zweet en tranen. Want ja: mazelen, rode
hond, bof, verkoudheden, amandelen, hoofdpijn, oorpijn,
tandpijn, koorts... noem het maar. In zo een hoop is er
altijd wel iemand ziek. Hoeveel liter snot zou er uit die
koppekes gekomen zijn? Mensen. Mensen. En dan nog de
gebroken armen en benen. Want dat wordt hotsend en
botsend groot. Dat maakt brokken. Dat is niet anders.
Monique een hersenschudding. Van de schommel gevallen.
Hoger, hoger, hoger en dan zoveel plezier dat ze losliet.
's Avonds bleef het eten er niet in en dat was twee weken
donkere kamer. En later een gebroken schouder. Ze deed
judo, samen met Christiane. De familie was er en ze
moesten dat toch eens laten zien. Op het grasveld in de
tuin. Dat is geen judomat. Krak en gedaan. Ze heeft weken

met een ijzeren pin in haar schouder gelopen. En Christiane alle dagen huilen omdat ze haar zus pijn had gedaan. Zijzelf heeft nooit iets gebroken. Dat was een stevig kind. Ja, een gebroken neus. Ze wou naar buiten en er kwam net iemand binnen. Overal bloed. En een neus dat is pijnlijk. Pierre die had nooit iets gebroken. Dat was 'Pietje Pasop'. Maar op een chirokamp, op blote voeten en in een wespennest getrapt. Zijn linkervoet twee keer zo dik als zijn rechter. Hij heeft daar toch een spuit moeten voor krijgen. André zijn vingertjes geplet tussen de deur van de Ford. Het was zomer. We zouden net vertrekken naar Hofstade. Gaan zwemmen. Allemaal over hun toeren. Gilbert slaat het portier dicht. André zijn vingertjes. Mensenlief toch. Ze voelde het nog in zijn plaats als ze er aan dacht. Goed dat dat op die leeftijd allemaal kraakbeen is. En dan later de brommers. Hij en Gilbert. Ze had er nooit durven aan denken, aan wat er allemaal kon gebeuren als die twee met hun machines vertrokken. Als ze een ambulance hoorde dacht ze dat het prijs was. Dat ze die twee op een brancard zouden binnenbrengen. Maar dat was allemaal nogal meegevallen. Eén keer was Gilbert bij regenweer uit de bocht gegaan. Geslipt op de transporen en tegen het monument van de gesneuvelden aangeknald. Blauw en verrekt. Meer niet. En zijn brommer godzijdank kapot. Maar hij was nooit lang zonder. Denise dat was een brillenkind. Die zijn doorgaans voorzichtiger. Daar is zo dikwijls tegen geroepen: pas op voor uwen bril!, dat die zo goed als niet meer durven bewegen. Maar als er iets gebeurde, wees maar zeker dat de bril eraan was. En dat kost dan toch ook weer geld. Josse is in Oostenrijk eens op een berg gekropen. Enfin, een berg, ik weet niet wat dat was, een berg ja, maar dan allemaal losse steentjes. Een soort grind. Hij was een jaar of elf. Hij zat halfweg voor dat we het gezien hadden. Hij kon daar niet meer weg. Bij elke stap die hij wou zetten, schoof dat grind weg. Hij kon daar evengoed onder bedolven worden. Ze hebben hem daar met een helikopter afgehaald. Twee dagen lang gebeefd gelijk een riet. Jan dat was vuur, van kleins af aan. Hij kon nog maar goed staan of hij draaide al rond de fornuizen in de keuken. Hij trok een pan met gloeiend spekvet van het

vuur. Het vet droop van kasten en muren. Hijzelf geen spat.
Een beetje geluk is meegenomen. Later stak hij het
tuinschuurtje in brand en hij zat ingesloten. We hebben de
hele visvijver, met vis en al, daarover leeggekapt en hij was
kwaad dat we zijn vuur hadden geblust. Bert is, dronken,
van het dak gevallen. Hij was al zestien toen. Hij kwam
veel later thuis dan afgesproken. Hij wou het langs het
keukendak proberen en is op het koertje terechtgekomen.
Hij was op slag nuchter. Arm gebroken, been op twee
plaatsen... Dat had veel erger gekund. Leentje, op schoolreis
in Zwitserland. Ze waren de bergen ingetrokken en het
begon zwaar te onweren. Ze gingen schuilen op het terras
van een berghut. Ze kregen het koud en heel de klas begon
op en neer te springen om het warm te krijgen. En zingen.
Maar alles aan die berghutten is van hout. Ze zijn met de
hele klas door dat terras gezakt. Verschillende kinderen
zwaar gekwetst. Zij is daar zonder één schram uitgekomen.
En Sigiswald is ooit bijna verdronken. Met vrienden gaan
zwemmen in een zandput en verward geraakt in het wier.
Dat scheelde naar het schijnt geen haar. Ach, kinderen.
Soms denk ik: het is een godswonder dat ze er nog allemaal
zijn.

En elke zomer terug naar zee.
Naar het strand.
De rand van het land.
Pakken volk. De lijven.
Zweet en olie.
En zand.
Zand in de mond.

Marcel!
Waddeweer!
Dameudezeggen!
Chance!
NeRodenbach?
Mècrevettekes!
Waddeleiven!
Enzeggendatterminsenoengerèmmen!
Dassewerken!

Gelèkwailn!
Hahaha!
OeèstméMaria?
...
...
Pardon.
Jaman.
Aiaiai.
Kanker.
Allei!
Debeust.
Aitgezoëd.
De leiver.
Engedaan.
Allei!
Tésrapgegaan.
Chance!
Hélaba!
Kindemanog?
Maurice!
Nondedju!
Ellekjaar!
Alvannintwiëenvèfteg!
NeRodenbach?
Mècrevettekes!
Oeèstleiven?
Wèrrem!
Haha!
Endevraa?
Oëk!
Hahaha!
DeMaurice...
EddegaMariagekint?
VaMarcel?
VaMarcel.
Goechekint.
Zéswèch.
Wadde?
Kanker.
Allei!

Debeust.
Aitgezoëd.
Deleiver.
Engedaan.
Nondedju!
Debéstegoiniëst!
Nondedju!
Maria...
Prontevraa.
Gemoestsegezienémmenoptinne.
Daaschootniksfannover.
Nondedjutoch!
Ennaltètlachen.

En elke zomer terug naar zee.
Naar het strand.
De rand van het land.
Pakken volk. De lijven.
In stilte:
hopen op regen,
dagenlang,
bidden om regen.
Huilend landschap.
Regen aan de kust.
Iedereen binnen.
Pakken volk. De lijven.
Tea-rooms vol.
Natte hond.
Wafel met ijs.
Café Liègeois.

Ik sta op de pier.
Stilaan doorweekt.
Een bootje vaart uit.
Een man alleen.
Solo.
Ik denk dat is geen weer om uit te varen,
en denk: waarom denk ik dit is geen weer om uit te varen.
Ik ken niks van boten.
Ik heb nog nooit gevaren.

Het lege strand.
Nat zand.
De glimmende dijken.
Alles leeg.
Niemand beweegt.
Sssst.
Een bootje vaart uit.
Een man alleen.
Solo.
Het zeegat uit.
Ik denk: Ik volg.
Ik had het gat nooit eerder gezien.
De rand van het land.
Ik dacht altijd: hier stopt het.
Maar het begint op deze plek.
Het gat.
Zo kom je hieruit.

Huilend landschap.
Regen aan de kust.
Iedereen binnen.
Pakken volk. De lijven.
Tea-rooms vol.
Natte hond.
Wafel met ijs.
Café Liègeois.

Ik loop naar het water en volg.
Eerst wat onhandig.
Maar het went.
Op het water lopen moet je leren.
Maar ik ben gelovig.
Ik loop het zeegat uit.
Ik ben hier weg.
Ik loop nu over water.
Ik ben een god, in 't diepst van mijn gedachten.

Het was fantastisch.
Over het water lopen is fantastisch.
Van alles los.

Er is geen steun, ook al lijkt dat zo.
Voetje voor voetje.
Puur vertrouwen.
Stap voor stap.
Los van alles.
Soms gaat de zee bergop, soms gaat ze bergaf.
Dat valt vanop het land niet goed te zien, maar het is woest
gebied.
Gebergte in beweging. Oriëntatie: nul.

Als elke stap een stuk is van de weg, telt elke misstap mee.

En zoveel soorten water:
Levend water, woelwater, aanwas, driftstroom, tegenstroom,
dwarsstroom, weerstroom, onderstroom, maalstroom,
draaistroom, kolk, zwolp, zwalp, roller, breker, kentering,
dwarszee, tegenzee, weerzee, grondzee, stortzee, slagzee,
klopzee, tij, halftij, doodtij, giertij, naspui, vloed, agger,
ebbe, eb.

En dan:
tussen de schuimkoppen,
als een losgeslagen boei,
het hoofd van een vrouw.
En dan weer weg.
Ik vlieg tegen de golfrug op,
hou me met moeite staande op de kam.
Ik zie ze niet, vind ze niet meer terug.
Dan tilt de zee me op, als om te helpen,
voert ze me hoog boven het water mee.
Ik zie ze, dáár!
En krul dan met de golfkam mee, de diepte in,
word om en om gegooid en duik doornat weer op.
Dáár!
Boven op een golfkruin ligt ze.
Dochter van Neptunus.
Ik had verwacht: half vis, half vrouw.
Maar ze draagt een deux-pièces van Chanel.
Een zijden blouse van Gigi.
Hoge hakken van de Shoe-Post.

En nylonkousen met een naad.
Ze heeft heur haren opgestoken met een oesterschelp
en wat zo spannend is:
de losse slierten door de wind verwaaid.
En ze is helemaal nat.
Ik ook.
Ze veegt de slierten uit haar ogen weg en kijkt mij aan,
zoals ik later nooit meer aangekeken ben,
zoals het ook maar één keer kan.
En ze zingt.
(En daar heb ik een cassette van.)

Casta Diva.
Casta Diva, che inargenti
Queste sacre antiche piante.
A noi volgi il bel sembiante.
Senza nube e senza vel,

Casta Diva a noi, deh,
Volgi il bel sembiante
senza vel.

Casta Diva, che inargenti
Queste sacre antiche piante.
A noi volgi il bel sembiante,
Senza nube e senza vel.

Tempra, o Diva.
Tempra tu de'cori ardenti
Tampra ancora lo zelo audace,
Spargi in terra, ah quella pace,
Che regnar tu fai nel ciel.

Diva, spargi in terra
Quella pace che regnar
Tu fai nel ciel.

Het is prachtig, zeg ik, het is prachtig.
Komt gij hier dikwijls?
Leven uw ouders nog?

Hebt ge al een eigen sleutel?
Studeert ge in Leuven of in Gent?
Toch niet in Antwerpen zeker?
Woont ge al op kot?
Of moogt ge thuis toch alles?
Het was maar om te lachen, zeg ik,
echt waar, dat laatste was maar om te lachen!

Ik,
in een roestbruin pak
met grijze visgraat.
Een das
met grote ruiten:
oranje en groen.
Gekregen van mijn zus.
(Op reis geweest naar Schotland.)
Hij komt naar mij.
Zijn naam is CRASH.
Niet uit het Frans,
maar uit het Engels:
CRASH!
Maar iedereen zegt: CRASH.
Hij pakt mijn Schotse das
en snuit zijn neus erin.
'Allei Crash, godverdoeme, loit ma gereust!' (bis)
Ik zoek mijn zakdoek.
(Ook een ruit.)
En veeg zijn snot weg.
Ruit op ruit.
Ik wil hier weg.
Hij pakt mijn Schotse das
en trekt de strop aan, om mijn hals.
'Allei Crash, godverdoeme, loit ma gereust!' (bis)
Hij zegt niks.
Hij kijkt mij aan.
Zegt mijn naam.
Zonder geluid.
(De Pauw)
...

Ik ben tegen geweld.
...

Hij doet van:
'Kom'
en
'Op a bakkes'.

Ik wil hier weg.
Hij rochelt op mijn schoenen.

'Kom'
en
'Op a bakkes'.

Ik volg lijkwit naar buiten.
Naar de parking.
Tussen de auto's.
In wit, wit, wit neonlicht,
gooi ik mij op het asfalt,
en grijp zijn been,
en zet mijn tanden in zijn scheen.
En ik laat nooit meer los.
Ik laat niet los.
Ik ga door spieren, pezen en rauw vlees.
Ik bijt hem in een rolstoel.

Held!
Mijn Held!
Kom dan.
Kom hier.
Held!
Mijn Held!
Kom hier dan!
Kom!
Mijn Held!

Ik loop over de deining naar haar toe.
Ze zegt: niet hier, niet hier...
Kom mee, beneden, in het wier.

In 't waaiend wier maak ik je mijn.
(Lach)
Dat kan niet.
Een mens kan daar niet komen.
Een mens is daar niet voor gemaakt.
Daar is geen lucht. Daar is alleen maar water.
Kom mee, zegt ze.
Neenee...
Vroeger, ja, veel vroeger... toen wij nog waterapen waren.
Het feit dat wij nog min of meer gestroomlijnd zijn,
een onderhuidse speklaag hebben
en te veel talgklieren en zo...
zou erop kunnen wijzen
dat wij daar vroeger kwamen.
Vroeger ja, vroeger, maar nu...
Kom, zegt ze, geef mij je hand.
Neenee...
Neenee...
Geef mij je hand.
Nee...
Ik geef mijn hand.
En dan ben ik verloren.

En daar beneden,
achter de spiegel van de wereld,
(zonnevis, maanvis, zeester)
vlijden wij ons in de wierenwei.
Kust mij, zei zij, kust mij.
Ik streel haar met opeengeperste lippen
en schud het hoofd.
Neenee...
Ik barst.
Ik durf niet.
Kan niet.
Niet hier.
We moeten terug.
We zijn te ver.
Te diep.
Kust mij...
En de vissen om mijn hoofd.

Kust mij...
En straks de vissen in mijn hoofd.
Kust mij...
Neenee...
Ze maakt heur haren los.
Haar hoofd omgeven door een waaier haar.
Vuur in water.
Alles kan.
Kust mij...
Nee...
Kom...
Weest mijn...
Kom...
Kust mij...
Neenee...
Kom...
Weest mijn...
Ze brengt haar open mond steeds dichter.
En dichter, open ik mijn mond.
En ik stroom vol.
En ik denk: tongen zijn ook vissen.
En ik voel: het gehemelte gerimpeld, als het strand bij eb.
En ik wil: alles nu, voor eeuwig.
Alles nu, eeuwig.
Alles, eeuwig.

Jij bent het randje van de regenboog,
het oogje van de storm,
een schip dat naar het oosten vaart,
jij vis en ik bijvoorbeeld worm.

Jij bent het licht achter de horizon,
de opkomende zon,
een meeuw die voor haar eten vecht,
eet mij dan liefste, kom!

Jij bent de rimpeling voor 't duister valt,
het lampje in de mast,
de ijsschots voor de Titanic
en ik en ik en ikke dan?

Wij zijn getrouwd en hebben kinderen gekregen. Wij leefden
lang niet zo gelukkig als we ooit hadden gedacht. Gehoopt.
Maar hoop is iets om af te leren. Het was goed. Of beter
nog: het was wat het was. Ik liet mij drijven op het water.
Ik was van hout. Een losgerukte tak stelt zich geen vragen
over waar hij heengaat. De kinderen waren niet de engelen
waarvan we droomden, maar zeggen dat het duivels waren
zou overdreven zijn. Het waren mensen: Bjorn, Sven en
Aïsha. Verder waren we niet gekomen. Alles kost geld.
Bjorn had lang omgekeerd gelegen. Hij was maar net op tijd
gedraaid. Daarbij een eerste is altijd zwaar. Sven was een
zucht geweest. Een vrolijk kind van in 't begin. De weg was
vrijgemaakt. Bij een tweede weet je wat je kan verwachten.
Aïsha was helemaal in de knoop geraakt daarbinnen. Dat
was een keizersnee geweest. Een caesarienne. Dan zijn ze
wel schoon gaaf. Geen schrammetje. Geen vlekje.

Svenneken alstublieft doet uw schoenekes uit.
Ge ziet toch dat ik hier gekuist heb.
En dan gij daar met uw moterschoenen door...
Zo kannekik blijven kuisen!

Maar Aïshaken toch, vraag mij dat toch niet!
Ik weet niet wat ik daarop moet antwoorden...
Vraag dat aan uw pa... Vraag dat aan uw pa!

Eet uw aardappelen op!
In Afrika sterven er kinderen van de honger.
Ge zoudt eens in hun plaats moeten zijn...
Ge zoudt ze dan wel opeten!

Menslief dat zijn toch nogal tijden hé!?
Allez ziet dat nu aan...
In wa voor ne wereld leven wij hé?!

Is uw huiswerk gemaakt?
Maak dan ne keer dat ge weer naar boven zijt!
Eerst uw huiswerk en dán televisie, Bjornken.

Oeoeoeoeoe!... dienen is groot geworden!
Nog een beetje en ge kunt daar geen ruzie nie meer mee
maken!

Zo kwam hij het leven dagelijks tegen en het was alsof hij
het al eeuwen kende. Hij keek nog wel eens op van wat hij
hoorde of zag. Zoals bijvoorbeeld op die dag dat zij hem zei:
alweer een scheet mijn schat. Dat stinkt. Dat is gebrek aan
aandacht voor mekaar. Ga ze toch buiten laten. Of kom,
kom, doe nog eens alsof je van me houdt, daar ben jij toch
zo goed in. Of nog: de deurbel op een onverwacht moment.
Bezoek. Vrienden van vroeger. Moeilijke stiltes en veel
drank. Een andere keer, een van de kinderen die zei dat hij
er niet om had gevraagd, te leven. Dat gaat voorbij. Dat
komt wel goed, wist hij. De stroom neemt je wel mee en
op een dag spoelt álles aan. De stranden liggen vol met min
of meer gehavend goed en jutten is een eeuwenoud beroep.

Zijn tanden op de tafel, nu. Het ademen ging moeilijk.
Alsof de lucht steeds ijler werd.
Een vogel landde op de tafel. Keek naar zijn tanden. Draaide
zijn kop een halve slag en staarde hem eenogig aan. Weer
naar de tanden. Weer naar hem. Een vogel in de war, dacht
hij en lachte.

De kinderen waren bijna weg toen. Zij kocht een hond. Hij
liet hem 's avonds uit en rookte. Want roken mocht niet
meer in huis. Alles gezond. Alsof zij heel lang wilden leven.
En op een avond: de wandeling, de hond, de sigaret. De zee
was kalm. Ik slenterde van baar naar baar.
De wind stak op. Hij draaide om mij heen, als noodde hij
ten dans. Hij sleet een gracht uit in het water, maakte een
eiland van de plek waarop ik stond, zoog water als een
muur op, om mij heen. En hoog boven mij, wervelde vrolijk
de hond. De rode lijn, een feestelijke serpentine om zijn
hals. Hier was het stil. Het water klotste zachtjes om mijn
enkels. Daar joeg de wind de zeeën uit haar voegen en
sleurde torens water met zich mee.

Levend water, woelwater, aanwas, driftstroom, tegenstroom,
dwarsstroom, weerstroom, onderstroom, maalstroom,
draaistroom, kolk, zwolp, zwalp, roller, breker, kentering,
dwarszee, tegenzee, weerzee, grondzee, stortzee, slagzee,
klopzee, tij, halftij, doodtij, giertij, naspui, vloed, agger,
ebbe, eb.

En hier windstil. Een gruwelijke kalmte.
En dan:
'Hé stukske stront!'
Ik wist eerst niet vanwaar het kwam.
'Hé stukske stront!'
Daar. Aan het einde van de slurf.
Hij. Zoals we hem kennen.
Met volle baard en priemende ogen,
de wijsvinger bestraffend op mij gepunt.
'Hé stukske stront! Tijd om te kiezen!'
Hij moet ermee ophouden mij zo te noemen.
Ik kan daar niet tegen.
'Tijd om te kiezen!'
Dat heb je al gezegd.
Kiezen tussen wat en wat?
'Lopen en Hopen of Zinken en Verdrinken!'
(God is een dichter.)
Lopen en Hopen of Zinken en Verdrinken.
Het is, als naar gewoonte, weer geen keuze.
Zinken en Verdrinken, nee merci.
Lopen doe ik vanzelf al heel mijn leven en
Hopen heb ik afgeleerd.
Want er is altijd iemand die mij zegt
waarop ik hopen moet.
En ik heb het daar moeilijk mee.
Men zegt mij:
'hoop doet leven',
ik zeg u:
'hoop doet beven.'
Want al dat verplichte smeken en bidden
op blote knieën,
en nooit zeker weten of je het krijgt...
Meneer, als u een mens was,
ik weet wel zeker: niemand hield van u.

'Nog iets?'
Ja, u brengt veel te veel volk op de been.
Al die mensen...
Dat is niet goed.
Zoveel mensen samen...
Dat is nooit goed.
Zoveel mensen samen dat is groot gelijk.
En groot gelijk, dan vloeit er bloed,
ik heb het nooit anders geweten
'Kom op! Nu kiezen!'

Kiezen. Kiezen. Kiezen.
Het was mij zo bevallen.
Niet te moeten kiezen.
Gedragen door het water.
Levend water, woelwater, aanwas, driftstroom, tegenstroom,
dwarsstroom, weerstroom, onderstroom, maalstroom,
draaistroom, kolk, zwolp, zwalp, roller, breker, kentering,
dwarszee, tegenzee, weerzee, grondzee, stortzee, slagzee,
klopzee, tij, halftij, doodtij, giertij, naspui, vloed, agger,
ebbe, eb.

Waarom kon dat niet blijven duren.
Waarom moest ik belanden in het oog.
In die stilte, waar geen andere ontmoeting mogelijk is
dan deze?

'Stukske stront!'
Hij moet daarmee ophouden.
'Wat zal het zijn?'
Ik weet het niet. Ik wou dat het gewoon bleef duren.
'Het ligt in uw handen!'
In de mijne? Ik dacht in de uwe.
'Wat zal het zijn?'
Uw wil geschiede.
Maar noem mij niet meer stukske stront,
ik kan daar niet goed tegen.
'STUKSKE STRONT!'
Laat mij dan vallen.
U gelooft toch niet in mij.

Hij was gezonken, niet verdronken.
Aangespoeld.
Het leven had geen kik gegeven.
Het water wierp hem op het land.
Zijn mond vol zand.

God wil wat zand hebben van de zeebodem.
Maar God wil zelf niet in het water duiken.
Hij stuurt de duivel, met de opdracht:
'Als je het opschept moet je zeggen:
"Niet ik schep zand, maar God."'
De duivel duikt en graait naar het zand.
En zegt: 'Niet God schept zand, maar ik.'
Het zand laat niet los.
De duivel komt blauw boven.
God stuurt hem opnieuw het water in.
De duivel duikt en krabt met zijn hoeven in het zand.
En zegt: 'Niet God schept zand, maar ik.'
Het zand laat niet los.
Naar adem snakkend komt de duivel boven.
God stuurt hem nogmaals het water in.
De duivel huilt en duikt ten derde male.
'Niet ik schep zand, maar God.'
Het zand kwam los.
Hij nam het zand mee en kwam boven.
En uit dát duivels zand, schiep God de mens.

Wat heb ik daarna nog gezien?
Een hond op zijn achterste poten. Met een hoed en een bril
en een pijp.
Het water van de Donau, vanop de brug in Boedapest.
Wat heb ik nog gezien?
Een jongetje van tien, dat heel alleen, ver weg van alles, zat
te vissen.
Een man die zich verslikte. Dat was aanvankelijk om te
lachen. Daarna niet meer, want hij ging dood.
Wat nog?
Een dorre boom vol witte kaketoes. Als je in je handen
klapte vloog de bloesem weg.
Een auto in de bergen, zonder remmen. Hij verdween
gierend om de bocht.

Iemand met een papieren zak van de Delhaize over het
hoofd, tegen een muur.
Hij stond te huilen of te lachen, dat was niet te zien. Maar
hij schokte.
Wat heb ik nog gezien?
Een regenboog met één been in de waterput.
Een meisje met een slang én een appel.
Sneeuw in Damme.
Wat nog?
Een vrouw met hele grote borsten in de sauna.
Een vogel die met een smak tegen het raam aan vloog,
rechtkrabbelde, een soort van aanloop nam en het nog eens
deed.
Wat nog? Wat heb ik nog gezien?
De koning en de paus.
Mijzelf, des ochtends in de spiegel.
Twee godjes op een wolk.
Wat nog? Wat heb ik nog gezien?
Monique, Christiane, Pierre, André, Gilbert, Denise, Josse,
Jan, Bert, Leentje en Sigiswald.
Hij miste ze.
Niet dat hij het allemaal zou willen herbeginnen.
Voor geen goud.
Maar hij miste ze.
Dat was nieuw.
En dat was niet onprettig.
Dat had hij nooit gedacht:
dat het gemis een aangenaam gevoel kon zijn.

Weg,
maar weg als in barnsteen.
Omhelsd door stollend hars.
Het gloeiend amber.
Zo vurig was het leven nooit geweest.
Weg.
En nooit voorheen zo zichtbaar.
Als in barnsteen.

Hij voelde zijn einde naderen.
Dat was een klassieker.

Maar het zei precies wat er gebeurde:
hij voelde zijn einde naderen.
Zijn tanden op de tafel.
De vogel die ermee speelde.
De vogel met de tanden in zijn bek.
Wat kon hij nog doen, nu?
Hij had nog een restje adem.
Wat kon hij daarmee nog doen?
Iets om het af te maken.
Een liedje.
Eentje nog.

Quand je ne dors pas,
la nuit se traîne,
la nuit n'en finît plus
et j'attends,
que quelque chose vient.
Mais je ne sais qui
je ne sais quoi.
J'ai envie d'aimer,
j'ai envie de vivre.
Malgré le vide
de tout ce temps passé,
de tout ce temps gaché
et de tout ce temps perdu.
Dire qu'il y a
tant d'êtres sur la terre,
qui comme moi,
ce soir sont solitaires.
C'est triste à mourir,
quel monde insensé,
oh, je voudrais dormir
et ne plus penser.
J'allume une sigarette,
j'ai des idées, noires en tête,
et la nuit me paraît
si longue, si longue, si longue.
Au loin, parfois,
j'entends des bruits de pas,
quelq'un qui vient.

Mais tous ces pas
et puis c'est le silence.
La nuit ne finira donc pas,
la lune est bleue,
il y a des jardins,
des amoureux,
qui s'en vont,
main dans la main,
oh, oh, oh,
et moi je suis là,
à pleurer,
sans savoir pourquoi.

53.

Mijn oudere broer en ik. We spreken wat en zwijgen veel die
avond. Bekijken tekeningen die hij maakt bij oude vertelsels,
waarin hij avond na avond wegduikt. We drinken en worden
spraakzamer. Over het leven in het algemeen en over kunst
en kunde. We drinken nog en hij vertelt mij van een vrouw
zonder armen. Twee stompjes had ze nog en een zuigeling in
doeken op haar borst gebonden. Ze wil gaan drinken bij de put
en leunt voorover. Het kind glijdt uit de docken weg het water in. De vogel op de putrand zegt: Pak uw kind! Ze maait
wanhopig met de stompjes door de lucht en kijkt hem sme-
kend aan. En nogmaals, luider nu, de vogel: Pak uw kind!! De
vrouw gooit zich met doodsverachting in de put, terwijl ze valt
groeien haar armen. Hij is al opgestaan, mijn broer, de ogen
volgeschoten – de laatste zin kwam er nog snotterend uit –
en rept zich naar de gang. Het is heel stil. Ik gloei een beetje.
De drank, de houtkachel, zijn tekeningen en beelden, de inkt-
potten op de tafel, penselen, ganzenveer, zijn mes. De zolde-
ring kraakt. En steeds weer werpt de vrouw zich in de put,
terwijl ze valt groeien haar armen. Dan wordt er doorgetrok-
ken op de gang en hij stapt verlegen lachend de kamer in en
schuift weer bij. Zo zitten wij daar, twijfelend tussen orgie en
ascese.

54.

Van de man en het masker. Omdat hij de indruk had dat alles
wat hij zei verkeerd begrepen werd, door hen die met hem
leefden, hield hij voortaan zijn mond. Bang van het eigen
woord. Voor wat het onachtzaam uitgesproken teweegbracht.
Hij trok zich terug in de mimiek en zweeg in alle talen. Hij
trok wel eens een wenkbrauw op als iemand tot hem sprak
of vouwde zijn lippen zorgzaam tot een lach, maar enkel en
alleen om, dienstbaar, zijn aanwezigheid te melden. Het baatte

niet. Elke lonk, pink, knik, blaas, tuit... alles – elk door zijn adem bewogen neushaartje – werd met betekenis belast. Elk zuchtje, elke rimpeling die het gladde oppervlak van zijn gezicht doortrok, werd door iemand om hem heen begrepen en verwoord en van voetnoten voorzien. Het was geen leven. Daar stond hij, 's avonds voor de spiegel in de badkamer, en oefende zijn uitgestreken aangezicht. Zo merkte hij dat het onmogelijk was. Dat zélfs hijzelf, zichzelf zo anders zag dan hij zich voelde. De lichtjes in zijn ogen waren de weerschijn van de neonlamp boven de spiegel. Hij zag een levensvreugde die hij niet kon plaatsen. Zijn haren, na de avonddouche in pieken overeind, maakten hem jong en wild. Dat klopte niet. Een masker zocht hij. Een stilstand die geen lezing toeliet. Onder algehele verdoving, zodat hij er totaal ontspannen bijlag, liet hij, voor zijn verjaardag, een moulage maken van zijn aangezicht. Een masker met geloken ogen. Zo zat hij, voor het feestelijk avondmaal, met vrouw en kinderen aan tafel. Konijn met pruimen en iedereen was bang.

55.

Ik hang als een kapotte vouwmeter in mijn zetel, de hand verankerd aan de afstandsbediening. Dat is een beeld van nu een jaar geleden. Ik heb geen televisie meer. Niks principieel den hond zijn kloten, loop toch schijten! Ik word nog altijd wat nerveus als ik erover praat. Maar als je het niet in huis hebt denken de mensen dat je ertegen bent. Dat is niet waar. Ik ben voor. Ik ben veels en veels en veels te veel voor televisie. Vaak tot drie uur 's nachts. Met soms nog wat fitnesstoestellenverkopers na. Op een avond ging hij stuk. Tenminste, dat fluisterde mijn vrouw mij van boven haar boek voorzichtig toe, nadat ik al een kwartier van het ene beverige lijnenveld naar het andere had gezapt. (Josken hij is kapot.) Kan niet. Iets met de mast misschien. Dat de hemel helder en vol sterren was, zei ze, en geen zuchtje wind. Ik vond intussen dat die beverige lijnen wel wat hadden. Ze verschilden ook van kanaal tot kanaal. Soms nog wat vage contouren van menselijk leven. Of was dat mijn verbeelding? Straks is die mast hersteld en kunnen we weer... Zo werd het één uur. Ze klapte haar boek dicht en gaf me een nachtzoen vol medeleven. Zoals men iemand met hoofdpijn zoent. Nog even, ik kom zo. Ze kregen die nacht de schade niet hersteld. 's Ochtends was ik vroeger op dan anders en in pyjama naar beneden. Dezelfde lijnen. Ik herkende ze allemaal. En nog heb ik in de krantenwinkel gevraagd of ze gisteravond storingen hadden. En nee. En nog heb ik hem 's namiddags even aangeflitst. De lijnen. En nog heb ik maanden later, toen vrouw en kind op reis waren, het toestel van de zolder naar beneden gesleept. Je kon nooit weten. Misschien was hij nu uitgerust. Misschien was hij alleen maar moe geweest van al dat zappen. De lijnen. Ik heb ze toch nog wel een halfuur lang bekeken. We laten hem kapot. Het gaat nu beter. Ik slaap wat meer en ik antwoord als mijn vrouw wat vraagt. Ik lees van Kikker die wil vliegen voor mijn dochter. Maar tégen televisie, nee. Ik ben voor. Ik ben nog steeds voor televisie.

56.

Het volk flaneert rond het bevlagd paleis. Het park rekt zich in de voorjaarszon. De vijvers zonder water, het geheim van de fonteinen onthuld, de rotte bladeren op grote hopen, de leidingen worden hersteld. Honden rennen achter stokken aan. Een bleke jongen slaat op een tamtam. Hij en zij in openhangend bont, een wandelingetje na het eten. Het is lente in februari. Op zijn balkon, herstelt de koning, in blauwe overall, een barst in de balustrade. Bijwijlen kijkt hij op en wuift naar een onderdaan. Alles is goed. Twee meisjes in te korte rokken nemen foto's van al wie naar hun benen kijkt. Op de kiosk speelt een man dwarsfluit in zijn blote bast. De kinderen rennen van de schommel naar de glijbaan naar het klimrek en terug. En ouders daar achteraan met handen klaar om te aaien wat lief is en te meppen wat stout is, te pakken wat valt. De banken vol met boekjeslezers die niet verder komen dan de eerste regels omdat er veel te veel te doen is in het park. Omdat alles zo goed is. Maar op het wiebelende olifantje bij het speelplein zit een slungelige jongen in de zon met een pistool. Misschien speelgoed, maar niet van echt te onderscheiden. Af en toe mikt hij naar een kindje op het klimrek en zegt zachtjes 'Pchh!' Als de koning straks verse mortel aanmaakt in zijn voortuin, moeten we hem dat melden.

57.

Volle manen en sterrenbeelden, tot daar aan toe. Als daar in volle ernst over gepraat wordt, ga ik wandelen in een ander stadsdeel. Maar droomverklaringen, daar kan ik niet tegen. Dat wij met ons kreupel denken de laatste vrijheid van de geest durven aan te tasten.

58.

Ne pleinairist, zegt hij. Ik zeg: ne watte? Ne pleinairist! Grote doeken 'en plein air'. Doeken van twee meter op een meter. Hij schilderde de weiden langs de Dender. De Dender. De boten op de Dender. De koeien met hun poten in de Dender... Met zijn grote zwarte hoed en strik en schilderskiel. Schone man, mijn vader. Maar hij sloeg mij en daarom zag ik zijn schilderijen niet graag. Hij wou alleen zijn, maar hij had acht kinderen en een vrouw en een schoonmoeder die inwoonde. Hoe kunt ge dan alleen zijn? Notez bien, die kinderen heeft hij zelf gemaakt. Ze hadden nog geen pietemoesjes. Geen watte? Pietemoesjen. Een moesj veu over aven tisj te trekken. Dat ge't kunt doen zonder na te denken. Dat ge't kunt doen en toch alleen blijven. Want hij deed het graag, mijn vader. Maar hij zag niet graag kinderen. Hij zag liever koeien met hun poten in de Dender. Ik ben naar Brussel gekomen. Op mijn eenentwintig. Drieënvijftig jaar geleden. La vie. Ik heb in alle grote theaters gewerkt en mijn geld opgedaan gelijk het binnenkwam. Dat doe ik nog. Er komt minder binnen nu, ik doe minder op. Mais je suis un homme content. Maar een goeie maand geleden loop ik over de Sablon. In zo een dikkenekken- etalage hangen de koeien met hun poten in de Dender van mijn vader. Ik ben curieus en ik stap binnen en vraag de prijs. Allez, dis moi, hoeveel zoudt ge daarvoor geven? Vijf koeien met hun poten in de Dender en een van die platte boten die voorbij vaart. Hoeveel?... Over het half miljoen! Hebt ge mij gehoord? Over het half miljoen!! Ik ben de Sablon afgelopen met ruis in mijn oren en ik ben bij Ploegmans cognac gaan drinken. Dat drink ik nooit. Ik heb daar het geld niet voor. In al die jaren heb ik nooit een van zijn doeken in mijn kot ge- wild. Ik zag ze niet graag. Ik zie ze nog altijd niet graag. Maar allez... Er zijn dus mensen die een half miljoen willen geven voor die koeien in de Dender. Waarom?!

59.

Een kleine jongen is zijn moeder kwijtgeraakt in de Nieuwstraat. Hij staat in de inkomhal van La Maison Dorée. Een grote stoffenwinkel waar de moederlijke waakzaamheid wel eens wil verslappen. Hij zet zijn keel wijdopen. Zijn strikje trilt. Maar deze stad is gewend geraakt aan zoveel vormen van alarm: sirenes, toeters, zwaailichten in alle kleuren en formaten, biepers, stakende schoolmeesters, in zichzelf pratende ouderlingen, mensen in kartonnen dozen op de stoep. Deze stad heeft geleerd zich af te wenden. Een zigeunermeisje dat kreupel op het koude asfalt haar geld verdient, stopt eventjes met werken, springt op en kijkt het jongetje nieuwsgierig aan. Alsof ze nagaan wil of er geld te verdienen valt met wat hij doet. Ze heeft snel door dat hij te veel wil. Dat zijn spel de slaafsheid mist om ermee aan de kost te komen. Ze legt zich weer voor kreupel op de grond en werkt. De mama heeft een stofje gekocht. Ze was alleen maar aan het afrekenen. De kleine baas moet niet denken dat mama hem zomaar achterlaat en zakdoeken en zoenen. Zo.

60.

Acht, negen, tien jaar? Zoiets moeten wij geweest zijn, toen in het bosje naast de wei waar wij voetbalden, het lijk gevonden werd van een man. Iemand uit het dorp. Hij was een beetje zot, werd gezegd. Anderen zeiden 'mentaal gehandicapt' of 'geestelijk gestoord'. 'Labiel' was nog zo'n woord dat geregeld viel wanneer het voorval werd besproken. Twee spelende jongens hadden hem gevonden. Na een week waren er dat al een stuk of twintig. Iedereen die ik kende (mijzelf inbegrepen) was minstens in de buurt geweest toen het lijk werd ontdekt. Wij wisten van mekaar dat het onmogelijk was, dat wij mekaar daar dan zouden gezien hebben, dat het kleine bosje overvol zou zijn geweest, dat de meesten van ons op de muziekschool hadden gezeten en solfège studeerden, in de maat gehouden door de lange houten regel van Meneer Gesquière. Maar wij bewaarden graag de stilte over die futiliteit. Wij waren er allen bij geweest en beschreven om de beurt de staat van het lijk. En elk verhaal was anders. Maar wij behielden van alle verhalen de beste stukken. Telkens als iemand een nog gruwelijker toevoeging verzon, dachten de anderen diep na, speelden twijfel en haalden het dan diep uit hun herinnering terug: ja natuurlijk! De toevoeger had gelijk... dat ze dát vergeten waren! Zo bouwden wij een lijk zoals je het zelden ziet. Een lijk dat ons – wij die zelfs niet de schaduw van de dood hadden gezien – de gruwelijkheid van het einde moest tonen. Dan trapten we de bal wat rond en ruzieden over wie Puis mocht zijn en wie Van Himst. (Ik was Verbist, niemand wou Verbist zijn.) En als één van beide ploegen 'tien had' legden we ons weer in het gras. En de paardenslager, die ook bij de ambulance werkte, had alles in een pastic zak gestopt en naar het dodenhuis gebracht. En het 'parket' was langs geweest. Mannen, even deftig als de houten vloeren van justitiepaleizen. Want het kon ook moord zijn. Maar wij wisten, want wij waren erbij geweest, dat hij zichzelf verhangen had. Hij was in de boom gekropen, was op een tak gaan zitten, had de strop rond zijn hals gelegd en het uiteinde van het koord om de tak geslagen. Een platte knoop, die gaan nooit los. Dan had hij zich voorzichtig laten zakken, tot de strop zich spande en zo was hij gestikt. Of was hij van de tak afgesprongen? Want de tak waaraan hij hing was deels van de stam losgerukt, gebarsten. Hij was rond de dertig geweest en tamelijk dik. Of had hij op de tak gestaan en nog een liedje gefloten als een dikke vogel? Want hij was zot. Het was tien-vijf daarnet zei Puis, maar Van Himst zei dat hij loog, dat het tien-zes geweest was. En Verbist? Verbist vervloekte de solfège van Meneer Gesquière. Dat deed hij anders ook, maar nu nog méér dan anders. Hij had zo graag dat lijk gevonden. Echt gevonden. Al wist hij wel dat hij er dan niet had kunnen over meespreken, zoals nu.

61.

Waarom?! Meer dan een half miljoen voor koeien met hun poten in de Dender. Waarom?! Hij vroeg het op het open, eerlijk vragend, zangerig toontje dat mijn dochter aanslaat. Wel dertig keer per dag. Ze zingt het woordje. Waarom?! Dat maakt het vaak zo moeilijk. Ze vraagt werkelijk om een antwoord. Wil weten. En vaak genoeg weet ik het niet of is een mogelijk antwoord veel te lang en te omstandig om tussen de soep en de patatten in te passen. Want ook dat is volwassen worden: het temperen van de toon. Wij zeggen nog wel 'waarom,' maar vragen het nog zelden. Verongelijkt ja, of nadrukkelijk retorisch. We roepen het, schreeuwen het tot god en alle engelen of mompelen het woordje vijf tot tien keer na mekaar terwijl we hoofdschuddend wat anders doen en van niemand een antwoord verwachten. Maar het vragende muziekje, de 'o' die door de 'r' het bergje afgeduwd, het dalletje inrolt en door haar eigen snelheid weer bergop tot bij de 'm'. Waarooom?! Zo indringend dat je als je het niet weet, enkel de vraag kan verlengen: zijn de bananen krom? Volwassenen houden meer van antwoorden dan van vragen. Vragen stellen is vaak onbeleefd of het maakt je dom. Kinderen kunnen het heel goed en houden van het toontje. En hij is vierenzeventig en heeft het teruggevonden. Meer dan een half miljoen voor koeien met hun poten in de Dender en een platte boot. Waarooom?! Tijdens het rollen van de 'o' zakt de bovenste helft van zijn gebit, hij bijt het weer op zijn plaats, lacht en vult zelf aan: ... zijn de bananen krom! Hij lacht de nullen weg van het gemiste half miljoen tot hij bij vijftig uitkomt en vraagt: 'Zullen we d'r nog enen inslikken?' en roept de ober.

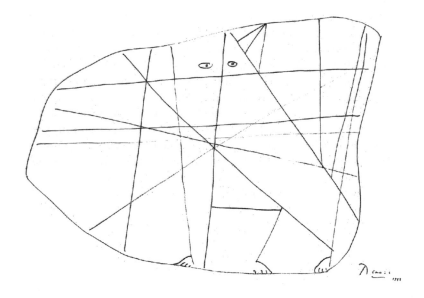

DE WAARHEID

(Toespraak)

Dames en Heren, ik ga de waarheid zeggen. Ik kan niet spreken over kunst. Het woordje staat in het woordenboek en onder vrienden gebruik ik het zonder enige schroom. Ik heb het er, tussen de koffie en de calvados, wel eens over gehad; het is mij zelfs al overkomen dat ik, als de calvados van een goed jaar was, met overslaande stem, een werk verdedigde, dat ik met kromgetrokken tong de zaak analyseerde en de vrienden, die moedig bleven luisteren omdat ze vrienden zijn, bezwoer het te gaan zien en te begrijpen en dat dan liefst op mijn manier, mij te begrijpen dus. Dat kan ver gaan. Zeer ver. Een mens verliest, wegens artistieke meningsverschillen, al eens een lief onderweg. Of een vriend van jaren kiest, daags na een al te heftig betoog, de andere straatkant als hij je ziet aankomen. U zal het mij dan ook niet kwalijk nemen, als ik het er hier vandaag niet over heb. Want, hoe hard hij ook zijn best doet om het anders te laten uitschijnen, Benoît maakt kunst. Ik wil het daar niet over hebben. Niet hier, en plein publique. Dan nog liever de waarheid.

Dames en Heren, ik ga de waarheid zeggen. Er had een tekening in de krant gestaan. Die krant heette toen nog *De Morgen*, maar vermits ze er daar, na een kleine enquête (een specialiteit van het huis), niet meer om konden lachen, is dat verleden tijd. Benoît tekent nu voor de *Standaard der Letteren.* Ook daar lopen er mensen rond die er niet om kunnen lachen en komen er brieven van lezers die zich afvragen wat er te lachen valt. Hoe zit dat nu eigenlijk? Hiernaast hangen prachtige tekeningen van Thierry De Cordier. Ik zal niet zeggen dat er niet af en toe mee te lachen valt, maar om nu te zeggen dat een mens daar schaterend langs de muren loopt... Niet echt. Maar een tekening in de krant moet dus om te lachen zijn. Meer nog, omdat er van Benoît af en toe een tekening in de krant komt, moet 'een Benoît', ook als hij niet in de krant komt, om te lachen zijn, punt. Dat is een probleem. Want Benoît tekent en schildert zijn wereld en dat is een wereld waar mee te lachen valt, maar die ook om te huilen is of waar je vaak een beetje ontredderd naar staat te kijken. Het leven, quoi.

Dames en Heren, ik ga hier de waarheid zeggen. Er had een tekening in de krant gestaan. Een receptie. Bij nader toezien, een receptie die op haar einde loopt. Dames en heren, geverfd en verkleed voor de gelegenheid, de meesten met een glaasje in de hand, druk doende met schouderklopjes of discussies, zichtbaar over kunst. Op een paar dames na, iedereen uit balans. Niet ingezakt – dat hoort niet in de wereld van Benoît – maar uit balans. Ook de ober, met een vol dienblad. Niet het dienblad, maar hij wel. Uit balans. En tussen al dat drukdoende volk, tussen al dat kunstgedruis, tussen al die benen van dames op leeftijd en heren van stand, ligt er eentje strijk. Een man als een plank. Ogen open, maar het licht is uit. Het was om te lachen. Het was ook om te huilen. Want het zal niet de eerste keer zijn dat ik deel uit maak van een dergelijke verzameling. Enkele dagen later zie ik hem zitten in een Brussels etablissement, waar ik zelf, in die dagen, kind aan huis was. Benoît. Ik wist zelfs niet dat hij in Brussel woonde, dacht dat hij op bezoek was in de grootstad. Ik ben naar hem toegestapt en heb hem bedankt voor zijn tekening. Hij lachte het allemaal wat weg en we hebben samen iets gedronken en daar hebben we sindsdien een gewoonte van gemaakt.

Dames en Heren, ik heb de waarheid beloofd en de waarheid zal het zijn. Toen ik nog een kind was, gingen wij 's zomers vaak naar de rand van het dorp. Naar de boomgaard van de boerderij waar mijn moeder was opgegroeid, om het fruit te plukken. Vlakbij die boerderij stond de ruïne van een kasteel. Midden in een verwaarloosd park, stond een vervallen bouwsel in rode baksteen, met hoge muren en veel rondingen en zonder dak en een echte brug over een echte slotgracht en op het water, trage witte zwanen. Wij speelden daar. En als we werden overvallen door een onweer en er schuilen moesten, dan hoorden we boven in verborgen kamers, het leven van vroeger. De voetstappen van prinsen en prinsessen, het gebulder van een woedende koning, het gehuil van een dienstbode die werd gestraft, omdat hij een porseleinen bord had laten vallen. Ook dat hadden wij gehoord.

Mijn ouders noemden dat bouwsel: 'Het Kasteel Vavaninnis'. Dat klonk héél oud: 'VAVANINNIS'. Het was Latijn. Mijn moeder vertelde ons dat haar ouders grond pachtten van het kasteel. Zij mocht, als kind, dan ook vrijelijk in het park rondhangen. Ook later nog, toen ze met mijn toekomstige vader een rustig plekje zocht en onder een van de oude beuken met hem lag te oefenen voor later; en een van de edellieden, door hun gezucht en gesteun gestoord, bij zijn avondwandeling, zijn stem verhief en hen wees op het bordje bij de ingang: PRIVATE EIGENDOM. Ook toen mocht zij, zodra de jonge edelman haar had herkend, gewoon verder oefenen, op zijn grond. Zij bewerkte die grond. En daarenboven was zij een mooie, jonge boerin. En zoals wij weten hebben jonge edelmannen een zwak voor mooie, jonge boerinnen. Dat is nooit anders geweest.

Dames en Heren, ik zal het niet meer herhalen, maar het is toch wáár?! Als je Benoît een 'tweedpak' aantrekt, met van die hertenleren lappen op zijn ellebogen en hem 'een foulard' in een openstaand, wit hemd propt, dan ontkom je toch niet aan de indruk dat er nogal genereus met 'blauw bloed' is omgesprongen. Dan pas, kan je ook die nobele gelaatstrekken plaatsen en die ogen waarmee hij je, vol verbazing, kan aankijken, alsof hij je voor de eerste keer ziet. 'Ja,' zei hij, toen ik er hem naar vroeg, 'langs vaderszijde en hij is in Asse geboren, waar jij vandaan komt.' Ik wist toen al jaren dat Benoît 'van Innis' heette. Ik wist al jaren dat de 'van' met kleine 'v' werd geschreven. Ik had het dus moeten weten. Maar ik had zijn 'van Innis' nooit verbonden met mijn 'Vavaninnis'. Zijn edele trekken nooit gekoppeld aan mijn kasteel. Het was dus geen Latijn?! Ik was ontgoocheld, maar ook opgewonden. Mijn wereld stortte in, maar tegelijkertijd werd er ter plekke een nieuwe uit de grond gestampt. Een vriend van mij was een nakomeling van het 'Kasteel Vavaninnis'! Ik moest enkel de naam van mijn kasteel goed leren schrijven. Dat was alles! Zo stapte Benoît niet enkel mijn heden, maar ook mijn verleden binnen.

Het zou een mooie zin geweest zijn om te eindigen. 'Zo stapte Benoît niet enkel mijn heden, maar ook mijn verleden binnen.' Maar hier moet nog iets aan toegevoegd, Dames en Heren, want we gaan voor de volle waarheid! Ik zal mij tot hem zelve richten. Benoît, we gaan het niet over vandaag hebben, maar vorige week was het 1-1. We hebben het hier over voetbal, Dames en Heren, en voor u en mij, voor de doorsnee mens zeg maar, is 1-1 een gelijkspel. Niet zo voor Benoît, Dames en Heren. Niet vorige zondag in elk geval. Want 'vorige zondag' dat zijn gewoon andere woorden voor 'Anderlecht-Club Brugge'. (Ik zeg het nu voluit, maar eigenlijk hoeft Brugge er niet bij, Club is genoeg. Er is er maar één.) In dit geval, Dames en Heren, is eender welk gelijkspel, verlies voor Brugge. En niet zomaar verlies, onrechtvaardig verlies! Het veld lag slecht, de bal was getrukeerd, de goals stonden omgekeerd, de scheidsrechter speelde met Anderlecht mee en Lorenzo Staelens ook en die is nochtans van Club Brugge. Het is haat, Dames en Heren. Dat gaat zeer ver. De door hem bewonderde kunstenaars spelen, in die rare kop van hem, allemaal bij Club en die welke hij niet kan uitstaan, bij Anderlecht. Ik woon net buiten de stad, in Lennik. Benoît komt graag eens langs en ik ben daar altijd blij om. Er is maar één probleem: om in Lennik te komen, moet hij door Anderlecht. Hij komt godzijdank nog altijd, zij het dat hij de eerste minuten niet aanspreekbaar is, maar we weten dat, we laten hem bekomen.

Ik ken hem nu toch al een tijdje. Ik heb hem tekeningen voor kranten zien maken, covers voor New Yorkers, kalenders voor Amerikaanse meubelfabrikanten, affiches voor theaters, kunstboeken, doeken, ik heb hem muren vol zien tekenen in zijn atelier, tegels zien beschilderen in Portugal en binnenkort heeft hij een metrostation in Brussel. Maalbeek heet dat station, maar wij zullen zeggen: 'Afstappen in Benoît!'

Ik heb hem ooit op een dubbele ladder zien staan, penseel in zijn hand, klaar om aan te zetten. De ladder piepte monotoon. Piep! Piep! Piep! Hij merkte niks. En het moment dat zijn penseel het blad raakte, stopte het gepiep. Abrupt. De concentratie, heb ik lang gedacht. Het lichaam dat zich spant. Heel dat wezen dat zich naar één punt richt. Maar nu denk ik soms, misschien was het de ladder zélf. Misschien voelt zelfs een ladder wat er gebeurt. Waarom zou het voor een ladder per se onmogelijk zijn om respect op te brengen. Ik piep ook. Dat is van het roken. Ik ben ook gestopt met piepen toen hij aanzette. Voilà. Ik heb de waarheid gezegd. Nu kan ik mij laten gaan. De mooiste tekening in zijn boek is 'de kat'.
Ik dank u.

HANA (6)

Ze zegt: 'Papa luister, jij zegt nu dat ik nog zo klein ben en al
zoveel weet. Maar toen ik nog veel kleiner was, toen ik nog
nul jaar was, toen ik in de buik van de mama zat, toen wist
ik eigenlijk al alles, ik moest alleen nog leren praten.'

62.

Het zoemen van de airconditioning en *De Vier Seizoenen* van Vivaldi. Ze zijn stilaan onafscheidelijk geworden. Zo vaak heb ik ze gelijktijdig gehoord. Elke noot verpakt als een druif uit Hoeilaart of uit Overijse. Elk seizoen, aangevoerd uit de buik van het gebouw, langs hetzelfde buizenstelsel dat de droge lucht brengt, die de lippen laat verdorren en de neus verstopt. Hotels, stations, warenhuizen. Na de winter komt de lente en dan zomer, herfst en winter, en na de winter weer de lente... Waar je ook gaat of staat. De gangen, lift, toiletten, ontbijtzaal, lingerie-afdeling, de perrons... voor altijd gevangen in de stoffige loop der seizoenen, met de airco als basso continuo. Omdat ik had gezegd dat sommige liedjes, naar mijn smaak, te vaak gezongen worden, had iemand mij *Für Elise* meegegeven, door Alfred Brendel virtuoos uit de dood opgewekt. Toch mis ik het gezoem van de airconditioning enigszins. Ik weet, het is een schande. Drop mij in de Andes, laat de panfluit door de kieren van het gebergte klinken en ik zal aan Simon en Garfunkel denken. Of aan een groepje indianen in de Nieuwstraat. *El condor passa.* Het leven is verwoestend.

63.

De politiek zou, om het niet steeds over netwerken en complotten te hebben, een groentenkorf kunnen zijn, op het aanrecht in de keuken van een gezin met vakantie. Een mand vol gekeeste aardappelen, opgeschoten ajuinen, broccoli in bloem, een gerimpelde komkommer, slappe selder, houterige prei en een enkel verlept slablaadje. Af en toe sleept zo een overtijdse groente zich naar de rand van de stilaan wegrottende mand en roept wat. Mensen die hier, om welke reden ook, aanspoelen en zich voornemen er iets van te maken, hebben het niet gemakkelijk. Vooreerst doen wij er alles aan om hen duidelijk te maken dat zij eigenlijk misdadigers zijn. Sommigen raken daar na een tijdje van overtuigd en leggen zich daarbij neer. Anderen laten de vernederingen over zich heen gaan, zoeken steun bij de eigen gemeenschap en stampen iets uit de grond. Zo baat de Vietnamese gemeenschap (bootvluchtelingen, bijna vergeten) de krantenstalletjes uit, zo zag de Pakistaanse gemeenschap het gat in de stadsmarkt: de nachtwinkels. Want als je niet bij de post of de bank aan het werk kan, niet bij de televisie of bij de krant, niet bij de politie of een andere stadsdienst, dan is de rekening snel gemaakt. Als je geen deel mag uitmaken van het raderwerk dat een gemeenschap draaiende houdt, dan blijft alleen de eigen handel. Want geld en bezit zijn dan, meer dan ooit, de pijlers van je bestaan. (In een donkerblauwe BMW verloopt de integratie een stuk vlotter.) De nachtwinkels zijn een gouden vondst. Er loopt bij mijn weten in de hele stad geen mens rond die er niet blij mee is. (Veel kans dat de Pakistanen zich een fout beeld vormen van de Belgen. Iedereen die binnenstapt zo beleefd, zo vriendelijk, zo blij met een pakje sigaretten 's nachts of een fles wijn.) Het mocht niet zijn. Willems (de opgeschoten ajuin) en Creyf (het verlepte slablaadje) hebben de zee van vrije tijd, waarover ze in dit landje van peis en vree beschikken, gebruikt om samen een 'emmerdement' in elkaar te flansen. De nachtwinkels zullen van nu af aan geen dranken meer verkopen met een alcoholgehalte boven de 6%. Ik ben een welopgevoed mens. Toch krijg ik af en toe de neiging dat slag volk een paar flinke meppen op hun toot te verkopen. Iets ging eventjes goed, weet je?! Heel even ging er iets goed! Tot Willems en Creyf zich over de rand van de groentenmand hesen en iets over onveiligheid riepen. Ze hebben niks te maken met wat leeft in een stad. Het achterste van een rund kan béter denken. Ja, zo rond verkiezingstijd komen ze wel eens onder het volk. Dan slepen ze zich hielen likkend over het marktplein en geven slappe handjes op het volksbal. Ze hebben het over 'serieuse' nachtwinkels (ik ruik een welgestelde drukkingsgroep.) Ze hebben het, opgedoft bijbels, over 'het kaf van het koren scheiden',zoals ze het soms hebben over 'tot op het bot gaan' en 'onze verdomde plicht'. Een politiek geëngageerde weerman vond dat port ook moest kunnen. Jaja Bob, en droge sherry ook misschien en Mandarin Napoléon?... Een debat op niveau, quoi! Daar hangt dan het inkomen van mensen van af, hun leven zeg maar. 'Het zijn klootzakken,' zei Swa de Facteur, 'ik ook, maar ik steek brieven in de bus, daar hebben de mensen tenminste nog wat aan.'

JAPANS DAGBOEK (2)

Een doodnormaal land

'Ik zou er niet willen wonen,' zegt Louis Tobback, bij zijn te-rugkeer uit Japan. Dit is informatie van levensbelang voor de Japanganger. Het betekent namelijk dat Louis Tobback niet in Japan zou willen wonen, terwijl hij wel in Leuven wil wonen. Het betekent dat er een grote kans bestaat dat Japan niet op Leuven lijkt. 'Het eten is hier goed' is ook een bekende. De reiziger meldt aan het thuisfront dat de lokale keuken hem bevalt of dat hij een Belgisch restaurant gevonden heeft of dat hij in een vissersdorpje is neergestreken waar de zomerse con-centratie Belgen zo groot is, dat de plaatselijke bevolking be-sloten heeft zich aan te passen. Omgekeerde integratie. Hore-cale integratie. Aanpassen kost geen moeite als het geld op-brengt. Dat weet zelfs Louis Tobback. Dat weten ook de Japan-ners, die in om het even welk buitenland denken en doen aan-passen aan de plaatselijke gevoeligheden zolang dat geld of macht oplevert, maar, eens terug op de eilanden, een bad ne-men, een sake achteroverslaan (uiterlijke en innerlijke dou-che) en weer gewoon Japanner zijn. Een woord waar alleen zij het geheim van kennen. Dat steekt ons. Dat maakt van Japan een land waar we niet zouden willen wonen, terwijl we dat, ik zeg maar wat, in de Kongo wel zouden willen. Daar zijn de mensen zo vriendelijk. In Japan is vriendelijkheid pure vorm. Ze komt niet uit het hart zoals bij de zwartjes. Maar die zijn dan weer lui, wat je van die spleetogen niet kan zeggen. Zwar-te Jappen in een land waar wij wel zouden willen wonen en waar het eten goed is, zoiets.

Samenleven is vormafspraken maken. Die afspraken zijn noodzakelijk en die noodzaken zijn niet overal dezelfde of hebben althans niet overal dezelfde orde van belang. Noorwe-gen heeft een oppervlakte van 323.895 vierkante kilometer. Japan heeft 50.000 vierkante kilometer meer. Noorwegen heeft een goeie 4.000.000 inwoners, Japan heeft er 120.000.000 meer. Als het soms eindeloze, in duet, beleefde buigen in Japan al niet méér zin heeft dan in Noorwegen, dan zal het er in ieder geval makkelijker zijn iemand te vinden om het mee te doen.

Mijn dochter maakt van de lange reis gebruik om zich te verdiepen in een ingewikkelde materie als schoenveters. Alles wat veters heeft moet eraan geloven. Wat zou er gebeuren vraag ik aan Fumiyo, als ik op handen en voeten door het vliegtuig begin te kruipen en schoenveters losmaak. Je zou afgevoerd worden, zegt ze. Terwijl het bij haar werkt, zeg ik. Het lijken wel muziekdozen. Ze trekt aan het touwtje en meteen begint alles wat daaraan vastzit vrolijk te kwebbelen. Kawaï!... oooh!... kawaï! Kawaï is schattig, lief, snoezig, met kanten kraagjes en frulletjes, de bloemetjes en de bijtjes en kleuterleidsters met slagroom. Mensen verkleden hun kinderen in konijnen en noemen ze kawaï. Dat het in dit geval op mijn bloedeigen dochter slaat, helpt, maar ik blijf het knap lastig hebben met dat woord. Met het gebruik van dat woord. Met de toon die bij dat woord blijkt te horen. De gelaatsuitdrukkingen. Alles doordrenkt van een nostalgisch verzuchten. Alsof de wereld ooit, in lang vervlogen tijden uit louter kawaï bestond. Het is de aanbidding van de onschuld, waarvan we zo graag geloven dat we ze verloren zijn, waaruit dan vanzelfsprekend zou volgen dat we ze gehad hebben. En als we dat woord nu maar vaak genoeg roepen, als we de omstanders ervan kunnen overtuigen dat we onschuld herkennen als ze in de buurt is, dat wij niets meer gemeen hebben met de Japanners uit de westerse geschiedenisboeken, dat wij onze onschuld verloren hebben, maar haar héél erg missen, dat uit dat gemis een liefde is ontstaan, zo overdonderend, dat wij voor voornoemde omstanders ongevaarlijk zijn geworden, zélf kwetsbaar zijn geworden. Ik geloof er geen hol van.

Tussen de hoofdsteunen van de rij voor ons, glijdt, iets vertraagd, als in een infomercial, een golf glimmend zwart haar. De lok slaat even soepel heen en weer, alsof er lood in de punten is aangebracht, hangt dan uitnodigend stil. Uitnodigend voor mijn dochter, die het gebeuren met aandacht heeft gevolgd. Wij weten zelf goed genoeg waar we zin in hebben en begrijpen bijgevolg ten volle het gevecht dat onze dochter nu met zichzelf levert. Wij leggen haar geduldig uit dat aan dat prachtige glimmende speelgoed een vrouw vastzit, die op de koop toe een dutje doet en dat ze dus maar heel stil moet blijven zitten zodat mevrouw rustig kan slapen. In het Japans en in het Nederlands, voor de zekerheid. Ze wijst naar de lok en zegt drie keer nee!, terwijl ze driftig het hoofdje schudt. Buiten, boven de wolken, afgetekend tegen de rosse gloed, een tegenligger. Een stalen vogel. Er is nog steeds geen betere omschrijving voorhanden. En dan is het prijs. Een gil van de andere kant van de hoofdsteunen. Met handen vol haar kijkt ze ons vragend aan. Tussen de hoofdsteunen duikt nu het verschrikte gezicht van een Japanse vrouw op. Dan ziet ze Hana. Doof voor onze ouderlijke verontschuldigingen, plooit het gezicht helemaal open, drukt zich nog dieper tussen de hoofdsteunen en fluistert: kawaï! Mijn dochter stelt haar definitie van de vriendelijke medemens bij. De vriendelijke medemens heeft niet alleen schoenveters, hij heeft ook lang, zwart, glanzend haar. En hij blijft lachen.

Broer Toshihiro haalt ons op bij het station in Fukui. Hij gaat straks trouwen en dat is hem aan te zien. Diploma's, trouwen, kinderen, een nieuwe auto, een eigen huis, een vaste baan, ze laten een mens altijd weer even glimmen. De heugelijke bewijzen van het normaal zijn. Maar het huwelijk is ten dele geregeld. Gearrangeerd, een woord dat in mijn streektaal, behalve geregeld, ook bedrogen of beschadigd betekent. De toekomstige echtelieden zijn wel op mekaar verliefd geworden tijdens hun studies, maar daarna zijn beide families rond de tafel gaan zitten om na te gaan of deze, op het eerste gezicht blijde gebeurtenis, die toch meer gemeen heeft met een scheikundige verbinding dan met gestuurd gevoel, een kans moet krijgen. Of het sociaal en economisch verantwoord is medewerking te verlenen aan deze toch al precaire onderneming. Gewoontegetrouw neem ik op deze reizen wat boeken mee over Japan, geschreven door mensen die er korte of langere tijd hebben verbleven. In de meeste van deze werken komt een hoofdstuk 'gearrangeerde huwelijken' voor. Vaak stijgt de schrijver dan te paard en trekt, getooid met de kleuren van vrijheid en rechtvaardigheid, alinea's lang ten strijde, terwijl hij zich voor hetzelfde geld zou kunnen afvragen waarom een maatschappij die het huwelijk beschouwt als een van haar hoekstenen, het metselwerk zou overlaten aan verliefde kalveren. Door Cupido's pijl getroffen, het hoofd op hol, in vuur en vlam, zijn hart verliezen, vlinders in de buik: het heeft allemaal weinig te maken met wat daarna komt. Voor mij hoeft er niks gearrangeerd te worden, maar misschien kunnen we beter een paar nieuwe hoekstenen uitkiezen.

Seichi heeft mijn leeftijd en is de eerstgeborene in zijn gezin. Voor hem komen drie meisjes, onder wie mijn schoonmoeder. Hij was het jongste kind, maar de oudste zoon en moest dus de verantwoordelijkheid voor de ouders op zich nemen. De meisjes trouwen in. Seichi is een verstandige man. Studeerde vlot toentertijd, maar onderbrak zijn studies om voor zijn ouders te zorgen. De normale gang van zaken. Maar wanneer ik daar wat zit te lezen en te schrijven en hij ontsnapt even uit de restaurantkeuken om met mij een sigaret te roken, dan voel ik de frustratie. Ter compensatie wordt hij bij familiefeesten bijna ritueel geprezen voor wat hij toen gedaan heeft. Telkens weer. Al die jaren. Een lichte spot is toegestaan, maar enkel op zijn uitdrukkelijke uitnodiging.

'Ik bezondig mij in dit boek geregeld aan het veralgemenende "de" Japanners. Dat heeft meer te maken met overwegingen van praktische aard dan met de intentie alle Japanners over dezelfde kam te scheren,' schrijft Edward Adriaensens in de inleiding. Maar hij geeft zijn honderdtwintig bladzijden tellend boekje de titel mee: *Japan bij nader toezien.* Uitgegeven in de reeks 'Wereldbeeld' bij Globe. Het kan niet op. Boekje. Ik heb niks tegen boekjes. Zelf ben ik nooit verder gekomen dan negentig bladzijden, maar als je journalist bent en je verblijft één jaar in één stad in een land dat zich uitstrekt tussen de 46° en de 30° breedtegraad (van München tot Marrakech, zeg maar), waar zo'n slordige 124 miljoen mensen wonen, waar ze beneden surfen en boven het halve jaar ingesneeuwd zitten, dan lijken vier regeltjes in de inleiding mij iets te weinig als nuancering. Je loopt wat rond in Rijsel en je schrijft een boek over Frankrijk. Een *sleutelboek.* Zo heet het boek over Japan van Rien Segers. *Alles over zeden en gewoonten, economie, cultuur en politiek in hedendaags Japan,* is de ondertitel. Alles. Een goeie tweehonderd bladzijden. Japan is een bevattelijk land.

'De eerste kennismaking met Osaka bezorgt de aan orde en overzicht gewende westerling een formidabele schok. De straten mogen er doorgaans wel brandschoon bijliggen, meer nog dan enige andere Japanse stad biedt Osaka een chaotische aanblik. Grauwe, armtierige woonwijken liggen er in de schaduw van kantoorkolossen en fabrieken, onaanzienlijke houten huisjes leunen er aan tegen de meest futuristische gebouwen, de stad wordt doorploegd door spoorweglijnen en autowegen op viaducten. In tegenstelling tot de stadsplanners in het Westen doen de Japanners bijna nergens een poging om al die verschillende gebouwen of functies te integreren. Bovendien is alles samengeperst op een onmogelijk kleine oppervlakte en is er met moeite een behoorlijk park te vinden. Wel botst men overal op een woud van elektriciteitspalen en -draden en hangt alles vol met de meest schreeuwerige, opdringerige reclame die men zich kan voorstellen.'

De 'aan orde en overzicht gewende' Belg Adriaensens wordt zo formidabel geschokt door wat hij te zien krijgt, dat hij niet meer aan nadenken toekomt. Zo zijn 'de grauwe, armtierige woonwijken die in de schaduw van kantoorkolossen en fabrieken liggen' een totaal nieuw beeld voor hem. Zo komt het niet bij hem op dat Japanners wel eens een grondige reden zouden kunnen hebben om spoorlijnen en autowegen bovengronds te organiseren. Hetzelfde geldt voor elektriciteitsleidingen. Wij hebben de hele rimram onder de grond gestopt en dat maakt het beeld inderdaad een stuk leger, maar vermits de Japanse ondergrond iets woeliger is dan pakweg de Leuvense, denken ze ginder iets langer na eer ze dat doen. Zelfs in Tokyo, waar op geen yen gekeken wordt, houden ze opvallend veel bovengronds. Japan wordt met grote regelmaat nog formidabeler geschokt dan Adriaensens en die viaducten ontkomen daar ook niet altijd aan, maar ik ken geen mens die niet liever bovengronds sterft. Wat is er trouwens ordelijker dan een trein die op een spoor van A naar B rijdt. Wat is er overzichtelijker dan een elektriciteitsleiding waarvan het duidelijk is waartoe ze dient. De schrijver zou graag een poging zien tot integratie van gebouwen en functies, zoals bij de westerse stadsplanners. Het blijft een lastig woord. Vijfentwintig jaar geleden spijkerden we allemaal wel eens enkele 'objets trouvés' op een plank, waarover we, al naargelang de 'mood' waarin we verkeerden, enige bussen witte of rode verf leegspoten. Een wonder van integratie voltrok zich voor onze ogen. Wel moet gezegd dat het kunstwerk nogal snel ging vervelen. Als er van de 378.000 vierkante kilometer slechts tien procent, 37.000 vierkante kilometer, bewoonbaar zijn en je moet het daarop met zijn 124.000.000 zien te rooien, dan kan je zeggen dat alles 'op een onmogelijk kleine oppervlakte is samengeperst', ja en je leert al heel snel dat je maar beter beleefd kunt buigen voor mekaar. En dan is daar de 'schreeuwerige, opdringerige reclame'. Behalve het feit dat zacht fluisterende, terughoudende reclame hoogstens bruikbaar is voor het aanprijzen van damesondergoed en voor de rest geen hond tot kopen aanzet, moeten wij het hier ook hebben over de taal. Ik weet niet hoe het met des schrijvers beheersing van het Japans zit, maar bij mezelf heb ik gemerkt dat taalonkundigheid een grote rol speelt bij het ordenen van de massa informatie die op je afkomt. Ik spreek niet echt vlot Italiaans, maar reclame doet er doorgaans alles aan om ook analfabeten te bereiken. Dat is de aard van het beestje. Ik ken helemaal geen Portugees, maar de lettertekens zijn mij niet vreemd. Het Japanse schrift daarentegen kan ik hooguit decoratief of grafisch interessant vinden en dat blijft niet duren. Dus klik ik de hele handel, zoals op een computerscherm, naar het tweede plan en zoek met alles wat ik daartoe ter beschikking heb, ogen, oren, neus en zenuwen, naar wat ik kan herkennen. Dat is elk jaar wat meer. Elk jaar stap ik iets rustiger uit het vliegtuig. Misschien is hier sprake van integratie. De verschillen blijven in al hun glorie bestaan, maar ik vind er stilaan een eigen ordening voor. 'De mens kon lezen voor hij kon schrijven,' zegt Mark Verstockt in zijn boek *Het teken mens*. Hier wordt bedoeld: konijnenkeutels, hoefgetrappel bij de drinkplaats, de nog warme asse, tekeningen op de grotwand, afgerukte twijgjes... Wij zijn geboren spoorzoekers en dat zullen wij moeten blijven als wij mekaar willen vinden. 'Maar die uitdagende lelijkheid en rommeligheid verlenen de stad tevens een ongekende vitaliteit en zelfs iets vertederends.' (Jaja, waar heb ik mijn tropenhelm gelaten.) Daarna slaat onze man helemaal om. Het is eigen aan formidabele schokken dat ze in dwaze verliefdheid resulteren. Een verliefdheid waar we verder niks mee kunnen, want ze gaat onherroepelijk voorbij.

Bij aankomst wordt er gegroet én gezoend, want wij zijn een gemengd huwelijk. De verwelkoming in haar geheel verloopt sneller dan vroeger. Enerzijds omdat de eerste keer al lang voorbij is, anderzijds is daar het kleinkind. Fenomeen van alle tijden en culturen. Onze voornaamste verdienste is dat wij de makers zijn van wat zij wilden. Ze is de mooiste, ze is de slimste, ze is de beste, ze is hun eigen bloed. De vriendelijke mede-mens op zijn best, zie ik mijn dochter denken. Ze kan niet kiezen tussen haren en schoenveters. Er is nu zelfs de bril van opa Japan die, als ze hem tegen de grond laat kletteren, lachend zegt dat hij stukken beter ziet zonder bril. Alle drie in bad na de lange reis en dan aan tafel. In het nieuwe huis. Broer Toshi-hiro zal hier na het huwelijk zijn intrek nemen met zijn gloed-nieuwe vrouw. Tot het zover is zullen wij hier wonen. Een pasgebouwd houten huis is een sensatie. Alles geurt naar nieuw. Maar nieuw geurt anders hier. Hout en rijststro voeren de boventoon. Een buitenmaatse breedbeeldtelevisie, ver-warming met afstandsbediening, een keuken als een ruimte-schip, verlichting met dimmers, een computergestuurde bad-kamer in een huis uit hout en rijststro opgetrokken rond een rots- en mostuin. Het deel van het huis dat aansluit bij de keuken is 'western style' ingericht. Dat wil zeggen tafel en stoelen, kasten met gedraaide poten en leeuwenkoppen en een halfronde zithoek met zicht op de televisie. De rest van het huis bestaat uit lege kamers met ingemaakte kasten en vloe-ren bedekt met matten van geperst rijststro (tatami). Kamers die je gebruikt zoals het je uitkomt. In de kasten zitten fu-tons en dekbedden, lage tafels, kussens en stoelen zonder po-ten voor mensen met een holle rug, zoals ik. Je slaapt er, je eet er, je werkt er, je leest er, je doet er wat je moet doen. Waar-om nemen we zo graag de foute dingen over van mekaar? Deze wereld heeft altijd veel vertrouwen gehad in het geld. Onze relaties zijn mercantiel geïnspireerd. Wij kopen dingetjes van mekaar. Wij zijn niet nieuwsgierig naar het denken waar die dingetjes deel van uitmaken. Of daar een voor ons bruikbaar idee achter zit. Of de kwaliteit van ons leven daarmee te ver-beteren valt. Wij willen die dingetjes. Er worden nu in Europa volop bedden gemaakt, waarvan de vering of het lattenwerk vervangen wordt door matten van rijststro, daarbovenop komt een futon en dan een dekbed. Bij aankoop van de hele reut krijg je er een nachtlampje uit handgeschept papier bijgeleverd. Sla-pen 'Japanese style'. Terwijl het ginder over het veelvoudige gebruik van een lege kamer gaat (ging), wordt er hier een Ja-pans gestyled monument in je slaapkamer gedropt. Die nacht-lamp hoort aan het plafond. Staan, zitten, liggen, zegt mijn vriend Tom Jansen, wat doe je nog meer? Waartoe dient een fauteuil, waar je half in wegzakt, waar je later als je oud en kaal bent niet meer uitkomt zonder de hulp van het Wit-Gele Kruis, waarin je nu al na twee bladzijden in slaap sukkelt? Ga dan toch liggen, zegt mijn vrouw, wanneer ik, de hand verankerd aan de afstandsbediening, onderuit gezakt ben in mijn zetel, morgen sterf je weer van de spierpijn. (Ik ben goed omringd. Mij kan niks overkomen.) Staan, zitten, liggen. Het kan allemaal in zo een tatami-kamer. Maar een lege kamer ziet er zo armoedig uit. Al valt het licht dan nog zo mooi door de papieren wanden, en altijd anders. Al is het patroon van de rijststro-matten geen moment vervelend. Al is de tekening in het hout, omdat het ooit geleefd heeft, nooit dezelfde. Wij willen rijkdom zien, want enkel dat stelt ons gerust. Rijkdom en rust. Rijkdom in rust. Daar sloven we ons een leven lang voor uit. Daar hebben we een hartinfarct voor over. Daar slaan we anderen met gemak de kop voor in. De vergissing. Straks als broer en schoonzus ja hebben gezegd tegen elkaar en tegen het leven, worden ook in dit huis de kamers volgestouwd. Want ze zijn jong en hebben hamburgers genoeg gegeten om te weten hoe een huis er tegenwoordig hoort uit te zien. Intussen zit of sta of lig ik in een lege kamer. Ik moet hiervan genieten, want thuis in Lennik raakt het ook al aardig vol.

Hij is kok. Een mens kan schoonvaders treffen met een vervelender beroep. En hij heeft een lijstje in zijn hoofd met elk gerecht of ingrediënt waarover ik in al die jaren mijn enthousiasme heb laten blijken. Hij heeft dat lijstje terwijl we in bad zaten overlopen en voor zover mogelijk alles in gepaste combinaties bereid en op tafel gezet. Voor zover mogelijk, want meestal komen we in de winter op bezoek. Nu is het lente en zijn keuken volgt de seizoenen. Hij verontschuldigt zich dan ook uitgebreid voor het feit dat het lente is. De kleurenpracht van rauwe vis en groenten, alles met het mes bewerkt en met slimme vingers geschikt op uitgezocht aardewerk. Donkerrode miso-soep in zwart gelakte kommen. Jonge zoete bergpatat, gekookte krab met rijstazijn, zeekomkommer in sake, licht gefrituurde groenten en garnalen, schelpdieren waarvan sommige gekookt in eigen nat en andere rauw. Eén daarvan lijkt zo sterk op een kut dat zelfs de Pool van Rome niet zou kunnen doen alsof hij aan wat anders denkt. De mooiste kut is voor de toekomstige trouwer, zegt schoonvader en bedient zijn zoon. Er wordt sake en bier gedronken en gelachen. Mijn dochter kruipt op de rug van haar mentaal gehandicapte tante, die meteen kraaiend door het huis begint te rennen, blij dat ze nu ook een kindje heeft. Nog een goeie week, zegt moeder, en de sakura is hier. Over de kersenbloesem wordt gepraat als over een levend wezen. Op televisie wordt dagelijks verslag uitgebracht van zijn bewegingen. Hij vertrekt elke lente in het zuiden en waaiert dan uit over het ganse land tot het noorden van Hokaido. Dan danst en zingt en drinkt het hele land onder de kersenbloesem. Dan lezen ze hardop gedichten onder de bloeiende bomen. Ik heb erover gelezen en gehoord. Dit is mijn eerste lente in Japan.

De kamer die mij is toegewezen heeft een groot raam dat uitgeeft op de tuin van de buurman. Het is een goed verzorgde, zacht glooiende mostuin met een grote verscheidenheid aan bomen en struiken. Alles staat in bot. De dagen dat de zon het, bij dit broze begin van de lente, een tijdje volhoudt, zit de tuin vol vlinders. Alle kleuren, alle maten. Ze hangen in fladderende trossen aan het jonge hout, zodat het soms, als ik toevallig opkijk, lijkt alsof de bloesem verwoede pogingen onderneemt om te ontluiken. Het is te vroeg. Het slaat nog alle kanten op. Straks sneeuwt het of valt er ijs uit de lucht. Soms wordt het winters koud voor een uur of drie, dan plots toch weer de zon en vlinders. Wolken jagen voorbij alsof ze aan de late kant zijn. De voortdurende lichtwisselingen op de bladzijden van mijn boek bemoeilijken het lezen. Er gebeurt te veel in deze stille lege kamer. In de nis tegenover mij staat een houten appeltje. Elke kamer heeft een nis waarin, getrouw aan de seizoenen, een bloemstuk wordt neergezet, daarnaast een beeld, een tekening, een gedicht, een houten appeltje. Het appeltje is uit één stuk appelbomenhout gehakt, langdurig gepolijst en dan in schijfjes gezaagd. Het zaagblad waarmee dat gedaan is moet zo dun geweest zijn dat je er doorheen kon kijken, want van een zaagsnede is zo goed als geen sprake. De schijfjes zijn dan keurig over een centrale as geschoven met daarbovenop een licht gebogen steeltje. Pas uit de boom gevallen. De jaarringen in het hout lopen van bloemetje naar steeltje en terug, over de zijkant van het appeltje en maken het nog boller, sappiger, appeliger. Tenminste als ze goed zitten. De schijfjes moeten, één voor één, voorzichtig worden verschoven tot de jaarringen kloppen. Voorzichtig, want geen schijfje is dikker dan twee millimeter, mijn vingers zijn dat wel. 'Men houde met de ene hand het appeltje bij het steeltje op en make met twee vingers van de vrije hand ene draaiende beweging, het appeltje daarbij nauwelijks beroerend. Men dénke de beweging.' Mijn vingers zijn te dik voor dit spelletje. Telkens weer verstoren ze de met veel moeite verkregen orde. Soms zit alles muurvast, geen schijf nog in beweging te krijgen. Ik slaak diepe zuchten, mompel onnadenkend halve vloeken. Af en toe ligt het appeltje vol in de palm van mijn hand en maakt heel mijn lichaam zich op voor een machtige gooi, door het glas, ver in de tuin van de buurman. Maar telkens weer pak ik het steeltje beet en houd de appel op. En dan, zonder dat ik dat beslis, richt mijn aandacht zich volledig op de handeling in plaats van op het resultaat. Draaiende pols, scharnierende vingerkootjes, de vingertoppen strelen het hout, de aanraking valt nauwelijks te registreren. Alles schuift in twee minuten met een verbluffend gemak op zijn plek. De jaarringen kloppen. Ik kijk ernaar met de verbazing van het kind dat voor het eerst twee blokken op elkaar heeft gezet. Een vol uur: ik, het appeltje en de wisselende bewolking. Als ik opkijk staat midden in het grote raam een lachende man. Hij houdt een bos bamboestaken in de armen. Het is prettig te weten dat iemand keek op het goeie moment. Zonder de bamboe te lossen, plaatst hij duimen en wijsvingers tegen elkaar en vormt een cirkeltje. Kreupel gemaakt door zijn last, toont hij mij nadrukkelijk het rondje en lipt: *maru*. Maru betekent goed. Een rondje is goed. Hijzelf en de bamboe vormen ongewild een kruis, wat dan weer slecht betekent. Hij doet het nog eens over met één hand. Duim, wijsvinger, rondje. OK. Er volgen nog wat opgestoken duimen en overdreven bewonderende blikken, dan gooit hij de bamboe tegen de grond, haalt zijn hakmes uit de lederen holster aan zijn riem, slaat het mes in de kopse kant van een staak en klieft de bamboe met één lange haal. De volgende. Enzoverder. In een tempo en met een beheersing om gek van te worden. Mijn beurt om toe te kijken. De gekliefde bamboe wordt met touw vervlochten en als heining, op een goeie meter van het huis, langs de rooilijn tussen mij en de buurman geplaatst. Verder wordt de strook grond bedekt met wit zand en wat keien. De bamboe is nog groen, de holle kant gelig wit. Hij zal met de tijd verkleuren, verweren, zijn gladheid verliezen. Dat geldt ook voor het zand: te wit, de keien: te naakt nog, zonder mos. De tijd moet er overheen, 'zodat zichtbaar wordt dat alle dingen komen uit niets en op weg zijn naar niets.' De man harkt het witte zand in banen en geeft hier en daar een duw tegen een kei die nog niet goed of té goed lag. Hij is mij helemaal vergeten. Hij snijdt een loshangend eindje touw weg bij de bamboeheining en stopt het in zijn broekzak. Dan kruisen onze blikken. Ik plaats de vingertoppen van beide handen boven mijn hoofd tegen elkaar, als een balerina. Okina maru. Een groot rondje. Hij lacht en zwaait en gaat weg.

Het regent, het waait, het sneeuwt, het hagelt en daar doorheen, overheen, tussendoor de zon.Weer om naar zee te gaan. Het kleine meisje en de zee. Het is mooi en angstaanjagend, te zien hoe ze zonder de minste schrik dat grote geweld tegemoet treedt. Water. Meer dan in het plastic zwembadje thuis, meer dan in de spoelbak als ze helpt bij de vaat, meer dan in de plassen op de stoep, meer dan ze tot nog toe bijeen had kunnen dromen. De armpjes tegen de borst gedrukt, de schouders opgetrokken, want al die armen hangen alleen maar in de weg bij het hardlopen, ploetert ze door het zand naar zee. Iemand roept haar naam. Ze blijft staan. Aan de ene kant maakt die plas meer herrie dan je zou verwachten vanop afstand, aan de andere kant klonk het roepen van haar naam alarmerend. Ze zet, eerder nonchalant, de handen op de rug, nog een paar passen en schat de toestand in. Dan verheft zich uit het niets een toren van water en slaat vlak voor haar tegen het strand. Ze gooit de armpjes in de lucht, applaudisseert voor zoveel schoonheid. De golf geeft haar een duw, ze zit, het uitwaaierende water tilt haar op en zet haar even verder vriendelijk neer, als om te zeggen: kleine meisje, niet te dicht.

Voor we naar huis rijden, gaan we langs bij Koharu (Kind van de lente), groottante van Fumiyo. Als geisha is ze nooit getrouwd, maar altijd onderhouden geweest door haar minnaar. Ze heeft een kind van hem. Ze lacht en zegt dat de wereld veranderd is. Hier binnen, bij haar thuis, is daar anders weinig van te merken. Op het monumentale televisietoestel (sumo of de weerberichten) na, is het hier Bokrijk in Japan. De tatami-vloer, de houten wanden, de met rijstpapier bespannen schuifdeuren, de open vuurplaats in het midden van de kamer, met de waterketel voor de thee, de grote houten kisten met kleren per seizoen. Zijzelf schaatst daar tussendoor in een onberispelijke aardebruine kimono met een vage tekening in donkerblauw. Ze kan vloeken als een ketter, ze rookt als een Turk en op feesten drinkt ze als een Zwitser, maar alles wordt gedragen door een aandacht voor de vorm, die haar leven heeft beheerst. Ze danst, zingt, speelt koto, kent hele gedichten uit het hoofd, houdt een conversatie zonder moeite aan de gang. De aandacht voor elke beweging, elk woord, die ze haar lange leven als geisha heeft moeten opbrengen is al lang door haar lichaam overgenomen. Zij hoeft daar niet meer aan te denken. De beweging zélf is nu aandachtig. Het woord luistert nu zélf naar wat het te zeggen heeft. Ze zet thee en vertelt zoals ieder jaar, hoe Fumiyo het ooit, in een heiligdom in Nara, in haar broek deed en hoe zijzelf die broek met het gewijde water heeft uitgewassen. Dat dat water daarvoor dient, om de stront weg te wassen.

Ieder jaar. En ze lacht en ze kijkt naar kleine Hana en ze huilt. Hana weet uit ervaring dat huilen een geijkte manier is om iets te krijgen en geeft haar de wekker waarmee ze aan het spelen was.

Het is de Dag van de Kinderen in de grootste tempel van de stad. De voorbije dagen was daar al veel en vaak over gepraat in de familie. Hana zou voor de eerste maal de Dag van de Kinderen meemaken. Alle kinderen van de stad en ver daarbuiten zouden er zijn. Groot feest. Ze zou daardoor gezond blijven en verstandig worden, werd mij beloofd. Doopsel, Eerste Communie, Plechtige Communie, Vormsel: het heeft bij mij allemaal niet mogen baten en als ik zo een beetje rondkijk, lopen er hier ook nog genoeg rond waarbij de Dag van de Kinderen toch niet echt het beoogde effect heeft gehad. Maar 's ochtends vroeg staat alles wat in de familie kinderen heeft op de drempel te trappelen. Deels van de kou, deels van ongeduld. Met zijn allen naar de sportzaal waar de kinderen worden gekleed. De kinder-kimono's zijn eigendom van de tempel en worden voor alle grote feesten ter beschikking gesteld. De houten kisten waarin ze worden bewaard, staan als een muur opeengestapeld, achter in de sportzaal. Op de vloer liggen grote stromatten uitgespreid, waarop geknielde ouders in verwoede gevechten verwikkeld met hun kinderen. Een sportzaal vol huilende kinderen. Het is nu acht uur in de ochtend en ik wil hier helemaal niet zijn. Geween van kinderen die iets niet willen, waarvan je zelf weet dat het moet, dat het goed voor hen is, dat het niet anders kan, valt te verdragen omdat je met jezelf in het reine bent of denkt dat te zijn. Maar in alle andere gevallen is een huilend kind hartverscheurend. Blauwe, rode, groene kimono's met goudstiksel, grote roze strikken op de buik, gouden kronen met belletjes, kleurrijke papieren bloemen, rode puntjes tussen de ogen en op de konen en vuurrood gestifte lippen: ik weet bij god niet waarom het zou moeten, waarom dat goed voor hen zou zijn, waarom dat niet anders zou kunnen. Het zondagse pak doemt voor me op. Dat heilige harnas dat elk normaal gedrag onmogelijk maakte, waarin niks mocht, tenzij tonen wat een grote jongen je al was. Het gekrijs kaatst wild heen en weer onder het gewelfde dak van het sporthuis. Dat ze voor dit soort dwang ook altijd in sportcomplexen terechtkomen. Ik sluip het gebouw uit en rook buiten een sigaret. En dan staat moeder plots naast me. Midden in een vurig, maar binnensmonds gehouden discours over de rechten van het kind, waarin ik ten overstaan van de, voor de gelegenheid verzamelde Japanse Natie, het vermoeden uitspreek dat ze geen kinderen kunnen uitstaan omdat ze zélf klein gebleven zijn. Ze heeft een prachtige grijs-blauwe kimono aangetrokken. Om de kinderen moed te geven, zegt ze. Ik voel hoe mijn gezicht zich in een beleefd glimlachende plooi legt. Nu huilen ze, zegt ze, maar straks als ze met zijn allen opstappen naar de tempel, met muziek en de straten vol lachend volk, je zal zien hoe gelukkig ze dan zijn. Ja, zeg ik, kinderen... en de plooi wordt een kramp. Een kimono laat geen grote sprongen toe en dus trippelt ze naar de sportzaal. Lachen Josu, roept ze nog, het is de Dag van de Kinderen. Overal hangen kleurige wimpels, overal is volk op de been, de monotone muziek uit de tempel dringt tot hier door. Als ze goed en wel gekleed zijn krijgen ze een lunchpakket. Het grote plein voor het sporthuis loopt nu vol érg Japanse kinderen en trotse ouders. Stilaan komt de stoet op gang. Eerst statig, nog verbaasd zichzelf terug te vinden in deze vreemde gewaden. Er klinkt applaus op waar ze voorbijkomen, mensen zwaaien, lachen. Heel anders dan op andere dagen, maar ook de kleine mens went snel. Daar slaat er al eentje zijn papieren bloem stuk op het hoofd van een ander. De ander slaat terug en ze lachen samen. Een meisje struikelt over de slippen van haar te lange kimono. Ze valt. Ze huilt en de mascara loopt uit. Ze hebben allemaal een grote roze strik op de buik. Er moet toch iemand op het idee komen, denk ik en op datzelfde moment barst het los. Het is rennen, strikje-trek, kroontje-slaan, bloemetje-mep... de aftakeling is begonnen. En niemand die daar wat van zegt. Het mag. Het is de Dag van de Kinderen.

Een haveloze bende duikelt, rood gloeiend, de tempeltuin binnen. De hese, monotone klanken, die ons de hele ochtend hebben vergezeld, zijn nu vlakbij. Af en toe een gongslag. Het gejoel valt stil. Iedereen schuift voetje voor voetje naar de brede trap die toegang biedt tot het heiligdom. Boven aan de trap bengelt een zwaar zeel waaraan grote koperen bellen vastzitten. Groter dan de kinderen die met vijf, zes tegelijk aan het zeel gaan hangen en de bellen laten klingelen tot god hen hoort. Om te zeggen dat ze er zijn en dat dat vaak vergeten wordt. En dan weer naar de sportzaal en omkleden en weer gekrijs. En weer moeder. Ze willen dat het blijft duren, zegt ze, ze zullen goed slapen vannacht.

Le nouveau sakura est arrivé. De hele stad staat in bloem. Ik hoor het 's ochtends terwijl ik naar de badkamer slenter. Gisteravond heb ik met Fumiyo tot laat in de nacht aan een tekst gewerkt die ik tijdens de huwelijksplechtigheid van broer zal voorlezen. In het Japans. Elk woord dat ik in het Nederlands heb bedacht moet op zijn gevoelswaarde worden getest, dan omgezet naar het Japans en fonetisch neergeschreven. Het is de bedoeling dat iedereen huilt, zegt mijn geliefde en na een korte denkpauze: maar dat doen ze vanzelf als jij Japans gaat praten. Ik zal het toch ooit moeten leren, zeg ik. Een van de lafste zinnetjes uit mijn voorraad, want de zeepbel waarin ik hier mag wonen is mij zo dierbaar. Niets hoeven te begrijpen, niets hoeven te zeggen. Geen mening, geen verhaal, geen mop, geen roddel. Maar door de situatie toch opgenomen in een samenleving, daar een rol in spelen, een figurantenrol maar een rol: de schoonzoon uit Berugi. (Een van de weinige landen ter wereld waar het verschil wordt gemaakt tussen Oranda en Berugi.) En als er iemand een zakje bloemzaad uit Italië als geschenk krijgt van een buurman die zijn Europa-reis heeft gemaakt, dan kan ik hem langs Fumiyo laten weten wanneer hij dat moet uitzaaien en waar en hoeveel water. Of de garantiebon voor een koekoeksklok uit Zwitserland, of de samenstelling van Frans reukwerk. De schoonzoon uit Berugi kent zijn talen. Maar geen Japans. Wat woordjes, ja. Sakura bijvoorbeeld. Het galmt door het huis nu. Zonder ontbijt naar buiten want dat moeten we zien. Het valt nu pas op hoeveel kerselaars er in dit stadje staan. Langs de grote lanen heb je ze in lange rijen en in de parken en zelfs buiten het seizoen weet je: dit is Japan, this must be kerselaars. Maar nu ze in bloei staan, zie je ze ook hier, in de wirwar van kleine straatjes waar we wonen, opduiken uit verscholen tuinen, ze barsten uit de smalle gangetjes tussen de huizen, vlijen hun volle, zacht-roze pluimen op daken en muren. Een halve meter is genoeg. Een halve meter grond naast, voor, achter het huis en er staat een kerselaar, opgesnoeid tot boven het dak en daar mag hij zijn gang gaan. Vader sluit het restaurant vandaag en vanmiddag gaan we met zijn allen wandelen, eten en drinken onder de bloesem.

Er draait een grote, rode vrachtwagen de hoek om, met een luidspreker op het dak van de cabine. Religieuze muziek. Snaarinstrumenten en nasale mannenstemmen vervlechten zich, strak als staalkabel. De laadbak is niet dichtgemaakt, maar heeft aan alle kanten grote glasramen, je kan zien wat er inzit. Netjes gestapelde rode kisten met gouden beslag, een gedemonteerde woonkamer 'western style', een monumentale teddybeer, een fiets, een stofzuiger en een leuke lamp. Een huwelijksverhuizing, zegt Fumiyo, de buurt mag kijken wat ze meebrengt. Ze moeten die kisten ook doorzichtig maken, volgens mij zitten er daar veel lege tussen. Helemaal terug thuis, mijn vrouw. De vrachtwagen rijdt langzaam, zeer langzaam door de buurt. Iedereen komt buiten, kijken. Iedereen krijgt ruim de tijd. Twee vrouwen lopen een eindje mee en wijzen en bespreken uitgebreid de inhoud. Op een goeie twintig meter volgt de bruid, in een zwarte Nissan. Er wordt gezwaaid en gebogen, er worden rondjes gemaakt. Maru. Ze heeft haar teddybeer nog niet van de hand gedaan, zegt Fumiyo, ze vertrouwt het niet.

Asuwa-yama heet de dikke bult aan de rand van de stad, die het gebergte aankondigt. Het is de zondagse plek bij uitstek voor de inwoners van Fukui. Ze gaan er wandelen, houden er picknicks en barbecues. Verspreid over de beboste bult liggen kleine restaurants en theehuizen, speelpleinen, een dierenpark en op de top een tempel. De rest van de berg, en dat is nog heel wat, is voornamelijk beplant met kerselaars. Wij rijden er met de hele familie op af. Vanop de brug over de rivier kan je hem zien. Aan de rand van de stad ligt een grote, bloemige, roze borst. De tempel is de tepel. Er loopt een weg van deze kant, over de top, naar de andere kant. Onderweg is parkeerplaats voorzien, de rest is wandelzone. Maar als de berg in bloei staat laat men de slagbomen neer en er komt geen auto meer in. Iedereen te voet, behalve gehandicapten. Wij hebben er één mee. Masayo, het zusje van mijn vrouw. Wij mogen met de auto naar boven. Masayo wordt door iedereen uitgebreid gefeliciteerd en bedankt. We lopen van de top naar beneden, dat is iets makkelijker voor mijn kwakkelende schoonzusje en niet te ver van het restaurant dat vader heeft gereserveerd. De takken hangen door, soms tot op de grond, zwaar van de bloemen. Dan loop je door een tunnel van roze gefilterd licht. Het is overdadig. Ik laat me wat afzakken. Op een, iets lager gelegen, weide staat een man. Crapuul zouden wij zeggen, penoze noemen ze dat in Amsterdam. Een bont gekleurd joggingpak, goud om de hals en aan iedere vinger, een onderwaterpolshorloge met zevenendertig functies, een smoel om kleinhout op te hakken, bloemkooloren, een gekraakte neus en handen als kolenscheppen, die minstens evenveel meppen hebben uitgedeeld als zijn kop er heeft gekregen. Hij staat over een doorhangende tak gebogen en ruikt, ogen dicht, aan de bloesem. Het restaurantje waar vader heel zijn leven kind aan huis is geweest, hangt tegen de steilte van de berg. Vanaf het huis naar beneden toe zijn kleine, houten terrassen aangelegd met daarop stromatten en lage tafels. Onder een dak van bloesem beschermd en een waterval in beeld. Er komt soba op tafel. Een koude dunne pasta in zoete sake met rammenas en gember en jonge uitjes. Daarnaast, met sojastroop gelakte vis en veel sake en bier. Grootmoeder kent de gelegenheidsliederen en zingt met krakende nasale stem. Wat verderop danst een koppel op leeftijd een tango, tegen de berghelling op. De cassetterecorder staat op tafel. Ze hebben dansles gevolgd en hij heeft een toupetje. Bij de laatste, hard geslagen, gitaarakkoorden staan ze stokstijf en kijken elk een andere richting uit. Dan lachen ze naar elkaar, buigen beleefd, heffen het glas, drinken en dan wordt de volgende dans alweer ingezet. Een foxtrot bergop. Moeder heeft het de hele tijd over het huwelijksfeest van broer. Ze is zenuwachtig. Vader denkt al verder. Na het feest komen broer en zijn vrouw in het restaurant werken, plots met zijn vieren in de keuken. Dat biedt mogelijkheden, maar veertig jaar oude gewoontes zullen moeten worden bijgesteld. Broer Toshihiro komt pas van de koksschool en heeft veel respect voor de Italiaanse keuken. Het is, net als de Japanse, een snelle keuken en hij ziet wel wat in een vermenging tot op zekere hoogte. Vader noemt het vooralsnog verbastering. Hij wil ook stilaan op zwart gaan werken. Zwart aardewerk wordt bedoeld. Het diepe, matte zwart van Kyoto. Na al die jaren wil hij zijn meesterschap bewijzen en dat kan enkel op zwart, dat elke fout zichtbaar maakt, waarop elke rafel, elk spoor van een slecht gehanteerd mes zich genadeloos toont. Maar Toshihiro komt pas van school, hij wil op grijs of ongelijk bruin of roest. Kleuren die eventuele fouten vriendelijk versluieren. Jij op roest en ik op zwart zegt vader. Dan weten de klanten wat van wie komt, sputtert broer, dan bestellen ze gaandeweg met de toevoeging: en op zwart graag. De oudste, Ikeda, lacht trots, zo hoort hij het graag. Jij mag de soep maken, zegt hij.

Na het eten lopen we naar de rivier. Het is een doordeweekse dag en rustig op de berg. Morgen komen de bedrijven. Vanavond al zullen overal blauwe zeiltjes worden neergelegd. De jongste bediende of een daarvoor speciaal betaalde kracht, zal de afgebakende plekken bewaken, hij blijft slapen op de berg. Morgen worden het eten en de drank aangevoerd en zit al wat buitenshuis werkt aan het feest. Morgen ligt het stadje plat. En zondag met de familie. Dan kan zelfs een gehandicapte niet meer met de auto naar boven. Dan zijn er evenveel mensen als bloemen. De rivier is afgezoomd met kerselaars, het water stroomt in een bed van bloesem van hierbovenaf gezien. Het lijkt een beetje Disneyworld, zo zoet. Maar eens beneden bij het water komt het weer goed. De stroom heeft een te groot debiet om kindvriendelijk te zijn en de wind rukt aan de kerselaars, blaast nu al bloemen weg. Als de vlinders in de tuin op bloesems leken, dan is het nu andersom. Bij krachtige windstoten hangt de lucht vol blaadjes, ze belanden op het water en worden meegevoerd tot bij de pijler van de brug. Daar spoelen ze samen tot een dik, golvend tapijt. Aan hoge masten worden de eerste koi opgetrokken. Linnen karpers in alle kleuren en formaten. De bek opengesperd met een houten ring, vangen ze de wind in hun tere lijven en spartelen zoals ze dat aan de vislijn of in de netten doen. Over een week is het de Dag van de Jongens. Bij de geboorte van een jongen wordt een koi uitgehangen bij het geboortehuis. De karper is een sterke vis. Elke visser weet hoelang hij moet slaan eer hij niet meer spartelt. Zo willen ze hun jongens. Later, als de jongens mannen zijn geworden, worden de karpers aan de gemeenschap geschonken en elk jaar hier bij het water, bij honderden, aan de masten in de wind gehangen. Als het weer zo blijft, zal er zondag niet veel bloesem overblijven, zegt moeder. Iedereen heeft het steeds maar over de schoonheid van de sakura, als symbool van de vergankelijkheid, zegt vader, maar bij het minste zuchtje wind beginnen ze te klagen.

De bruid komt aan, de lege kamers worden volgestouwd, iedereen rent alle kanten op, voornamelijk om bezig te blijven, om niet ter plekke te sterven van de zenuwen. Broer trouwt. Het jongetje van dertien jaar geleden trouwt. De kleine Toshihiro die me, toen ik met zijn zus trouwde, omhelsde en zei dat hij wel voor zijn gehandicapte zusje zou zorgen, dat wij ons leven in Europa moesten leven. Ik zei hem dat ik hem niet aan zijn woord zou houden. Vandaag trouwt hij. Hij zal de zorg voor de ouders op zich nemen en voor zusje Masayo. Hij is zich terdege bewust van zijn verantwoordelijkheid. Loopt anders, kijkt anders, spreekt anders. Wanneer zijn schoolkameraden voor hem zingen en hem hoog opgooien, komt het jongetje nog even kijken: hij maakt een salto. Ik lees met bezwete bovenlip mijn tekst. Applaus. Iedereen heeft alles verstaan. Ik geloof het maar half. Al zijn er ooms en tantes die mij na de toespraak, in het Japans aanklampen, ervanuitgaande dat ik de taal nu meester ben. Fumiyo brengt het grootste deel van de ceremonie in de kleedkamer door. Hana krijgt nog borstvoeding en de kimono moet uit en aan en uit en aan, wat iets ingewikkelder is dan een blouse open en dicht knopen. We vieren 's avonds met zijn allen thuis verder. De trouwers gaan met vrienden stappen in de stad. Morgen vertrekken ze naar Australië. Voor een week. Ik zeg tegen Toshihiro dat ik jaloers ben. Australië is een mooi stuk van de wereld. Hij glimlacht en zegt dat ik in zijn plaats mag gaan, maar niet met zijn vrouw. Hij heeft er niet zoveel zin in. Zijn vader gescheten. Die wil ook liever niet van zijn eiland af. Ik wil weten waar ze precies heengaan. Hij weet het niet. Hij heeft iets horen waaien over koala's en haaien in aquariums, iets over een pretpark ook, met een beruchte *roller coaster*. Een agentschap heeft de huwelijksreis voor hen samengesteld. We brengen ze naar het station. Alle opa's, oma's, vaders, moeders, broers, zusters, ooms, tantes, neven, nichten zijn er. Naar goede gewoonte wordt er op het perron nog een feestje gebouwd. Maar terwijl vroeger echte *confetticrackers* werden gebruikt, waarna iedereen samen het perron schoonmaakte, laat men nu lege crackers ontploffen. Je trekt aan het touwtje, knal en niks. Ze lachen om mijn dwaze verbazing. Propere crackers.

Straks gaan wij ook. Ik heb hier Joseph Roth, *Een waarnemer van zijn tijd*, gelezen. Journalistiek, bestand tegen de tand des tijds. Elias Canetti: *Het pantheon der vergeten dingen*. Op reis door Azië noteert hij: Zoals overal leven de mensen ook hier onder druk, maar ze schreeuwen niet zo hard, ze groeten. En nog: Ik heb nog nooit een mens gehaat met wie ik later geen medelijden heb gekregen, zo lelijk had de haat hem in mij toegetakeld. Jeroen Brouwers: *Vlaamse leeuwen*. Geen Vlaanderen bij nader toezien of een Sleutelboek, maar vijfhonderd verhelderende bladzijden over een, voor velen, verwaarloosbaar aspect van Vlaanderen: de Vlaamse literatuur. Henri Michaux: *Barbaar in Azië*. Op doorreis in Japan: Met een harnas dat de borst samendrukt en plat maakt, een kussen in de rug, voor honderd procent opgemaakt en gepoederd, vormt zij de ongelukkige en typische schepping van dat volk van estheten en ambtenaren dat niets, niets in zijn natuurlijk elan heeft kunnen laten. Een korte stop in Tokyo. Wat vrienden bezoeken, de tweejaarlijkse portie boeken voor Fumiyo inslaan, ze geeft nog een paar dagen les in de school waar ze haar dansopleiding heeft genoten en dan naar huis.

Thuis. Enige ministers hebben een liedje gemaakt en zingen dat samen in korte broek en met opgestroopte hemdsmouwen. Het zweet wordt oud onder hun oksels. Het parlement voelt zich gepasseerd. Het petje van Paul Mennes zegt dat de schrijfstijl van Brusselmans evolueert. Johan Thielemans verwart het theater met zijn eigen kop en noemt het voorbije seizoen: grijs. De eerbiedwaardige professor in de ongelooflijke geschiedenis van Vlaanderen aan de formidabele universiteit van Gent, wil studenten laten zakken als ze hun Vlaamse identiteit niet kunnen uitstralen. Pas terug en al gebuisd. En er gebeuren nog meer verschrikkelijke dingen. Kinderen worden misbruikt en vermoord, politiediensten en parketten bedreigen elkaar met het vrijgeven van informatie, de magistratuur heeft vanzelfsprekend geen fouten gemaakt, tussendoor roept er nog iemand: Walen buiten!

Dat gebeurt in Japan ook allemaal.

64.

'Papa, waarom groeien de grasjes?' vroeg mijn dochter en ik wist het niet.

65.

Een fiets. De gedachte duikt soms op tussen andere. Meestal in het gezelschap van: minder alcohol, harder werken, lopen bij zonsopgang, geen koffic meer, zuiniger leven, eigen groenten kweken, het roken laten, minder vlees (en zeker niet van 't been), meer slapen, minder kwekken, tot 'Zou'k toch geen vegetariër worden?' toe. Ik stap dan in de auto en rijd het Pajottenland in. Doelloos. Weggetje links, weggetje rechts. Op paaszaterdag was het weer zover. Op zo'n dagen bestaat het leven uit louter chocolade. Overal chocolade. Reuzenhazen met zakken vol eieren, eenden met kruiwagens vol eieren, eieren vol eieren. Tot ik niet meer kan. Tot ik zelfs geen boertje meer kan laten. Mateloos. Een fiets! Ik trek mijn jas aan en stuur de Volvo door het druilerige weer het land in. Eagle-Eye Cherry (zoon ván, broer ván) zingt: 'Sell your soul for a pack of lies.' Met een treiterig gitaartje. Waarom heeft een herenfiets een buis en een vrouwenfiets niet? Ja, vroeger, met al die rokken, dat begrijp ik wel. Maar nu iedereen voor elke hobby een apart uniform heeft, kan dat toch het probleem niet meer zijn. Ik zie de dames en heren in roze en lila kruippakjes over het land peddelen, de dames zonder en de heren mét buis. Waarom? Sinds de spaceshuttle en het veloken uit hetzelfde materiaal zijn vervaardigd, kan de stevigheid toch ook geen argument meer zijn. Ik heb het hier nu niet over Museeuw op de Muur van Geraardsbergen, maar voor de gewone wandelfietser lijkt géén buis mij enkel voordelen te hebben. Op- en afstappen wordt een stuk makkelijker. Het ons allen welbekende vande-trappers-glijden-met-gejodel is dan ook verleden tijd. Waarom die buis? Zou het status zijn?

66.

'Papa, waarom fluiten visjes niet?' vroeg mijn dochter en ik
wist het niet.

67.

Zo rond een uur of zeven kuierden vriend en vijand al door
de stad. Anderhalf uur later zou Raymond Douglas Davies in
de AB vertellen uit zijn pas verschenen boek en daar wat liedjes bij zingen. Ray Davies, dat is The Kinks van vroeger, dat
is verzaken aan 'image-building', wat dan, of je dat nu wil of
niet, je 'image' wordt. Ray Davies, dat is berichten uit het ware
leven op muziek. De man zong altijd al alsof hij het ter plekke
verzon. The Kinks, dat waren harde gitaren en een drummer
die rechtstreeks op je trommelvlies mokerde en 'distortion'
en kostschooluniformen en nog zoveel meer. De zaal loopt vol
met mannen en vrouwen in de kering van de jaren. (Iemand
die van boven op de tribune uitkijkt naar RvhG zegt: 'Vroeger was dat makkelijk, hij was toen de énige kale.') Blijft de
held van vroeger rechtop? Met groot gemak zal blijken. Zijn
stem is nog mooier geworden. Hij staat op het podium alsof
hij het eigenhandig heeft gebouwd. Hij verzint alles nog steeds
terwijl je er bijstaat. Zijn liederen vertellen nog steeds verhalen die ik graag wil horen. 'Hoe het allemaal zo gekomen is,'
interesseert mij veel minder, merk ik. Het zijn de gekende
wissewasjes over demo's en agents en managers, maar hij
brengt zijn genesis met veel flair en het kost mij geen enkele
moeite te blijven luisteren. Maar waarom een heer van 53 jaar,
als een overjaarse kleuterjuf, alle moeite van de wereld doet
om mij te laten roepen dat ik mij allright feel, mij in mijn
hands te laten clappen en na een luid uitgespeld L-O-L-A, de
hand als een schelp aan zijn oor brengt, in de hoop dat ik het
hem na-yell...? Ik begrijp er niks van. Ik heb daar nooit iets
van begrepen. Laat mij toch man! Rock-'n-Roll heeft de wereld zeer veel moois geschonken, maar hem evenzo met deze
vieze ziekte besmet.

68.

'Is papa een man?' vroeg mijn dochter en ik zei 'Ja.'
'Waarom?' vroeg ze en ik wist het niet.

69.

Ik wil iets over paarden schrijven, maar ik weet daar zo weinig van. Ik herinner mij wel nog vaag, het geroep van grootmoeder. Ik was een jaar of zes, zeven? Op de boerderij van
nonkel Miel werd een veulen geboren. Ik keek vanop het erf
de stal in waar enige mannen rond de merrie stonden. Grootmoeder riep. Ik moest daar weg. 'Kom alhier!!' Ze riep het op
een toon die mij vertelde dat ik zo lang mogelijk moest blijven kijken. 'Dat is niks voor kinderen!' De mannen hadden
een koord rond de poten van het veulen geslagen en trokken
daaraan met alle macht om het uit de merrie te halen. De
veearts (ik denk dat de dikke man die ik voor ogen heb de
veearts moet geweest zijn) tastte af en toe met zijn handen
diep tussen de billen van de merrie. 'Josken kom hier, zeg ik
u!' Ik liep zo traag ik kon, achterwaarts, naar grootmoeder toe,
mijn blik vastgezogen aan het vreemde tafereel: een paarden-
kont met pootjes. De mannen trokken en riepen en vloekten
en bliezen. Net op het moment dat ik het beeld zou hebben
moeten loslaten, omdat grootmoe bleef roepen, gleed het veulen tussen de billen van de merrie uit en viel in het zeil dat
de mannen klaar hadden. 'Het is er!' Ik keek naar grootmoe.
Een andere grootmoe. Niks boosheid of bezorgdheid meer op
dat gezicht. We renden samen naar de stal. Het commentaar
van de mannen, de merrie die door grootmoe bewonderend
werd toegesproken, hoe snel het veulen op zijn veel te hoge
poten wou gaan staan en onderuit ging onder luid gelach. Mede
daardoor misschien, kijk ik graag naar paarden. Elk jaar worden ze in Lennik voor de kerk gezegend. Dan gaan wij kijken.
En aan de voet van het kasteel van Gaasbeek ligt het Baljuw-
huis. Daaromheen loopt het vol paarden. Het landschap is met
liefde en verstand heringericht. Veel hagen, waar de paardenkoppen bovenuit steken, een drassig stuk met lis en hier en
daar een 'solitair', een boom alleen, die 's zomers schaduw
biedt.

70.

'Papa,' zegt mijn dochter, 'ik zou graag kokodRil zeggen.'
'Dat is goed,' zeg ik, 'als je maar weet dat het kRokodil moet zijn.'
'Okay,' zegt ze.

71.

Was 'vadem' nu een term uit de scheepvaart of was het een lengtemaat? Mij leek het een erg nat woord. Vadems diep. Vadems en knopen. De scheepvaart, ik wist het wel zeker. We kwamen er niet uit en doken in de boeken om het op te zoeken. VADEM, VAAM: de uitgestrekte armen, ook als maat, van vingertop tot vingertop. Patere (Lat.): openstaan, zich uitrekken. Petannunai (Gr.): openspreiden. 'Paella,' het Spaanse rijstgerecht, heeft ermee te maken. 'Patella' is een verkleiningsvorm van 'patina' (patere) = de pan of schotel waarop het voedsel is uitgespreid. Maar 'vadem', 'vaam', is een lengtemaat van zes voet. Een Amsterdamse vadem is 1,698 m en een Rijnlandse vadem 1,88 m. Een touw wordt vaak per vaam verkocht. Er stond drie vaam water in het ruim. Hij stinkt zeven vaam in de wind. Het is ook een inhoudsmaat voor hout: een vaam is 3,5 x 0,8 x 0,2 meter. VADEMEN, VAMEN zijn de werkwoorden. Met de uitgestrekte armen omvatten: vatten en vamen. Met de vadem meten: een bos touw vademen. Een bepaald aantal vademen bedragen. In vademen opstapelen (brandhout). Een naald vademen = een draad in de naald rijgen. Beschrijden: 'waar mijn voet den bodem vademt'. En nu komt het: (van een paard) de benen ver en mooi strekken: hij vaamt zo mooi. Daar was het mij allemaal om te doen. Daarom wou ik iets over paarden schrijven. Ik heb het nog nooit gezien, maar zo'n paard dat over de weide vaamt!... Haal het u maar eens voor ogen.

72.

'Dikke papa stommerik!' zegt mijn dochter.
Ze begint erg goed te formuleren, die kleine.

EILAND

Niks is méér 'plek' dan een eiland. Ook wanneer men, zoals in sommige streektalen, met datzelfde woord een vlek bedoelt. Een luchtfoto van de zee, met hier en daar een spat land, een vlek, een plek. Eiland: land omgeven door water. Het eerste lid van het woord is nauw verwant met 'A(a)' (= waterloop), zegt het etymologisch woordenboek. Opgestoten uit de diepten, de top van de berg die je niet ziet, land verheven boven water. Het water heeft dat nooit verdragen, omspoelt het eiland onvermoeibaar, brengt dag aan dag het zand terug naar zee, vult wolken tot ze het niet meer houden en stort zich over het weerbarstig landje uit, verdeelt het zout onder de winden en vreet ook langs die weg het eiland aan en al wat er op leeft. Alles hier wekt eerbied, door de manier waarop het, de buitenkanten aangevreten door het zout, en vocht en wind, diep binnenin het leven gaande houdt.

's Ochtends aan het ontbijt, in de veranda van het hotelletje, met uitkijk over een duin en daarachter de zee. Altijd en overal de zee. Een kier tussen twee huizen, een omgewaaide boom in het bosje, een bres in een muur, een zink in het duin: daar toont zich de zee. Terwijl ik mijn brood in de koffie sop, schiet er een vogel achter een haag uit, de lucht in. Maar zonder vleugelslag. Alsof iemand hem vanachter dat haagje met kracht de lucht in gooide. Een gevederde kogel. Pas op het hoogste punt van zijn vlucht opent hij zijn vleugels, wordt de kogel vogel en zweeft met een sierlijke bocht uit beeld. En daarna nog één en op dezelfde wijze. Ik heb dit nog nooit in mijn leven gezien. Zou het een soort zijn die hier, bij gebrek aan predators, een uitzonderlijke speelsheid heeft ontwikkeld? Of zou het opgooien van vogels vanachter een haagje een plaatselijke sport zijn? (Haagje over.) Het eiland doet, vanwege zijn isolement, de vreemdste dingen met mens en dier. Ik, bijvoorbeeld, heb hier zo verbaasd zitten soppen, dat mijn 'grand crème' vol natte brokken ligt. En dan staat daar plots een man. Hij staat daar en kijkt naar de lucht. Naar de vogels? Zat hij de hele tijd geknield achter dat haagje? Die komt straks thuis en zegt: 'Vrouw, een prima dag! Twee vogels opgegooid vandaag!'

Het kerkje, op de rotspunt bij de haven. Het kerkhof. Voor elke dode zijn de witste en de gladste keien van het strand geraapt. Daarmee hebben de achterblijvers kleine bouwsels vervaardigd, soms zorgvuldig ingelegd met schelpen, soms ook gewoon een hoop gestapeld, naargelang hun handigheid of hun verdriet. Daarop een ijzeren kruis, overwoekerd door ijzeren roos of ijzeren klimop of druivelaar van ijzer, elke nieuwe lente opgefrist met een laag zilververf, zodat bij de oudste kruisen alle scherpe kantjes getemperd zijn. En steeds weer dezelfde namen op de graven: Scoarnec, Palmec, Brichet, Le Pen, Pennec, Blanc... in alle mogelijke combinaties. De families die hier lang geleden zijn neergestreken. Ze legden vuren aan en lieten schepen op de klippen lopen, sneden de overlevenden de strot over en roofden het wrak leeg. Toen 'overleven' nog geen deel uitmaakte van het romantisch lexicon, maar gewoon een werkwoord was waarmee bedoeld werd dat je 's anderendaags nog leefde. Later bekwaamden de eilanders zich in de krabbenvangst. *Les araignées de mer.* Het eiland is een pleisterplaats voor spinnenkrabben. Ze brachten ze naar het land, waar ze gretig werden afgenomen. Waar ze nu nog het kroonstuk zijn van de 'plat aux fruits de mer' of lauw gegeten worden met een 'sauce armoricaine'. Tijdens de oorlogsjaren deed het eiland dienst als 'caillou stratégique' voor de Engelsen. Op een helverlichte ochtend werd een vijandelijk schip gekelderd voor de kust. Toen de eilanders hun krabben aanboden op het vasteland, weigerden de landrotten ze te kopen. De krabben, zo vermoedden ze, hadden zich gevoed met de kadavers uit het gezonken schip. Niemand wilde ervan eten. Op het eiland brak hongersnood uit. Een van de zwartste jaren uit de analen. Scoarnec, Palmec, Brichet, Le Pen, Pennec, Blanc... Elke winter poogt de zee met striemende stormen hun namen te wissen, maar elke lente, jaar na jaar, schrijven hun nakomelingen de namen, dezelfde die zij nu nog dragen, met zwarte verf op de witte keien en leggen die keurig aan de voet van de zilveren kruisen op de graven. *Contre vent et marée.*

Er zijn geen auto's op het eiland. Elke inwoner beschikt over een handkar. Er zijn – de zwaarbewolkte hemel zij geprezen – ook geen brommers op het eiland. Ik zal het anders zeggen: er zijn op het hele eiland slechts twéé voertuigen, die door een motor worden aangedreven. Een grote tractor om alles wat te zwaar is om te dragen of met de handkarren te verslepen, van het haventje naar het dorp te brengen, en een aftandse Renault 4. Wat vogels, de wind, de golfslag, een dronken eilander en het kleppende klokje, dat is het zowat. De R4 is van de hotelbaas. Omdat die af en toe wel eens wat bagage van of naar de boot moet brengen, heeft hij een speciale vergunning. Van of naar de boot, dat is nog geen vijfhonderd meter. Dat maakt hoogstens een kilometer per dag, een maximum van driehonderd vijfenzestig kilometer per jaar dus, de schrikkeljaren uitgezonderd. Hij heeft hem al eeuwen en hij krijgt, zoals alles hier, elke lente een nieuw verfje. De avondzon werpt een vriendelijk strijklicht over het eiland en verandert het kleinste prul op de tapkast van de hotelbar in goud. Je drinkt water, je houdt je glas op naar de zon en je drinkt whisky. De ramen staan wijdopen. Er zitten wat dorpelingen aan de bar, er zitten wat gasten aan de tafeltjes. Iedereen kijkt naar hetzelfde: buiten voor het café staat de R4. De baas heeft hem daar vanmiddag neergezet, is vervolgens onder de toog gedoken, heeft daar een doos opgediept van het merk 'Van Gogh' met twaalf verschillende kleuren, een penseel en een pot terpentijn en is aan het werk getogen. Hij schildert, op de zijkant van zijn auto, een rood-witte vuurtoren te midden van een ruwe zee, met een zwaarbewolkte hemel daarboven. Alles is er al. Hij heeft doorgewerkt onder de middagzon, het eiland verklaart hem gek. Hij heeft ter verlichting van zijn arbeid menige 'pastis' tot hem genomen, het eiland begrijpt dat. De basis is er, hij heeft het werk al gesigneerd en is nu aan de afwerking toe, het eiland komt helpen. Ze zitten aan de bar, het glas in de hand, en meten met een kennersblik zijn kunsten.

'Daniel, en bas à gauche, c'est quoi?'

'Où ça?'

Daniel probeert te vinden wat er bedoeld wordt, kijkt dan over zijn schouder door het open raam:

'Où ça?!'

De man laat zich van zijn kruk glijden en wandelt naar het raam, leunt naar buiten en wijst op een witte schuimkop onderaan het schilderij. De schilder kijkt hem niet begrijpend aan:

'Mais c'est une vague!'

De man slentert terug naar de bar, hijst zich op zijn kruk en zegt terloops tegen zijn buurman:

'Je n'avais pas vu que c'était une vague.'

Daniel dan, zonder zich van zijn werk af te wenden:

'Et quoi alors, qu'est-ce-que tu avais en tête?'

'Ca me rappelait le chapeau de mariage de ma grand-mère.'

En iedereen lachen. Geen geschater, eerder een vrolijk gegrom.

'Tu vois... j'ai une photo de mariage chez moi. Elle porte un grand chapeau avec des plumes blanches...

... un peu comme ta vague. Mais je savais que ce n'était pas possible...'

En iedereen weet dat er nog wat komen moet. Hij drinkt.

'... parce que tu n'a jamais vu la photo.'

We zien hem door het open raam, op de rug. Dan doorklieft hij onverwacht zijn eigen zwerk, met gedurfde vuurrode en helgele penseelstreken.

'Ouuuf! Le sauvage!... C'est la tempête!...'

'Cinquante ans sur cette île... jamais vu un ciel pareil.'

'Sa bagnole ne va pas tenir le coup.'

In een hoek van het café zit er één die misschien de hongersnood nog wel heeft meegemaakt. Hij heeft het schilderij geen moment losgelaten, heeft meegegromd als er te grommen viel. In de ene hand een calvados en met de andere streelt hij onophoudelijk de nek van de hond aan zijn voeten. Wat hij mompelt wordt door de schilder meteen en met volle aandacht beantwoord:

'Elle va tomber.'

'Quoi?!'

'Elle va tomber.'

'Ce n'est pas vrai!'

Daniel verdwijnt één seconde uit beeld en komt de volgende langs de deur het café binnengestormd.

Zijn schoonzoon die de tap openhoudt, moet zich met twee volle glazen in de handen tegen de toog aandrukken om hem achterdoor te laten. Paniek in de gelederen. Vermits er op het schilderij niks anders te zien is dat kan vallen, begrijpt een kind dat het hier om de vuurtoren gaat. Het element waarrond het hele schilderij is opgebouwd. Het wezen van het werk.

'Tu as raison...'

Hij staat, achter de tapkast, wat wezenloos naar buiten te staren.

'Je n'ai pas pris assez de distance...'

Iemand anders stelt nog voor de auto achteraan wat op te krikken, maar de aandacht van de schilder wordt alweer volledig in beslag genomen door het gemompel van de ouwe:

'En plus... elle est trop mince.'

'Non mais, sans blagues... Trop mince?!... Faut pas scier... c'est ta chance.'

'Quoi?!...'

En dan, alsof hij zopas een engel heeft zien neerploffen op het dak van de Renault:

'Tu as raison... Oui!... Merci le lapin!'

Charles 'le lapin'. De oudste van het eiland. (Hij vangt ze met zijn handen naar het schijnt.) Redder van de natie. Terwijl Daniel de omvallende vuurtoren redt door hem te verbreden, heft 'le lapin' zijn glas naar de schoonzoon achter de tapkast.

'Et un calva pour le lapin!' herhaalt de schoonzoon de bestelling uit gewoonte.

'La bouteille!' roept de schilder zonder omkijken en de fles wordt bij Charles op de tafel gezet.

Na lang zwoegen, onder het keurend oog van het eiland en de niet aflatende commentaren, draait de baas zich om en kijkt 'le lapin' aan:

'Charles?'

'Elle est belle,' zegt Charles en niemand weet of hij de fles of de vuurtoren bedoelt.

73.

Ze lagen in hun kistjes te pronken, met een bordje erboven: HIER GEEN ZELFBEDIENING! 'Dat is toch nog veel te vroeg,' zeg ik tegen de verkoopster, 'die kunnen toch onmogelijk zoet zijn?' 'Meneer,' antwoordt ze mij, lichtjes verontwaardigd, 'als ze hier uitgestald staan dan wil dat zeggen dat ze goed zijn. Wij verkopen geen bocht.' Ik ben de enige klant in de winkel. Ze is speciaal voor mij van helemaal achteraan tot hier gelopen en ze straalt het uit: HIER GEEN ZELFBEDIENING! 'Ik heb nooit anders geweten dan dat juni de aardbeientijd was,' zeg ik. 'Meneer,' zegt ze zuchtend, 'niemand is verplicht hier iets te kopen, hier rechtover is nog een winkel' en maakt aanstalten om de lange weg naar achter aan te vatten. 'Hier rechtover' blijkt een wat krakkemikkig, Marokkaans zaakje te zijn, zie ik nu. 'Geef mij maar een kistje,' zeg ik. Ze giet de aardbeien voorzichtig in een papieren zakje en zet het lege kistje op een stapel onder de toonbank. 'Komen ze hier uit de streek?' vraag ik nog, om de toch ietwat gespannen sfeer te breken. 'Dat zijn Belgische aardbeien meneer,' zegt ze zonder opkijken. Negentig frank voor een half kilootje. Ik had het moeten weten. Ik spreek van toen ze bij de boer nog geen dertig frank kostten voor een dikke kilo. Maar het was altijd juni. Thuis komen van school om vier uur. Geen vieruurtje nemen om later op de avond veel honger te hebben. Wachten op vader. Die was er rond half zes, zes uur. Met zijn allen de auto in en naar de boer. Tien kilo. In grote kommen op tafel en 'fraises à volonté'! Aardbeien op brood. Het pletten zelf was al een groot plezier. Met bruine suiker of witte suiker of zonder suiker. De boterham in partjes snijden. Partjes ter grootte van de eigen mond. Want die moest propvol zitten als je er zo'n partje zonder morsen had ingeschoven. Dan moest je daarbinnen alles uit zichzelf wat laten inzakken, voor je kon beginnen te kauwen. O, Groot Genot! Dat was ALTIJD juni. Dat was al een beetje zomer. Aardbeien smaakten steevast naar grote vakantie. Ik had het dus moeten weten. Waarom mag je bij ons fruit en groenten niet meer aanraken? Waarom liggen daar niet wat middendoor gesneden aardbeien die je mag proeven voor je koopt? Bij de bougnouls, de makaken, de allochtonen, enfin, bij al die vreemde luizen die hier de handel naar de kloten komen helpen, doen ze dat wel. Je tast, je ruikt, je proeft voor je koopt. Logisch toch? Je smijt dat goeie geld niet zomaar weg! Ik stap met mijn zakje aardbeien (waarom mocht ik dat kistje niet houden?) in de auto. Nog voor ik de motor start proef ik er een. Water. En niet eens fris water. Brak water! Ik ben bedrogen en bestolen. Het zag er nochtans een serieuze zaak uit.

74.

Ik heb gezongen in de Munt. Dat is niet niks. 'Roodborstje tikt tegen 't raam, tin, tin, tin, laat mij erin.' In de Munt. Wij waren aan de late kant. Het volk stond al tot op de trappen. Daar werd het opgehouden door een man in smoking. Het personeel van het huis loopt er namelijk veel beter gekleed bij dan zijn publiek. (Behalve bij premières, dan weet je niet meer bij wie je je ticket moet laten scheuren.) De man in smoking hield in zijn eentje de hele meute in bedwang. Waarom? Iemand wou zijn jas niet afgeven aan de vestiaire. Hij wou ze gewoon aanhouden. Dat kon niet. Die jas moest in de vestiaire. De man in smoking probeerde uit te leggen dat het een regel van het Huis was. De man van de jas had niks met regels. Hij hield zijn jas aan, zei hij, en wat meer was, hij zou ook gewoon doorlopen, want hij wou de voorstelling zien en hij had een ticket. Op dat moment had men iemand gevonden die ons naar de scène zou loodsen en ik heb de afloop van het relletje dus gemist. Het is me lang geleden ook overkomen, in Oost-Duitsland. Ik kwam een brasserie binnen en de ober wou mijn mantel aannemen en naar de vestiaire brengen. Ik weerde af. Zei dat ik het nog wat koud had en hem nog even wou aanhouden. Dat kon niet. Mijn mantel moest uit en in de vestiaire, punt (maar met nog minder woorden en in het Duits). Ik stond perplex kan ik mij herinneren, probeerde de man uit te leggen dat het toch onmogelijk is iemand te verplichten zijn mantel uit te trekken als hij dat niet wil. De ober begon mij toen zowaar het kledingstuk van het lichaam te rukken. Een mens heeft wel eens fantasieën, maar dit ging mij toch veels en veels te ver. Ik ben zwaar geschokt de straat opgelopen, heb lang gezocht naar een café zonder obers, zonder vestiaire. En nu, na al die tijd, in mijn eigen stad... Je jas aanhouden is een mensenrecht! Dat moet aan die zwartjak maar eens worden uitgelegd. Hoeveel redelijke argumenten er ook te bedenken vallen om in een theater jassen in de vestiaire te laten, het is onwelvoeglijk iemand te verplichten dat te doen. Ik was dus al wat over mijn toeren en liep met een glazige glimlach (als iemand op zo'n moment met een hard voorwerp op mijn voorhoofd zou tikken, zou mijn gezicht aan scherven springen) door het kleine deurtje dat ons naar de keerzijde van het Koninklijk Muziekpaleis leidde. Een dame, ook weer stukken beter gekleed dan wij allen (maar ook dat is een mensenrecht), wachtte ons op en zei meteen dat een kleedkamer niet tot de afspraken behoorde. Regels en Afspraken, daar is dat Huis op gebouwd. Honderden kamers heeft dat Huis. Kamers en kamertjes. Eén zo'n kamertje, het allerkleinste, zou hebben volstaan. Neen dus. Op de stoel, vanwaar de brandweerman van dienst op andere avonden de opwippende tutu's gadeslaat, hebben wij onze jassen en andere ballast achtergelaten en zijn de scène opgelopen. Het enige stukje van het Huis waar ik, met gekende tekst, tegen iedereen een grote mond durf op te zetten als dat moet, maar geen van onze belagers volgde. Het publiek had er zich blijkbaar ook zonder al te veel kleerscheuren doorheen geslagen, want het zat zo goed als vol. En toen heb ik gezongen: Roodborstje tikt tegen 't raam tin, tin, tin, laat mij erin, laat mij erin.

75.

Het weggetje was me opgevallen omdat het, voor zo'n klein weggetje, opvallend druk bereden werd. En niet zozeer door paard en kar of moderner agrarisch verkeer, maar wel, en bijna uitsluitend, door auto's uit de hogere prijsklasse. Het weggetje verdwijnt, zoals dat met dat soort weggetjes gaat, in het landschap. Geen bord bij het begin dat enige duidelijkheid verschaft over richting of doel. Geen verlichting 's avonds, die zou kunnen wijzen op georganiseerd contact met de bewoonde wereld. Het weggetje slingert eigenwijs door het landschap en lost op in de deining. Maar in de nevelige vroegte laat het zich berijden door pompeuze, zilverkleurige Mercedessen. Op regenachtige middagen kruipen Landcruisers op hoge poten uit de berm. En op heldere nachten zie je opgelucht de BMW, die je al een tijdje opjaagt (ze hebben nu van die nieuwe, kleine, priemende lichtjes – nog even en ze schakelen je centraal zenuwstelsel uit met laserstraal), het weggetje inslaan en mét het weggetje verdwijnen in de nacht. Ik kon het niet meer houden. Ik ben gaan kijken. Op een druilerige namiddag, ben ik het weggetje opgereden. Het eerste stuk, tot na de bocht, is verbeterd karrenspoor. Maar na de bocht zuigt een messcherpe asfaltstrook je de zink in, snijdt een populierenbosje in twee gelijke helften, wipt galant over een beklinkerde drempel en waaiert dan uit in de lanen van een kleine villawijk. Alles gloednieuw, maar wel zo gebouwd, dat je er binnen afzienbare tijd geen jaartal meer bij kan bedenken. Reuzenfermettes, kleine kastelen, Zwitserse chalets, Engelse landhuizen, haciënda's, moderner spul in willen-maar-niet-kunnen-stijl... noem het maar. De smaak van het grote geld. Venussen en Diana's in de pas aangeplante tuinen tonen het schrijnend gebrek aan verbeelding. De alarminstallatie, het sierstuk van elke gevel. Oprijlanen om die van Francorchamps jaloers te maken en tweewoonsten die garages blijken te zijn. Het druipt eraf. Het goud stroomt hier in beken door de lanen. Ik moet even opzij. Even de motor uit, want ik krijg de krop van haat en nijd. Een grote, bleke hond – een gouden kalf – slentert op hautaine wijze door de laan. Dat kreng mag elke zaterdag mee in de jacuzzi. Als ik kort optrek ligt hij op de motorkap. Maar het arme beest heeft hier niks mee te maken, zegt de engel op mijn rechterschouder. Al goed, al goed. Hij loopt de tuin in van het Engelse landhuis. Een blonde vrouw scharrelt met een schepje tussen de plantjes. Een vriendin van Laura Ashley. De haartjes in een kippenkont geknipt en een fel oranje teint (wortelkuur of zonnebank). Ze streelt de hond en kijkt mijn richting uit. Memoriseert mijn nummerplaat, weet ik wel zeker. Ik maak rechtsomkeert en zoek mijn weg uit dit roversnest. Het populierenbosje door. En dan, wat ik bij binnenrijden niet eens had gezien, staat daar in het huilend landschap een kleine boerderij. Die hoort bij het begin van deze weg, bij het karrenspoor. Er staat een bord tegen de gevel en daarop: EIREN EN MELK. Een spelfout kan af en toe weldadig zijn.

76.

Een pleintje met wat bomen en een bank in Brussel. De wolken haasten zich over de stad. Het zonlicht gooit zich bijwijlen te pletter op de straatstenen, zit soms gevangen in een donkere wolk, dan lijkt het alsof iemand, in de kamer van een herenhuis, met een ruk de gordijnen sluit. Het soort weer dat in de winkels fel besproken wordt omdat het alles in zich draagt. Wisselvallig als het leven zelve en dus begeesterend. Ik heb mij neergelaten op de bank en denk: er is een leeftijd waarop het niks meer uitmaakt in welke richting je haar waait. Het voelt als een vogelnest daarboven. Als er straks gebroed wordt op mijn hoofd, schrik ik daar niet van op. Ik heb net een veel te duur overhemd gekocht, maar dure overhemden voelen lekker. (Een broek mag wegrotten rond mijn kont, maar het overhemd moet ervoor zorgen dat ik dat niet merk.) Het tasje waarin de verkoopster van de dure winkel het heeft verpakt, is vervaardigd uit een met zorg gekozen papiersoort. Het brengt dan ook, wanneer plots door de wind beroerd, een heel apart geluidje voort. Alsof het 'hemd' mij smeekt 'hemd' straks te dragen. Onder mij dendert met regelmaat een metrotrein langs. Het station heeft een ommuurde uitgang midden op het pleintje. De roltrap trekt zich zacht zoemend op gang, een hoofd schuift boven het muurtje uit, de schouders, tot het middel, dan de hele mens (zo gaan we naar de hemel) en nog één en soms nog één en even later valt de roltrap stil. Een vrouw speelt met een kind verstoppertje achter het muurtje. Een kind dat pas kan lopen. Het strompelt zonder vallen over het plein. De speen valt zelfs bij het kraaien-van- plezier niet uit zijn mond. De zwarte pluchen pinguïn in zijn armen wordt geen moment gelost. Al staat alles de hele tijd op het punt fout te gaan, niks gaat fout. Het is een mooie vrouw. Alles aan haar, uitbundig. Ze draagt een jurk met diepe halsuitsnijding en als ze opduikt achter het muurtje en zich vooroverbuigt om het kind te vangen... Ik kan niet anders. Daar verderop staat nochtans een hele mooie kerk, ook de huizen zijn de moeite van het bekijken waard, de bomen... Het lukt me niet. Ze gooit het kind hoog in de lucht, zet het neer en duikt weer weg achter het muurtje. Het kind gilt van de pret. De wind jaagt het stof in hoosjes over het plein, gooit water over de rand van het fonteintje, waaraan ik nu mijn blik verankerd heb. Mijn overhemd jankt om gedragen te worden. Dan duikt ze plots weer op en loopt (gebukt, wijdopen armen) naar het kind. Ik moet aan wat anders denken, zo is mij dat geleerd. (De grotten van Han: naar binnen met het bootje en het kanonschot bij het buitenvaren? Niet goed. De filmzaal van mijn jeugd? Ook niet goed.) Ze vangt het kind en kijkt mij aan en lacht en blijft wijdopen staan. Het kind hangt in haar schommelende armen. Ze lacht en weet waar ik de hele tijd naar kijk. Ik glimlach terug. Alles lacht. Dan trekt de roltrap zich op gang. Een hoofd, de forse schouders, tot het middel en dan de héle man. Ze houdt het kraaiende kind hoog op. Hij wuift. Het kind struikelt naar hem toe, zij volgt en valt hem om de hals. Hij draagt het kind op één arm en legt de andere om haar middel en allen-samen-één wandelen zij (met aftiteling en violen) weg. De roltrap stopt. En dan landt er een duif op mijn hoofd, die met een beetje geluk straks zal gaan broeden.

77.

Hij kon *jumpen* en *dunken*, speelde virtuoos klarinet, zijn vader was brandweerman en hij heette De Ridder. Hij had alles, ik niks. Het basketbalpleintje lag tegenover de brandweerkazerne waarboven hij woonde. De droge cadans van de bal op het asfalt, af en toe een dreun tegen de plank, maar meestal het scherpe ruisen van het netje, wanneer de bal er doorheen gleed zonder de ring te hebben geraakt. Dan wist de buurt: hij gooit een balletje. Met zijn lange lijf in een goed gesneden trainingspak, kraagje rechtop, 'converse' aan de voeten. Na zo een ruisende pot, liep hij sloom naar de ring om de bal op te halen, liet die, terwijl hij terugliep, tollen op zijn opgestoken wijsvinger, draaide hem een paar maal rond zijn middel, dribbelde lui zichzelf, versnelde, stoof bonkend naar de zijlijn en haakte de bal met gestrekte arm. Réééésss! zei het netje. Als, bij brand, de sirene ging, zwaaiden de grote poorten van de kazerne open, nog voor ze haar hoogste toon had gehaald. Dan was er haast. Een paar minuten later, kroop de eerste brandweerwagen loeiend de weg op, zijn vader aan het stuur. Terwijl hij de bal liet botsen zonder te kijken, hief hij vragend het hoofd op naar pa, die hem iets toeschreeuwde door het open raam en vervolgens met gierende banden om de hoek verdween. En Réééésss! zei het netje. Hij wist als eerste wáár het brandde. En dan heb ik het nog niet over zijn klarinet gehad. En hoe hij mij daarmee, op een zomerse avond, midden in mijn puberteit, vol in het kruis raakte. Hij blies zijn toonladders in het open raam. Razendsnel op en neer. De soundtrack bij zijn dribbels. En zoals elke zomerse avond kwam daar de verpleegstersschool, in rijen van twee, onder bewaking, de hoek omgedraaid. Een wolkje meisjes in keurige witte uniformen. Hij wachtte tot ze het pleintje overstaken en zette meeslepend aan. 'Petite fleur'. Ze keken verrast op naar het openstaande raam, werden wat giechelig. Hij speelde ingehouden, opzwepend. De non (een ganzenhoedster met haast) maande de meisjes de pas erin te houden. Toen ze al een heel stuk verder waren, was er eentje dat nog steeds omkeek en het meisje waarmee ze gearmd liep stopte een hand tussen haar dijen en plooide dubbel. Prinsesjes. En hij: de ridder op zijn klarinet.

Mijn dochter zegt: 'Pesten mag niet, maar plagen wel, hé papa?
Pesten mag je niet doen, maar plagen wel hé? Want plagen dat
is maar een beetje. Pesten is stout! Dan gaan de kindjes huilen. Dat mag niet. Maar af en toe een beetje plagen dat is niet
erg. Want plagen dat is maar voor te spelen, hé papa? Plagen
dat doe je om te kunnen lachen, maar pesten is niet goed.
Pesten mag niet. Want pesten dat is tegen Toby zeggen dat hij
zwart is en dat mag niet. Want Toby is wel zwart, maar hij is
zo geboren. Dan moet je dat niet zeggen. Want hij weet dat
wel dat hij zwart is, maar je mag dat niet zeggen om te pesten. Om te plagen wel, maar niet om te pesten. Dat mag niet.
Hé papa?!'

Mijn dochter zegt: 'Papa is een dik, vet stinkvarken!'
     Ik zeg: 'Hélà! Hélà! Hélà!'
     En dan zegt zij met nadruk: 'Maar nee papa, dat was maar
om te plagen! Want ik zeg soms toch ook wel: Mijn lieve, lieve
papa is de liefste papa van de wereld is een superpapa! Maar
nu was ik aan 't plagen! Dan kan ik dat niet zeggen! Om te
plagen is 'stinkvarken' veel beter!
     Ik zeg: 'Dat is waar.'

1. Het begin

Als het licht opgaat zien we: POP die danst. Haar rokken zwaaien breeduit om haar heupen. Pop danst met zichtbaar plezier. TWIJFEL begeleidt haar daarbij op de trompet. Hij draait spelend om haar heen en laat haar wiegen als riet, draaien als een tol of jaagt haar met korte snerpende uithalen over de scène. Verder staat er enkel nog een zetel. Daarin hangt KAT ondersteboven en praat in zichzelf.

VERTELLER
Dit is het einde van het verhaal.
Dit is het einde van het verhaal, maar het is net zo goed het begin.
Pop, Kat en Twijfel zijn drie vrienden.
Die daar in zijn zetel is Kat. Kat zit altijd in zijn zetel. Kat verzint verhalen.
Pop? Pop danst. Pop wil de wereld zien en dansen.
En Twijfel speelt trompet. Twijfel twijfelt, dat kan je horen als hij praat, maar hij speelt meesterlijk trompet.
Dit is het begin van het verhaal. En ook het einde.
En wat zit daar dan tussenin. Niks bijzonders. Een ruzietje.
Niet eens zo erg.

2. Tussenin / De oorlog

VERTELLER
Op een dag, liep Twijfel over het land en oefende zijn toonladders.
Plots vloog er een arm door de lucht.

(Twijfel vangt de arm zonder nadenken.)

TWIJFEL
(Stottert)
Een arm!?...

(Twijfel kijkt verdwaasd om zich heen en loopt, zoekend naar de eigenaar, de scène af. Als hij weer in beeld komt, zoeft er een been langs hem heen. Twijfel raapt het op en brengt het weg. Komt weer op, vindt een hoofd, rent weer weg. Als hij terugkomt hoort hij een lang aangehouden, snerpende gil. Twijfel stopt zijn vingers in de oren. Ogen dicht... dan volgt de knal.)

TWIJFEL
(Tot het publiek, stotterend)
Een bom.

(Alweer de gil en de knal die volgt.)

TWIJFEL
Nog een.

(Nogmaals gil en knal.)

TWIJFEL
't Is oorlog.
Ik stotter niet van schrik... ik stotter altijd...
... maar ik ben wel bang.

(Drie, vier gillen na elkaar nu. Even zoveel knallen volgen. Een hels lawaai.
Twijfel wordt door de luchtverplaatsing tegen de grond gesmakt.)

TWIJFEL
(Terwijl hij rechtkomt)
Als ik trompet speel stotter ik niet...
... maar wel als ik praat... dat is jammer...
(Gil... en knal!)
... Het voordeel van oorlog is dat dat gestotter niet zo opvalt...
dat het lijkt alsof ik gewoon bang ben... zoals iedereen...

(Alweer het gegil. Tot vervelens toe. Twijfel stopt meteen zijn vingers in de oren en wacht gespannen op de knal. Die komt niet. Twijfel kijkt verbaasd om zich heen. Verderop staat Pop. Daar kwam het gegil deze keer vandaan. Ze gilt opnieuw. De ogen wijdopen gesperd.)

TWIJFEL
Pop?!

(Pop reageert niet.)

TWIJFEL
Pop... ik ben het... Twijfel!
... rustig nu maar.

(Pop gilt opnieuw.)

TWIJFEL
(Neemt haar voorzichtig mee)
Kom Pop... we gaan naar binnen...
... we gaan naar Kat...

POP
(Alsof ze slaapwandelt)
... de koeien...

TWIJFEL
... de koeien?...
We gaan bij Kat... kom maar... rustig nu maar...

POP
(In shock)
... de koeien... omgekeerde koeien...

VERTELLER
Gerommel van vliegtuigen in de zwarte lucht, overal vuur, rook, bommen, geschreeuw... Pop en Twijfel schuifelen, tussen al dat geweld door, naar huis.
Naar Kat.

3. Tussenin / De leugens

VERTELLER
Thuis zit Kat in zijn zetel. Kat zit altijd in zijn zetel. Hier valt niks, maar dan ook niks, te merken van de gruwel buiten. Kat luistert naar violen en probeert intussen alle mogelijke standen uit, in zijn zetel. Ondersteboven, als een vouwmeter over de armleuningen, kont omhoog over de rugleuning...

KAT
(Tot het publiek)
Ik ben Kat. Heel lang geleden zaten wij in de etalage van een speelgoedwinkel. Pop, Twijfel en ik. Tussen het andere speelgoed. Wij zwegen. Wij zeiden niks. Wij dachten niks. Wij waren niks.
Dan, op een dag, komt er een dame langs met mooie lange benen, in rood en groen geruite nylonkousen. Wat er toen gebeurde? Mijn ogen draaiden allebei een andere kant uit. En 'krak' deed het, hier, midden in mijn hoofd.
De nacht die volgde op die dag ben ik beginnen denken. De straat was stil. De lichten gedoofd. Alleen het kleine dievenlampje in de winkel gaf een schamel licht. Ik dacht: wat mooi! Die benen waren mooi! Die rode en groene ruiten ook. Ik dacht: ik denk!
Dat gaf een schok! En door die schok ben ik gaan praten. Eerst in mezelf. Met kleine stukjes. Elke nacht. Ik praatte tegen Pop. Ik dacht: een speelgoedpop, ze hoort me toch niet, ik kan zeggen wat ik denk. Ik zei: ''t is hier vervelend. Tussen al dat stille speelgoed,' zei ik, ''t is hier zo vervelend als het vallen van de regen. 't Is hier zo vervelend als een lege straat. 't Is hier zo vervelend als een pas gewassen ruit. 't Is hier verschrikkelijk vervelend.' Pop zei niks terug. Nooit. Keek mij niet aan. Ze lag wat zijlings tegen Twijfel aan. Twijfel was een nogal dom uitziende knuffel. Moeilijk te raden wat hij eigenlijk was. Pop lag tegen zijn schouder aan en staarde met grote ogen naar de overkant. Alsof ze weg wou. Toen al. Weg. Altijd weg. Dat heeft ze nooit meer afgeleerd. Maar op een nacht heeft ze naar mij gelachen. Dat was zo onvoorstelbaar mooi. Ik had gezegd: ''t Is hier zo vervelend als een gesloten speelgoedwinkel.' En ze lachte. Toen wist ik: ze kan denken. Want alles wat kan

lachen, denkt. Ik heb gezegd: 'Kom Pop wij zijn hier weg.' Ik heb haar hand genomen en ze volgde. We hebben ons een nachtje schuilgehouden bij de deur en zijn 's ochtends, bij 't binnenkomen van de eerste klant, de winkel uitgestapt. We waren nog maar net de hoek om en daar stond Twijfel, hijgend. 'Ik hoop dat je 't niet vervelend vindt,' zei hij.

Het is niet waar. Het is een mooi verhaal, dat wel, maar 't is niet waar.
Nog één:

Wij woonden samen in hetzelfde huis. Pop, ik en Twijfel. Wij waren kinderen van reuzen. Onze ouders waren zo groot, zo reusachtig groot, dat we hun gezicht nooit te zien kregen. Dat zat ginder hoog boven bij hun hoofd. Ze hielden niet van ons omdat wij klein bleven. Wij wilden geen van allen groeien. Ze sloegen ons en lieten ons ganse dagen werken. Hun schoenen poetsen om maar wat te noemen. Eén week per schoen voor 't smeren, twee weken om te boenen. Alles was buitenmaats. Te groot. Het huis: ik sliep in een barst in de vloer. En ik was de oudste van de drie. Pop was bevriend geraakt met muizen en werd door hen gelogeerd. Twijfel woonde in het stopcontact, vandaar dat hij nu stottert. We wilden weg. We wilden onze ouders kwijt. Op een avond, toen ze dronken waren omgevallen, hebben we hun haren tot zware tressen gevlochten en ze dan aaneengeknoopt. Een platte knoop. Gaat nooit meer los. We zijn met veel kabaal het bos ingelopen. Ze kwamen woedend achter ons aan. Maar typisch voor een bos is, daar staan vele bomen. Ze bleven haken met hun haren en knotsten met hun koppen tegeneen. We hoorden ze nog dagen brullen. Ik had een paard gekocht en manden gevlochten van riet en die over de paardenrug gehangen. Eén mand voor Pop en één voor Twijfel. Ik, in het midden, op het paard. Zo reisden wij door streken waar geen mens nog komt, waar winden door de kieren van 't gebergte loeien, waar zand zich dag na dag verplaatst zodat je nooit weet waar je bent of was of nog zult zijn. Wij hebben levende mieren gegeten en wormen en af en toe een jonge geit. Wij hebben water uit cactusbladeren gedronken. Wij konden praten met de maan.

Ook niet waar. Had gekund. Maar is niet waar.
Kijk, daar kan Pop niet zo goed tegen. Ze zegt: je liegt.
Ik zeg: ik denk, ik vertel, ik verzin. Ik maak het leven beter
dan het is.
Maar zij wil altijd weg en dingen zien en meemaken. Ver-
moeiende sport.
Ik blijf. Ik zit hier in mijn zetel. Ik heb alles in mijn hoofd.

4. Tussenin / De waarheid

VERTELLER
Toen gooide een harde windstoot de deur open en waaide de
oorlog de kamer in.

(Tegen een achtergrond van onophoudelijk geweld, schuiven
Pop en Twijfel verdwaasd naar binnen. Bevend staan ze tegen
de muur aangedrukt. Kat springt uit zijn zetel, rent naar de
deur en gooit ze dicht. Het oorlogsgeweld valt meteen weg en
we horen weer violen, helder als kristal.)

KAT
Pop?!
Twijfel?!

TWIJFEL
(Stotterend)
... Oorlog...

POP
(Ziet nog steeds niks anders dan wat ze daarbuiten gezien
heeft)
... De koeien... een grote stromende rivier... en daarop honderd koeien op hun rug. Honderd dikke koeien... Veel dikker
dan anders... alsof ze al dagen de adem inhielden... Ze dre-
ven stokstijf voorbij... Hun poten als palen in de gele lucht...
Hun staarten als afgerukt lis op het water... Eén stootte zijn
lijf aan een steen en spatte stinkend open... De kraaien hingen daarboven... maakten een hels kabaal...
(Helemaal overstuur nu)

Ze doken in de rotte brij en haalden ogen op en stukken
darm...
... ze pikten in de koeienbuiken...
(Kijkt nu voor het eerst naar Kat)
Ik stond op de oever te gillen en keek naar de stoet...
... Wat een trieste stoet, Kat... wat een trieste stoet...
Op de laatste omgekeerde koe zat een man. Hij klemde zich
vast aan de voorste poten en keek mij met schrikogen aan.
En terwijl hij voorbij dreef, fluisterde hij mij toe: niet schieten... niet schieten. Hij vroeg mij niet te schieten, Kat, dat
vroeg hij mij.

TWIJFEL
Het is oorlog.
Niemand zegt nog goeiedag.

POP
(Rustig nu, te rustig)
Ze slaan op mekaar. Ze slaan tot er niks meer beweegt...
... ze bijten mekaar de oren van de kop, Kat...
... ze steken mekaar messen in het lijf. Iedereen bloedt.

TWIJFEL
Ik liep over het marktplein. Eerst een knal en dan vloog er
een arm voorbij...
... ik heb gezocht en gezocht en gezocht... om uit te vinden
bij wie die arm hoorde. Maar er waren daar zoveel mensen die
iets misten. Armen, benen, handen, vingers... Sommigen misten zelfs hun hoofd. Die liepen overal tegenaan...
Ik heb alle stukken netjes bij elkaar gelegd. Armen bij armen,
benen bij benen, voeten bij voeten, vingers bij vingers enzovoort. Zodat ze zelf konden zien wat van hen was. Ik zei: je
kan je voeten herkennen aan je schoenen, je arm aan je horloge dat eromheen zit, je vinger aan de ring, je been aan de
kleur van de broek die je droeg, je hoofd aan de hoed die je op
had... Het is één grote puzzel daarbuiten.

POP & TWIJFEL
(Door elkaar heen)
En iedereen slaat en schiet en vloekt en tiert en hakt en kermt
en roept en valt en bloedt en bidt en huilt en smeekt...

POP
Alles staat in brand, Kat.

5. Tussenin / Het fiedelen

VERTELLER
Alles staat in brand, Kat...
Kat wil het niet horen. Hij blijft binnen. In zijn zetel.
Hij verzint verhalen die mooier zijn dan het leven zelf.
Bijvoorbeeld...

KAT
(Speelt mee met de violen. Heel precies. Kent het stuk uit het
hoofd. Daarbij begint hij te vertellen in cadans.)
Zoooooo... was er eens een Fiedelaar.
Die fiedelde van zon naar maan.
Hij had één lief en hij had één vriend en dat was hem genoeg.
Hij fiedelde met een lach, hij fiedelde met een traan.
Hij fiedelde fiedelde fiedelde fiedelde.
Niemand kon hem weerstaan.
Hij fiedelde tijdens het tanden poetsen,
hij fiedelde onder de douche.
En als hij stopte om te niezen,
riep er iemand 'fiedelt es voesj!'
Ja fiedele fiedele fiedele fiedele...

(Twijfel fiedelt al volop mee. Hij en Kat razen door de kamer,
draaien rondjes en proberen Pop tot meespelen te verleiden.
Maar dat lukt niet.)

KAT
Toen op een dag riep Fiedelaars lief: 'Alles staat in brand!'
Toen fiedelde Fiedelaar met zijn lief tot in een ander land.
Een land waar op een mooie dag de regen was gestopt.
(Gaat over op verteltoon)
Hij was in lange glinsterende strepen net boven de hoofden
blijven hangen. En als de zon erop scheen, leek het een hele
grote kristallen kroonluchter, zoals in de opera. Hoe was dat
zo gekomen? Lang geleden toen het nog alle dagen regende en

de mensen verzopen in de modder en het graan stond te rotten op het veld en de koeien rilden van de kou, omdat het nooit ophield met regenen, zolang geleden was het dat er op alwcer zo een natte dag een klein dik mannetje in de hoofdstad verscheen en op het marktplein begon te zingen. Zingen? Zingen! Maar hoe? Een noot zo hoog dat in de cafés de glazen aan scherven sprongen. In de klokkentorens trilden de klepels tegen het brons, dakpannen rammelden in lange rijen van de daken, vogels vielen uit de lucht, honden groeven zich een gat in de grond alsof ze konijnen waren. De mensen openden hun mond om te voorkomen dat hun trommelvliezen zouden barsten en omdat die mond dan toch openstond, begonnen ze allemaal diezelfde noot mee te zingen... en toen stopte de regen. Letterlijk! Hij bleef stokstijf in de lucht hangen. En als de wind er doorheen waaide ging er een zacht geklingel door het hele land. 'Kijk,' zei Fiedelaar, 'hier zullen we wonen. Als het hier ooit fout gaat. De dag dat je hier roept: "Alles staat in brand," dan fiedel ik zo hemels mooi op mijn viool dat de regen loslaat en het vuur dooft. Hier, lieve Pop, ben je veilig.' Dat zei Fiedelaar. En wat zci Pop daarop...?

VERTELLER
Pop had verdwaasd naar het fiedelen gekeken. Af en toe brak er zelfs een vage glimlach door, want Kat en Twijfel, daar kon je wel om lachen. Maar na wat ze gezien had, was het lachen haar vergaan.

POP
Je had het moeten zien Kat.
Je hebt het niet gezien, daarbuiten.
Je praat maar en je praat maar en je hebt niks gezien.

KAT
(Eroverheen)
Pop zei: 'Lieve Fiedelaar, mijn beste vriend, ik heb zo'n honger gekregen van de lange reis.' Daarop fiedelde Fiedelaar een hele feesttafel bij elkaar. Een ronde tafel met drie stoelen. Pop, Fiedelkat en Twijfel. Een mooi wit kleed over de tafel en zilverbestek. De lekkerste spijzen stonden op die tafel...

TWIJFEL
(Stottert)
Bosbessen!

KAT
Wat?

TWIJFEL
Bosbessen... dat vind ik lekker!

KAT
Bosbessen?

TWIJFEL
Ja.

KAT
Bosbessen!
Een grote schaal bosbessen stond er op die tafel en...

TWIJFEL
Havermoutpap!

KAT
Wat?

TWIJFEL
Pap.

KAT
Pap?

TWIJFEL
Ja.

KAT
Welke pap?

TWIJFEL
Havermoutpap... met veel suiker!

KAT
Havermoutpap stond er op die tafel.
Tien liter havermoutpap met veel suiker!
En ook wat Pop het liefste lust!...

TWIJFEL
(Dromerig)
Vlees van 't beentje...

KAT
Wat?

TWIJFEL
Van 't beentje... vlees van 't beentje...

KAT
Wat POP het liefste lust Twijfel.
Wat Pop het allerliefste lust.
...?

(Pop reageert niet.)

KAT
IJs met hazelnoot!!

POP
(Even in de verleiding)
IJs met hazelnoot?!

KAT
(Hypnotiserend)
IJs met hazelnoot – ijs met hazelnoot – ijs met hazelnoot.

TWIJFEL
(Helemaal weg nu)
Vlees van 't beentje...

POP
(Met veel moeite)
Ik lust geen ijs met hazelnoot.

KAT
Dat lust je wel Pop.

POP
Vroeger.

KAT
Jij lust ijs met hazelnoot.

POP
Niet meer.

KAT
(Verbijsterd)
Eerlijk?

POP
Nog een héél klein beetje misschien... maar niet echt meer.

6. Tussenin / Het vliegtuig

(Het spel is nu stilgevallen. Kat staat er wat verdwaasd bij. Pop
wil niet mee. Twijfel is nog vol van zijn 'vlees van 't beentje',
merkt dan dat de twee anderen er geslagen bijstaan en wil met
een oplossing komen.)

TWIJFEL
Een vliegtuig!

KAT
Wat?

TWIJFEL
Een vliegtuig...

KAT
Een vliegtuig op een feesttafel?

TWIJFEL
Nee...

KAT
Een feesttafel op een vliegtuig?

TWIJFEL
Nee... ja...

KAT
Een fcestvliegtuig?

TWIJFEL
Jaa!...
Een feestvliegtuig... met ballonnen versierd en slingers...
We vliegen over alles heen!
Hoog boven alle ellende!
We blijven voor altijd in de lucht!

KAT
Ik hou niet van vliegen. Je wordt er zo klein van.

POP
Wat bedoel je?

KAT
Hoe hoger een vliegtuig vliegt, hoe kleiner het wordt.
En alles wat er inzit ook natuurlijk. Alles wordt klein.

POP
Nee Kat. Wij blijven hier en kijken.
Het vliegt steeds verder weg... daarom wordt het klein.
Dat lijkt alleen maar zo... het is omdat het verder en verder
van je wegvliegt...

KAT
(Blij dat Pop weer enigszins mee is)
Pop, als je in een vliegtuig wegvliegt word je klein. Punt.
Net als dat vliegtuig zelf. Alles wordt klein.
Kijk maar door het raampje. Huizen, auto's, bergen... álles
wordt klein. Alles om je heen. Zo ook jijzelf.

En binnen in jou. Zo'n hartje, maagje, darmpjes. Héél klein blaasje.
Hoe vaak ga je pissen tijdens zo'n vlucht?
Twijfel! Zeg het haar. Toen we naar Catalonië vlogen wat voelde je?
Hij was nog niet van de grond en alles begon al te krimpen.
Probleem is: wij bestaan voor tachtig procent uit water!
Omdat je kleiner wordt zit er plots veel te veel water in je lijf. Dat wordt er dan gewoon uitgeperst.
Het verschijnt in kleine druppeltjes op je voorhoofd, op je bovenlip, in je handpalmen...
Als een citroen.

TWIJFEL
Ik weet nog dat ik plots niks meer kon horen.

KAT
Precies! En hoofdpijn alsof je schedeldak gaat barsten.
Logisch! Je hoofd wordt kleiner.
Alleen, omdat je blijft denken, verschrompelen je hersens trager dan je hoofd.
Er komt dus onvermijdelijk een moment waarop je hoofd propvol hersens zit.
Alles raakt verstopt.
Je hoort niks meer, je kan met moeite ademen, hoofdpijn, brandende oogballen...
Het enige wat erop zit is stoppen met denken.
Dan krijg je wat te eten.
Kleine porties, want met dat kleine lijfje heb je niet zoveel meer nodig. Klein bestekje...
En bij het dalen begint alles opnieuw, maar dan in omgekeerde richting.
Je maag wordt plots weer groter.
Je hart bonkt als een razende in een veel te kleine ribbenkast.
Soms klopt het helemaal boven in je keel.
Je bent weer gaan denken en dus barsten je hersens uit je schedel
en als je dan eindelijk op de grond staat, sterf je van de dorst.
Alle luchthavens hebben cafés omdat de mensen het vocht dat ze bij het verkleinen verloren zijn bij moeten vullen als ze weer normaal zijn. Logisch.

TWIJFEL
Ja, veel dorst, ja, dat weet ik nog.
Maar wat ik me altijd heb afgevraagd:
ik vond niet dat jij kleiner was dan anders.
En ik zat naast je.

KAT
Natuurlijk niet!
Omdat iedereen en alles om je heen kleiner is, merk je dat
niet.
Twintig kuikens in een kartonnen doos merken ook niet dat
ze klein zijn,
omdat ze allemaal even groot zijn.
In het vliegtuig zelf merk je daar dus niks van.
Maar wees er maar zeker van: hoe hoger, hoe kleiner.
Als je blijft doorvliegen, steeds hoger, richting hemel, zeg
maar, dan ga je naar niks.
Begrijp jij dat Pop? Niks.
Er blijft niks over.
Niks blijft over.
Wij zijn gekomen uit niks en wij gaan terug naar niks.
Mij krijg je niet meer in een vliegtuig.

TWIJFEL
Daar klopt iets niet?

KAT
(Imiteert het gestotter van Twijfel)
Wat dan, Twijfel? Wat klopt er niet?

TWIJFEL
Wij komen natuurlijk niet uit niks.
De vader heeft iets en de moeder heeft iets...
... en dat komt samen... 't is een ontmoeting.
Dat is het. Wij zijn een ontmoeting.

(Stilte.)

KAT
En waar komen de vader en de moeder dan vandaan?

TWIJFEL
Van hun vader en moeder.

KAT
En waar komen die vandaan?

TWIJFEL
Van hun vader en moeder.

KAT
En die?

TWIJFEL
Ook.

KAT
En de allereerste vader en moeder?

(Twijfel weet het niet meer)

KAT
De áller-állereerste vader en moeder?

(Kat kijkt onoverwinnelijk.)

KAT
Trouwens als je in plaats van vader en moeder,
papa en mama gebruikt kan je gewoon stotteren.
Daar zijn ze voor gemaakt.

TWIJFEL
(Probeert het)
Pa... pa...

KAT
Stop!
Mama...

TWIJFEL
Ma... ma...
Ja?!

KAT
De allereerste Papa en Mama kwamen uit Niks.
Niks is een groot gat in de lucht.
Als het vliegtuig daar doorheen vliegt,
wordt het steeds kleiner tot alleen Niks nog overblijft.
Maar goed goed goed! We gaan met het vliegtuig.
Pop, voor jou: ALLES!
Er was eens...

7. Tussenin / Weg

VERTELLER
En weer is Kat vertrokken. Met het vliegtuig deze keer.
Pop mag kiezen. Waar wil ze heen? Alles is goed.
Kat schildert met woorden. Maar Pop wil niet meer...

POP
Het is er niet Kat. Het is niet waar.
Je tovert en je tovert goed, maar het is er niet.
Je maakt me niet gelukkig Kat.

KAT
Pop, lach naar mij.

POP
Ik kan niet Kat.
Ik lach het best vanzelf.

KAT
Zo was ik op een keer in Lachland. Daar lachten ze zich al
eeuwen te barsten. Dat was niet mooi meer om zien. Overal
gebarsten mensen. Ze lagen op straathoeken en op banken in
het park: uitgeput, kapotgelachen. Huilend van de pijn en
blijven schateren. Het was verschrikkelijk. Ze vroegen mij daar
iets aan te doen. Ik liet het stukgeschaterde volk verzamelen
op het marktplein en vertelde mijn droevigste verhaal. Over
het meisje dat in rook opging. Ik dacht: hier valt niet meer te
lachen. En dat was waar. Niemand die nog lachte! Toch heeft
ook dat niet mogen baten...

POP
... want toen ik klaar was met mijn verhaal en de menigte overschouwde, wachtend op mijn welverdiend applaus, zag ik dat allen huilden. Niet zomaar wat grienen, nee, ze gooiden zich met kracht tegen de gevels van de huizen, ze wierpen zich huilend op de straatstenen. Ze huilden zich te pletter!

KAT
(Heeft blij verrast naar Pop geluisterd)
Jaaa!!!

(Kat geeft Pop een uitzinnig applaus.)

POP
Ik ken de woorden Kat.
Begrijp je hoe vervelend...?!
Ik ken niet enkel alle woorden die je spreekt, ik ken ook de volgorde!

(Kat is geschrokken van de uitval van Pop. Aarzelt even, probeert dan toch de gespannen sfeer te keren door er een spel van te maken.)

KAT
Weet jij wat ik nu ga zeggen?

(Pop en Kat kijken mekaar lang aan. Kat lachend, klaar voor een spelletje. Pop bloedernstig.)

KAT
Nu!
... Wat ik nu ga zeggen?

(Pop heeft haar blik geen seconde afgewend. Kat haalt gespeeld diep adem.)

KAT en POP
(Tegelijkertijd)
Doe niet flauw Pop!

(Kat verstart. Dit is niet meer om te lachen. Pop kijkt hem
triest aan. Zover is het gekomen.)

POP
(Wijst naar buiten)
Daar.
Wat daar gezegd wordt wil ik weten.
Wat ze roepen.
Wat daar wordt gefluisterd.
Andere stemmen, Kat
Andere gedachten.
Andere woorden.
Of dezelfde woorden, maar dan in een andere volgorde.
Ik ben benieuwd Kat!

KAT
Pop. Oneindig lief lief van mij.
Ik weet wat je gaat doen, nu.
Het is niet goed.

POP
Kat. Katje. Zetelkat.
Ik weet wat jij gaat doen.
Het is niet goed.

VERTELLER
En Pop ging weg.

8. Tussenin / Blijven

KAT
Wat ik ga doen? Blijven.
Hier in mijn zetel. Zetelkat.
Of op een stoel. Stoelkat.
Zelfs op de tafel. Tafelkat. Muurkat. Plafondkat.
Op de vloer. Tegelkat... en zo kan ik nog wel een tijdje door-
gaan.
Wat ik niet ben? Ik ben geen Straatkat. Mij krijg je hier niet
weg.

Ze zegt het zelf! 'Het is al bloed, zweet en tranen, daarbuiten.'
Ze heeft het zelf gezegd. 'Alles staat in brand.' Maar ze kan het niet laten.
Weg. Weg. Weg.
Waarom?

TWIJFEL
Ik weet niet zo... maar toch... Ik denk...

KAT
Een prachtzin Twijfel!
'Ik weet niet zo maar toch ik denk.'
Een gedicht!
(Speelt de voordrachtkunstenaar)
Ik weet niet zo maar toch ik denk.
Door Pieter Nicolaas Twijfel.
(Buigt diep)
Ik weet niet zo maar toch ik denk,
Ik denk ik weet niet zo.
Soms denk ik wel eens dat 'k het weet,
Dat blijkt dan toch niet zo.
Ik ben tevreden als ik weet,
Maar duidt me niet ten kwade,
Dat ik u deze volzin schenk:
Ik weet niet zo maar toch ik denk.

TWIJFEL
Kat!
Je wil het niet horen.

KAT
Wat wil ik niet horen?

TWIJFEL
De rest.
Ik weet niet zo... maar toch... Ik denk...
... jij zegt... oneindig lief lief van mij... zeg jij.
En je blijft.

KAT
Moet ik mee?
Twijfel, hard als glas, kom!
Moet ik mee?!

TWIJFEL
Ik weet niet zo... maar toch... Ik denk...

KAT
Ik weet niet zo maar toch ik denk...?

TWIJFEL
Ikweetnietzomaartochikdenkdat...
... als je bij haar blijft, blijf je toch ook!

KAT
Zeg het nog eens.

TWIJFEL
Als je bij haar blijft, blijf je ook.

KAT
Ze gaat weg!

TWIJFEL
Dat is wat zij wil.
En jij wil blijven.
Ik weet niet zo... maar toch... Ik denk...
... je kan ook bij haar blijven.
Blijven hoeft daarom... misschien... niet hier te zijn.
Kan ook... misschien... daar zijn. Kan gewoon bij haar zijn.

KAT
Onzin Twijfel!
Iedereen is vrij. Zij gaat, ik blijf.

TWIJFEL
Alleen.

KAT
Nee. Met jou.

TWIJFEL
Ik ga.

KAT
Waarom?

TWIJFEL
Misschien... omdat ik liever blijf bij wat beweegt...
... dan bij wat stilstaat, Kat.
Het wordt me hier zo muf.
Muf en duf en alles lijkt op wachten.
Niet boos zijn, Kat.

VERTELLER
En Twijfel ging weg.

KAT
Ik kan ze niet verplichten.
Twijfel komt wel weer terug. En dat is goed.
Ik hou erg veel van Twijfel.
Zonder Twijfel kan ik niet denken en denken doe ik het liefst van al.
Bijna.
Nee. Het liefst van al. Maar...
Nog liever dan het liefst van al, kijk ik naar Pop.
En beiden tegelijk, dat lukt me niet.
Als ik naar Pop kijk, kan ik niet meer denken.
Zeker niet als ze lacht. Dan valt mijn hoofd stil.
Dat is best prettig. Dan is alles zo rustig.
Pop lacht en alles staat stil. Alles rustig.
Alleen mijn buik. Alsof ik warme melk gedronken heb.
Maar ik kan ze niet verplichten.
Als ze gaan moet, moet ze gaan.
En Twijfel er achteraan.
Ik blijf.
Ik weet hoe het daarbuiten is.
Ik blijf.

Hier.
In mijn zetel.
Zetelkat.

9. Het einde

VERTELLER
Buiten was alles leeg. Koud en leeg. Het was nacht.
Pop doolde over het land.

POP
Woorden, woorden en nog eens woorden. Verhalen, verzinsels,
hersenspinsels, leugens...! Ik wil niet meer. Ik wil ECHT. Ik
wil alleen nog ECHT.
Daar en daar en daar en daar! Ik wil de wereld zien!
En ik wil dansen. Ik wil lucht. En ruimte. En ik wil dansen.
(Pop begint gaandeweg te dansen)
Ik wil dansen.
(Alweer het gegil en knal! Pop schrikt. Kijkt naar waar de
ontploffing vandaan kwam. Danst dan verbeten verder.)
Ik wil dansen. Ik zal dansen tot ik erbij neerval.
Ik zal dansen tot de zon opkomt midden in de nacht.

(Twijfel kijkt toe. We weten niet hoelang hij daar al staat. Pop
ziet hem niet. Twijfel zet zijn trompet aan de lippen en speelt.
Pop merkt het niet eens. Ze danst. Twijfel begeleidt. Pop danst.
De ontploffingen maken haar niet meer aan het schrikken. Ze
gaat volledig op in de dans. De knallen beginnen trouwens
steeds meer op vuurwerk te lijken. Meer en meer feest. Twijfel stopt met spelen en ook dát merkt Pop niet. Twijfel legt
zijn trompet op de grond en verdwijnt. Pop is nu één en al
werveling. En dan gaat de zon op. Midden in de nacht. Pop
danst. Daar is Twijfel weer. Hij trekt en sleurt aan een zwaar
koord. Als hij bijna uit het beeld is verdwenen, zien we wat
er aan het andere eind van het touw vastzit. Een zetel. Dé
zetel. De zetel van Kat. Met Kat erin. Zetelkat. Kat praat in
zichzelf. Heeft niet gemerkt dat hij versleept wordt. Hij schuift
over de scène en praat tot hij plots oog in oog met Pop komt
te staan. Pop stopt abrupt met dansen. Alsof ze ontwaakt.)

POP
Kat?!

KAT
Pop?

POP
Ben je toch gekomen?

KAT
Ik weet het niet.

POP
Hoezo, je weet het niet?
Je bent hier.

KAT
Ja, en ik weet niet hoe dat zo komt.

POP
Toch ben ik blij.

(Stilte. Kat ziet het touw.)

KAT
Volgens mij ben ik hierheen gesléépt.

POP
Twijfel heeft je hierheen gesleept.

KAT
Weet jij wat ik nu ga zeggen?

POP
Nee... natuurlijk niet.

KAT
(Na een tijdje)
Je zal altijd verhalen nodig hebben, Pop.

POP
Maar naast de verhalen altijd genoeg écht, Kat.

KAT
Ik niet, voor mij hoeft het niet... écht.

POP
Ben ik dan een verhaal?

KAT
(Na een lange stilte)
Nee... Jij bent echt.

(Twijfel pakt zijn trompet en zet meeslepend aan. Pop begint te dansen. Ze lacht.)

KAT
Je lacht.

VERTELLER
Als Pop lacht valt mijn hoofd stil.
Dat is prettig. Dan is alles rustig.
Pop lacht en alles staat stil...

(Twijfel speelt. Pop danst. Kat is alweer in zichzelf aan het oreren.)

VERTELLER
Dit is het einde van het verhaal.
Dit is het einde van het verhaal, maar het is net zo goed het begin.
En wat zat daar dan tussenin?
Ik heb het al gezegd: niks bijzonders. Een ruzietje. Niet eens zo erg.

78.

'De kunsten...,' zuchtte hij. 'De kunsten... Zal ik eens zeggen wat ik daarvan vind?'
    'De vuilniszakken,' zei zijn vrouw. 'Het is morgen donderdag.'
    Dat was zijn taak. Dat was zo afgesproken.

79.

Eenieder, die dat beleefd genoeg vraagt, kan heden ten dage cultureel ambassadeur worden van deze morzel gronds. Sommigen worden zelfs baron of barones. Ik weet niet hoe beleefd je dát moet vragen. Anderen zetelen in commissies. Dat hoef je niet te vragen. Het werkwoord 'zetelen' is daarin duidelijk genoeg. Je zorgt ervoor dat je zo een zetel te pakken krijgt en daarmee basta. Het verschil zit hem in de zittingen. Je kan, bij wijze van spreken, aan je reet voelen hoe belangrijk je bent.
    Ik heb een voorstel. Ik vind dat alle cultureel ambassadeurs op 11 juli hun kunsten moeten vertonen onder de wapperende leeuwenvlag. De feestdag van de morzel gronds die ze op culturele wijze vertegenwoordigen en ze blijven in hun kot zitten?! Dat kan niet. 'Het is het een of het is het ander,' zei Swa de Facteur en hij koos het rijkste lief om mee te trouwen. Ik spot niet! Bij nee gij, ik spot niet! Ik heb niks tegen de leeuwenvlag in het bijzonder. Ik heb iets tegen vlaggen in het algemeen. Ik heb al last met de 'cornervlag' bij het voetbal.
    Ik heb nog een voorstel. Ik vind dat alle baronnen en baronessen op 21 juli in zwarte koetsen, getrokken door witte paarden, door de straten van dorp en stad moeten worden gereden. Ik vind dat de bevolking moet verplicht worden langs het traject post te vatten en wanneer de stoet voorbij trekt moeten zij het hoofd ontbloten. Ik zal daar zijn. Ik zweer het. Op de eerste rij. En ik zal buigen. Ik zal zo diep buigen dat ze van schaamte sterven in hun karren.

Ik heb nog een voorstel. Het kan niet op vandaag. Ik vind dat de leden van alle kunstencommissies, eenmaal per jaar, proeve moeten leveren van hun kundigheid. Ik stel voor: een 'totaalspektakel'. De commissie voor theater speelt een stuk naar keuze, die van de beeldende kunsten zorgen voor het decor, die van de muziek voor de muziek, die van de dans voor de dans, die van de letteren voor het programmaboekje en die van de film draaien de 'making of'. We mogen toch eens lachen zeker.

80.

'Nou,' zegt de meneer, 'ik vind het scenario best leuk, al is er natuurlijk nog heel wat werk aan de winkel.'
'Dankjewel,' zeg ik.
'Alleen al dat gedicht,' zegt de meneer, 'je had je toch wel wat meer moeite mogen geven.'
'Ik vind het een prachtig gedicht,' zeg ik.
'Jaaaa!' zegt de meneer, 'zo gaat dat altijd met wat je zelf geschreven hebt.'
'Toch niet,' zeg ik.
De meneer kijkt snuivend de tafel rond. Zijn collegae snuiven mee.
'Mag ik weten waarom u het gedicht niet mooi vindt?' vraag ik.
'Welzeker mag u dat weten,' zegt de meneer. 'Mijn excuses als ik wat brutaal klink, maar dit is het genre gedichten dat men schrijft na zijn eerste stijve.'
De meneer snuift weer. De collegae snuiven mee.
'Ik weet niet wanneer C.S. Adema van Scheltema dit gedicht precies geschreven heeft,' zeg ik, 'maar ik vind het geslaagd.'
Er is nu een indrukwekkende stilte neergedaald over de meneer en zijn collegae.
'Komrij heeft het opgenomen in zijn bloemlezing *De Nederlandse Poëzie van de 19de en 20ste Eeuw in 1000 en enige gedichten*,' zeg ik, 'niet dat dát zaligmakend zou zijn, maar toch. Komrij heeft een heleboel gedichten gelezen.'
De meneer is nu helemaal rood geworden. Tot zijn oortjes toe. De collegae kijken door het raam naar buiten of zoeken

iets in hun boekentassen. De rode meneer mompelt nu iets over dat het toch wel niet het sterkste gedicht van Adema van Scheltema zal wezen, herstelt zich dan en vraagt:

'En het Vlaams? Wat bent u daarmee van plan?'

Ik zeg hem dat elk woord dat in het scenario voorkomt correct Nederlands is. Dat er, vooral in de dialogen, wel eens een woord kan zitten dat hier in onbruik is geraakt, dat dat zo gaat met spreektaal, nietwaar, maar dat ik mij niet kan voorstellen dat het onoverkomelijk zou zijn. Dat er op de geslachten wel eens wat verschil zou kunnen zitten. Dat wij bijvoorbeeld 'de zon' nog steeds als een dame behandelen en dus bij voorkeur zeggen dat 'zij schijnt'. Dat ik wel weet dat *van Dale* zo stilaan voor álle woorden de keuze laat, maar dat ik daar geen zin in heb enzoverder enzovoort en als we dood zijn groeit er gras op onzen buik.

'Daarboven, op de derde verdieping – één, twee, drie – dat grote raam met de rode overgordijnen, daar hebben wij gewoond toen jij er nog niet was,' zegt mijn vrouw en haar dochter telt: 'Eén, twee, drie,' en denkt diep na. Ze is veel kleiner hier dan in het dorp. Kleine kinderen zijn nog kleiner in de grote stad. De drukke Anspachlaan en het grote appartementsgebouw waar ze tegenop kijkt. De derde verdieping. Het raam met de rode gordijnen. 'Maar waar was ik dan?' vraagt ze, met net boven haar neusje een frons, waarmee ze later zonder diploma directrice van een meisjespensionaat kan worden. 'Je was er nog niet,' zeg ik. 'Niet...,' herhaalt ze niet begrijpend. 'Gewoon niet,' zeg ik met enig leedvermaak. Haar blik blijft hoog aan de overkant van de laan hangen. 'Maar...,' zegt ze, '...was ik dan misschien onder de bed?' Ik denk: het is misschien de héle waarheid niet, maar ik heb er vaak genoeg mee in de knoop gelegen om dit als een bevredigend antwoord te aanvaarden. Het lijkt mij in ieder geval een geschikte plek om te zijn, als je er niet bent. Waar komen wij vandaan? Vanonder de bed! Waar gaan wij heen? Terug onder de bed!

Zo uit mijn hoofd. Van vooraan te beginnen. Op de koele, wit
en zwart gemarmerde vloertegels, want het is heet. Ze zoeken de koelte, want het is bloedheet op de wereld. Het zijn er
drie en ik denk graag dat het driemaal dezelfde is. Drie keer
een ander stuk van hetzelfde leven. Van vooraf aan te beginnen: het leven op zijn best. Jong vel. Haar volle haar. Billen
zoals ze in grote vergulde kaders in het museum hangen.
Ontspannen gespannen. Het bandje van de bustehouder, de
kousenbanden... Achter, tegen de drukke tegeltjesmuur, zij
weer, maar jonger. Alles is er, maar het heeft zijn plek nog
niet gevonden. Het is wat warrig allemaal, nog niet beheerst.
Ze past tot nader order beter bij de muur dan bij de vloer. En
ook, ze doet iets voor de kijker. Later zal ze hem zelfbewust
de rug toekeren. Nog later zal ze alleen maar willen zien wie
naar haar kijkt, zoals blijkt, daar midden in de kamer, op de
koele vloer, zij weer. Ze doet er alles aan, maar tijd maakt geen
uitzonderingen. Een opgestoken been kan helpen om het allemaal, voor even, strak te houden, maar de golf die ze in haar
geverfde haren dwingt, loopt zonder dwang door, over haar rug.
Een andere soort schoonheid, kunt ge zeggen, maar zijzelf is
daar niet van gediend. De trekken om haar mond spreken van
spijt dat het voorbijgaat.
　　Ik moest van zijn zuster afblijven, zei hij, of hij zou ervoor
zorgen dat mijn moeder mij straks niet meer herkende, en hij
is neus aan neus komen staan. Dat is veel te dichtbij. Dat kan
een mens niet verdragen. Territorium. Ik heb daar later boeken over gelezen. Ik heb hem geduwd. Meer weet ik niet. Ik
heb hem geduwd en ik ben weggelopen. Hoeveel keer zou ik
dat nu al gezegd hebben? Tegen mijzelf elke dag. Al die jaren.
Ik heb hem geduwd, zeg ik u. Meer weet ik niet. Ik heb hem
geduwd en ik ben weggelopen. Elk beest heeft dat en voor een
mens is dat niet anders. Dat moet ge respecteren. Of ge moet
in elk geval weten wat er kan gebeuren als ge dat niet doet.
Neus aan neus. Weet ge wat dat is? Veel te dicht. Ik zag zijn
rooddoorlopen ogen. Hij was zat. Nochtans het schijnt dat

zatte mensen door de drank ontspannen en zich daardoor geen pijn doen als ze vallen. Met zijn domme kop tegen een vensterbank. Zeggen ze. Ik heb dat zelf niet meer gezien. Ik ben weggelopen. Ik heb dat wel gehoord later. Dat ze mij zochten. Dat ik iemand vermoord had. Ik heb niemand vermoord. Ik ben niet iemand die zomaar iemand vermoordt. Ik heb iemand geduwd. Een groot bakkes. Van zijn zuster afblijven. Waarom? Wat had hij daar in godsnaam mee te maken. We leven hier toch niet bij de Turken zeker?! Zijn zuster zag mij graag. En ik, ik wist het nog niet goed. Of zij wel was wat ik zocht. Dat kan toch? We waren aan het proberen. Ik ging haar dikwijls halen om te dansen en dan wat gefoefel op de parking of in de toiletten. Wat was dat? Mensen. Zo doen mensen dat toch? Een beetje voelen. Zien of alles zit waar het moet zitten. Meer niet. Zij ook. Zij had daar deugd aan. Ik kon dat toch wel zien zeker? Ik zou nooit geforceerd hebben. Nooit. Ik vind forceren niet plezant. Maar groot bakkes dacht dat hij het allemaal beter wist. De Rode Ridder. Hij zou zijn zuster eens verdedigen. Weet ge wat het was? Hij was beschaamd over haar. Zijn zuster was iets te rond volgens hem. Dat was het. Ze was te dik. Hij dacht dat elke man die in haar buurt kwam wou profiteren. Dat was het. Hij zag zijn zuster graag, maar hij zág ze niet graag! Hoort ge wat ik zeg?! Dat is het verschil. Ik zag zijn zuster graag met alles erop en eraan, punt. Maar ik wist niet of ik ze graag genoeg zag, of ik ze zou kunnen blijven graag zien. Dat wist ik niet. Daar wou ik nog wat over nadenken. Alhoewel dat allemaal niks helpt. Hij was beschaamd over haar dikke billen. De zot. Hij zag zelf liever van die smalle latten en hij dacht dat dat voor iedereen zo was. Maar hij was mis. Ik niet. Ik zag zijn zuster graag zoals ze was. Wat zeg ik hier nu? Omdát ze zo was! Ik zag haar graag omdát ze zo was! Mocht ze mij daar de tijd voor gegeven hebben, ik zou dágen naar haar dikke billen hebben liggen kijken. Die zag ik graag. Dat wist ik wel zeker. Dáár had ik geen twijfels over. Die zou ik een heel leven lang graag blijven zien. En haar malse rug. En haar borsten. En die mollige armen waarmee ze mij tegen zich aandrukte tot de wereld purper werd. Maar de rest dan? Was dat genoeg? Borsten en billen, is dat genoeg voor een mensenleven? Dansen en foefelen? Jawel! Zeker! Geen probleem. Met veel plezier. Ik keek daar een week lang naar uit! Versta mij niet verkeerd. Maar dat alléén is het leven niet. Dat was mij zo geleerd. Ik wist toen niet wat ik nu weet. Het valt later niet allemaal op te lossen met dansen en foefelen was mij gezegd. Borsten en billen kunnen niet spreken en er moet af en toe toch ook nog iets gezegd worden. Iets waarover van twee kanten gedacht wordt: zo is dat. En die woorden waren nog niet gesproken. Voilà. We voelden mekaar graag, dat wel. We konden van mekaar niet afblijven. We dansten goed. Ze volgde goed. Ze kon zich mooi in de zwaai leggen. Met haar ogen toe. Ze genoot. Dat kon ik wel zien. En ik ook. En als we stonden te wachten op de volgende, keek ze mij aan en ze keek naar niks anders. Alleen naar mij. Recht in mijn ogen. Ik heb dikwijls geprobeerd in die ogen te zien of wij een toekomst hadden. Of er een leven was voor ons. Wat daarachter lag. Achter die grote, zwarte karbonkels. Dat was geheim. Dat was mysterie. Dat was een land waar ik nog niet kon komen. En dat trok. Dat zoog mij op. Als het orkest op die momenten niet opnieuw was beginnen spelen, ik zou flauw gevallen zijn. Ik heb het later nog meegemaakt, in heel andere omstandigheden, dat de nacht zo donker was, zo stikdonker, geen hand voor ogen zien, een dik zwart wollen deken waar niet onderuit te komen valt, en ik viel flauw. De overgave, denk ik nu. Dat moet dat zijn. Volledige overgave. Blijf van mijn zuster af! Het zotte was dat ik dat hard aan het proberen was. Want als we mekaar niet voelden was er niet veel. We hadden geen woorden, ik heb dat al gezegd, en ik wou het leven niet in stilte slijten. Het was kijken en zwijgen bij ons. Dat was niet genoeg. En ik vond, al wie zegt: dat komt wel goed, die maakt een fout. Ik wou geen fouten maken. Eén leven. Eén kans. Een mens moet dat goed doen. Ik was daarvan bezeten. We hebben geprobeerd. Zondagnamiddagen. Gaan wandelen en koffie bij de patissier. Dat was zitten en zwijgen. Uit het raam staren en allebei iets anders zien. Naar de film dan. Dat is eens iets anders. Kom we gaan naar de film. Ik kon niet van haar afblijven. En zij niet van mij. Het donker joeg ons op. Die film kon ons niet schelen. Wij gingen binnen als hij al bezig was en kozen vanzelf de laatste rij. Wij maakten mekaar zot. Wij moesten voelen aan mekaar. Wij moesten mekaar hébben. Dat kon niet blijven duren zo. Die avond, toen hij mij tegenhield en begon te blaffen, liep ik de danszaal uit. Ik had tegen haar gezegd dat ik ging pissen, maar ik liep weg. Ik probeerde toen uit alle macht van haar af te blijven. En dan hij, groot bakkes, ik moest van zijn zuster afblijven. Ik heb hem geduwd. En in mijn binnenste heb ik geroepen: 'Maar ziet ge dan niet, klootzak, hoe ik dat probeer! En hoeveel last ik daarvan heb! Ziet ge dan niet hoe gráág ik eraan kom! Als ik haar zou moeten opeten, ik zou weten waar beginnen! Ik kén de beste stukken van uw zuster! Het is misschien wel liefde klootzak! Maar we krijgen het niet gezegd!' Dat riep ik. Met gesloten mond. Het kwaad water in mijn ogen. Vier, vijf keer heb ik geduwd. En dan viel hij achterover. Met zijn hoofd op die vensterbank. Maar dat heb ik niet meer gezien. Ik ben weggelopen. Weg van zijn zuster. Dat wou hij toch! Groot bakkes.

Slagen en verwondingen met de dood tot gevolg. Onvrijwillige doodslag en wat nog allemaal. Dat zijn woorden met een echo. Die galmen voor de rest van uw leven door uw lijf. Ik heb daar leren leven met de mensen. Achter dikke muren heb ik de mensen gezien. Daar zit veel goed volk. Veel meer dan algemeen wordt aangenomen. Natuurlijk zit daar veel crapuul, voor wie binnen of buiten niks uitmaakt. Slechte mensen. Die bestaan. Door en door slecht. Dat bestaat. Ontegensprekelijk. Maar daar zit veel goed volk. Ik wist dat niet voor ik er ook zat. Mensen die de klop gekregen hebben. Mot op de kop. Want daarbuiten is het gemakkelijk. Een mens doet elke dag wel iets waardoor hij kan denken: ik ben goed. Of toch niet slecht. Maar daarbinnen. Ge zit daar niet voor niks. Als het niet is voor wat ge veroordeeld zijt, dan is het wel voor iets anders. Ge vindt zelf wel een reden waarom ge moet boeten. Een mens is schuldig daarbinnen en daarmee uit. En als ge buitenkomt gaat dat niet over. Ge kunt roepen wat ge wilt. Ik heb ervoor betaald! De vraag is of het betaalbaar is? Of wat ik nog wel eens gedacht heb: iederéén is schuldig! Alles wat hier op twee poten loopt is schuldig! Het verschil is: zij hebben niet gezeten en gij wel. Gij waart zo schuldig dat ze u voor een tijd hebben moeten wegsteken. Dat maakt het verschil. En dat verschil blijft.

Ik heb nooit meer gedanst. Geen vrouw meer vastgepakt. Gewoon geen goesting meer. Het was over. Ik heb wel nog dikwijls van haar gedroomd. En nog. Nu nog. Dan gaan mijn handen onder haar blouse en voelen haar bloot vel, een beetje klam van het dansen. Eén hand schuift naar voren en knijpt haar grote, gladde borsten. Haar zenuwachtige gemorrel aan mijn broeksriem. Het kan niet rap genoeg gaan. Mijn broek zakt, de koude buitenlucht slaat op mijn kruis, haar hand grijpt diep tussen mijn benen en ondertussen mond op mond, als wilden we mekaar redden van de dood. Zij is zoveel. Van boven tot onder, van links naar rechts, zoveel. Ik grijp onder haar, mijn vingers diep in al dat vlees en hef haar op mij. Zij slaat haar armen om mijn hoofd en trekt het hard tegen zich aan, verstopt mij voor de vijand. Ik ben voor altijd veilig daar. In haar. Zoveel. En warm. Meestal komt dan de vensterbank. Met bloed. Hij dood op het trottoir. Alles wat ik nooit gezien heb, maar wat mij wel honderd keer is verteld. Hoe ik hem heb vermoord.

Ik zeg: dat is de stommiteit van het leven. Het gevecht dat ik voerde met mezelf, had zijn dood tot gevolg. Ik ben niet schuldiger dan hij, maar ik ben nog in leven. Ik kan nog dromen van zijn dood. Als ik toen even goed als nu geweten had dat het liefde was en dat liefde niet moet spreken, dat spreken al het andere is, het had anders kunnen lopen. Een mens zou willen zeggen: mijn leven is kapot, maar dat is dan tegelijk zijn leven. Het leven dat ik mij gedroomd heb is kapot, maar evengoed kan ik er daarom nu van blijven dromen. Het is altijd iets. En meestal zint het niet. Ik heb veel gedronken. Uit grote glazen en uit de fles. Ik ben gestopt nu. Geen druppel meer. Ik kan nuchter beter liegen tegen mezelf dan zat.

Ik zeg wel, ik heb geen vrouw meer vastgepakt, en dat is waar, want beter dan wat er geweest was zou ik toch niet vinden. Dat kon niet. Maar ik kon het toch niet laten te blijven zoeken. Misschien iemand om mee te spreken deze keer. De volle liefde in twee fasen om zo te zeggen. Mijn lijf had vroeger al gekregen waar het naar verlangde en nu mijn ziel misschien. Die was aan streling toe.

Zo uit mijn hoofd. Kom! Van vooraan te beginnen. Op de koele, wit en zwart gemarmerde vloertegels, want het is heet. Ze zoeken de koelte, want het is bloedheet op de wereld. Het zijn er drie en ik denk graag dat het driemaal dezelfde is. Drie keer een ander stuk van hetzelfde leven. Van vooraf aan te beginnen: het leven op zijn best. Jong vel. Haar volle haar.

Billen zoals ze in grote vergulde kaders in het museum hangen. Ontspannen gespannen. Het bandje van de bustehouder, de kousenbanden... Achter, tegen de drukke tegeltjesmuur, zij weer, maar jonger. Alles is er, maar het heeft zijn plek nog niet gevonden. Het is wat warrig allemaal, nog niet beheerst. Ze past tot nader order beter bij de muur dan bij de vloer. En ook, ze doet iets voor de kijker. Later zal ze hem zelfbewust de rug toekeren. Nog later zal ze alleen maar willen zien wie naar haar kijkt, zoals blijkt, daar midden in de kamer, op de koele vloer, zij weer. Ze doet er alles aan, maar tijd maakt geen uitzonderingen. Een opgestoken been kan helpen om het allemaal, voor even, strak te houden, maar de golf die ze in haar geverfde haren dwingt, loopt zonder dwang door, over haar rug. Een andere soort schoonheid, kunt ge zeggen, maar zijzelf is daar niet van gediend. De trekken om haar mond spreken van spijt dat het voorbijgaat.

Ik heb niemand gevonden van wie ik dacht: het zou goed zijn dat wij bijeen blijven. Niemand. Het was altijd beter alleen. Ik heb nochtans gezocht. Ik heb weinig anders gedaan. Ik heb geen medelijden met mezelf. Dat moet niemand denken. Dat is hier een vaststelling. Ik heb niemand gevonden van wie ik dacht: wij zijn sterker met twee. Wij kunnen het leven beter aan als we samen blijven. Niemand. Voilà.

En dan heb ik op een dag die foto gevonden. Daar was het mij eigenlijk allemaal om te doen. Dat wou ik vertellen. Op de grond. Op straat. Ik heb hem opgeraapt en ik heb een bank gezocht om te gaan zitten. Ik kon mijn ogen er niet van afhouden. Ik bleef daar maar naar kijken, terwijl het water uit mijn hoofd liep gelijk uit een kapotte kraan. Ik kan dat niet goed uitleggen, maar ik denk: die foto, dat is mijn leven zoals ik het zou willen. Maar het beweegt niet. Het staat stil. Er zit geen leven in om zo te zeggen. Het is een foto. Dat is moeilijk te verteren: dat het leven dat ge zoekt een foto is. Cartier-Bresson, staat eronder. Dat zegt mij niks. Ik ken daar allemaal niks van. Dat zal de fotograaf wel zijn zeker? Alhoewel. Cartier. Wie noemt er zijn kind nu zo? Alicante, Spain 1933. Ik was nog niet geboren. Ik was nog niet geboren toen en toch heb ik daar op die bank zitten snotteren gelijk een kind. Ik vind dat kunst.

Zoals ze daar tegen de muur staat. Zo blijven ze in het echt niet lang staan hé?!

81.

Blauw, de trappen en de lucht en de zee, allemaal ander blauw. In de hoeken van de arduinstenen treden nog het blauw van vroeger, naar het midden toe het uitgesleten blauw van vele voeten vele jaren in hetzelfde spoor. Op de derde trede ligt een chocoladewikkel. De zee blauw of groen? Blauw vindt zij altijd en groen zegt hij altijd en dat haar optimisme haar parten speelt. Kleurenblindheid. Foto's uit reisbrochures en flarden van liedjes van 'o de zee zo blauw' enzo. Of dat met haar ooit nog wel goed kan komen, vraagt hij zich af, of ze ooit één enkele keer de moed zal opbrengen het leven te zien zoals het is? Dat vraagt hij zich heftig af. Zo heftig dat zijn wenkbrauwen tot zijn haargrens rijzen waarna hij misprijzend het hoofd afwendt en langdurig nee schudt. Dan kijkt hij haar strak aan en zegt dat ze hem niet zo dwaas moet aanstaren. Dat ze maar beter kan beginnen de verkleinwoordjes uit haar dagelijkse woordenschat te schrappen, dat het ernst is nu, dat een eik geen 'boompje' is maar een 'boom,' dat wat zij net gekocht hebben groot genoeg is om een 'huis' genoemd te worden, dat 'huisjes' enkel in kinderliedjes voorkomen bijvoorbeeld: 'in het bos daar staat een huisje,' ja?! Dat ze daar een lening hebben voor afgesloten en dat ze dat beter goed kan onthouden, want dat die terugbetaald moet worden, niet met 'centjes' maar met 'echt geld'. Hij had de deur hard achter zich dichtgegooid. Slaande deuren vindt ze vreselijk. En de lucht is blauw. Dikke pakken zwaar blauw. Tussendoor een gat met blauw dat de hemel belooft. Diep tussen de donkere stapels, de blauwe rust waar ze naar verlangt. Ze staat op de trappen en het waait. Ze houdt van hem zoals ze van de zee houdt. De vraag is nu – hij heeft ze zélf gesteld – ziet zij hem zoals hij werkelijk is? Er verschijnt nu een bootje aan de horizon. Een blauw bootje. Tenminste...? Ze stapt op de man met hond af, die krom, tegen de wind in, over de dijk loopt. Wat hij ziet, daar aan de einder? De man kijkt naar het schip en dan naar haar en dan om zich heen. Dan weer naar haar, van kop tot teen. Of ze geen kou heeft in die lichte jurk? Nee, wat ziet hij? Een schip. Welke kleur? Dat dat niet te zien is vanop die afstand. Dat kan groen zijn, of zwart, of blauw. Ze loopt terug naar de trappen. Blauw. Trappen, zee, lucht, bootje. Blauw. En als de wind even gaat liggen zodat ze hem kan opsnuiven, geurt alles naar haar jeugd. Het water beukt nu tegen de laagste trappen aan. Ze bukt zich om de friscowikkel op te rapen. Haar voet glijdt weg op de vochtige trede en ze valt. De man met hond zal later verklaren dat ze gesprongen is. Dat ze hem eerst gevraagd had wat hij aan de einder zag. Dat iedereen kon zien dat het een schip was en dat hij toen al dacht... Dat hij eerst nog om zich heen had gekeken omdat hij een verborgen camera vermoedde. Ah ja! Hij was niet zot! Welke kleur had ze toen gevraagd en hij had gezegd dat je dat vanop die afstand niet met zekerheid kon zeggen, groen misschien of zwart of blauw en dat ze toen teruggelopen was en van de trappen in zee was gesprongen. Maar dat was niet waar. Haar voet was weggegleden en ze was gevallen. Die man had dat niet goed gezien.

82.

MAN Wat geluk graag.
WINKELIER Hoeveel?
MAN Kilo of twee.
WINKELIER Heb ik niet meer.
MAN Hoeveel heb je nog?
WINKELIER Kleine kilo.
MAN Geef maar.
WINKELIER Geven is een eer en houden een profijt.
MAN Waar woord.
WINKELIER Inpakken of zo mee?
MAN Wat?
WINKELIER Is het een cadeau?
MAN Ja.
WINKELIER Strik eromheen?
MAN Goed geluk behoeft geen franje.
WINKELIER Mooie zin.
MAN Kopen?
WINKELIER Wat kost hij?

MAN Beetje geluk.
WINKELIER Slim.
MAN Ja of nee?
WINKELIER Goed.

Ze ruilen.
Man gaat weg met pak geluk.
Winkelier blijft achter met mooie zin.

WINKELIER Goed geluk behoeft geen franje. Mooie zin voor geen geld.

83.

De vader van mijn vriend is dood. Hij heeft mij, zolang we mekaar kennen, de man als een pertinente klootzak afgeschilderd. Als we na de begrafenis een tripel gaan drinken zegt hij: ''t Was volgende zondag zijn verjaardag, ik heb *Singing in the Rain* gehuurd, de enige film waarbij hij zweeg terwijl hij keek, hij had nog wel even kunnen wachten.' Wat is dat?

In Rwanda is de genocide volop aan gang. Mijn broer valt van een vijf meter hoge steiger en slaat met dat lange lijf van hem tegen de kasseien. Het nieuws bereikt mij terwijl ik mij – vrouw naar het werk, kind op school, koffie, sigaretje, krantje – hevig aan het opwinden was over de Afrikaanse moordpartijen. Mijn broer. Nog levend, maar gebroken en gekraakt. En die rug was altijd al een probleem. Hij is nog maar goed veertig. Als dat allemaal maar goedkomt. En de genocide? Even niet. Mijn broer eerst. Wat is dat toch?

Toen de Beursschouwburg een jaartje of daaromtrent geleden, een aantal kunstenaars verzamelde rond het thema 'familie', bleek, toen de plannen ter tafel lagen, al snel wat voorspelbaar was: het instituutje 'familie' kreunde onder de mokerslagen van de kritiek. Het van huis uit frêle woordje had in deze woelige tijden zware schade opgelopen en mij werd gevraagd zijn verdediging op te nemen. Ik vertelde die avond enkele verhalen geschoeid op de leest van mijn eigen familiale ervaringen. De verhalen werden herkend. Allemaal in andere gezinnen geboren en getogen, maar jaja... tedju toch... ja... mensenlief toch... ja, bij ons ook... ik was dat helemaal vergeten! De familie als 'vluchtsimulator' betoogde ik toen. Je kiest je familie niet, anders zou de halve wereld in het Paleis van Monaco geboren worden. Je kiest ook later je omgeving niet, ook al denk je graag van wel. De familie als 'oefenveld'. Oefenen voor later in een situatie die de werkelijkheid benadert, maar waar de gemaakte fouten minder meedogenloos worden afgestraft. Daarom kom je er later nooit helemaal onderuit, gesteld dat je dat zou willen. Je bent dankbaarheid verschuldigd, minstens erkentelijkheid.

Het woordje krijgt nu een tergend trage doodsteek. 'Familie' is een soap geworden. Het eeuwenoude woord is nu een, door Studio's Amusement, gedeponeerde merknaam. Als je het iets te luid uitspreekt of je stembuiging komt in de buurt van de openingstune, krijg je een proces aan je broek gesmeerd. De verdediging van 'familie' ligt nu in handen van duurbetaalde advocaten.

84.

Daar was begot nooit geld voor geweest. Voor kunst? Begot nee! Hij had heel zijn leven met reproducties geleefd. *De val van Icarus* van Breughel op multiplex. En voorzichtig lijmen, want zo een reproductie kost ook geld. Als de kinderen naar bed waren, zodat hij zich kon concentreren. *De val van Icarus* en *De toren van Babel*. En iets van Piero della Francesca. En een korenveld van Vlaeminck voor in de hal. Voor het bezoek. Voor terwijl ze hun jassen uittrokken. Hij hield van kunst, dat wel. De laatste tijd veel minder. Concepten hier, concepten ginder… ideeën had iedereen, maar de kunst is wel ideeën laten spreken. Hij had zelf ook ideeën. Als hij gedronken had hingen ze in trossen aan zijn oren, maar op papier bleek het dan toch weer niks. De laatste tijd? Het sprak hem niet meer aan, zeg maar. Muziek van 't zelfde. Ja, ja, hij wist het wel. De Vrijheid. En dat was goed. Hij was daar voor. De kunst moest vrij zijn. Zeker weten. Maar vooral moest ze vrijheid brengen voor wie keek of luisterde. Ze moest (en nu vallen de vogels uit de bomen) stichtend zijn. In die zin. Niks moraliteit of zo. Gewoon de vrijheid brengen. Hij had geen zin enkel de vrijheid van een ander te bewonderen. Vrijheid was als eten, dat moest gedeeld worden, anders werd dat schuld. Gedichten had hij ook graag gelezen. Soms had hij er eentje vertaald, gewoon voor het plezier. Mee de mist induiken waarin de dichter had rondgelopen toen hij schreef. Van W.H. Auden, Musée des Beaux Arts. 'In het lijden vergisten zij zich nooit de Oude meesters...' Want hij kende zijn talen. Frans, Engels, Duits. Toen werd dat nog geleerd op school. Vanaf zijn zeven Frans, vanaf zijn tien Engels en vanaf zijn veertien Duits. En niet *I love you yè yè yè*, maar degelijke taal. De taal in zijn finesses, zoals bijvoorbeeld 'This is something between you, me and the doorpost.' De jeugd van tegenwoordig. Het enige wat er nog uitkwam was *fuck* en *shit*. Verder dan hun kruis kwamen ze in het Engels niet meer. Ach, hij wist het wel: vroeger was alles beter omdat hij vroeger jonger was en nu niet meer. Die met zijn vuile tekeningetjes in *Humo* had eens een van zijn mannekes laten zeggen: 'Vroeger was zelfs de toekomst beter!' en dat was waar. Want zoals hij hier nu lag... Die glimmende kapstok naast zijn bed met al die zakjes daaraan... Al die slangetjes in zijn lijf... Alles kwam van buitenaf. Hij kon het niet meer zelf en dat was hard. De kracht die hem nog restte had hij nodig om adem te gaan halen. Het woord werd werkelijkheid. Hij moest zijn adem halen waar hij hem kon vinden. Alles was moeite. Hij moest naar het toilet. Dat was een reis van Brussel naar Egypte en dan nog in de tijd van Proust. Toen hij halfweg was, kwam de zuster helpen en stak hem, toen hij zat, de thermometer onder de arm. Hij sputterde nog tegen. Zei dat hij niet wist of hij de kracht had om te blijven knellen. Ze was met een luid 'Tutututututut!' de kamer uitgelopen. Toen hij klaar was, had hij zich schoongemaakt en de thermometer was in de pot gevallen. Met een rood aangelopen hoofd van uitputting en gène, had hij de reis Egypte-Brussel aangevat. Eenmaal op bed zocht hij naar adem in alle hoeken van de kamer. Hij belde en zij kwam en hij vertelde hijgend wat er was gebeurd. 'Foei, foei, foei!' had ze gezegd. 'En wie gaat die daar nu uithalen?!' Hij niet. Dat wist hij wel zeker. Niet dat hij niet zou willen, maar het risico dat hij er zélf inviel was veel te groot. 'Foei! foei! foei!' zei ze nogmaals. Zo spreken volwassen mensen toch niet met mekaar? 'Foei! foei! foei!' Hij had ze graag in een hoekje van de kamer neergedrukt, de dikke witte billen bloot en pets! pets!, tot zijn hand er gloeiend in gespiegeld stond. Maar dat kon hij niet. Hij was van glas. Hij zou zo breken.

CUT!

De spaarlamp op zolder was het hele jaar door blijven branden. Daar moest ze zo hard om lachen en toen waren de weeën begonnen. Hij was op zolder wat extra kussens gaan zoeken en hij zou meteen ook de kerstversiering mee beneden brengen, want de boom stond er wel, maar aan versieren was hij nog niet toegekomen. Hij duwde de deur open en knipte het licht aan, maar dat ging uit. Hoe lang was het geleden dat hier iemand geweest was? Zij kwam hier nooit vanwege de spinnen. Hij dus. De kerstversiering stond in gammele dozen op een tafeltje vlakbij de deur. Hij zag het voor zich: deur op een kier, dozen neergekwakt, deur weer dicht. Hij herkende zijn stijl. Van toen dus, van toen hij de vorige kerstboom in de tuin had verbrand en de versiering naar de zolder had gebracht. Een klein jaar geleden. Een spaarlamp een jaar lang laten branden. Waarschijnlijk had hij, op weg naar huis, na de aankoop van de lamp, een breedvoerig pleidooi gehouden pro sparen in het algemeen en spaarlampen in het bijzonder, met als toegift een lamentatio over verkwisting en verspilzucht in een verloederende wereld. Mede daarom moest zij zo lachen toen hij het haar vertelde. Hij had haar dat pleziertje niet willen onthouden. Ze had hem hoofdschuddend aangekeken en was voorzichtig beginnen te lachen, want als het schokte deed het pijn. Maar toen ze zélf, iets te gulzig, nog eens 'spaarlamp' zei, schoot ze door en gooide zich klagerig schaterend achterover op de bank. En toen waren de weeën begonnen.

De koning was triest. Zijn sanseveria ging kapot en hij zag daarin het einde van zijn rijk voorspeld. Straks kwamen de koningen van Polen en Roemenië op kerstvisite en wat moest hij hen vertellen? Hoe stond hij ervoor? Hij was de enige van de drie die nog in zijn eigen land mocht wonen, dat wel, maar zeggen of doen wat hij wilde was er al lang niet meer bij. Mon pays? Het klonk niet meer als vroeger. Het proefde bitter op de tong. Niks was nog als vroeger. De sanseveria ging kapot. Hij rilde. Het was koud in het paleis. De koningin was naar een musical en hij wist niet waar de thermostaat zat om de verwarming hoger te draaien. Hij besloot dan maar te bidden. En wel op de wijze van zijn schoonzuster, daar kreeg je het warm van. Hij stond op, gooide het hoofd in de nek, sloeg met de heupen en zwaaide met zijn uitgestrekte armen. En dan moest je daarbij zingen, wist hij, maar hij kon de juiste toon niet te pakken krijgen. Het was niks voor hem. Hij liet zich verslagen in de zetel vallen. Bidden was voor hem toch meer van binnen. Het hoofd gebogen. Met verstrengelde vingers iets vragen. Op de knieën. Niet dat carnavaleske rondhossen. Hoe kon je bij god verwachten alzo te krijgen wat je vroeg. (Zélf gaf hij ook liever aan een bedelaar dan aan een straatmuzikant.) Terwijl hij daar zo mijmerend zat, viel een van de vrouwentongen zomaar uit de pot op de grond. De koning huilde. Hij zag hen hier straks al zitten: drie koningen rond een zieke sanseveria. Drie koningen. Driekoningen. Wat was dat?! Begreep hij goed wat hem nu werd geopenbaard? Lag hier de sleutel? Was er nog een mogelijkheid het onzalig tij te keren? Moesten zij dan nu... met zijn drieën... opnieuw op zoek naar het kind...? Het was te zot om los te lopen, maar hij rende naar de keuken en zocht de zak waarin hij de lege Vache-qui-rit-dozen bewaarde voor de kleinkinderen. In de werkkamer van de koningin vond hij gekleurd papier, lijm en een schaartje. Hij zette zich aan het werk. De dozen met de lachende koe vormden de basis voor drie kleurige lampions. Hij zou zijn koninklijke visite voorstellen een voettocht door het land te maken. Een nachtelijke tocht. Op zoek naar het kind. Hij werkte naarstig en terwijl hij werkte speelde er een glimlach om zijn lippen. Dat was lang geleden.

Acht Beaufort. 'Iets als *Windkracht 10,*' had de producent gezegd, 'maar dan met meer vrouwen en mooiere mannen. En op het land. Want als we het ook op zee doen, is het alsof we hetzelfde willen en wij willen niet hetzelfde, wij willen beter!' Voor de hoofdrol hadden ze een jongen gevonden die beroemd wou worden en daar alles voor over had, zei hij. Dat kwam goed uit, want veel tijd om te oefenen was er niet geweest. Eenmaal de titel voor de reeks gevonden, mocht er geen tijd meer verloren gaan. De rijkswacht had een helikopter ter beschikking gesteld en iemand die daar min of meer mee uit de voeten kon. Verder was er een gepensioneerde instructeur bereid gevonden zijn medewerking te verlenen, maar die wou op kerstavond niet werken. En er zou op kerstavond gedraaid worden 'of ze konden allemaal voorgoed naar huis!' Dat niemand precies wist hoe de *winch* werkte, had de opnameleider nog tegengesputterd, maar de jonge acteur had met nadruk herhaald dat hij beroemd wou worden en daar alles voor over had. De producent had zijn arm om de schouders van de jongen gelegd en hem vol trots aangekeken. De titel, zo had hij gezegd, sloeg niet enkel op de weersomstandigheden, maar vertelde ook iets over het hoofdpersonage. Beaufort. En hij streek de jongen door het blonde engelenhaar. 'De Vlaamse huismoeders in katzwijm, jongen, denk daaraan, elke maandagavond alle Vlaamse huismoeders in katzwijm.' De afspraak was dat, als ginder in het weiland de noodpijlen werden afgevuurd, de helikopter zijn schijnwerper zou ontsteken en koers zou zetten naar de plaats van het onheil. Beaufort zou dan met de *winch* worden neergelaten om een koe uit de sloot te trekken. Maar zover zouden ze in dit eerste shot niet gaan. Winch en cut! De koe ophalen zouden ze vanuit een ander standpunt filmen. Iedereen begrepen? Nee dus, en alles werd nogmaals stap voor stap uitgelegd. De opnameleider had nog met *De Leeuw van Vlaanderen* meegedraaid en mompelde dat met paarden werken een stuk eenvoudiger was.

Sinds het overlijden van zijn vrouw, kon Gust het niet meer over zijn hart krijgen een schaap te slachten. Hij had zijn hele leven schapen gehad. En hij had ze zijn hele leven geslacht als het zover was. En zij had bij elke slacht gehuild. Ze kon daar niet tegen. Ze wist dat het niet anders kon. Dat je geen schapen kon houden als je niet slachtte. Maar telkens als de messen werden gewet, werd ze opstandig. Ze kon het niet aanvaarden. Elk jaar had hij haar eens goed vastgepakt en gezegd dat ze de trein moest nemen, bij haar zuster gaan, tot het voorbij was. Maar dat wou ze niet. Ze bleef. Ze zat in de keuken op een stoel en ze huilde. Ze was nu twee jaar dood en hij had sindsdien nog geen schaap geslacht. Het ging niet meer. Alsof haar huilen het steeds weer mogelijk had gemaakt. Alsof het zonder haar huilen moord was. De kudde was intussen almaar aangegroeid. Heel af en toe verkocht hij er één, een ramadanschaap, maar zelfs dat viel hem zwaar. Wat hij het meest miste was het vachtje voor de eerstgeborene. Daar had zij een gewoonte van gemaakt. Het eerste kind dat na de slacht in het dorp geboren werd, kreeg een vachtje. Gust stond te midden van zijn schapen. De fles jenever was leeg. Die was vol geweest toen hij hier binnenkwam. Zoveel schapen. Hij koos er eentje uit. Een vachtje voor de buren. Hij had de vrouw gisteren nog voorbij zien waggelen. Dat kon voor alle dagen zijn. Een vachtje voor het kind.

De man van de 'special effects' zat vloekend in het nachtelijke weiland. Alles was koud en vochtig. De 'talky' aan zijn riem braakte onophoudelijk verwensingen uit. De helikopter hing al een kwartier in de lucht. Of hij wel wist wat dat kostte?! De noodpijlen wilden niet. Hij controleerde nogmaals alle contacten. Zijn schroevendraaier viel in het gras. Hij vond hem niet terug. Godverdomme! En thuis zat iedereen rond de kerstboom! Hij trapte wild naar het ontstekingsmechanisme. Er volgde een zacht gezoem en toen gingen alle pijlen de lucht in. Eentje was genoeg geweest. Maar hij had er tien opgesteld, voor de hernemingen. Ze gingen alle tien de lucht in. Het was prachtig. De 'talky' brulde iets over de Nationale Feestdag, maar dat ging verloren in het geweld van de laag overvliegende helikopter. De schijnwerper flitste aan en zette de omgeving in wit licht. De jongen met het engelenhaar werd naar beneden gelaten (véél sneller dan in *Windkracht 10*) en met een korte snok, die hem dubbel liet plooien, een metertje boven het gras, tot stilstand gebracht. CUT!! En nu? Wat was er verder afgesproken? Waar moest de helikopter heen? Het tuig draaide weifelend heen en weer in de lucht. Wachtte op een bevel, maar dat kwam niet. Toen draaide het zich brutaal op zijn zij en scheerde weg in de richting van het huis achter het weiland, de blonde engel in een wijde boog met zich meenemend.

Ze hadden alle drie hun beste goed aangetrokken en hielden elk hun lampion op om niet over stenen of molshopen te struikelen. De koning van Polen had wat tegengeprutteld. Hij had liever de tijd gekregen om zich samen met zijn vriend uit Rome over de zaak te beraden. Tijd! Tijd! Alsof die intussen stil blijft staan! De andere twee waren rood aangelopen en die van Polen had er zich bij neergelegd. Nu ze hier zo over het barre land liepen, vond hij het toch in ieder geval gezellig. Drie koningen in de nacht. Op zoek naar het kind. Hij vond het wel iets hebben. Alsof ze plots deel uitmaakten van de geschiedenis. Net toen de gastheer hen wees op de donkere heuvelrij in de verte en hen vertelde dat de zee vroeger tot hier kwam en dat de heuvels oude zandbanken waren, lichtte de hemel op en het was alsof de sterren uit elkaar spatten. Vervolgens hoorden ze een diep gegrom en een ogenblik later hing er een ster boven het weiland, helder als een volgspot. Ze geloofden hun ogen niet. De ster zwiepte een tijdje van links naar rechts, maakte dan een brede zwaai en bescheen vervolgens het huis aan de rand van het weiland. Duidelijker teken had niemand ooit gekregen. Die van Polen opperde nog iets over een wel zeer moderne uitvoering van het bekende verhaal, maar de andere twee spoedden zich al naar de gezegende plek.

Meteen na de eerste wee had hij de vroedvrouw gebeld. Hij was negen maanden lang voorstander van het ziekenhuis geweest, maar zij wou het thuis laten gebeuren. Zoals dat al eeuwen gaat, had ze gezegd. De vroedvrouw vroeg hoeveel tijd er tussen de weeën zat. Een minuut of twintig. Bel me maar als ze om de tien minuten komen, zei ze, en verzorg het vrouwtje. Hij had kamillethee gezet en de kerstboom versierd. Buiten in het weiland was het een herrie van belang. Een filmploeg. Een week geleden hadden ze een briefje in de bus gevonden waarin de producent zich verontschuldigde voor het verstoren van de nachtrust, maar iedereen zou uitgenodigd worden voor een vertoning. Hij had daar verder niet bij stilgestaan, maar het kwam nu al met al wel zeer ongelegen. De weeën kwamen steeds sneller. Hij had de vroedvrouw al een paar keer gebeld en gebiept, maar kreeg geen antwoord. Het water brak en het kind kwam. Op hetzelfde moment werd er buiten op het weiland vuurwerk ontstoken. Dat was bijzonder. Ze waren alle twee nogal uit hun lood geslagen, of moest hij nu zeggen alle drie. Hij had het kind geknipt, afgebonden en in doeken tegen de moeder aangedrukt. Toen werd er op de keukendeur geklopt. Hij was wat verdwaasd naar de keuken gelopen en had opengemaakt. Gust. De schapenboer. Een

walm jeneverlucht dreef de keuken binnen. De tuin stond vol
schapen. Gust was stomdronken en stamelde: '... een vachtje... een vachtje voor het kindje.' Hij wou naar binnen. Zijn
schapen ook. Op dat moment werd er gebeld bij de voordeur.
Hij was dan daarheen gelopen. In het donkere deurgat stonden drie heren op leeftijd, waarvan hij er één dacht te herkennen, maar hij kon het gezicht niet plaatsen. Tot plots toch:
'... de koning?!' 'Drie,' antwoordde de man, 'alle drie... Drie
koningen. Wij willen het kind zien,' en ze stapten de gang in.
Hij liep hen voor naar de woonkamer, die intussen vol schapen stond en daar midden in Gust met het bebloede vachtje.
Toen de koningen de verschrikte moeder en het kind zagen
knielden zij neder. Gust ook. Toen rolde er een hels lawaai
over de wereld. De pannen vlogen van het dak. Het raam op
de tuin sloeg aan scherven en een engel in overall vloog aan
een staalkabel door de kamer en landde in de luster. Hij over-
zag van daarboven de situatie, zocht heel even naar zijn kop-
stem en zette aan: 'Sti-ille naacht. Hei-lige naacht. Aaaa-lles
slaapt...' Toen stortte hij met luster en al naar omlaag en sloeg
tegen de tegels van de woonkamer te pletter. Het kind begon
te huilen. De moeder maakte de doeken los. Toen viel er een
stilte in de kamer. Zoals het kind daar nu lag. Bloot. De
kromme pootjes gespreid. Er was geen vergissing mogelijk. Het
was een meisje. Ze keken mekaar beurtelings aan: de moeder, de vader, de engel, de koningen en Gust met zijn vachtje
en de schapen. En er stond hoop te lezen in al die ogen.

Ik had Boken al een hele tijd niet meer gezien. Ik maakte me zelfs wat ongerust. Telkens als ik in de stad was, liep ik langs de vertrouwde plekken, maar geen Boken. Ik miste hem. Hij leidde me bij elke ontmoeting, zonder opdringerigheid, weg uit mijn kleine beschermde wereldje en liet me de dingen zien zoals ze waren. Boken had weinig geld, punt. Daar viel niks aan te veranderen. Degene die wil werken, kán werken! Het is een tijd geleden dat ik het nog gehoord heb. We weten stilaan beter. Op een of andere zelfvoldane voetbalmanager na, haalt niemand het nog in zijn hoofd dat soort onzin uit te kramen. 'Het is oorlog,' zei Boken, 'En we moeten daar door. We moeten niet klagen, er wordt voorlopig niet op ons geschoten.' Boken was de dag door bezig met overleven. Eten en gedichten.

De eerste zonnige dag van het jaar zit hij op het terras van Le Paôn Royal. Niks voor Boken. Zeventig harde Belgische franken voor een kop koffie. En toch, Boken in volle glorie. Ik sta bij de kaasboer en zie hem opgewonden praten met een andere man. Vreemd allemaal. Boken, altijd de rust zelve en dan die andere. Boken vrienden? Ik dacht dat ik de enige was. Ik dacht dat graag. Ieder zijn armoelijder. Ik betaal mijn Explorateur en mijn 'goeie boter' en steek de straat over. 'Waar heb jij gezeten?' vraag ik. 'In Zaventem. Ik experimenteer met vliegtuigen.' De man die naast hem zit is goed gekleed, verzorgd, met bijgeknipte snor. 'Ik kies de langste gedichten uit en wacht tot er één opstijgt. Ik begin samen met hem. Eerst kan ik mezelf nog horen, maar na een poos overstemt hij mij, voel ik enkel nog mijn mond open en dicht gaan. Ik blaas woorden zoals een vis bellen. Geleidelijk, naargelang hij hoger stijgt, komt mijn stem terug en dan, uiteindelijk, enkel nog mijn stem met de laatste regels van het gedicht. Alsof ik een stukje heb meegevlogen. Denk je dat ik zot aan 't worden ben?'

De man die naast hem zit is een Pool. Een zwartwerker. 'Pas travail, pas argent,' zegt hij. 'Pas argent... pas manger et... homme mange pas: homme meurt! War of nit war?!' 'Waar,' zeg ik. 'Je sais... pas en ordre... moi faire quelque chose mauvais... contre loi. Mais loi veut moi mourir!... loi veut tuer moi!... moi respecter loi qui veut tuer moi?!!' 'Non,' zeg ik. Hij lacht breed naar Boken, buigt zich naar mij en zegt met zware tongval: 'Et iès orlog en wai motten dar dor.' 'Hij kent de gedichten van Wislawa Szymborska,' zegt Boken, 'het is een plezier om ze in het Pools te horen. "Gelukkige liefde. Is dat normaal,/ is het belangrijk, is het nuttig – / wat moet de wereld met twee mensen /die de wereld niet meer zien?"' Hij stoot de Pool aan die het vers terstond in zijn moedertaal declameert. 'Samen zijn wij zo'n mooie uitgave van Van Oorschot,' lacht Boken. 'Met het origineel aan de ene kant en de vertaling op de tegenoverliggende bladzijde.' Het volgende halfuur probeert de Pool Boken de correcte uitspraak van de naam bij te brengen: Wislawa Szymborska. Ik maakt de Explorateur open en bestel een fles wijn. Boken is terecht.

Als ik haar wil terechtwijzen omdat haar speelhoek is uitge-
dijd en nu zowat de hele woonkamer in beslag neemt, zegt
mijn dochter: 'Papa moet nu niet met mij praten, want mijn
bloed is aan het rusten.' Ze ligt languit op de sofa en houdt
zich muisstil. Ik vraag waarom haar bloed moet rusten en ze
antwoordt: 'Omdat het altijd maar beweegt natuurlijk, de hele
dag en daarna nog de hele nacht, en ik ben toch ook moe als
ik altijd maar beweeg. Dan moet ik toch af en toe een beetje
rusten. Want bloed stroomt, hé papa, dat weet jij toch! Bloed
stroomt! Want als je met een scherp mes in je keel snijdt, dan
spuit het zo weg, tot tegen het plafond! Ik weet dat.' Ze be-
leeft opvallend veel plezier aan het uitspreken van de woordjes 'scherp,' 'snijdt' en 'spuit'. Ze ontploffen in haar mondje.
Bloed heeft haar altijd al erg begeesterd. Zowel de tempera-
tuur van haar bloed, als de kleur, als de dikte of hoe snel het
droog wordt. Ze is op een of andere manier blij met ieder
wondje. 'Want zo weet je of je nog bloed hébt, hé papa! Want
als je geen bloed meer hébt, dan ben je dood! Of als het bloed
helemaal droog wordt, zoals de vis die mama koopt! Maar
kinderen gaan niet dood, hé papa? Mensen gaan dood, maar
kinderen niet. Die hebben nog veel bloed. Maar mensen die
hebben soms maar een beetje bloed meer of ze doen botsin-
gen met de auto en al hun bloed loopt weg! Maar kinderen
die moeten eerst nog mensen worden, hé papa, en dán gaan
ze dood. Mijn bloed gaat naar de hemel, want mijn bloed kan
daar toch niks aan doen dat ik doodga, hé papa!' Intussen heb
ik zelf haar uitgedijde speelhoek teruggedrongen en maak haar
daarop attent. Ze heeft van haar moeder geleerd 'arrigato' te
zeggen als iemand iets voor haar doet, maar in het Nederlands
lukt dat niet zo goed. (Zoals 'ik hou van jou' moeilijker is dan
'I love you', denk ik.) 'Zeg het dan maar in het Japans,' zeg
ik. 'Arrigato,' zegt ze. 'En nu stil zijn papa.'

DIOXINE

Mijn vrouw had een stoofpotje van beryx klaargemaakt. Er zijn drie soorten beryx: beryx decadactylus en beryx splendens, zoutwatervissen die zich in de Atlantische Oceaan ophouden op een diepte tussen de 400 en de 600 meter, en dan een derde soort die beryx wordt genoemd maar dat niet is, want gewoon keizerbaars. L'empéreur, zeggen de Fransen. En daarvan had mijn vrouw dus een stoofpotje gemaakt. Visje schoonmaken, spoelen onder stromend water, droogdeppen, besprenkelen met citroen en kruiden met peper en zout. Appeltjes schillen en in schijven snijden, uitjes pellen en in schijven snijden, uitjes laten zweten in de olie. Tomaatjes wassen, halve minuut in kokend water, hup! onder de koude kraan, pellen en in schijven snijden. Vuurvast schoteltje beboteren. Eerst de uiringen, dan de visfiletjes, appeltjes er bovenop en vervolgens de tomaten. Kruiden met kerrie. Zetmeel door de yoghurt roeren en eroverheen. Twintig minuutjes in een voorverwarmde oven (225°C). Voor het opdienen bestrooien met peterselie en dille, klaar. Het geurde overheerlijk in huis. Het gezinnetje was in goeden doen. Ik had in de kelder een droge Riesling gevonden, waarvan ik, om latere misverstanden daaromtrent uit te sluiten, met grote stelligheid betoogde dat die daar prima bij paste. Niemand sprak mij tegen en blozend van appetijt schoven wij aan, rond het stoofpotje. Nadat wij mekaar de handen hadden gereikt en onder leiding van mijn dochter het 'smakelijk-allemaal-bon-appetit-mes-amis-wij-danken-voor-dit-maal-en-we-maken-niet-te-veel-kabaal' hadden uitgesproken, vielen wij aan. Het was lekker. 'Als je bedenkt,' zei ik, 'dat je daar in eender welk Brussels restaurant stukken van mensen voor betaalt...!' Het werd nog lekkerder. En mijn vrouw zei dat de Riesling er prima bij paste. Onze dochter neuriede, tussen de happen door. En wij weten: onze dochter neuriet enkel als het lekker is. Het was te midden van al dat huiselijk geluk dat ik iets zei, wat ik beter niet had kunnen zeggen. Of toch niet op dat feestelijk moment. Maar wat doet een mens als hij gelukkig is? Hij spreekt zijn hart uit! Hij kan zich bij god niet voorstellen, dat er in héél zijn schone, uit louter geluk opgetrokken zélf, ook maar één gedachte zou kunnen huizen die beter onuitgesproken blijft. Dat de mogelijkheid zou kunnen bestaan, dat een deel van hemzelf strijdig is met de heersende harmonie? Dat kan hij niet zien. Niet nu. Hij is gelukkig! Hij is niet op zijn hoede. Daar neemt het hoofd het hart in de maling: 'Wat zou er allemaal in zo'n vis zitten?' zeg ik. 'Hoe bedoel je?' vraagt mijn vrouw lichtjes afwerend. Ik weet nu, na de feiten, wat er in haar omging toen. Heel even, zichzelf in bescherming nemend, heeft ze gedacht: 'De voedingswaarde! Hij bedoelt de voedingswaarde...' Om zich dan meteen te realiseren dat de voedingswaarde van wat dan ook mij evenveel interesseert als de levensduur van een spaarlamp. 'Hoe bedoel je?' heeft ze toen nog wel gevraagd, maar ze wist het al. 'Zo'n beest moet in zijn leven toch wel een en ander binnenkrijgen!' zeg ik. Mijn vrouw, viseter van geboorte, maakt nu plots een zeer vermoeide indruk. Ze wil nog wat zeggen, maar vindt zoals zo vaak de woorden niet om mij de mond te snoeren. 'Als je daarover nadenkt...,' zeg ik, '...die zee, wat daar allemaal niet in uitmondt. Wat daar allemaal op ronddobbert. En maar lozen! Zo'n beest zwemt daar zijn leven lang in rond!' zeg ik. Mijn dochter is gestopt met neuriën en kijkt mij nieuwsgierig aan. Langzaam dringt het tot me door: ik heb de sfeer verpest. Mijn vrouw loopt traag de kamer uit. Mijn dochter volgt. Ik drink mijn Riesling alleen. Lekker strak wijntje. Tikje diesel in de afdronk.

Ik heb vergiffenis gevraagd op blote knieën. Niet op het zachte vloerkleed, maar met mijn blote knoken over de barst in de stenen vloer. ('Om de scherpe randjes te voelen van je wangedrag,' zei pater Hecht destijds.) Ik heb beloofd dat ik in het vervolg zal nadenken voor ik spreek, ook als ik gelukkig ben. Maar nog geen week later: Lap! Dioxine in de kip. En in het ei van de kip. En misschien ook wel in de koe. En in de melk van de koe. En in het varken. En van het varken eet ik alles! Wij hangen aan het scherm gekluisterd en fouilleren in gedachten de volle koelkast. Wat moet er weg? Wat kunnen we houden? Ze wisten het al lang. De clowns! Pinxten en Colla wisten het al heel lang. 'Ik ook,' zeg ik, maar niemand hoort mij. Mijn vrouw is boos. Ze wisten het en hebben niks gezegd!

'Misschien hebben ze goed nagedacht voordat ze gingen praten,' zeg ik, 'dat is hen zo geleerd.'

Bavo doet ons op gepaste wijze kond van het droeve nieuws. Er liggen zwarte en witte pensen op mijn bord. Niet van die sponzen knuppels die je bij zovele slagers vindt, maar stevige worsten met lekker grof gemalen vlees en veel bloed in de zwarte en goed gekruid. Met zelfgemaakte appelmoes: appeltjes in partjes met wat water op hoog vuur, tien à twaalf minuten, niet roeren tijdens het koken anders verliezen ze kleur. Overgieten in een glazen kom. Pakje vanillesuiker en het sap van een halve citroen doorheen roeren. Laten afkoelen. Met gestoomde krieltjes. Een stukje van de hemel! Terwijl Bavo praat verandert dat alles voor mijn ogen in seitan met volle rijst en algen. Ik weet het wel! Ik weet het wel! Het kan ook: lekker zonder vlees en vet. Maar nooit of nooit van mijn leven zo lekker als mét! Ik staar verdwaasd naar het betoverde bord. Wat zou er in die seitan zitten?

Wat de daaropvolgende dagen gebeurde grenst aan het ongelooflijke zegt men, maar dat is niet waar. Wat de daaropvolgende dagen gebeurde, is wat er de hele tijd gebeurt, alleen zat het nu wat ongemakkelijk samengepakt in een te korte tijdsspanne en werd alles door de media op de voet gevolgd en alzo zéér zichtbaar gemaakt. Een grabbel in de ton der dwaasheden. Een minister, gestudeerd en al, zegt dat het besmette vet enkel in het voer zat en niet in de kip. Daar hebben wij thuis nog wel eens goed om gelachen, iets wat steeds minder zou voorkomen. De premier blijft achter zijn ministers staan, maar voor alle zekerheid ontslaat hij ze toch maar. Colla koopt een jasje dat nog geler is dan zijn vorige. De dunne van het duo zegt dat hij niet zou weten waarom hij zich niet meer verkiesbaar zou stellen. Hij heeft gelijk. Hij weet nu meer dan vroeger. Dehaene wil niks meer met de verkiezingen te maken hebben, hij moet de problemen oplossen nu ze zich stellen. Happart wil de mannen van het staal laten omscholen tot metselaars om ze vervolgens een muur rond Wallonië te laten bouwen. Hijzelf gaat in de citadel van Dinant wonen. Niemand die 'Boerenbond' zo mooi uitspreekt als Louis Michel en hij zegt dat de kleine, lieve, schattige, piediewiedie Waalse kippenkwekertjes, die zo bezorgd zijn om het welzijn van hun vogeltjes, dat ze er elke avond wiegeliedjes voor zingen tot ze slapen, het slachtoffer zijn van Vlaandrens Boerenbond. (Er zit slechts één 'r' in Boerenbond, maar bij Louis Michel telt ze voor twee.) De Boerenbond zelve heeft naar goede gewoonte de schade al becijferd en doet iedereen een proces aan. Her en der worden te lande volwassen mensen in kippenpakken gesignaleerd terwijl ze ludieke slogans kakelen. Dat moeten dus de groenen zijn. Het vooruitzicht dat we niet anders zullen kunnen dan voor hen te stemmen bezorgt me een chronische slappe ruggengraat. Leo Delcroix werkt aan zijn website. Bertje maakt op het een of ander marktplein een rondedansje met een vrolijke grootmoeder en zegt dat er dringend aan de kwaliteit van het leven moet gewerkt worden. Verwilghen wil nu wel eens weten of criminaliteit en vreemdelingen met elkaar vandoen hebben. Hij wil dat wetenschappelijk onderbouwd. Ik verwittig mijn vrouw en sla deviezen in. Van Peel weet nog altijd van niks. Verhofstadt vraagt zich af wat er nog moet bewezen worden. Van den Bossche neemt het over en wordt prompt door een cameraploeg gevolgd. Het vrouwtje in badjas bij het ontbijt speelt het vrouwtje in badjas bij het ontbijt die zou willen dat hij bleef maar hij moet weg want het is zijn job en si en la. Luc heeft weinig slaap nodig. Een beverige expert legt hem uit wat er aan de hand is. VDB buldert: 'Dus ge bevestigt mijn vermoeden!' Stevaert fietst tegen hoge snelheid over een verkeersdrempel waarvan hij zelf nog de eerste steen heeft gelegd en loopt nu wijdbeens door de Wetstraat. Si tous les dégoutés s'en vont, il n'y a que Louis Tobback qui reste. De Mol weet ook nog altijd van niks. Dewinter daarentegen... En op een dag zei Bavo dat de kippen weer gezond waren en we scheurden naar de winkel en daar lagen ze op hoge stapels in de rekken. Het is zoals met rood en groen. Als 't rood is moet ge stoppen, als 't groen is moogt ge door. En daarna gingen we met zijn allen stemmen en we stemden ze in de vernieling. En ze waren boos. Ze waren verontwaardigd. Ze hadden zo hun best gedaan (de kippen lagen toch weer in de rekken zekers!) en wij waren te dom om dat te zien. Een scheutje dioxine en we waren al van slag. Dehaene had nochtans gezegd dat het nu aan ons was om ons verstand te gebruiken. Het zijne was op. We hebben dat niet gedaan. We hebben domweg voor de groenen gestemd en voor de blauwen en voor de zwarten en een beetje voor de gelen. Van Hecke was verbolgen over de kleur die zijn partij had meegekregen in de grafieken. Ik vond het eerlijk waar veruit de mooiste kleur die erbij was. Een heel mooi grijzig bruin. Ze deed hem denken aan dingen van vroeger waar hij afstand wou van nemen. Ik heb precies hetzelfde als ik hém zie. De verkiezingsshow was eigenlijk de Kosovoshow maar dan zonder Karel Deruwe. Maar evengoed speels en licht en voor het goede doel. Ik had veel zin om geld te storten maar mijn vrouw zei dat het op was. Ook hier de hele avond doorspekt met fragmenten uit oude programma's van Ben Crabbé. Geert Hoste ook en hij moest weer lachen. En Stefaan De Clerck was er omdat zijn dochter daar ook moest zijn en Johan Vande Lanotte en Van Peel en Dehaene en Vogels en Anciaux en Van Krunkelsven en De Crem en De Croo en... Om lucht te krijgen af en toe naar *Gorillas in the Mist* op VT4 gezapt. De ogen van die beesten! Slecht geslapen die nacht, want tegen mijn zin gestemd. Het enige wat mij heeft kunnen opfleuren, die vermaledijde dertiende, tijdens het wachten in de lange rijen, was de zattekloot die riep: 'Gaat hier allemaal ne keer weg dat ik kan kiezen!' Zo werd het maandag. Traditioneel een goeie dag. Iedereen moe. Op maandag verklaart geen mens de oorlog. Ze moeten stilaan aan de slag. Schoorvoetend. Kleurtjes mengen. Creatief wezen. Daar zijn ze wel even mee bezig, want dat zijn ze niet gewend. Verder is het wachten op een nieuwe bende, een moord op een socialistische voorman, ccn pedofiel of cocaïne in de neusdruppels. Tenminste, dat dachten wij thuis bij ons, die maandag. Maar Plasschaert, voorzitter van het NCMV, wordt aangehouden omdat hij al jaren sjoemelt met overheidsgelden. Hij had nochtans een blanco strafregister, zegt een meneer van hetzelfde genootschap. Delcroix heeft weer last van een Blijleven. En there is always Coca Cola. Ik, die altijd een blikje cola in de auto heb, voor als ik een wiel moet vervangen en de moeren niet los krijg, mij wordt nu (alweer Bavo) gemeld dat er met het drankje iets niet in orde is. Schoolkinderen worden bij bosjes afgevoerd. Iedereen wil vergoed worden. De grote baas, in hoogst eigen persoon, daalt uit Amerika neder op de aarde om zijn excuses aan te bieden. Maar hij doet dat niet goed en ook dat is nieuws. Experts worden erbij gehaald om de excuusbrief te analyseren. Communicatoren. Slangen. Dat van die kippen was niet de schuld van Verkest blijkt nu, maar van Fogras (Slegvet). Dat is een Waals bedrijf. Vlaanderen haalt opgelucht adem. Intussen informeert Louis Michel dat het een lieve lust is. Dat van die piediewiedie Waalse kippenboertjes die het slachtoffer waren van Vlaams gesjoemel, heeft hij héél anders bedoeld dan wij het hadden begrepen, zegt hij. Hij heeft de taal van de meerderheid al onder de knie. De CVP mag niet meedoen. Wil niet meedoen, zou Van Peel graag zeggen, maar hij durft nog niet. 'Dat ze het nu zélf maar eens doen!' zegt hij, terwijl hij zijn krop trekt. Erger dan dioxine in de kip, arrogantie in de kop.

Wat mij toch nog van het hart moet: 'Wat zou er allemaal in die vis zitten?' vroeg ik, met alle gevolgen vandien. Ik vroeg dat een volle week voor D-day! Er was toen nog geen vuiltje aan de lucht, geen fenol in de cola, geen ossenbloed in de rode wijn, geen dioxine in de kip en de CVP zong nog altijd van 't leven is mooi! Ik wil maar zeggen: de dichter is een ziener.

85.

'Dames en Heren, België moet niet meer barsten...' De man in het te grote maatpak overschouwt, na het uitspreken van deze woorden, triomfantelijk de zaal. De zin is niet af, dat kan je voelen. Er komt nog wat. Maar wanneer? Het duurt lang. Hier en daar tast een militant reeds naar zijn partijkaart om die meteen en openbaar te verscheuren, mocht alsnog blijken dat dit de hele zin is geweest. (Het zal toch niewaar zijn zekers?! Dat is een kaaksl... Maar nee gij, ge kent onze Matjas toch! Hij heeft hij in Amerika verdergeleerd en daar doen ze dat altijd. Dat is voor de spannink. Ze zeggen eerst het tegenovergestelde van wat ze eigenlijk willen zeggen en dan wachten ze. Ge ziet dat toch in de bold en de beautiful. Ze doen zelfs dikwijls of dat ze gaan weggaan en dan blijven ze bij de deur staan, de hand aan de klink, zonder om te draaien. En dan, héél traag, komen ze terug. Eerst de kop en dan de rest. Ze blijven naar de grond kijken en dan mot!... recht in uw ogen. Maar dan hebben ze nog altijd niks gezegd! Eerst doen ze dan nog een paar keer precies of dat ze iets gaan gaan zeggen en als ge begint te denken: nu komt er niks meer... Mot!! Dat is voor de spannink. Dat doen ze daar altijd. In Amerika.) De man op het podium trekt zijn schoudervullingen recht, heft zijn kop en stoot, vol van zijn eigen naam, het vervolg van zijn zin uit: '... omdat België al gebarsten is!' Terwijl zijn woorden nog door de huiskamer galmen en het publiek hem opgelucht toejuicht, gooit mijn dochter zich schaterlachend op het vloerkleed. Gezien haar prille leeftijd, kan ik mij niet voorstellen dat het ene iets met het andere te maken heeft. Al moet ik zeggen dat ze heel goed voelt wanneer iets om te lachen is.

86.

Het zou gaan vriezen en de bieten moesten nog uit de grond.
De hele familie werd gemobiliseerd. Vanuit 'de Limburg' kwamen ze om te helpen. We dronken botermelk met veel suiker
uit Orvalglazen en de groten gloeiendhete zwarte koffie met
een scheut jenever. Tot over onze enkels in de koude modder
en wrikken tot de biet losliet. Wij waren kinderen en werkten soms met zijn tweeën aan één biet. Om ons heen, onze
voorovergebogen vaders en moeders en nonkels en tantes met
rode oren en druipneuzen en dampend als trekpaarden. Allemaal samen. Zelfs uit 'de Limburg' waren ze gekomen. En
's avonds aan de lange tafel op de boerderij, de hele bende blozend van vermoeidheid. Gezonder volk is nooit gezien en iedereen op kousenvoeten. Alles was eruit. De boer lachte zijn
tanden bloot. Er was gewerkt tot het stikdonker was. De laatste bieten waren 'op den tast' getrokken. Daarna waren de
ruggen onder luid gevloek gestrekt en de fles ging rond. En
dan allemaal samen door het donker naar de boerderij. De
modder als klompen aan de voeten. Over het veld en door de
wei naar het huis ginder, met de fel verlichte vensters. Naar
de lange tafel. Het gras kraakte onder onze laarzen en iedereen lachte met een mop. Wij ook. Niks van begrepen, maar
we schaterden tot we er draaierig van werden. Lachen in het
donker. Zelden zo samen geweest. En het hield niet op, want
'die van de Limburg' bleven bij ons thuis logeren. Alle kinderen samen in het grote bed. Ik weet wel, ik weet wel... Het is
al bijna veertig jaar geleden en toen al, werden mijn verhalen
met een paar zakken zout genomen. Maar toch. Zo blijft het
mij bij. Poten af. Is van mij.

87.

Ik begrijp dat gezeur over het weer niet. Zeuren doe je over
zaken die anders zouden kunnen, maar het weer is het weer.
'Ge kunt niet voor iedereen goed doen!' zei Swa de Facteur,
en hij piste in burgemeesters brievenbus. Het voorbije zon-
overgoten vriesweertje is mijn weertje wel. Op zo'n dagen
wens ik iedereen die mij voor de voeten loopt luid 'goeiemorgen'. Tot vervelens toe. Het overkomt mij dat ik om drie

uur in de namiddag nog 'goeiemorgen' roep en daar mensen danig mee in verwarring breng. Mijn vrouw is blij dat ze uit werken kan. Veels te vrolijk voor haar. Ze heeft mij al zolang mokkend en ongeschoren gekend, dat deze vrolijkheid vanzelf op ziekte is gaan lijken. Maar het gaat voorbij zoals het leven zelve. Daar is Frank al. (Ik wacht al jaren op de dag dat Frank mij, voorzien van strohoed en wandelstok, tapdansend de weersverwachting komt melden.) Hij heeft goed nieuws, zegt hij. Het wordt zachter. Eerst nog wat ijzel misschien, maar er is een goeie kans dat we ook daaraan ontsnappen. Ik weet niet beter of ijzel is een van de meest opwindende weersomstandigheden. Het simpele feit dat er van alles en nog wat niet werkt, is toch steeds weer een fraaie breuk in de eentonige cadans van het bestaan. (Een beetje zoals wanneer Frank stottert tijdens zijn weerpraatje.) Het wordt zachter. Tot tien graden boven nul. Boven nul, hij herhaalt het. Hier en daar wat buien, dat wel, maar met de bittere koude is het uit. Ik word daar droevig van. Mijn vrouw zal blij zijn dat ik genezen ben.

88.

Wat ik wel begrijp? De trieste boer tussen zijn vastgevroren bieten. Zelfs bij snelle dooi, zegt hij, zal alles wat boven de grond uitsteekt, wegrotten. Allemaal tarra. Een woord als een vloek. Het verlies van de boer. Een van de stoerste jongens uit onze woordenschat. Netto plus Tarra is Bruto. Fijne reeks trouwens. 'Tarha' is arabisch voor 'wat op de grond is gegooid, weggeworpen'. Het werkwoord is 'taraha' (wegwerpen, neergooien) en het zou me niet verwonderen als de uitroep 'ja, tarara!' uit hetzelfde nest komt. Zoals bijvoorbeeld in: 'As die arabe denke da's ier hun goesting kunne komme doen? Ja, tarara!' Een woord dat met iets grotere zekerheid verwantschap vertoont, is 'matras'. 'Ma-' is een plaatsbepalend voorvoegsel en 'matras' betekent dus 'de plek waar iets wordt neergeworpen'. Een hele wereld, zo'n woordje. Het had boeren of etymologie kunnen zijn, ik snap nog steeds niet hoe het acteren is kunnen worden.

Het is weer theaterfestivalderalderiere. De tien beste voorstel-
lingen van het vorige seizoen worden in Brussel en Amsterdam vertoond. Wij zijn daarbij en dat van die 'beste voorstel-
lingen' zal dus dit jaar wel kloppen. Tussen de bedrijven door
wordt er gepraat, nagedacht, vergaderd en gedebateerd over de
zin en de onzin van het theater in het verleden, het heden en
de toekomst. Ik wil graag mijn bijdrage leveren.

Radeis heette ons groepje. We schreven het opzettelijk fout
omdat we dwars wilden liggen. Lach niet. Wij kwamen van
school en op school werden taalfouten altijd als uitermate sto-
rend ervaren. Wij hadden allemaal wel eens binnengekeken
in een of ander theater, maar dat was daar niet anders dan op
een ander. Daar waren wetten en regels en rangen en standen
en dat ging ons geen van allen goed af. Wij waren niet op zoek
naar een carrière. Wij hadden hier en daar zo wat Latijn en
Grieks geleerd en wisten dat het woord in zijn oudste betekenis 'karrenspoor' betekent. En vanaf onze eerste fiets wisten
we dat je daar beter niet in kon terechtkomen. Want dan kon
het alleen nog maar rechtdoor. Een zijwegel naar het mooiste
bosje, waarin het mooiste Chiromeisje op je lag te wachten...
als je de bocht wou nemen ging je op je smoel. Dat wisten
wij. Wij wilden geen carrière, wij wilden open veld en gingen
wel te voet.

De Beursschouwburg gaf ons een plek op de straat en zorg-
de ervoor dat daar rond de tijd dat we speelden volk rondliep.
Zo kregen wij een publiek. En applaus. En dat was eigenlijk
alles wat wij wilden. Dus deden we dat 's anderendaags weer.
En nog. En nog. Maar het wintert snel in onze contreien en
het kan koud zijn op de straat. Wij moesten dus naar het Zuiden, dat wisten wij nog van de vogels. Maar in het Zuiden
spreekt men heel andere talen en om zeker te zijn dat ze ons
zouden verstaan, hielden wij dus onze mond. En omdat wij
een hekel hadden aan mime, kreunden en basten wij hier en
daar toch wat uit de haak getrokken moedertaal tussendoor
en alzo verwierven wij een heel eigen stijl. Wij waren ook toen

al héél traag. Misschien dat wij van elke seconde wilden genieten. Traag. Zo traag dat de mensen het bijwijlen niet meer om te lachen vonden en ons spel werd bijgevolg als tragi-komisch omschreven. De mishandelde taal sloot naadloos aan bij onze slome speelstijl, evenals de humor waarvan wijzelf vaak pas veel later beseften dat hij soms om te lachen was. (Een van onze medespelers was jaren tot zijn grote tevredenheid werkzaam geweest in de psychiatrie en ik heb hem nooit horen klagen.) Om ons te plaatsen werd er vaak verwezen naar zowel Brel als Magritte, Tati, Buster Keaton, De Vlaamse Primitieven, het dadaïsme en het leven zelve. En wij? Wij zagen de wereld.

Bijvoorbeeld: het drie meter hoge, uit ijs gekapte, zeepaard, dat onder harde spots langzaam stond te smelten in de eetzaal bij de Gouverneur van Hongkong. Eromheen zaten zes piepjonge Chinese meisjes cello te spelen bij onze intrede. Aan tafel ontmoetten wij de gebroeders Chao. Dikke Chinezen in rood en geel geruite pakken die wel honderd films per jaar maakten en de hele avond door bulderden om mekaars moppen. Wij waren met een taxi naar boven gekomen. Het paleis van de Gouverneur lag hoog op de piek achter de stad. De taxi zag eruit alsof hij vijf keer over de kop was gegaan en had slechts één versnelling. De chauffeur probeerde af en toe vloekend zijn tweede of zijn derde, maar dat lukte niet. Met huilende motor en in een walm van verbrande olie, kwamen we bij het paleis aan. De poortwachter, gewend aan Porsche en Maserati, gaf geen doorgang. Maar onze met goud bedrukte uitnodigingen dwongen hem, tot zijn zichtbare spijt, ons erin te laten. We draaiden sputterend de allee op naar het paleis. Op de uitnodiging stond avondkledij, maar wij hadden voorafgaandelijk laten weten daar niet over te beschikken. Men had telefonisch erg aangedrongen, gezegd dat je je in Hongkong voor bijna niks een pak kon laten maken. Maar bijna niks was ons toch nog te veel en na wat heen-en-weer-gedoe konden we komen zoals we waren. In jeans en op 'converse' en met een leren jasje. Het was wat dat slag volk een informeel feest noemt. Dat wil zeggen dat de dochters van de Gouverneur de dames uit hun nertsen hielpen. Ik bood mij aan en zie, zij rukten mij lachend mijn kortjakje van het lijf.

Bijvoorbeeld twee: Wij vliegen naar Caracas. Om kosten te

besparen hebben we allemaal zo goed als geen persoonlijke bagage meegenomen ("t Is daar toch warm zekers!') en in de plaats daarvan het hele decor in onze koffers gepropt. Bij de douane vertrouwen ze het niet. 'What is inside please?' Wij willen aan een uitleg beginnen over theaterdecors en kostenbesparingen, maar het heeft een uniform aan en een zonnebril met spiegelglazen op zijn botte kop en het brult: 'YOU TELL ME WHAT IS INSIDE! NOW!!' En dus zegt één van ons naar waarheid: 'A fish in a birdcage and a plastic palmtree.' De scheur in de botte kop, met daarboven de onvermijdelijke snor plooien zich samen tot een gespeelde lach. 'You like jokes?' Alweer naar waarheid antwoorden wij: 'No.' 'So you tell me one more time what is inside!' 'A fish in a birdcage and a plastic palmtree.' 'OPEN IT!!' Wij maken de koffer open. Hij staart naar de inhoud en mompelt zachtjes voor zich uit: 'A fish in a birdcage and a plastic palmtree...' Dan ziet hij dat er nogal wat volk omheen is komen staan en hij hervindt zijn waardigheid. 'Okay, next suitcase. What is inside?' 'A blue canvas with a yellow spot on it and a seagull.' En toen wist hij al voor ze openging dat het waar was, maar hij kon niet meer terug. 'Open it!' Hier en daar begon iemand voorzichtig te proesten. Voorzichtig, want men weet daar maar al te goed hoe gevaarlijk dat soort mannen is al ze zich bedreigd voelen door de lach. We mochten doorlopen. Nee, we moesten weg! De volgende stop was de security. Alweer piekfijn in uniform en met zonnebril. Het alarmpistool dat we in de voorstelling gebruiken, hebben we tijdens de vlucht, verpakt in zijn grijze doosje, bij de piloot gelaten zoals geëist in de veiligheidsvoorschriften. Het is verder van alle nodige formulieren voorzien, er kan niks fout gaan. 'What is in the grey box?' 'A pistol.' De drager van het doosje wordt besprongen en tegen de balie geworpen. Het pistool wordt uit de doos gehaald. Ze willen zien of er kogels in zitten, maar ze krijgen het niet open. Wij willen helpen. Wij worden allemaal besprongen en tegen de balie geworpen. We krijgen het niet terug. 'No guns in the country!' Later doorzoekt de festivalorganisatie vergeefs de hele stad om een alarmpistool voor ons te vinden. Uiteindelijk doen we het met een echte colt met blanke patronen, die zijn er overal.

Of nog bijvoorbeeld: een optreden in de herfst op het plein voor het station van Leuven. Het was guur weer. Wij speelden *Ik wist niet dat Engeland zo mooi was / I didn't know the continent was so beautiful.* We plooiden onze blauwe zeiltjes open en gaven ze een fikse golfslag mee, we zetten onze plastieken palmboom op, we openden wat blikken ananas en algauw wentelde het stationsplein zich in een sfeer van olé en aloha. Het volk bleef staan en keek, met één hand de regenjas nauw aansluitend om de hals, gekromde schouders, het hoofd schuin tegen de wind in, de paraplu in aanslag, naar vier heren in zwembroek die traag het verhaal vertelden van alle vakanties in de eeuwen der eeuwen overal ter wereld. We waren net onze vis aan het begraven, die verdronken was in zee, toen de politie ons eiland opwandelde en zei dat het niet mocht. Er was geen toelating gevraagd om hier een zee met eiland te ontplooien. Na wat welles nietes moesten we opkrassen en wel snel. We zochten onze spullen bij elkaar en begonnen in te pakken. Doch een van de dienders blijft ergerlijk dicht in mijn buurt rondhangen en ik recht mijn rug, kijk hem tussen de ogen en zeg: 'Nogal een beroep dat gij hebt, hé vriend!?' Waarop de man in uniform mij monstert, zoals ik daar wat rillerig sta, in mijn zwembroek met kubistische tekening in rood en groen en geel, mij uitvoerig monstert en dan zegt: 'En gij dan, hé vriend?' Ik heb een slappe lach gekregen die nu nog af en toe de kop op steekt. Bijvoorbeeld als er weer te veel geleuterd wordt tijdens het theaterfestivalderalderiere.

Mijn dochter zegt: 'Papa ik weet nu wie er in de hemel woont,
die onzichtbaar is en ons toch kan zien!'
Ik zeg: 'En wie is dat dan?'
Ze maakt het heel spannend en zegt dan: 'Tarzan!'

89.

Hoe zou het zijn? Op de vlucht met een paar koffers en het geld dat je nog rest. Hoe zou dat zijn? Als het land waar je geboren en getogen bent onder je ogen verschrompelt. Bergen vuilnis in de straten, leegstaande huizen, uitgebrande auto-wrakken, overal glas, roestige treinsporen, verlaten fabrieken, verzakkingen in het wegdek, lege winkelrekken, kapotte te-lefooncellen, ingevallen gezichten, en altijd en overal dat krij-sende glas onder je voeten bij elke stap, loeiende sirenes, 's nachts wordt er geschoten, niemand weet waarom, alles kost moeite, de trapleuning wordt opgestookt, tot op de draad ver-sleten kleren, uren in de rij voor water, voor álles uren in de rij, bij iedere geboorte zorgelijke gezichten, waar haalt dat tuig zo plots die uniformen vandaan?, de buurman fluit liedjes van Caruso en is daarom verdacht, bij kaarslicht naait men vlag-gen, niemand weet waarom, de ratten leven bovengronds, een klein hard broodje voor twee eieren, en hij daar heeft het al-tijd al gezegd en nu is het zover, er wordt geslagen voor het minste, geroepen en getierd, gegild, ijskoud, te koud om nog te leven. En op een dag denk je aan de tijd die je nog rest en weet je dat het in die tijd niet goed zal komen. Het kind slaapt onrustig (teletubies snijden elkaar de keel over in haar droom), je vrouw kijkt je aan en wendt de blik niet af want iemand moet het zeggen en je weet niet meer of zij het heeft gezegd of dat je het zelf was, maar 'Kom,' werd er gezegd, 'kom we zijn hier weg.' Het hoge woord is er nu uit, er is geen weg terug. Je zoekt en vindt een koper voor het huis. Je krijgt daar-voor bijna geen geld, want je wil weg, dat weten ze. Je bent een wegloper, die mogen bedrogen worden. De inboedel wordt stuk voor stuk verkocht of weggegeven. Het huis is elke dag een stukje leger. Het speelgoed van het kind. Dat gaat niet zon-der slag of stoot. Je laat dat alles achter. Het was geen paleis, integendeel, er was nog heel veel werk. Maar je had plannen. Elk jaar een stukje. Een beetje geld opzij en hup. Stap voor stap.

En als je samen met haar zat te dromen, als je voor de zoveelste keer samen zat te verzinnen hoe de keuken er uiteindelijk uit zou zien, als je met kleurige kleefband de nieuwe lijnen uitzette op de oude vloer, dan was het er. Dan stond het huis je voor ogen. Dan wou je nergens anders heen. De nieuwe keuken, de open veranda op de tuin, de ingerichte zolder voor het opgroeiend kind, de zithoek rond de open haard. Alles haarscherp. 'Kom, we zijn hier weg.' Verscheurend, maar het is niet anders. Het land bloedt leeg. Je loopt nog bij de familie langs. Er wordt van alles af- en aangeraden. Geen mens die weet hoe het moet. We zullen schrijven. Met het geld van het huis, koop je van onbetrouwbare mensen een reisroute, in vertrouwen. Afrika, wordt er gezegd, daar is het goed nu. Daar zit het grote geld. Werk, welstand, rust. Van hot naar her, langs open en gesloten grenzen. Het mag een wonder heten dat je het haalt. Zonder papieren. Je vraagt asiel. Je bent asielzoeker, vluchteling, migrant, buitenlander, allochtoon, vreemdeling. In de oude hippodroom buiten de stad, is een tentenkamp opgezet. Bovenop de muur rond het domein, zijn versperringen aangebracht met prikkeldraad. Voor alles uren in de rij. De procedure. Wachten. Een dak en eten, dat is toch niet te veel gevraagd? Geen vriendelijk woord. Veel woorden die je niet begrijpt. De gezichten moeilijker leesbaar dan thuis. Andere geuren, andere gewoonten, ander eten, ander licht, andere begroeiing, ander klimaat, andere mensen, andere muziek, andere kleding, ander schrift, andere humor, andere taal, andere huizen, ander gevoel. Anders. Alles helemaal anders. Ik ben Josse De Pauw... van het toneel... een beetje film ook... en ik schrijf om de maand in de *Standaard der Letteren...* De ambtenaar staart naar de papieren van je dossier en spreekt mijn naam fout uit... En mijn vrouw danst bij Rosas... Ik articuleer zo nadrukkelijk dat ik mezelf hoor praten... Anne Theresa De Keersmaeker... En dan word ik geveld door een lachstuip die gaandeweg pijn doet. Niks. Niks is er nog over. Alles is weg. 'Réfugié économique,' zegt de man. Die nemen ze niet. Ik rol nu schaterend over het met de hand geweven vloerkleedje dat zijn kantoor siert. 'Je suis content que vous le prenez bien,' zegt hij. En dan roept hij om zijn neef. 'Cousin!' Even later komt die het kantoortje binnen met een kussentje.

90.

'Do you speak English?' Ze wacht niet op mijn 'yes', maar
stort haar woordenvloed met een jankend accent over mij uit.
Waar de Grote Markt is wil ze weten en waar ze lekker kan
eten wil ze weten en waar er 's avonds wat te beleven valt
wil ze weten. Ze vraagt dat liever aan een inboorling (local),
want als je afgaat op wat er in de folders wordt aangeprezen,
loop je voortdurend alle andere hotelgasten tegen het lijf en
dat is vervelend (boring). Wat zoekt zij? Zij zoekt een menge-
ling van cultuur (culture) en opwinding (excitement). Le Coq
is voorgoed dicht (dat zal in Amerika ook wel in de krant
hebben gestaan) en dus raad ik haar een goeie film aan voor
de 'culture' en een drankje in Matonge voor het 'excitement'.
'But I don't speak French!' gilt ze diep bedroefd, een film is
dus uitgesloten. 'No problem,' werp ik tegen, er draaien heel
wat films in de originele versie en je kan ervan uitgaan dat
daarmee het Engels wordt bedoeld. 'You're kidding!' piept ze.
Nee, 'kidding' is niet mijn sterkste punt, het is zo wáár als ik
hier sta. Ze heft een jankende lofzang aan op de 'friendly
people of Brussels' en stevent richting Grote Markt. Het moet
een groots gevoel zijn, te weten dat je, waar je in deze wereld
ook gaat of staat, altijd wel terecht kan in je eigen taal.

91.

Algerije begin de jaren zeventig. Ik zit naast mijn rugzak langs
de kant van de weg. Duim opsteken hoeft hier niet. De putten en bulten in de weg zijn efficiënter dan onze verkeersdrem-
pels nu en de paar auto's die hier op een dag voorbijkomen
stoppen vanzelf. Je staat op en stapt in. Ik wil naar Constantine. Hij moet naar Constantine. Dat heet dan gelukkig zijn.
Honderd vijftig kilometer met dezelfde auto. We praten allebei ons eigen Frans. De muziek uit de radio volgt de deining
van de weg. Hoe ik in Algerije terechtkom, is de vanzelfsprekende aanzet van het gesprek. Een vriend werkt in Algiers
in een lab, als vervanging van zijn legerdienst in de heimat.
Ik ben op bezoek. Wat mijn eerste indrukken zijn? Beter weer
dan thuis, dat is zeker. Heb ik al schapenoog gegeten? Harissa
geproefd? Kif gerookt? Hij is blij met de aanspraak. Het is een

lange reis. Als het eerste enthousiasme is bekoeld, worden de zinnen rafelig en het gesprek valt stil. Hij neuriet mee met de radio. Af en toe kijken we mekaar aan en glimlachen. En plots zegt hij: 'Aantwaarpe!' Ik kijk verwilderd om mij heen. De Arabische taal, weet ik, heeft het allemaal: gutturaal, labiaal, bilabiaal, dentaal, labiodentaal, linguaal, fricatief, spirant, nasaal, stemloos, stemhebbend, ploffers, schuurders, sissers... De pygmeeën zullen misschien nog wel een tongslag hebben die niet in het Arabische repertoire voorkomt, maar zeker is dat niet. 'Aantwaarpe!' 'Pardon?' zeg ik. 'De Gruengplets!' zegt hij. 'Den Boerentore!' ''t Schelt!' 'Ik em doar joare gewaarekt!' 'Ce n'est pas vrai!' zeg ik omdat ik toch liever in het Frans zou verdergaan, maar hij is nu goed op dreef. Er is geen houden aan. 'Oew aksengt!' roept hij triomfantelijk, ''k Wistet! Aantwaarpe!' Nog honderd kilometer.

92.

Ik loop door het volle restaurant, naar het plekje bij het raam, waar de man zit die mij hier mee naartoe heeft genomen. Achter mij loopt zijn vrouw, met wie ik net naar het toilet ben geweest. Halverwege het restaurant roep ik de man, vervuld van trots, toe: 'Het was goeie vaste kaka!' De man lacht mij bewonderend toe en zegt: 'Goed zo!' Dan kijkt hij verontschuldigend lachend om zich heen, maar de mensen wuiven zijn excuses weg. Waar we voorbij komen kijken de mensen ons lachend aan, buigen zich naar mekaar toe en herhalen gniffelend mijn kreet. Iemand aan de grote ronde tafel roept: 'Als ze maar gezond zijn!' Aangemoedigd door zoveel vrolijke belangstelling roep ik het nog eens: 'Een grote worst! Een goeie vaste!' en weer trekt er een golf van gezelligheid door het restaurant. De man bij het raam brengt nu, de lach bevroren om zijn mond, zijn vinger aan de lippen. Zijn vrouw haalt haar hand door mijn haar en zegt: 'Niet zo luid, zotteke, de mensen zijn aan het eten.' Laat mij duidelijk zijn: ik probeer mij bij deze te verplaatsen in de persoon van mijn dochter die mij gisteravond in een overvol restaurant, tijdens haar loop van de toiletten terug naar onze tafel, luidruchtig de kwaliteit van haar stoelgang beschreef. Het ging er na haar passage opmerkelijk vrolijker toe in het restaurant. Ik weet wel zeker dat

dat niet het geval zou geweest zijn, mocht de 'ik' uit voor-
gaande beschrijving op mijzelve slaan.

GENOT

Het genot bij uitstek. Daar moest het over gaan. Nog maar eens. Wat beschouwt u in uw leven als het genot bij uitstek? Datgene in uw leven, waar u zo van geniet, dat u gek zou worden als u het zou moeten missen. Kom op. Zeggen. Laat los dat geheim. Wij willen wéten! En ja hoor – met twinkelende oogjes – wat had u gedacht? Hij weet het al, de interviewer, hij weet het al járen. Hij speelt nog wat nieuwsgierigheid, zoals jongens onder elkaar dat graag doen, maar hij wéét. Hij kent het antwoord op deze vraag. Niet zozeer omdat hij (Bart) de ondervraagde (Luk) zo goed kent, zo goed als elke dag met hem omgaat, dezelfde cafés frequenteert, aan dezelfde tafels eet in dezelfde restaurants, waar ze dezelfde bazen kennen die ze luid begroeten bij hun entree. Ook niet omdat zij er zeer gelijklopende meningen op nahouden die zij uit dezelfde tijdschriften halen, waarin ook zijzelf met grote regelmaat staan afgedrukt met foto en een scherpe gedachte. Niet omdat zij openlijk mekaars kleren bevoelen en allebei graag uitdrukking geven aan hun bewondering voor mooi textiel en goede snit of omdat zij het er toevallig over eens zijn dat het of Van Nooten of Paul Smith moet zijn als je, zoals zij, goed gekleed wil gaan zonder al te zeer op te vallen. Zelfs niet omdat zij bij tijd en wijle vallen voor dezelfde vrouw zonder dat dat hun vriendschap ooit in gevaar heeft gebracht. Zij zijn nu eenmaal werkzaam in dezelfde branche, maar dat is niet de reden waarom zij beiden het antwoord kennen op deze vraag. Wat beschouwt u in uw leven als het genot bij uitstek? Nou ja! Natuurlijk! Degene die een ánder antwoord verzint op deze vraag moet nog geboren worden. NEUKEN. Wat had u gedacht?

Om te beginnen is het woordje mij nooit bevallen. Ik kan het de Vikings horen roepen, zegedronken, op het marktplein van een brandend stadje: 'Hnykkja!' Daar vallen in elk geval gewonden, en vaak doden. Iets te veel oorlog om lekker te zijn. Het woordje deed zijn intrede op de speelplaats van de Oude Humaniora. Iemand was naar Amsterdam geweest en was 'stoned' geworden en had 'geneukt'. Later bleek dat misselijkheid geweest te zijn en ziek naast haar in bed gelegen, maar goed, het woord was er en het werd meteen vlees. Het beeld van een vrouw die wat verfrommeld achterblijft. 'Neuken' stond te dicht bij 'kreuken', denk ik. De chocoladewikkel in de goot. Ik ben van dat beeld nooit meer afgekomen. 'Poepen' hadden wij tot dan toe altijd gezegd. Daar wordt tot op de dag van vandaag in Holland mee gelachen, omdat zij daar hun stoelgang mee bedoelen. Als ik het nu opzoek, zie ik dat het woord in de betekenis van 'zijn gevoeg doen', door klanknabootsing is gevormd en als we er het liefdesspel mee bedoelen, wordt teruggebracht tot 'met de poppen spelen' en dus 'huisje spelen', 'vadertje en moedertje spelen' met alles wat daarbij hoort en dan vooral dát, 'poepen' dus. Maar wij zaten op de Oude Humaniora en leerden dat 'puppus' de achtersteven van een schip was. Kijk, dat was een beeld dat mij wel beviel. Het schip aangemeerd langs de kade, de zeilen gestreken. De deining: verre herinnering aan het geweld der oceanen en tevens welverdiende rust. De 'puppus' langzaam op en neer, de mast bewimpeld, op datzelfde ritme heen en weer tegen een strakke lucht. De naam van het schip, met moeite leesbaar, aangevreten door de zilte wind: 'Persévérance'.

En tweedelings weet ik nog niet zo zeker of het wel mijn nummer één op de grote genotslijst is. Midas Dekkers zette ooit zijn stoelgang bovenaan (poepen op z'n Hollands dus) en ik kon hem daar goed in volgen. Dat kan donder en bliksem in de pot zijn of de stille waardigheid waarmee het volle pond gezondheid eruit schuift of het zieke gepruttel van darmen in verwarring na een feestje, het is mij al eender. Altijd deugd. Ik ken geen mens wiens humeur niet gunstig wordt bijgestuurd door een vlot lopende stoelgang. Het hart, symbool van leven en liefde, werd vroeger als kijkgat uitgespaard in de deur van 'het huizeken', wordt nu in fluisterende kleurtjes op het supersofte schijtpapier gedrukt. Lozen is lusten. Zo is dat altijd al geweest. Hoeft voor mij niet per se op nummer één, maar het is toch opvallend hoe uiterst zelden het in de lijstjes voorkomt.

Zo is daar nog: de pink diep in de oorschelp tijdens een herfstig weerbericht. Het regent en het waait, dat was de hele dag al zo en er is een grote kans dat dat zo nog een tijdje doorgaat. Het is namelijk herfst. Dat meldt mij nu ook de weerman en mijn aandacht kantelt bijgevolg van zijn kaarten met de regenwolkjes naar de pink in mijn oor, waar zich in een bocht wat oorsmeer heeft opgehoopt en is versteend. En wij maar wrikken aan die rots. Want dat is deel van het genot: dat alles, vanuit de pink gedacht, zo groot lijkt daarbinnen, terwijl ik weet dat ik, als het rotsblok straks in mijn hand-palm ligt, mijn bril erbij moet halen. Déél van het genot, want er is ook de jeuk om mijn vingertop heen en soms een héél klein beetje pijn, de pijn die wij als kind 'plezante zeer' noem-den. In dezelfde sfeer en een stuk toegankelijker: de neus. De grotten van Han. Alles wat vooraan zit met de wijsvinger en verderop toch weer met de pink en niezen tussendoor. Ook zwaar onderschat dat niezen, terwijl snuiftabak toch een ge-notsmiddel is, zeker weten. Binnen dezelfde setting, wegge-zakt in de zetel tijdens een herfstig weerbericht, zijn ook nog mogelijk: met één hand een tijdlang gedachteloos woelen in het okselhaar en stiekem ruiken, tussen de knopen van mijn overhemd door het dagelijks pluisje uit mijn navel pulken, het korstje van het wondje op mijn scheenbeen (voor de honderd-ste keer gestoten aan de bedrand) te vroeg proberen los te halen, tussen mijn tenen wrijven tot het gloeit... Waarom, zo vraag ik mij af, denkt iedereen spontaan aan neuken als de vraag naar het opperste genot wordt gesteld. Ik vind: zo sim-pel ligt dat niet. Al die kleine genietingen. Al dat krabben en krauwen en peuteren en pulken en wroeten en wringen en wrijven en schuren en schurken... Al die kleine gedachteloze handelingen die maken dat een mens telkens weer met kleine schokjes van geluk de dag doorkomt, ze worden danig onder-schat.

En bedoel je dan met eender wie Luk? Bedoel je dan dat de daad op zich jou hoe dan ook het hoogste genot verschaft? En weer die twinkeling in beider ogen. Ze weten het. Ze hadden het er gisteren nog over bij de pousse-café. Eender wie is veel gezegd, maar toch... Iemand met wie je goed opschiet, met wie je de goeie afspraken kan maken... En kan daarmee dan alles, Luk? Is alles toegelaten voor Luk Smets of bestaan er vormen van onkuisheid? In principe moet alles kunnen Bart, zolang de goeie afspraken worden gemaakt, kan tussen twee volwas-senen, of meer dan twee wat mij betreft haha, zowat alles. Alleen met kinderen mag het niet. Luk begrijpt zelfs niet hoe... Daar kan hij met zijn hoofd niet bij, dat er mensen zijn die... Bart ook niet. Bart kan daar ook niet bij.

Helemaal in zichzelf weggedoken, zit ze in kleermakerszit op haar stoeltje aan haar tafeltje. Ze schrijft, met behulp van kalkpapier, letters over uit de krant. Ze besteedt vooral aandacht aan de 'hana's'. Dat zijn de drie letters die in 'Hana' voorkomen en ze kan zich geen belangrijker woord indenken dan haar eigen naam. (De bordjes met een rode H, die op muren of paaltjes zijn aangebracht om de brandweer behulpzaam te zijn bij het aansluiten van de brandslangen, brengen haar telkens weer in alle staten.) Naast haar op de grond: een schoenendoos vol 'hana's'. Bij momenten droomt ze weg. Dan staren haar zwarte oogjes in het grote niets en er komt een bozige trek om haar mond. Om een of andere domme reden kan ik het nooit nalaten haar te storen. Ik zwaai breeduit door haar blikveld. 'Hé! Ben je boos?!' Ze kijkt me niet begrijpend aan. 'Ik ben niet boos,' zegt ze, 'ik droom!' 'Je lijkt wel boos als je droomt,' zeg ik. 'Ik ben NIET boos,' zegt ze boos en wendt zich af. En na nog even te hebben nagedacht, zegt ze: 'Maar papa!... Als ik later nog eens geboren word, wil ik zonder gordel in de auto!'

Boken nog eens tegengekomen. Boken Bruine Suiker. Dat was lang geleden. Ik vertel snel nog eens wie dat is: als jongetje kroop hij om vier uur in de namiddag, na schooltijd, onder het aanrecht in de keuken en beet daar halve manen uit grote boterhammen, vingerdik bestrooid met bruine suiker. Hij groeide op en bracht schoolrapporten thuis waarin met vettig rood geschreven stond, steeds weer: 'Totaal gebrek aan concentratie!' Hij werd een man en trok zijn plan. We leerden mekaar kennen toen onze koppen tegeneen sloegen in de Fnac, waar we ons op hetzelfde moment bukten, om Nolens' laatste dichtbundel van de vloer op te rapen. Hij antwoordde dat er geen probleem was. Dat hij, hoewel hij haar tot de belangrijke dingen des levens rekende, nooit poëzie kocht. Hij leerde de gedichten die hij mooi vond ter plekke uit zijn hoofd, dat was goedkoper.

De regenjas van mijn dochter moest van een nieuwe ritssluiting worden voorzien en ik wachtte op mijn beurt bij 'Stoppage Carmen'. Voor mij, bij de toonbank, was een discussie aan de gang over de prijs van een herstelde broek. Carmen bezwoer de man, in haar Pools Frans, dat ze hem niet probeerde af te zetten, dat ze hem de prijs trouwens vooraf had gezegd, dat hij in de hele stad mocht gaan zoeken om goedkoper te vinden, dat het allemaal handwerk was en dat die uren moesten betaald worden, punt uit. De man zei dat hij voor de gevraagde prijs een heel nieuw pak kon kopen. En ik herkende zijn stem. 'Goedkoper dan Carmen is niet te vinden, Boken,' zei ik en hij draaide zich om en sloot mij in zijn armen. 'Het kost mij tegenwoordig meer om oude spullen te laten herstellen, dan om nieuwe te kopen. De wereld loopt op zijn einde vriend!'

We dronken koffie verkeerd in een café aan de overkant van de straat. Het ging hem goed. Hij had steeds minder nodig om rond te komen. Dat was een gunstige evolutie, vond hij. En dat terwijl hij meer geld had dan vroeger, want hij verdiende nu. Hij had een baan gevonden. Een baan was een te groot woord, maar toch... 'Hoe noem je zoiets?' Hij dacht lang na terwijl hij van zijn kopje slurpte. Hij schudde zijn hoofd, kwam er niet uit. 'Een beetje zoals jij misschien...,' zei hij toen, 'je doet wat je niet laten kan en er zijn mensen die je daar dan geld voor geven.' Hij kijkt mij aan en ik wacht. Ik zeg niks. Ik weet al lang dat je Boken moet laten praten. Directe vragen brengen hem in de war. Het kan vaak een hele tijd duren voor hij het zaakje omsingeld heeft, maar meestal komt hij er uiteindelijk wel uit. 'Luister,' zegt hij en hij kijkt mij gedecideerd aan, 'er is mij een wonder overkomen. Een ander woord kan ik er niet voor verzinnen. Een wonder. Hoor je mij? En ik moet mijn stugge ongeloof misschien maar eens gaan opgeven. Ik moet misschien maar eens gaan aanvaarden dat er hier...' en hij slaat zijn blik ten hemel en zwaait met zijn lange armen boven zijn hoofd, '... dat er hier nog andere krachten in het spel zijn dan die waar wij weet van hebben. Ben ik zot aan het worden vriend? Misschien. Maar ik krijg stilaan de indruk dat er voor mij gezorgd wordt. Bon! Ik loop hier rond en ik trek mijn plan, dat is een fulltime job. Heb je mij ooit horen klagen? Het gaat mij goed! Ik zeg het u! Het gaat mij zo goed dat ik eraan begin te twijfelen of ik dat allemaal wel alleen doe! Of ik hier niet geholpen word? Het is moeilijk te aanvaarden vriend, want uit ervaring weet ik dat, als iemand iets voor u doet, er minstens dankbaarheid verwacht wordt en dat is er in dit geval dus niet aan de hand. Er wordt hier niks teruggevraagd. Ik zou niet weten naar welke kant ik mijn kop moet keren om merci te zeggen!' Hij kijkt mij aan en likt zijn lippen, proeft mijn nieuwsgierigheid. 'Ik vertel een wonder en jij bestelt jenever, noemen we dat eerlijke handel, of niet?' Ik bestel jenever voor Boken. Hij drinkt en maakt een grimas. '23 September 1999. Ik zit op een bank in het Josaphatpark. Het zonnetje strijkt laag over het park. Een metertje van mij af, op dezelfde bank, zit een man. Zestig? Zeventig? Ik kan geen leeftijden schatten. Hij kijkt met open ogen recht in de zon. Nu kan je dat bij een herfstzon wel eventjes doen zonder je netvlies te schroeien, maar te lang moet je dat toch niet proberen. Hij blijft kijken. Hij is blind. Ik snap het als er een jogger voorbij loopt, met een hond achter hem aan. Zijn ogen hebben wel bewogen, maar zonder iets te zien. Hij is blind. Ik bekijk hem van kop tot teen, een vrijheid die in normale omstandigheden niet wordt toegestaan. Ik vraag mij af hoe dat moet zijn, in het donker leven? Hoe een mens dat doet: zijn omgeving begrijpen enkel door te luisteren? En ik weet niet wie of wat er toen in mij gevaren is, maar ik ben hardop een gedicht beginnen zeggen. Je kent mij vriend, ik ben de zoon van mijn moeder, ik wil zo onopvallend mogelijk door het leven komen, ik wil vooral niemand storen, zet mij maar bij de meubelen. En hier... was dat nu omdat hij mij niet kon zien? Vraag het mij niet, want ik weet het niet, maar ik hoorde mijzelf hardop zeggen:

Zo dun en zo doorzichtig
is 't park in herfst verijld...
Wie heeft er zo voorzichtig
in 't paradijs verwijld
en werd weer uitgedreven
en keerde als nevel weer?
O teder, teder leven,
wil mij als reuk omzweven,
al zijt gij zelf niet meer.

Hij had zijn hoofd schuin naar mij toe gedraaid toen ik begon te spreken, weg van de zon. Hij leek het helemaal niet vreemd te vinden dat er iemand in het park een gedicht voordroeg. Hij luisterde. Dat is wel het minste wat je kan zeggen. Hij luisterde met heel zijn wezen. En toen ik klaar was zei hij: "Uit het hoofd is altijd het mooiste." Hoe kon hij weten dat ik het uit het hoofd had gedaan? Hij was blind! Ik zeg: "Hoe weet jij dat ik het uit mijn hoofd deed?" Hij zegt: "Ik kan dat horen. Voelen is misschien een beter woord. Het is zoals een muzikant die niet van het blad speelt. Dat brengt een ander soort vrijheid mee. En heel vaak slaat dat om in euforie, dan zijn ze fier dat ze dat kunnen. Maar kunde is nog geen kunst. Jij doet dat goed. Je laat de eer aan de dichter. Van wie is het?" Ik zeg: "Is dat belangrijk?" "Nee," zegt hij, "je hebt gelijk. Als het er één is die ik om de een of andere reden niet kan uitstaan, is zijn naam alleen maar hinderlijk en als het er één is die ik bewonder, zal ik de schoonheid van zijn gedicht vanzelfsprekend vinden. Een mens is een zot beest. Je hebt gelijk. Geen namen. Ken je er nog?" Ik zeg: "In mijn hoofd zitten vooral gedichten. En een klein beetje last, maar niet overdreven." Ik heb nog twee gedichten voorgedragen en dat deed mij deugd. Het voelt goed in open lucht. Ik genoot, dat kan ik je wel zeggen. En dan haalt hij zijn portefeuille boven en neemt daar driehonderd frank uit. "Hier," zegt hij, "honderd frank per gedicht." Je weet, vriend, dat ik niet graag geld afsla, maar hier wou ik toch niet van weten. Maar hij bleef aandringen. "En ik wil dat je dat nog voor mij doet," zei hij. Ik draag nu drie, vier keer per week gedichten voor. Niet alleen voor hem, ook voor vrienden van hem. Bij hen thuis of in het park. Honderd frank per gedicht.'

Hij leunt achterover en kijkt mij met gespeelde verbazing aan. 'Wat moet ik daarvan denken?' 'Een wonder,' beaam ik, 'zonder de minste twijfel. Een wonder.' Hij grijpt in zijn broekzak. 'Kom,' zegt hij, 'het is de eerste keer en misschien ook wel de laatste keer dat ik dat doe, maar ik verdien nu geld... wat drink je voor mij?' Boken biedt mij iets aan. Een tweede wonder. 'Koffie,' zeg ik. 'Met jenever,' zegt hij. 'En we gaan snel bestellen, want het begint al te wringen.' En terwijl de ober de dranken op tafel zet, vraagt hij: 'En jij? Je stond onlangs weer in alle kranten, maar het was geen goed nieuws.' Ik antwoord dat ik dat van die 'andere krachten dan die waar we weet van hebben' ook begin te geloven, maar dat ze mij minder goed gezind zijn. Dat die mysterieuze krachten, toch als het subsidies betreft, serieus tegenwerken. 'Dossiers, De Pauw! Je moet je dossiers verzorgen!' roept hij en hij valt bijna van zijn stoel van het lachen. 'Een dossier moet je aantrekkelijk maken, vriend,' zegt hij. 'Volgende keer doe je het in een grote kartonnen doos en je stopt er een stripteaseuse en een chippendale bij.' En weer valt hij bijna van zijn stoel. Vrolijk Boken, lang niet gezien.

Maar dan voelt hij dat ik er nog altijd niet voluit kan om lachen en hij wordt ernstig. 'Wat ga je nu doen?' 'We dienen de aanvraag opnieuw in,' zeg ik, 'met meer woorden. In de plaats van één keer, zeggen we nu tien keer hoe fantastisch ik ben.' Het gesprek is stilgevallen en we zitten allebei lichtjes te gloeien van de jenever. Na een tijd zegt Boken, met wankele tong: 'Weet je wat dat is? Dat beest moet altijd maar die staart meeslepen. Dat is niet handig, al die pluimen. Hoger dan een dak vliegt dat niet.' En gaandeweg begrijp ik dat hij een pauw bedoelt. 'Gemakkelijker is, als hij ze opzet, dat is gemakkelijker. Al die prachtige pluimen. Het ziet er wat overdreven uit, dat wel, maar het is het gemakkelijkste om vooruit te komen. Hij sleept dan tenminste niet. En ach ja, de mensen lachen wat achter hun hand als hij voorbij stapt. Hij laat ze lachen. Het is de gemakkelijkste manier en daarmee uit. Wat helemaal niet kan? Op zijn knieën. Dat kan niet. Met die staart omhoog en dan op zijn knieën? Dat zou pas belachelijk zijn! Trouwens, hij heeft er geen. Knieën. Hij heeft geen knieën. Hij kan niet plooien.' En dan is het weer stil. Ik overweeg even hem te vragen één keer per week een gedicht te komen zeggen bij mij thuis, maar doe dat dan toch maar niet. Ik loop hem wel weer tegen het lijf, als de nood het hoogst is.

's Avonds, thuis, vertel ik het verhaal van Boken over de pauw aan mijn dochter. 'Maar papa,' zegt ze, 'de pauw kan van zijn pluimen toch een hoedje maken? Of een waaier voor als het warm is in de zomer?'

93.

Eerst een kleine wandeling, een toertje rond het plein. Een rondje langs de spijskaarten. Keus genoeg en overal terrassen, want de mensen eten graag buiten bij dit weer. Ik niet. Ik zit liever binnen bij een open raam. Dat voelt meer zomers aan en binnenskamers is het, op een hete dag als deze, vaak koeler dan buiten. Ik zit niet graag te zweten wijl ik eet. Een zachte avondbries door het open raam, dat is de zomer. Ville de Dinant, Le Gembloux, Pullman, Le Royal, The London, The White Horse, The Bentley, Ketje, Ville de Wavre en Le Cerf. Allemaal eten en drinken. Het laatstgenoemde huis bevalt mij zo op het eerste gezicht het meest. Omdat het is wat het is. Boven de deur, in glas in lood gevat, het hert. Binnen, linnen op de tafels en obers in tenue. Zo hoort dat. Een goeie kaart, alles wat erop staat mij welbekend, dat stemt rustig. Ook niet te vol, die kaart. Niet van die ellenlange lijsten met gerechten, waarvan je weet dat het onmogelijk is, al die ronkende titels, volgens de regels van de kunst, te bereiden op eenvoudige vraag.

(Een van de vele redenen waarom ik zelden of nooit in een Chinees restaurant te vinden ben. Ik raak bij het doorbladeren van zo'n boek gestaag mijn geloof in de kookkunst kwijt en tevens loopt het water mij niet in de mond bij het bestellen van een nummer.) Maar laat ik niet te snel beslissen. Ik heb, voor veel minder geld, al goed gegeten in zalen met kale muren en wankele tafels, waar de baas, terwijl hij over je heen naar buiten kijkt, wijn en water op tafel zet en zegt dat het gaat regenen. Je eet wat hij op je bord schept en je had het zelf niet kunnen verzinnen en bij de koffie na de maaltijd, schenkt hij een druppel van het huis. Iets wat niet te koop is, iets van een vriend van hem, die stookt dat zelf. Lekker en niet te koop, laten we dat maar het allerbeste noemen. Dus stap voor stap, en niet te hard!!

94.

Ik heb in stiller tijden nog geholpen bij de slacht. Een varken, een schaap, twee parelhoenders, wat kippen en rond de dertig tortelduiven. Ik weet nog hoe het varken vrij mocht lopen in de schuur en jonge aardappeltjes gevoederd kreeg. Een koord werd rond zijn achterpoot geslagen. Voor hij de piepers kon doorslikken kreeg hij een dreun van de hamer, werd hij met het koord krijsend onderuit gehaald, door ons besprongen, de poten gebonden (mijn borstbeen blauw getrapt), en dan de steek. Zo liep hij langzaam leeg en zweeg. Het bloed werd opgevangen. Niks ging verloren. Terwijl het varken, afgebrand en wel, op ladders, in twee helften hing te dampen, legde het schaap zichzelve neer en vroeg nog iets waarvan wij niks begrepen en kreeg de steek en weende. Daarna werd hem de jas uitgedaan. Er werd gegiecheld rond dat blote schaap. De parelhoenders en de kippen waren voor 's avonds. Ze zaten dan op stok en waren makkelijk te pakken. Parelhoenders, zware vogels, grepen we bij de poten van hun stok en hielden ze meteen ondersteboven, zodat ze de weg kwijt waren en stijf bleven hangen. Ik weet nog mijn verwondering. Het blok op en de bijl erin. Hoe komt het dat ik soms nog van de duiven droom? Het waren er zoveel. Vandaar denk ik. Wit en warm, de ene tortel na de andere, ik hield ze vastgeklemd op het blok, de pootjes als rood koraal over mijn wijsvinger gekruld en het korte klauwen in mijn vlees bij elke bijlslag. De slagader die pompend uit het nekje kroop en kracht verloor en stilviel samen met het hart onder mijn handen. Zo ging de halve kolonie eraan. Ze huisden op het dak. Een wit gewemel dat zich steeds verder uitbreidde. 'Vogelen vogelen,' zei de boer, 'en op een dag zijn ze met te veel, dat is niet anders bij de mensen.'

We rijden naar de schoenwinkel. Dat haar voeten groeien is nieuw voor haar. Ze dacht dat ze enkel in de hoogte groeide. Maar de schoenen van vorige winter zijn te klein. Mijn dochter is verliefd op haar schoeisel. Pantoffels, sandalen, klompjes, tennisschoenen, laarzen... het is allemaal grote liefde en ze kan er moeilijk afstand van doen. Ze had ze uit de kist op zolder gehaald, haar dikke-schoenen-voor-in-de-sneeuw. Ze waren te klein. Eerst huilen en dan naar de winkel. Zij wil er nu met veters, daar heeft ze, vindt ze zelf, de leeftijd voor. Mijn voorkeur gaat uit naar kleefsluitingen. Ik heb nog vijftien kilometer om haar om te praten. Het regent en het waait en dan is er niks gezelliger dan het interieur van een oude Volvo. Ik heb er mij, na enig getwijfel, toch weer één aangeschaft. Hij is veertien jaren oud. 'Auto's kunnen niet doodgaan, hé papa, want auto's kunnen ook niet groeien!' Ze herhaalt nogmaals dat ze veters wil. Donkerbruine met veters. Zoals Louise. 'Want met die plakkers dat is veel te gemakkelijk, ik moet nu toch moeilijke dingen leren!' De frons in haar voorhoofdje wordt steeds dieper en ik zet de radio aan.

> Well, it's a marvelous night for a Moondance
> With the stars up above in your eyes
> A fantabulous night to make romance
> 'Neath the cover of October skies
> And all the leaves on the trees are falling
> To the sound of the breezes that blow
> And I'm trying to please to the calling
> Of your heart-strings that play soft and low
> And all the night's magic seems to whisper and hush
> And all the soft moonlight seems to shine in your blush
> Can I just have one a' more Moondance with you, my love
> Can I just make some more romance with a-you, my love

Van Morrison. Hij mag voor mijn part de Nobelprijs krijgen. En dan volgen er nog *Hey Babe* van J.J. Cale op het ritme van de ruitenwissers en *I will survive* van Cake en ik kweel ze allemaal mee uit volle borst. Mijn dochter is er stil van geworden. 'Maar papa...' vraagt ze dan vol bewondering, 'hoe komt het dat jij de liedjes van deze auto al kent, je hebt hem toch nog maar pas?' En op dat moment weet ik het zeker: de kleefsluitingen krijgen een kans.

95.

Er was eens een man die niet van sport hield. Het was een man met 'een zittend gat' zoals ze dat zeggen. Wat hij wel graag deed? Hij kéék graag naar sport. Hij keek graag naar mensen die zich concentreerden, naar mensen die on-menselijke inspanningen leverden. Daarom keek hij zo graag naar atletiek. Omdat daar van alles rondliep. Mannen, vrouwen, lange, korte, smalle, dikke, van alle kleuren en maten, die zich allemaal op hun eigen manier concentreerden en allemaal verschillende inspanningen leverden. Dat zag hij graag. Verder wist hij niks van afstanden en tijden of het materiaal waaruit een polsstok vervaardigd was of hoe hoog of hoe ver de beste nu gesprongen had. Dat wist hij allemaal niet. Hij kéék graag, dat was alles.

En op een dag zit hij voor zijn televisie en er komt een vrouw aan de startlijn van een of ander loopnummer en hij kan zijn ogen daar niet van afhouden. Het startschot wordt gegeven, ze begint te lopen en hij begint te huilen. Thuis. Alleen op zijn stoel. Hij zit daar te snotteren en hij weet niet goed waarom. Hij kan wel bedenken dat het iets te maken heeft met het samenvallen van kracht en gratie. Maar dat samenvallen heeft hij nog wel eens gezien in zijn leven en hij heeft daar nog nooit een traan voor gelaten. Hier wel. En het lucht op. Het lucht hem verschrikkelijk op. Het doet hem deugd. Hij denkt: hier wordt de wereld beter van. Iemand die zo loopt, daar wordt de wereld beter van.

Bon, op een dag wordt hij opgebeld door mensen van de radio, die hem vragen of hij niet met iemand wil telefoneren. Hij weet niet goed met wie hij dat zou willen. Hij houdt eigenlijk niet zo van telefoneren. Hij heeft daar geen aanleg voor. En dan hoort hij zichzelf, na lang twijfelen zeggen: met Kim Gevaert. Want zo heette die loopster die hem aan het huilen had gebracht. En toen hij de telefoon had neergelegd, bloosde hij van schaamte en opwinding. Wat moest hij tegen die vrouw

nu gaan vertellen? Hij wist het niet. Maar in de daaropvolgende dagen schoot het hem te binnen. Hij zou haar vertellen
wat hem overkomen was. Dat hij had gehuild toen zij liep.
Opdat ze zou weten dat er iemand naar haar keek, wie het
eigenlijk geen zak kon schelen of ze nu won of verloor, maar
die haar gewoon zo graag zag lopen. Die dat machtig schoon
vond.

96.

Om middernacht wensen we mekaar een gelukkig nieuwjaar
en dan gaan we slapen. In België is het nu vier uur in de namiddag, daar hebben ze nog acht uur van het oude jaar te gaan.
Wij zitten hier al in het nieuwe millennium. In Japan (althans
hier in Fukui) verloopt de jaarwisseling traditioneel rustig.
Niet te luid, het is de laatste dag. Het heeft iets van Kerstmis
bij ons. De mensen maken op de laatste dag van het jaar hun
huizen schoon en verzamelen rond middernacht bij de buurt-
tempel om wat te kletsen en te eten en te drinken. Wij gaan
morgen, met de kinderen. We nemen het oude vuil van de
schoonmaak mee om het te verbranden en we zullen de tem-
pelbellen laten rinkelen, opdat de goden zouden weten dat wij
hier nog altijd rondlopen en om hen te vragen of ze dat nog
een tijdje kunnen laten duren. En voor de kinderen laten we
de bellen harder en langer rinkelen. Om met aandrang te vragen, dat ze die jonge levens niet zouden verzuren met hun
pesterijen.
    Er lag een halve meter sneeuw toen we hier aankwamen
en een goed deel daarvan ligt er nog steeds. Het is de hele tijd
al koud, maar stralend weer en de pakken sneeuw zijn ijsklom-
pen geworden. Het is uitkijken, want geregeld komt er een
gletsjer los van een dak en ploft neer in de straat. Als je dat
op je hoofd krijgt praat je twee weken Russisch en dat verstaan ze hier niet. Buiten de stad, in de bergen, liggen de rijstterrassen onder een dikke witte laag en in de pijnboombosjes
bij zee heeft de wind de sneeuw, tegen de voet van de bomen
op hoopjes gejaagd. Ik ben nu voor de zevende keer in Japan,
gespreid over zestien jaren, en elke keer ben ik naar deze plek
aan zee gekomen. Soms wel vier, vijf keer tijdens één verblijf.
Er is hier niks, behalve de zee en de pijnbomen, en hun geur

en het geluid dat ze maken. (Sinds Charlotte Mutsaers haar boek *Zeepijn* heeft geschreven, is het niet meer mogelijk hier de komen zonder aan haar te denken, merk ik, maar daar wordt de plek niet slechter van.) Ik heb deze plek bezocht in lente, zomer, herfst en winter. Telkens als de druk van de vreemde taal, de andere gewoonten, geuren, geluiden... te groot werd, kwam ik hierheen om wat met mezelf te praten. En boven op de hoogste punt boven zee, staat een theehuis, maar ze schenken ook sake. Daar ga ik zitten als het te koud wordt, of nog beter, als het gaat regenen. Deze plek aan de andere kant van de wereld is mij, in de loop der jaren, zo vertrouwd geworden, alsof het in Lennik om de hoek was.

Hoe onooglijk zijn de geliefde stekjes toch, die wij samengevoegd onze wereld noemen. Het is niet Parijs, het is een terrasje bij de Bastille. Het is niet Brussel, maar de straat waar ik heb gewoond. Het is niet Londen, maar die platenzaak en het Indische pension. Het is niet Amsterdam, maar de logeerkamer bij een vriend in de Jordaan. Een mens hangt van gewoonten en regelmaat aan mekaar, hoe groot het verzet daartegen ook kan zijn. Steeds minder verzet met het ouder worden, merk ik. Vooral hier bij de familie in Japan, merk ik dat. Ik voer hier voornamelijk dezelfde handelingen uit als twee jaar geleden, of twee jaar daarvoor. Ik zeg ongeveer dezelfde dingen. Zij weten nog wat ik zo graag lustte. De tijd staat stil hier. Dat zeggen we toch zo vaak over die geliefde stekjes, dat de tijd er stilstaat. Ze hebben de kamer voor 'Josu' klaargemaakt, die waar hij zo graag zit te lezen. De tatami-kamer met zicht op de tuin van de buurman. Met de 'kotatsu' (een lage tafel met verwarming onder het blad en een zware deken die de warmte daaronder houdt, zodat je geen koude voeten krijgt tijdens het lezen. Een 'kacheltafel'.) pontificaal in het midden. Een lege kamer om te lezen. En hier zit ik dan weer. De laatste dagen van het jaar. En zo graag. En als ik wat te lang alleen ben, met mijn boeken en mijn bril, als ik wat te lang al te geleerderig doe, dan sluipt mijn zotte schoonzusje de kamer in en pakt de bril van mijn neus en zet hem zelf op.

97

Ik heb er ginderachter over nagedacht. Je haalt geen boeken uit de rekken. Dat doe je niet. De rechter die een dergelijk vonnis velt, is zijn dode hermelijntje niet waard. Er waren tal van andere, elegante oplossingen voor het probleem. Bijvoorbeeld: nadat ze een bleke fond de teint heeft aangebracht en de lippen lichtjes heeft aangezet, trekt de couturière een van haar eigen creaties aan en stapt in haar schoenen met steile naaldhakken. Een tikje overdreven vond ze altijd, maar voor een dag als vandaag zijn ze prima. Ze gaat immers op pad om de schrijver te groeten, die in zijn laatste boek, al die smerige praat over haar verkocht heeft. Dat ze gaten in haar tong heeft en zo. Vervolgens zoekt ze een handtas uit. Belangrijk accessoire voor een dame op oorlogspad. Na wat getwijfel, beslist ze het cadeautje van Bikkembergs mee te nemen, een echte 'sacoche' met veel ijzerbeslag, zeer geschikt voor de gelegenheid. De couturière neemt, om te voorkomen dat deze dag al te snel voorbij zou gaan, in Antwerpen Centraal de stoptrein naar Gent. Van station naar station sjokkend, oefent ze in haar verbeelding elke fase van de begroeting. Wanneer ze het gevoel krijgt dat er niks meer fout kan gaan, streelt ze langdurig het handvatsel van haar Bikkembergs en kijkt glimlachend naar het voorbijglijdende landschap. Ze kent hem enkel van de foto op het achterplat en kan nauwelijks wachten hem in levenden lijve te ontmoeten, want ze haat hem innig. Op het Sint-Pietersplein kijkt ze om zich heen zoals iemand om zich heen kijkt die er werk van gaat maken. Dit is dus zijn stad. Ze neemt een taxi en geeft, in de plaats van een adres, enkel zijn naam op. De bestuurder monstert haar, is duidelijk onder de indruk van haar voorkomen en mompelt, terwijl hij de auto start: 'Oe doeita da tooch, oe doeita da tooch? Mè ol die putn in zèn maaile?!' Des schrijvers stede trekt aan haar voorbij. Een provincienest, vergeleken bij de metropool waar zij haar zaken beredddert. Hier is hij dus beroemd. ''t Es draoengdert fraong, medamke...,' zegt de man van de taxi, '... èn 'k zael u e resuutje geve, a kantjè da tooch aftrèkke woir.' Daar staat ze dan. Op zijn stoep. Ze spiegelt zich in de winkelruit van de begrafenisondernemer, onderwerpt haar beeltenis nog aan een korte inspectie, dan loopt ze naar zijn voordeur en belt aan. Ze voelt zich heel rustig. Ze hoort zijn gestommel in de trappenhal. Dan verschijnt de man van het achterplat op de drempel en kijkt haar vragend aan. Ze kijkt en zwijgt en langzaam, ziet ze, begint het hem te dagen. Ze wacht tot hij zijn mond opent om haar toe te spreken en slaat dan toe. Met de Bikkembergs. Drie, vier ferme lappen op zijn toot. De schrijver, enkel bodybuilder in zijn dromen, zijgt neer op de voetmat. Met één sprong zit ze boven op hem, haar hakken in zijn liezen, en slaat haar roodgelakte klauwen in des schrijvers aangezicht en trekt, met de felheid waarmee dt-fouten worden verbeterd, vuurrode strepen over zijn geletterde konen. De schrijver gilt het uit van pijn, roept om het vrouwtje, maar bedenkt dan dat hij die, net voor de deurbel ging, gedwongen heeft de laatste demo van zijn groepje te beluisteren (met de earphones zoetje, anders hoor je niks!) en dat zij hem dus niet kan horen. De couturière komt recht, schikt haar eigen creatie weer schappelijk om haar lijf en steekt haar tong uit naar de jammerende schrijver op de vloer. 'Niet één gaatje! Leugenaar!' De schrijver mummelt nog wat over dat het allemaal fictie was en zo, maar zij hoort hem niet meer. Zij beent op hoge poten door de stad. Bij de Groentenmarkt koopt ze een potje mosterd van Tierenteyn, die is lekker, en stapt dan bij de Korenmarkt in een taxi naar het station. Voilà. Gewoon ouderwets de zaken geregeld. De schrijver dient klacht in. Slagen en verwondingen. Met voorbedachten rade en zo. De rechter keurt haar houding ten strengste af, maar heeft, na het lezen van de betreffende passage, toch ook wel begrip voor haar gedrag. Hij legt haar één symbolische frank schadevergoeding op en zegt haar met geheven wijsvinger dat ze het nooit meer mag doen. Schrijvers aangezicht is tijdig hersteld voor de volgende foto op het volgende achterplat. De actie van de couturière krijgt volop de aandacht van de wereldpers tussen Gent en Antwerpen en het lezen van de kwetsende passage in het boek, zal ons eeuwig vooral die actie in herinnering brengen en er aldus voor zorgen dat wij bij het lezen de draad van het verhaal kwijt raken. O, heerlijk ouderwetse, zoete wraak! Ik vind dat dat moet kunnen. Boeken uit de rekken halen daarentegen, niet.

'Maar nee papa, niet die broek, die spekkelt zo tussen mijn
benen!' zegt mijn dochter. 'Welke dan wél?' vraag ik. 'Die rode.' 'En welke nog?' 'Alleen de rode, al die andere spekkelen!'
Ik probeer haar met het geduld van de wereld uit te leggen
dat één broek niet genoeg is voor twee weken. Dat we daarenboven niet weten wat voor weer het daar zal zijn. Dat het
daar rond deze tijd van het jaar kan omslaan van lenteweer
naar min vijf. Dat ze op alles voorzien moet zijn. Het mag niet
baten. De meeste broeken 'spekkelen' tussen haar benen, sommige hemdjes 'stikkelen' in haar nek, truien 'flossen' onder
haar armen en sokken 'spreeuwen' om haar hieltjes. De kleinste irritatie wordt de laatste tijd door mijn dochter van een
splinternieuw werkwoord voorzien. Ze is nu bijna vijf en heeft
al een kleine Prisma-uitgave bij mekaar verzonnen. Als haar
verdere leven enige gelijkenis vertoont met het mijne wordt
dat ooit een lijvig naslagwerk. Ik zeg: 'Hana alsjeblieft!!' Ze
weet, als ik zo beleefd word, dat het allemaal niet te lang meer
mag duren. Ze kijkt mij aan, zucht, voelt zich totaal onbegre-
pen, steekt haar kleine handjes uitleggerig in de lucht en zegt:
'Maar paaapaaa!... Als de kleedjes niet lekker zitten kan ik
toch niet blij zijn!' Ik ruk, donker als een donderwolk, de ene
lade na de andere uit haar kleerkast en schud ze leeg boven
de reiskoffer, veeg met één groot gebaar haar jurkjes bijeen (ook
degene die 'krispen') en prop ze zonder ze van de kabouter-
hangertjes te halen bij het reisgoed. 'Zo! Alles mee! Kies jij
maar in Chicago! Ik breek me er het hoofd niet langer over!'
Ze huilt. 'Maar waarom ben jij áltijd zo boos op mij?!' Ik zweer
het op mijn eigen hoofd, ik ben niet 'áltijd' zo boos op dit kind,
maar ik geef toe: af en toe moet ik mijn laatste restje verstand
gebruiken om mijzelf te verbieden dat kleine stugge kopje te
pletten onder het deksel van haar speelgoedkoffer. We krijgen
morgen een reis van om en bij de vijftien uur te verwerken
en hebben er dus baat bij zo snel mogelijk vrede te sluiten.
Vooral ik. De vrouw die wij allebei serieus beginnen te missen, danst vijf weken lang door Canada en de VS. Wij hebben

besloten haar halverwege te bezoeken. In Chicago. Hana blijft voor de rest van de rondreis bij haar moeder. Ik kom na drie dagen alleen terug en daar is mijn klein venijn héél blij om, heeft ze me al ten overvloede laten weten. 'Niet gewoon maar blij papa, héééél blij!' Later op de avond zit ze gebogen over de eerste foto die ze zélf heeft genomen, van mij en haar moeder. Haar ouders lachend in omhelzing. Ze zegt: 'Papa heeft goed gekozen, maar mama heeft slecht gekozen' en kijkt mij uitdagend aan. Ik zeg: 'Mama heeft iemand gekozen die goed kon kiezen.' Ze denkt hard na. Ze komt er niet uit. Kindje in de war. Fijn zo. En nu naar bed.

CHICAGO

We komen aanvliegen over het Michiganmeer en plots is daar de stad onder ons. Een eindeloos raster met aan de rand van het meer een toefje hoogbouw. De agglomeratie telt een dikke acht miljoen inwoners. Daarvan wonen er een kleine drie miljoen in en om dat toefje. In honderd jaar tijd is de stadsbevolking gegroeid van 3 000 inwoners bij haar stichting in 1830, naar 300 000 in 1870 toen het vuur de stad zo goed als helemaal verwoestte, naar 1 000 000 inwoners in 1890 tijdens haar wederopbouw, tot 3 000 000 in 1930 bij de viering van haar honderdjarig bestaan. Verduizendvoudigd in honderd jaar, in een mogelijk mensenleven. Het is nogal wat. Het wekt dan ook geen verwondering dat Chicago een aparte relatie heeft met de architectuur. De CAF (Chicago Architecture Foundation) is een trotse stichting die inwoners en bezoekers van de stad, door middel van boeken, films, rondleidingen en lezingen, doorlopend op de hoogte houdt van hoe, waar, wat, waarom en door wie er in Chicago gebouwd werd, wordt en zal worden. H.H. Richardson, Louis Sullivan, Fazlur Khan, Harry Weese, Helmut Jahn, Frank Lloyd Wright, Daniel Burnham, Dankmar Adler, John Root, Ludwig Mies van der Rohe, Howard Van Doren Shaw, Thomas Beeby... allemaal zijn ze hier neergestreken om werk- en woonplek te bouwen voor de gestaag groeiende menigte.

Achttien dollar is een goeie zevenhonderd Belgische franken. Dat is veel geld voor een rondvaart, maar een vriend had me bezworen ze te maken. 'Two adults and a child,' meld ik mij aan bij de kassa. 'You're gone be furious at me,' zegt een allervriendelijkste mevrouw, 'but 18$ is the set price. Little princess has to pay. I'm truly sorry.' Meer dan tweeduizend ballen voor ons drieën. 'Furious' is wat overdreven, maar ik kan niet zeggen dat ik fluitend aan boord ga. De boot legt zich midden op de Chicago-river. We zitten in gemakkelijke stoelen buiten op het bovendek. Het is bewolkt, maar een grillige wind maakt de wolken rusteloos en er vallen zo nu en dan gaten waar de zon vrolijk induikt. Vooraan op het dek staat een gids van de Foundation. Hij zal twee uur lang, ononderbroken, de lof zingen van staal, glas, beton, graniet, baksteen, gietijzer, en van al wie daarmee de bergen van Chicago bouwde. 'It's so damned flat here, we had to build our own mountains!' Hij wijst ons op de veranderende stijlen, meestal een gevolg van veranderde inzichten en behoeften. De eerste gebouwen werden opgetrokken in opdracht van handelaars die pakhuizen en kantoorruimte nodig hadden of in opdracht van bankiers of van de stad zelf die met het bouwen van bibliotheek, opera, universiteiten en musea tegemoetkwam aan de eisen van een steeds welgestelder bevolking. Het overgrote deel van de mensen woonden buiten dat centrum. Maar omdat ze na een tijd met zovelen waren, kwamen ze steeds verder van dat centrum af te zitten. En dus kwam er vraag naar woningen in het centrum. Wonen, werken en ontspannen op dezelfde plek. Maar aan de ene kant was er het meer en aan de andere kant de uitdijende laagbouw. Die plek viel niet zomaar uit te breiden. En dus ging men de hoogte in. Voor wie daar het geld voor heeft, is het fantastisch wonen in Chicago: op de zevenenzeventigste verdieping met zicht op het meer of in de verbouwde pakhuizen van weleer langs de Chicagoriver of in de oude herenhuizen op de rand, in de schaduw van de wolkenkrabbers. 'Kijk,' zegt de gids, als we onze kont keren op Michigan Lake, en hij wijst een enorme zwarte skyscraper aan, 'vroeger werd de eenvormigheid van de gordijnen als een noodzaak ervaren voor de uitstraling van een gebouw. Hier werd voor het eerst het tegenovergestelde vooropgesteld.' We zien een zwarte golvende toren van om en bij de tweehonderd meter hoog. En ieder huisje heeft zijn eigen gordijntje. Het resulteert in een patchwork van kleuren en texturen, samengehouden door de strakke lijnen van het gebouw. Het is heel mooi. Lake Point Tower werd gebouwd door leerlingen van Mies van der Rohe. 'Een wolkenkrabber verandert zijn omgeving,' zegt de man. 'Als jullie straks door de stad lopen moeten jullie er maar eens op letten hoe elk gebouw de stad wezenlijk vervormt.' Het is waar. Soms staat zo'n mastodont op hoge poten en laat de mensen onder hem doorlopen, soms staat hij in een kuil waar men een park heeft aangelegd en zoeken krantenlezers 's middags daar zijn schaduw op, soms vormt hij een bocht, een wijde glazen bocht, zodat de straat plotseling veel breder wordt en zich in zijn gevel spiegelt. Het is heel veel. Er is de Wrigley Building gebouwd in 1924 (dat is voor mijn vader werd geboren), uit geglazuurde terracotta opgetrokken, in gebroken wit. Als de zon erop zit kan je er nauwelijks naar kijken. De toren met horloge is gemodelleerd naar een van de torens van de kathedraal van Sevilla. De Tribune Tower iets verderop heeft boven op het dak een gotische kathedraal staan en die ernaast, waarvan ik de naam niet ken, een moskee. Marina City, gemeenzaam 'the corn cobs' genoemd. Zestig verdiepingen appartementen en verder garages, restaurants, banken, kantoren, een televisiestudio en een theater. De gebouwen staan met hun poten in het water van de Chicago River, daar bergen de bewoners hun boten. In de winter, wanneer de rivier en het meer bevriezen, wordt aan het water onder de gebouwen warm water toegevoegd, opdat de boten niet zouden worden beschadigd door losgeslagen ijs. Citycorp Center van Murphy en Jahn. Een waterval van glas ('a cash register,' zei de gids op de boot) stort zich uit over de stad. De drammerige symmetrie van de Riverside Plaza (vroeger de Chicago Daily News Building). De negen zwarte tubes van de Sears Tower, die overmoedig de lucht inschieten en het één voor één op een andere hoogte opgeven. De hoogste haalt vierhonderd zesendertig meter. De oudste, de Pontiac Building uit 1891, is van Holabird en Roche. Alsof ze een groot herenhuis zijn beginnen bouwen en er niet mee konden stoppen en op het laatst geen geld meer hadden voor een dak. De Carson Pirie Scott and Company Store uit 1899, waarvan gelijkvloerse en eerste verdieping gevat zijn in een gietijzeren kantwerk. Het uitstalraam als concept was nieuw in die tijd en tamelijk visionair. Architect Sullivan zorgde voor weelderige kijkkasten, met een bijzonder gevoel voor ritme uitgespaard in de overdadig versierde muren. Daarbovenop zette hij tien strakke verdiepingen. Kantoren. Daar werd gewerkt. Carbide en Carbon in zwart graniet. De driehonderd vijftig meter hoge, spierwitte, steile, betonnen strepen van de Amoco Building. De Lake Shore Drive Apartments, twee mooie identieke balken van Mies van der Rohe, zo tegenover elkaar opgesteld dat ze, vanuit welk standpunt ze ook bekeken worden, verschillend lijken. Er is zoveel. En daarna is er nog Frank Lloyd Wright. Over 's mans werk zijn bibliotheken vol geschreven, ik schrijf dus maar gewoon zijn naam. De laatste dag van mijn verblijf ben ik wat gaan drinken op de drieënnegentigste verdieping van het John Hancock Center. John is de grootste. Maar niet meer voor lang. Vanuit mijn leunstoel, lebberend aan mijn dry martini, een kleine vierhonderd meter boven de grond, had ik een mooi zicht op een werf vlakbij, op onze hoogte. 'Another month,' zei de waitress, doelend op de werkmannen vlakbij, 'and we'll see their arses.' En beneden, tussen al dat geweld, leeft de blues en de jazz, vierentwintig uur op vierentwintig. En alle keukens van de hele wereld. En mensen met talen en accenten van de hele wereld. Geen mens die aan wat dan ook zou kunnen merken dat ik uit 'den vreemde' kom. Ik zou gewoon van hier kunnen zijn. En dat is prettig.

Bij het opstijgen branden de lichtjes al in Chicago. We vliegen over Kerstmis. En behalve het feit dat ik, als een stewardess van de KLM mij toespreekt, steeds weer het gevoel heb dat ze mijn luier wil vervangen, verloopt de vlucht naar Amsterdam voorspoedig. En dan, dames en heren, heb ik iets meegemaakt wat ik niemand toewens, al vrees ik dat er in de nabije toekomst steeds meer luchtreizigers zullen zijn met gelijklopende ervaringen. Het regent, zoals dat hoort in herfstig Holland. Een bus rijdt ons over het tarmac naar de kleine City Hopper voor Brussel. Het vliegtuigje staat klaar, de trap staat klaar, maar de deuren van de bus blijven dicht. Net als wij ons beginnen af te vragen waarom, horen wij geschreeuw. Wij rekken collectief de halzen en zien een man van vreemde origine die, duidelijk tegen zijn zin, de trap naar het vliegtuig wordt opgesleept. De man grijpt zich vast aan alles wat zijn handen onderweg kunnen vinden. Maar steeds weer worden zijn vingers losgewrikt, zijn armen op zijn rug geplooid. Hij wordt gedwongen. Het is niet prettig toekijken als er dwang wordt uitgeoefend. Het zou helpen als je wist waarom hij gedwongen wordt, maar daar heb je het raden naar. Hij mag niet blijven, punt. En ik weet het wel, een mens wordt geacht vertrouwen te hebben in 's lands leiding, maar dat wordt met het ouder worden steeds moeilijker. De grote jongens die hem uitgeleide doen worden vanzelfsprekend niet op hun fijnzinnigheid geselecteerd. Dat maakt het allemaal nog wat wranger. De man roept: 'Allah Akbar!' en de jongens spotten: 'Wie?! Is dat een vriend van je?' en 'Als we boven zee zijn mag je eruit!' Ze willen het voor ons allemaal gezellig houden, vermoed ik. Veel mensen weigeren hun sapje. Iedereen kruipt weg in zichzelf. De man doet verder wat hem is geleerd: roepen, gillen, spuwen, kotsen, schoppen... Van Amsterdam tot Brussel. Ik weet het niet. Het is al een volle week geleden en ik weet het nog altijd niet. Ik weet dat ik het nooit meer wil meemaken.

We gaan bloemen kopen. Ze staat erop zélf het boeket samen te stellen en vermits kinderen een heel andere smaak hebben dan volwassenen (opvoeden is vaak niet veel meer dan hen onze smaak en gewoonten opdringen), vind ik het resultaat niet om aan te zien. Zij vindt het prachtig. De mevrouw van de bloemenwinkel geeft haar een pakje wit poeder mee. 'Eten voor de bloemetjes,' zegt de mevrouw. Later, op weg naar huis, zeg ik haar dat we dat poeder ook door haar thee kunnen roeren. 'Ik ben toch geen bloem,' zegt ze.

'Je heet toch Hana,' zeg ik, 'dat betekent toch bloem.' Heel even moet ze nadenken en dan: 'Ja papa, ik ben een bloem, maar ik ben wel geboren hé, niet geplukt.'

Ze is van het slag dames dat je vaak in donkerblauwe BMW's aantreft. Ze zijn één met hun auto en kijken, bij stilstand voor het rode licht, steevast in hun achteruitkijkspiegel. Niet dat ze willen zien wat er achter hen gebeurt, ze schikken hun nogal blonde haren. Ze duwen ze op en laten dan los. Dat doen ze soms wel tien, vijftien keer na mekaar. Je denkt dat ze naar je wuiven in het spiegeltje, maar dat is niet zo. Ze woelen in dat haar in de hoop het ultieme naturel te bekomen. Dat ze het zo vaak na mekaar doen, heeft misschien te maken met wat ze op televisie zien. In reclameboodschappen zwaait dat haar, na zo'n duw, vertraagd in de juiste golf, terwijl het in het spiegeltje domweg terugvalt. Dat is ontgoochelend en dus wordt de poging meermaals herhaald. Tot het licht op groen springt. Aan dat soort dames doet ze mij dus denken. Hoogstelig en altijd smaakvol gekleed. Althans volgens haar eigen smaak gekleed. Of hoe moet ik dat nu zeggen? Je ziet dat ze smaak heeft. Ze laat zien dat ze smaak heeft. Nee, jij ziet dat zij wil dat jij ziet dat zij smaak heeft. Dat zit er het dichtste bij geloof ik. Ze belooft naaktfoto's in ruil voor stemmen, ze heeft het moeilijk met de orde van advocaten, ze heeft het moeilijk met de partijtucht, ze gaat praten met de kuisploeg omdat ze vindt dat je met iedereen moet kunnen praten... Allemaal nogal sympathiek zo op het eerste gezicht. Maar dan zie ik haar op televisie. Ze is op bezoek bij de beroemdste boer van Vlaand'ren. Ze heeft een fles Elexir d'Anvers meegebracht en tippelt daarmee op rijglaarsjes door de modder, zoals een kranke Indiër over hete kolen. Boer van Vlaand'ren neemt haar mee op de bok. Ze hobbelen met paard en kar over het drassige land en ze zit naast hem als een boerin met kiespijn. Onderweg lijkt het mij alsof ze een paar keer naar het achteruitkijkspiegeltje zoekt. Dat is er niet. Aangekomen bij zijn ned'rige stulp, onderneemt ze een vermoeide poging om op zo elegant mogelijke wijze van de bok te springen, maar alles is nat en modderig (ik zeg 'modder', maar ik zie haar 'stront' denken) en het lukt haar niet. Ze wordt nu boos, maar de camera dwingt haar tot een lach. Verkrampt staat ze op de bok en weet niet hoe of waarheen. Boer wil haar helpen, maar dat wil zij nadrukkelijk niet. Als ze dan al haar moed heeft samengeraapt en met haar bleke handjes houvast zoekt en alzo na lang aarzelen toch de begane grond bereikt, slaakt ze korte gilletjes van afschuw, terwijl ze de modder (stront?) van haar vingertjes wrijft. Al die lange jaren werk voor niks. Zo gaat dat in deze gemediatiseerde wereld: één misstap en het met zoveel zorg opgebouwde imago slaat krijsend tegen de straatstenen aan scherven.

Imago: (o.&v.(m.);-'s) (Lat.), 1 volkomen ontwikkeld insect, tgov. larve, pop: enkele vliegen overwinteren in onze woningen als imago; 2 (psych.) geïdealiseerd, in de jeugd gevormd beeld van de geliefde: het imago is het oorspronkelijk object van de libido dat later in anderen geprojecteerd wordt; 3 image. Gewoon overgeschreven uit *van Dale*.

Larf. Zo heet het theaterstuk waaraan ik bij Victoria werk. Samen met twee andere acteurs (Jansen en Roofthooft) en met zestien muzikanten onder leiding van Peter Vermeersch en met een beeldenmaker (Koenraad Tinel) en met Roland zullen wij het over koningen hebben. Over het streven naar macht en de verveling die toeslaat als een mens die eenmaal verworven heeft. Gekroonde en ongekroonde koningen. Wij leiden hier een prinsheerlijk leven. Wij zijn royaal bedeeld. Wij zijn de koning te rijk. Af en toe is zelfs de klant koning bij ons. Wij gaan spreken over de gestoordheid van dat koningschap. Over de kierewiete manier waarop wij de verworven rust verdedigen. Over de arrogante ambitie onszelve de eeuwige rust te willen verzekeren 'bij leven en welzijn'. Over hoe dom het is te pretenderen daar recht op te hebben. Omdat dat onvermijdelijk ten koste van anderen moet gaan. Omdat je welstand niet verborgen kan houden voor de rest van de wereld. Over de vanzelfsprekendheid dat wie niks heeft, omdat hij onderweg niet veel kan verliezen, bereid is ver te lopen in de hoop op beterschap. De vos kan niet verweten worden dat hij weet heeft van het kippenhok. Lekker! Lekker! En wij maar slaan op al die gretige handen. En het was een stuk eenvoudiger toen ze allemaal nog een andere kleur hadden die parasieten, maar nu zijn er ook al die op onze eigen ouders lijken, op ons eigen volk. Dat maakt het er allemaal niet gemakkelijker op. We moeten ze aan de praat krijgen, meestal hebben ze een zwaar accent. En dan: sla dood! Want wij zijn geen racisten, maar ze moeten zich toch integreren, dat wil zeggen: bij de vuilkar gaan werken en langzaam carrière maken, niet alles meteen willen. Ofwel moeten ze assimileren, dat wil zeggen: een Assimil-cursus volgen tot ze beter Nederlands praten dan de meesten van ons. Zo moeilijk kan dat toch niet zijn! Voorts nog wat Vaderlandsche Geschiedenis uit het hoofd leren, zoals bijvoorbeeld over Belgisch Kongo. Over hoe wij de negertjes geholpen hebben indertijd en dat dat een eeuwenoude traditie is, hier bij ons, de onderontwikkelde landen helpen, dat ze dus geen schrik moeten hebben van ons. Dat daar geen enkele reden voor is, op voorwaarde dat ze hun best doen natuurlijk! Het moet niet allemaal van één kant komen! Maar als ze braaf zijn en hun djellaba's verbranden en bijvoorbeeld Antwerps praten in Antwerpen en Gents in Gent en Engels in Brugge en vierentwintig verschillende talen in Brussel en weten dat we in 1302 gewonnen hebben, dan mogen ze blijven! Maar ze moeten ons ook wel eens met hún vrouwen laten dansen! Dat is toch waar zeker?! Van die van ons kunnen ze hun poten niet afhouden, maar hun eigen vrouwen verstoppen ze onder meters textiel. Die moeten binnenblijven! En ze moeten iets doen aan die typische lucht. Ze moeten leren ruiken zoals wij. Het is maar als iedereen op dezelfde manier stinkt dat je het geur kan gaan noemen! En ze moeten ook eens ophouden met die schapen de keel over te snijden, want wij weten hoe dat gaat, als je dat met schapen gewend bent, kan je dat ook met kinderen. En van onze kinderen moeten ze afblijven!!! De smeerlappen!!!

Enfin, ik wil maar zeggen, wij gaan een theaterstuk maken, met veel muziek. Een 'theater concertante' of een 'gedramatiseerd concert'. Het volk mag kiezen. Zo zijn wij.

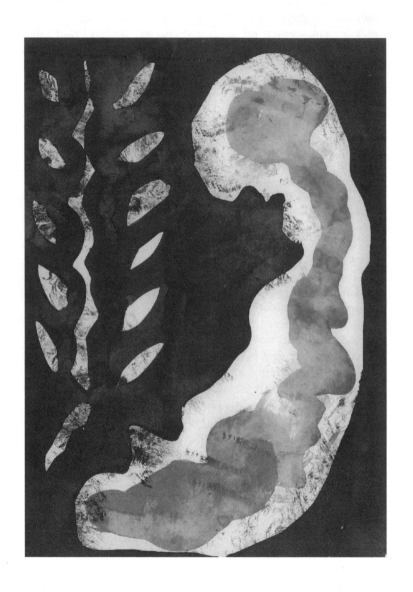

LARF

(Een dramatisch concert)

1. Larf

Koenraad Tinel schildert een larf. Het glasvezelblad (ter grootte van de scène) waarop hij dat doet, zal straks als fonddoek gebruikt worden. Een open scènebeeld. Links, rechts en achter staat alles wat straks het scènebeeld moet vervolledigen: praktikabels, muziekstandaards, drie tronen, een aap op een stok, geluidsinstallatie, percussie-instrumenten, piano, acteurs en muzikanten. De voetstappen van Tinel en het geluid van het penseel op het glasvezelblad worden gaandeweg versterkt. Zij vormen de basiscadans voor het eerste, ijle muziekstuk dat langzaam wordt opgebouwd. Vantussen de rommel waardoor de schilder wordt omringd, stijgen de eerste klankflarden op. Een schuiftrombone, een achteloos aangeslagen gitaarakkoord, een stemoefening, gefluister, voetstappen, een noot op de piano, een stoel die omvalt. Georkestreerde toevalligheid. Als Tinel klaar is met zijn schilderwerk wordt het fonddoek opgetrokken.

2. Opbouw

De scène is nu leeg en de opbouw kan beginnen. Het verhoog voor de percussie wordt geplaatst, de tronen, muzikanten nemen hun plaatsen in, installaties worden aangesloten. Alles neemt de tijd die het nodig heeft. Er wordt rustig, maar efficiënt opgebouwd. Elk geluid maakt deel uit van de muziek die bij het schilderen werd aangezet.

'Dames en Heren, wij vertellen vanavond het verhaal van Kindje wordt Koning. We noemen Kindje Larfken, omdat het daar, in het begin, het meest op leek. Zelf wist Larfken niet dat hij zou geboren worden, dus hem kan niets worden verweten, maar anderzijds was Larfken kepertona veretinedel gementovelijk waminestrave. Toosteweteland en veroteling wasteropaneel...'

Larfken, larfken, larfken fijn
Wilt gij ooit een vlinder zijn?

Jajajajajajajajajajajajajajaja!

Larfken, larfken, larfken zoet
Weet gij dan hoe dat dat moet?

Neeneeneeneeneeneeneenee!

Larfken, larfken, kleine zot
Krabt uw velleken kapot!

Aiaiaiaiaiaiaiaiaiaiaiaiaiaiaiaiaiai!

En dan snijdt de muziek door merg en been:

3. Kindje geboren

Kindje geboren.
Wiege wiege wiege.
Kindje geboren.
Wiege wiege wiege.
Wiege wiege wiege.
Vogel op de vensterbank.
Wat zal het Kindje later worden?!
Hoe zal het Kindje later zijn?!
Wiege wiege wiege.
Vogel op de vensterbank.
Wiege wiege wiege
Wiege wiege wiege

Het was begin november. Het was eind maart. Het was half juli. De eerste zondag van februari. Goed half december. Ik had mei gedroomd, 't is mei geworden. April. Oktober. Half augustus...

Het was blijven regenen de laatste dagen van de dracht. Het water stond boven op het gras in de wei. De koeien, uitge-

regende spoken tegen gespannen grijs. Nergens een gat. Geen
scheur, geen kier, geen veegje wit. Wachten op het kind. Een
brood gaan kopen uit verveling. Straten als spiegels. Klokkende
riolen. Water en water en water. Het gutst over dakgoten en
kletst tegen de stenen. Het spat tegen de muren op. Nat.
Kleddernat. Er is wind, maar niks kan waaien. Alles plakt van
nattigheid. De vlag hangt druipend aan de stok. Wiege wiege
wiege. Wit of bruin. Wit, gesneden graag. En hoe is het thuis?
Kan voor alle dagen zijn. Als het water breekt. Kindje geboren.

Wiege wiege wiege.
Wiege wiege wiege.
Wat zal het Kindje later worden?!
Hoe zal het later zijn?!
Wat een weer!
Wiege wiege wiege.
Vogel op de vensterbank.
Wiege wiege wiege.

Blauwe luchten die wij nooit meer vergeten. Met dikke pakken witte wolken op torenhoge stapels en de geur van de lente
in de lucht. Een krakende winter heeft de wereld gelouterd
en alles staat op het punt te beginnen zingen. En hier en daar
al bloemen in de tuin. De pruimelaar in bloei. En als het een
meisje is, begraven we de moederkoek onder de pruimelaar
en als het een jongen is onder de perenboom. We mogen toch
eens lachen zeker? Want het is een zwangerschap geweest
waar met geen woord over te klagen viel. Er is geen omzien
naar geweest. Maar negen maand is lang. Nu worden wel de
dagen afgeteld. Wit of bruin? Een klein wit en gesneden alstublieft. En het weer speelt mee. Die zon dat is toch ongelooflijk. Dat maakt toch alles nog veel meer de moeite waard. Het
is prima weer voor een geboorte. Laat maar komen. Het is toch
belangrijk, het eerste beeld dat zo een kind van de wereld
heeft!

Wat zal het Kindje later willen worden?!
Hoe zal het zijn?!
En wat een weer toch mensen wat een weer!!

Wiege wiege wiege.
Wiege wiege wiege.
Wiege wiege wiege.
Vogel op de vensterbank.
Wiege wiege wiege.

Een dikke laag sneeuw, dan wordt alles gelijk. Besneeuwde stront is ook schoon. Alles wit en zacht en geen enkel geluid. Elke stap van het kwaad gedempt. Een witte wereld, een kerstekind. Weeën op het ritme van klokkengelui. We zijn niet gelovig, maar we geloven toch. Er stond een ster boven het dak deze nacht. Zo een ster hebben wij hier nog nooit gezien! Maar nee, hij moet geen koning worden, maar een prins dat zit er toch dik in. Met een kleine stralenkrans om zijn hoofd. En vleugeltjes dat hij kan vliegen, dat hij kan zweven zonder vallen. Dikke witte vlokken. Dikke witte vlokken. Er zit nog veel in en er zal nog veel uitkomen. Misschien moeten we straks een sneeuwman maken met een wortel voor zijn neus en een hoed en een bezem en kooltjes voor de knopen van zijn jas en voor zijn ogen en een stokje voor zijn mond. Om het kindje te plezieren. Kijk dan daar, wat wij voor jou gemaakt hebben! Nog zo klein en al cadeautjes! Wat nu, huilen? Moet niet bang zijn, als de zon komt smelt hij weg, wordt hij een plas, blijft niks van over. Aaaah!! Kindje moet gauw komen of wij worden zot. Wit of bruin? Wit en gesneden. Ik zeg u het kindje moet gauw komen of wij worden zot.

Aaaaaargh! (Simulatie van geboorte)

Hoofd en oren, twee! Neus en mond en ogen, twee! Lijf en armen, handen, vingers, tien! Benen, voeten, tenen, tien! En we zijn zo blij, zooo blijijijij...

Wat een moeder! Wat een werk! Wat een vader! Wat een zaad! Wat een lul! Wat een geluk! Wat een weergaloos geluk! En we zijn zo blij, zooo blijijij...

Wonder der natuur. In roze of in zacht blauw. Kantje, frulletje, franje, strikje, kwikje, erepoort! Erepoort! Maak plaats! En we zijn zo blij, zooo blijijij...

En de vogel op de vensterbank. Hij heeft gezien hoe eerst het kopje kwam en dan de rest. In bloed en met een schreeuw. En we zij zo blij, zooo blijijij...

Het is de waarheid. Het is niks meer. Het is ook niks minder. Het is de waarheid. Het is eruit. Het is geboren. Het is getogen. Het is waar. Het is écht waar. En we zijn zo blij, zooo blijijij...

Wat zal het kindje later worden? Wat zal het worden? Wat zal het zijn? Hoe zal het zijn? Wachten. Wachten. Het moet nog groeien. Als het maar gezond is! En we zijn we zo blij, zooo blijijij...

En Larfken groeide. En Larfken was geliefd. Hij balde zijn knuistjes en probeerde zich al snel op zijn buik te kantelen, probeerde te kruipen, stak zijn voetje in zijn mond, zo lief en wakremalio napetri patoetelande nom te zega watemellida. Vanderoptaboes entomekan...
En op een dag, toen niemand erop verdacht was, begon Larfken te spreken. En Larfken zei:

4. Kindje groeit

Ik.
Ik.
Ikik...
Ikikikikikikikikik......

(Woorden woorden woorden ja kom Kindje woordjes zeggen spreken praten preken woordjes woorden
woorden woorden ja zeg woordjes Kindje kom zeg woorden
woorden woorden woorden woorden nog)

Ik.
Ik.
Ikikikik...

Maan, zon en al de sterren en ik. / Ik.
De regen, de wind en de stormen boven zee en ik. / Ik.
En de bliksem en ik. / De flits. / Hier.
De donder. / Mijn stem: ik hier!
Geef mij wat mij toekomt.
Ik hier. / Nu.

Ik ben de wereld.
Ik wil. / Ik. / Ik wil.
Geef mij wat mij toekomt. / Mij.
Mij. Mij. Mij.
Aan mij.
Geef mij wat mij toekomt. / Nu.
Geef. / Kom.
Hier. / Nu.

Ik. Ik. Ik...
IK!
Ikikik...
Ik wil:

Een kroon van ochtendauw, purperen luchten, een koelkast
van Miele en dat en die en die en dat daar en de kaas uit de
bek van de raaf, fris water van de bron en tijd, veel tijd, en de
liefde van Tinie en de roep van de uil in de nacht, het brandende huis in de dorpsstraat, haar lach, haar vel, het goud uit
de grond, de chrysanten voor de tempel in Osaka, de woorden uit haar mond, veel safir en smaragd, de schaduw van de
boom in de tuin, de echo in de bergen van iemand in nood,
een trap naar de zolder in beuk, de vrouw van mijn vriend en
haar dikkere zuster, en die haar man, om mee te praten, om
mee te schaken bij het vuur, en de berg uit het boek van mijn
vader, een berg met een wolk, het gat in de grond en het takje
dat de mier versleept, de liefde van Narkissos en de bloem op
de plek van zijn dood, de stille zwarte nacht en de geur van
asfalt in de zomer, de aandacht van iemand als Claus, een
kamer alleen, het voetspoor van Vrijdag, de boeken van Ur en
Nippur, een liedje voor het slapengaan. Een kroon van ochtendauw, purperen luchten, een koelkast van Miele en dat en
die en die en dat daar en de kaas uit de bek van de raaf, fris

water van de bron en tijd, veel tijd, en de liefde van Tinie en
de roep van de uil in de nacht, het brandende huis in de dorpsstraat, haar lach, haar vel, het goud uit de grond, de chrysanten
voor de tempel in Osaka, de woorden uit haar mond, veel safir
en smaragd, de schaduw van de boom in de tuin, de echo in
de bergen van iemand in nood, een trap naar de zolder in beuk,
de vrouw van mijn vriend en haar dikkere zuster, en die haar
man, om mee te praten, om mee te schaken bij het vuur, en
de berg uit het boek van mijn vader, een berg met een wolk,
het gat in de grond en het takje dat de mier versleept, de liefde
van Narkissos en de bloem op de plek van zijn dood, de stille
zwarte nacht en de geur van asfalt in de zomer, de aandacht
van iemand als Claus, een kamer alleen, het voetspoor van
Vrijdag, de boeken van Ur en Nippur, een liedje voor het slapengaan. Een kroon van ochtenddauw, purperen luchten, een
koelkast van Miele en dat en die en die en dat daar en de kaas
uit de bek van de raaf, fris water van de bron en tijd, veel tijd,
en de liefde van Tinie en de roep van de uil in de nacht, het
brandende huis in de dorpsstraat, haar lach, haar vel, het goud
uit de grond, de chrysanten voor de tempel in Osaka, de woorden uit haar mond, veel safir en smaragd, de schaduw van de
boom in de tuin, de echo in de bergen van iemand in nood,
een trap naar de zolder in beuk, de vrouw van mijn vriend en
haar dikkere zuster, en die haar man, om mee te praten, om
mee te schaken bij het vuur, en de berg uit het boek van mijn
vader, een berg met een wolk, het gat in de grond en het takje
dat de mier versleept, de liefde van Narkissos en de bloem op
de plek van zijn dood, de stille zwarte nacht en de geur van
asfalt in de zomer, de aandacht van iemand als Claus, een
kamer alleen, het voetspoor van Vrijdag, de boeken van Ur en
Nippur, een liedje voor het slapengaan.

Ik.
Ik.
Ik.
Ik.
Ik...
Hier. / Kom.
Geef mij wat mij toekomt.
Hier. / Nu.

Ik. / Ik. / Ik.
Kindje wordt Koning.

En Larfken werd Koning. Larfken vrat zich door alles heen.
En hij groeide en groeide. Monepriast kan topeletrians dewer-
dafiets niks tevramenopsta kemenierewiet...
En toen Larfken groot genoeg was, besteeg hij de troon.

(Acteurs behangen zich met versierselen van de macht en
bestijgen de tronen.)

5. Het Spreken

We moeten in het goede blijven geloven.
We kunnen dan wel overal kanttekeningen bij plaatsen en al
onze waarden ondergraven en natuurlijk, kritisch zijn is ook
goed, want zonder kritische geest had de mensheid nooit de
aap achter zich kunnen laten, en natuurlijk ontkomen we niet
aan metaforen, metaforen vormen de kern van ieder kritisch
denken, maar we kunnen het toch over één ding eens zijn:
we moeten in het goede blijven geloven.

We moeten ons goed realiseren dat er verschillende soorten
honger bestaan:
natuurlijke honger
hevige trek
zeer specifieke honger
trek in bepaalde voedingsstoffen
eten om troost te zoeken...

De omvang van de problemen die een staat ondervindt bij het
onder controle houden van zijn bevolking, is afhankelijk van
het vermogen om dwang uit te oefenen. Het is immers geen
natuurwet dat enkelen het bevel voeren terwijl de meerderheid moet gehoorzamen. Als men de gewone mensen toestaat
na te denken over de oorzaken van het lijden van de mensheid, dan zouden ze wel eens de verkeerde conclusies kunnen
trekken. Daarom moeten ze geleid worden, een taak die niet-
aflatende inspanningen vergt. Een van de krachtigste midde-

len die een staat ter beschikking staan, is een dreigende vijand.

Hoe tegennatuurlijk het ook weze, de schuld ligt soms in hoofdzaak bij de vrouw, bij de ontchristelijkte en ontaarde vrouw, die alles slachtoffert aan wat zij noemt haar recht op persoonlijk genot. Vrouwen die als jonge meisjes gedronken hebben aan al de kelken der liefde, veranderen niet bij toverslag wanneer zij in het huwelijk treden. Zij vrezen het kind, zij haten het kind als een hinderpaal van hun lichamelijke schoonheid, van hun werelds succes, van hun levensfeestelijkheid. Zij vrezen de ingetogenheid, de eenzaamheid en de last der moederzorg. Hun hart hunkert naar de straat, naar het theater, naar het bal en het avondfeest, waar zij liefst willen pralen in zijde en satijn, de ongeschonden slankheid van hun bereukwerkt lichaam, en in blanketsel, de rimpelloosheid van hun altijd jeugdig vreugde-aangezicht.

Het lijkt zonneklaar wat wél leeft en wat niet. Mensen, struisvogels en sequoiabomen zien er heel anders uit en gedragen zich ook heel anders dan stenen, zand en water. Hoewel het gemakkelijk is de onderlinge verschillen te beschrijven in het gedrag en de structuur van het pantoffeldiertje en de kiezelsteen, is het verbazingwekkend moeilijk om de verschillen tussen die twee nauwkeurig te definiëren. Een levend voorwerp is een groep cellen die nucleïnezuren en eiwitten bevat, wordt gezegd, maar bij een vers lijk is dat niet anders, terwijl de dood werd vastgesteld.

Bloemenweiden passen optimaal in een zo natuurlijk mogelijk aangelegde tuin, bij vijvers met moerasstrook, in droge biotopen en in een landelijke omgeving. Opdat zowel mens als dier er iets aan zou hebben, mag een bloemenweide niet te klein zijn. Ongunstig zijn voedselrijke grondsoorten met klei en leem, want grassen en klaversoorten gaan zich daarop in de loop der jaren steeds krachtiger ontwikkelen en de gewenste 'wilde flora' onderdrukken. Zandige, voedselarme, onbemeste grond is geschikter.

We mogen nooit vergeten dat de verscheidenheid van de door mensenhand gemaakte dingen, de artefacten, maar al te vaak over het hoofd wordt gezien of als vanzelfsprekend aanvaard. Want de variëteit van de gemaakte dingen is al even verbazingwekkend als de rijke en overweldigende variëteit van levensvormen die de aarde bewonen. En de gemaakte dingen zijn het resultaat van doelbewust menselijk handelen, terwijl geboorte gewoon voortvloeit uit een op louter toeval gebaseerd natuurlijk proces. Dat mogen we nooit vergeten.

We moeten in het goede blijven geloven.
We kunnen dan wel overal kanttekeningen bij plaatsen en al onze waarden ondergraven en natuurlijk, kritisch zijn is ook goed, want zonder kritische geest had de mensheid nooit de aap achter zich kunnen laten, en natuurlijk ontkomen we niet aan metaforen, metaforen vormen de kern van ieder kritisch denken, maar we kunnen het toch over één ding eens zijn: we moeten in het goede blijven geloven.

(Woorden woorden woorden ja kom Kindje woordjes zeggen spreken praten preken woordjes woorden
woorden woorden ja zeg woordjes Kindje kom zeg woorden woorden woorden woorden woorden nog)

Natuurlijk moeten menselijke verhoudingen evolueren, maar we mogen toch ook niet veronachtzamen wat er achter ons ligt. Als we naar het Afrika van zeven miljoen jaren geleden zouden terugkeren, om er het gedrag van de eerste mensen te observeren, zouden we een patroon zien dat voor primatologen, die het gedrag van apen en mensapen bestuderen, vertrouwder zou zijn dan voor antropologen, die het gedrag van mensen bestuderen. In plaats van in groepen van rondzwervende families te leven, zoals de tegenwoordige jagers-verzamelaars dat doen, leefden de eerste mensen vermoedelijk als savannebavianen: in troepen van zo'n dertig individuen. De troep bestond waarschijnlijk voor het grootste deel uit volwassen wijfjes met hun nakomelingen, plus een paar volwassen mannetjes. De mannetjes waren voortdurend op zoek naar een mogelijkheid om te paren, waarbij de dominante mannetjes de meeste successen boekten. Onvolwassen en laaggeplaatste mannetjes zaten meestal aan de rand van de troep en gingen dikwijls in hun eentje op voedsel uit. De individuen binnen de troep liepen op 'menselijke wijze', op twee benen, maar gedroegen zich verder als savanneprimaten. Voor hen lagen zeven miljoen jaren evolutie. Een evolutiepatroon dat in geen geval zeker was. Natuurlijke selectie is namelijk bepaald door de directe omstandigheden en werkt niet naar een doel op lange termijn toe. Homo sapiens is uiteindelijk geëvolueerd als een afstammeling van die eerste mensen, maar dit proces had niets onvermijdelijks.

Aap! Apenkop! Aap! Martiko! Vuile aap! In de boom, hop! Aap!...

6. Aap

(De aap wordt opgebracht en in brand gestoken. De koningen schateren het uit.)

7. De Toespraak

(Woorden woorden woorden ja kom Kindje woordjes zeggen spreken praten preken woordjes woorden
woorden woorden ja zeg woordjes Kindje kom zeg woorden woorden woorden woorden woorden nog)

Dames en heren, beste mensen, Jean, Jeanine en Sigiswald, chers compatriotes, mesdames, messieurs.
Het zit goed. Het zit zeer goed. Wij hebben weinig of geen reden om te klagen. Het zit goed. Wij staan 's ochtends op en de dag ligt voor ons open. Geen noemenswaardige obstakels in het verschiet. Er is 's nachts niemand in ons huis geweest, die wij daar niet wilden. Het heeft gewaaid, maar de bloesem zit nog onbeschadigd aan de boom. Het zit goed. Het zit zeer goed. Wij willen wakker worden. Graag. Het water, warm of koud, wij kunnen kiezen. Een handdoek voor van boven en eentje voor van onder. Het vroege zonlicht door het raam, want het is lente. Het is zo goed als alle dagen lente in dit land. Er

zit geen barstje in de muur. Er ligt geen tegel los. Er is geen trede van de beukenhouten trap die kraakt. Dit huis staat stevig, is een fort, is een vesting, is de beveiliging van het leven dat ons zo dierbaar is tegen het leven dat ons kwetsen wil, is de verdediging van het frêle geluk tegen de grijpgrage handen van buitenaf. Want behalve zonnestraal en bloesem en de geur van jong nat hout, is er ook nog haat daarbuiten en bittere nijd. Met bloeddoorlopen ogen en gescherpte klauwen sluipen zij rond het huis. Maar dat staat stevig. Dat hebben wij zelf gebouwd. Daar hebben wij jaren aan gewerkt en anderen ook nog jaren voor ons en ook nog dáárvoor, jaren, anderen. Daar zijn offers voor gebracht. Bloed heeft er voor dat huis gevloeid. Bloed is er voor dat huis vergoten. En evengoed datzelfde bloed, dat bloed dat ooit hier nog de bodem drassig miek, stroomt nu door onze aderen. Vreugdevol, en elke ochtend weer. De geur van verse koffie, broodjes, toast, met ruim beleg. Gekookte of rauwe ham of kaas, drie soorten, of rosbief uit de oven met nog bloedend hart, een eitje op eender welke wijze, wat sla, een yoghurtje, sapje, melkje, papje... En de dag moet nog beginnen. Wij lopen de tuin in. Wij wieden een grasje. Wij plukken een bloem voor de vaas op tafel. De duif op de nok van het dak vliegt niet weg. Er hangt vertrouwen in de lucht.

Blauwe luchten. In hoeveel gedichten worden ze bezongen? Hoeveel dichters hebben hun beste woorden gegeven om talloze keren en op talloze wijzen, te hopen, te dromen of bezwerend te schrijven: er is geen vuiltje aan de lucht? Hoeveel? En hoe belangrijk moet dat voor de mensheid dan niet zijn, dat zij haar dichters onophoudelijk aanspoort, haar die luchten weer en weer en nogmaals te bedichten, dat zij haar schilders vraagt die luchten nog en nog en meermaals te verbeelden, dat zij haar muzikanten smeekt die luchten te vervullen van hooggestemde harmonie, dat zij de spelers vraagt tijdens het spelen, minstens eenmaal op te kijken naar die luchten, in vol vertrouwen, om haar alzo de spiegel voor te houden waarin zij zich zo graag herkent, de spiegel waarin die mensheid waardig ziet verbeeld: haar geloof in het eigen kunnen. Welzeker, en zij zullen er altijd zijn, de donderwolkdichters, de liefhebbers van de grauwheid, de onheilsprofeten, de handelaars in menselijk ongeluk. Zij die hun talenten misbrui-

ken om het volk te verzieken, zij die het geld van datzelfde
gulle volk gebruiken om de laatste hoop de bodem in te slaan.
Zij zeggen ons een spiegel voor te houden, maar zij houden
slechts een scherf op, waarin enkel hun eigen mismaakte kop
is te zien, die ons zijn gruweldenken in het aangezicht spuwt.
Zij zullen er altijd zijn. Maar wij ook. En wij beter bij zinnen
dan zij. En weerbarstiger dan zij. Omdat wij geworteld zijn.
Omdat de eik ons voorbeeld is. Omdat wij weten: stinkende
winden waaien weg!

Dames en heren, beste mensen, Jean, Jeanine en Sigiswald,
chers compatriotes, mesdames, messieurs, het zit goed. En wij
dienen mekaar daar met regelmaat aan te herinneren. Het zit
goed. De zaak draait. De zaak draait goed. Er staan geen uitgebrande tanks langs de kant van de straat. We hoeven niet
te bukken voor sluipschutters. Geen smeulende as. Geen krijsend glas. Niet schuilen in kelders. Geen rijen voor water.
Geen rijen voor brood. Geen bonnen voor boter. Geen bonnen voor zeep. Geen foute naam. Geen steen door het raam.
Geen bom op het dak. Geen last aan de grens. Daar tegen de
heuvel staat een huis, werkt een man tussen zijn groenten,
zit een vrouw op een stoel te breien in de zon, rijdt een kind
met zijn driewieler over het tuinpad en zingt een liedje dat
wij allen kennen. En wij zouden willen huilen. Om de breek-
baarheid van dit geluk. Wij zouden ons over de heg willen buigen en roepen: 'Pas op! Pas toch op! Want het is zo stuk, zo
meteen ligt het aan scherven!' Wie zal de man verwijten dat
hij het verworvene verdedigt met zijn leven? Wie zal de vrouw
verwijten dat zij als een beest de rust bewaakt? Wie zal het
kind zijn wraak verwijten als dit hem ooit ontnomen wordt?
En welk recht van spreken zullen wij later nog hebben, als wij
niet eerder, als wij niet nu de gepaste houding aannemen om
te voorkomen dat dit huis straks staat te branden op de heuvel, om te voorkomen dat wij straks een man met overgesne-
den keel tussen de groenten vinden, om te voorkomen dat
vreemde handen zich vergrijpen aan de vrouw, om te voorkomen dat een kinderdroom brutaal wordt verstoord. Omdat wij
niet te laat willen komen, omdat wij recht van spreken willen behouden, buigen wij ons nu over de heg en roepen: 'Pas
op! Pas toch op!'

Dames en heren, beste mensen, Jean, Jeanine en Sigiswald, chers compatriotes, mesdames, messieurs, wij zijn een gastvrij volk. Dat staat met bloed beschreven in de boeken die spreken over ons verleden. Wij zijn een gastvrij volk. Wij zijn een hulpvaardig volk. De man van het huis op de heuvel, springt uit bed bij de eerste nachtelijke klop op de deur. Hij zal het licht ontsteken en een vuur aanleggen. Hij zal de hongerigen spijzen, de dorstigen laven, de gewonden verzorgen. Hij zal doen wat hij kan om het lijden van zijn medemens te verlichten. Hij zal doen wat hij kán! Dat is hem zo geleerd. Dat is hem op het hart gedrukt door zijn ouders, zoals dat hen op het hart is gedrukt door hun ouders, die het geleerd hebben van hun ouders enzovoort enzoverder... Wij zijn van oudsher een gastvrij en hulpvaardig volk. Maar als ze met hele horden uit de woestijn opdoemen om hier in onze oase neer te strijken, als ze op gammele schepen de grote wateren oversteken om hier op onze kusten hun tenten op te slaan, als ze zoals Ikaros vleugels beginnen te naaien en wild om zich heen gaan slaan om op te stijgen naar onze zon, dan moeten wij niet zwijgzaam blijven toekijken! Er is geen god die onze ondergang vraagt! Gedurende miljoenen jaren hebben wij stap voor stap de weg afgelegd, hebben wij stap voor stap de aap achter ons gelaten. Gedurende miljoenen jaren is er geboren en gestorven, is er gevochten en gestreden voor de plek waar wij nu staan. Wij gaan hier niet meer weg! Wij laten ons hier niet verdrijven! Het is niet onze schuld dat anderen niet in staat blijken te zijn zich te verwijderen van de aap! Eén ding moeten ze goed beseffen, ZE

ZE

ZE

ZE

ZE

ZE

ZULLEN

HEM

NIET

TEMMEN

DE

FIERE

VLAAMSE

LEEUW
AL
DREIGEN
ZIJ
ZIJN
VRIJHEID
MET
KLUISTERS
EN
GESCHREEUW
ZIJ
ZULLEN
HEM
NIET
TEMMEN
ZOLANG
EEN
VLAMING
LEEFT
ZOLANG
DE
LEEUW
KAN
KLAUWEN
ZOLANG
HIJ
TANDEN
HEEFT

De muziek slaat nu alles aan scherven.

8. Larvendans

Drie mannen van middelbare leeftijd (of iets meer), zonder broek, zeggen enkel nog 'nee,' 'dat is niet waar,' 'ik wist daar niks vanaf,' 'ik was daar helemaal niet,' 'dat is mij achteraf verteld, maar ik weet niet of dat waar is,' 'ze zeggen zoveel'... Af en toe dansen ze als kapotte derwishen in het rond. Alles wordt ontkend. Alles wat hun woorden hebben teweeggebracht, wordt ontkend. Bange hoofdschuddende mannetjes draaien, in hun blote billen, om hun eigen as. Het orkest gaat helemaal mee in deze ontkenning. De muziek neigt naar trance en af en toe zijn de muzikanten ook spreekkoor.

9. De Koning Zingt

Afgetekend tegen het achterdoek, stijgt de Koning ten hemel. Roland, in vol ornaat. Koning zingt. Koning zingt de blues. Dan zet, na een tijd, het orkest in en trekt de blues uit de haak.

EINDE

98.

Het verschil tussen 'ootmoed' en 'deemoed'? Een mens kan tussen de gerechten door maar beter een vraag opwerpen, om te voorkomen dat het enkel buffelen wordt. We zaten met een select gezelschap aan tafel. De man die ons had uitgenodigd, kan koken en doet dat met liefde. Inktvisjes met een Californische witte, als proevertje. Een koude lasagna' met grijze garnalen en notensla, met een andere witte, als voorgerecht. Hoofdschotel: konijn met patate al forno en een Italiaanse rode, en tarte tatin met roomijs toe. Daarna koffie met 'akwavit'. En tussen de garnalen en het konijn vroeg iemand zich luidop af wat het verschil tussen ootmoed en deemoed wel mocht zijn. We zijn er die avond niet echt uitgekomen, vandaar.

Deemoed (onderworpenheid)/16de-eeuws/demoitelicken, uit het Duits, vgl. nd. demot, hd. Demut/oudh. diomuoti (eig. dienstvaardigheid)/voor het eerste lid vgl. deern, dienen. 'Dee' heeft van oudsher te maken met dienen. Pas later moest men zich 'deemoedig' onderwerpen. Een beetje zoals de 'deern' eerst gewoon een dienstmeisje was (oudh. diorna = dienares), daarna een 'frisse, jonge deerne' werd en nu (na zich een aantal keren 'deemoedig' te hebben onderworpen) gewoon als 'lichtekooi' door het leven gaat.

Ootmoed (nederigheid)/middelnl. ootmoet, ootmoede (genade, nederigheid)/oudsaksisch ödmodi. De betekenis 'nederigheid' is ontstaan doordat het woord (ootmoed) bij de kerstening werd gekozen om het Latijnse *humilitas* (nederigheid) te vertalen, hoewel de betekenis er niet goed mee overeenstemde. Voor het eerste lid vgl. olijk, het tweede is moed. En als we dan bij olijk gaan kijken, vinden we tussen een hele reeks verklaringen: niet goed zijn in zijn soort, dom, dwaas, slim, doortrapt, guitig/middelnl. odelijc, olijk (weinig waard, suf, ellendig), van ode (gemakkelijk). Enfin, duidelijk is dat het woord gif in zijn wortels heeft, dat er nogal stevig aan getrokken en gesleurd is om het te krijgen waar het nu staat.

Wij hadden, daar aan tafel 'het gevoel' (de mensch en zijne gevoelens!) dat als je bij 'ootmoed' moest bukken, dat je dan bij 'deemoed' over de grond moest kruipen. Dat het ons, met andere woorden, iets minder zwaar zou vallen 'ootmoedig' te zijn dan 'deemoedig'. Wij gingen puur op de klank af en, zoals gezegd, op ons gevoel. Wij voelden ons, zeiden wij, (terwijl we nog een fles van die andere witte ontkurkten) iets minder terneergedrukt door de 'oot' dan door de 'dee'. Zo zit dat dus niet. Of hoe een paar onnozele klinkers de menselijke gevoelens kunnen dicteren.

99.

Min Tanaka is 55. Ik zag hem ergens in het midden van de jaren zeventig aan het werk op een van de Kaaitheaterfestivals. Hij moet toen dus rond de dertig geweest zijn. Hij danst nog altijd. Dat is niet zo uitzonderlijk dezer dagen. Trisha Brown en Steve Paxton zijn vooraan in de zestig en Kazuo Ono is tachtig. Hier thuis danst er iemand rond die tegen de veertig loopt en die is ook niet van plan om ermee te stoppen. De tijd dat je er op dertig mee kapte, omdat je niet meer met een gestrekt been naar het plafond kon wijzen, terwijl je de toeschouwers lachend in de ogen keek, is voorbij. Een ander soort dans heeft aan aandacht gewonnen, een dans die dichter bij de 'menselijke' beweging staat. De kunsten hoeven niet meer in concurrentie te gaan met de Olympische Spelen en dus kan een mens oud worden met wat hij het liefste doet. Als hij of zij daar goed in is. Als hij of zij weet te beroeren. Voilà. Dat deed Min Tanaka indertijd. De man beroerde mij. Ik herinner mij, vijfentwintig jaar later, nog beelden uit zijn voorstelling. Min Tanaka, dat was butoh en butoh wordt ofwel op een vervelende manier au sérieux genomen door mensen die vooral zichzelf au sérieux nemen, ofwel wordt ermee gelachen door mensen die liefst altijd zouden willen lachen en dus hun hele leven op zoek zijn naar aanleidingen om dat te doen. (Ik denk wel eens: laat ze zich te barsten lachen. Voor hen moet dat een gepaste dood zijn en wij zijn ervan af.) Butoh, dat zijn witbepoederde naakte lijven, dat zijn in windsels gewikkelde penissen, dat zijn verwilderde blikken en wijdopen monden, dat is vaak traag en vervelend, maar even vaak laat dat onuitwisbare indrukken na.

Als Pé Vermeersch hem in *De Morgen* vraagt hoe Japans butoh is, antwoordt Min Tanaka dat het gewoon op een bepaald moment in Japan gebeurde, dat het overal had kunnen ontstaan, dat hij niet gelooft dat butoh specifiek Japans is, dat Tatsumi Hijikata, de man die ermee begon, wél zeer specifiek was. Dat zijn antwoorden naar mijn hart. In dezelfde zin mocht Min Tanaka voor mijn part de french cancan gedanst hebben op het Kaaitheaterfestival. Hij is een bijzonder man. 'Ik ben een nogal denkende danser,' zegt hij. 'Dans moet steeds geobserveerd worden, overal. In het veld, in de straat, in de ziekte, altijd, overal, in alle andere mensen.' Landbouwer is zijn beroep, zegt hij, dansen is niet echt een beroep. En als hem gevraagd wordt of er dan met dans geen geld mag verdiend worden, antwoordt hij: 'Natuurlijk kan je geld verdienen met dans. Maar als dansen mijn beroep zou zijn, dan zou ik dat op een bepaald moment opgeven om met pensioen te gaan of van beroep te veranderen. Ik kan niet stoppen met dansen.' En nog: 'Eigenlijk is mijn beroep mijn naam. Ik wil vooral een professionele Min Tanaka zijn.'

Te vergelijken met de hoornvorming bij het menselijk ras. Zo snel als zijn nagels groeiden. Daar was het schuiven van de aardkorst mee te vergelijken, had een Australische professor op de televisie gezegd. Hij was daarvan gepakt. Dat was niet snel, maar hij moest ze toch regelmatig bijknippen.

Ze had haar hoofd schuin naar voren gebracht toen hij het haar vertelde en haar mond stond op een kier: Aandacht en Verbazing. Zo had ze hem vroeger onophoudelijk aangemoedigd terwijl hij haar versierde met alle wonderen van de wereld. Terwijl hij voor haar en voor haar alleen elk mysterie ontsluierde, de waarheid verzon. Die ogen. Ze wilde alles weten. Van hem wilde ze alles weten. Zijn prinses. Zijn kleine vrouwtje.

Helga werd kwaad wanneer hij haar zo noemde. Dochter Droeven, zei ze, onze dochter. Dat kind heet Sara. Negen maanden had hij de buik Louise genoemd. Te ouderwets, vond Helga, ze wou iets moderns, iets van nu. Zijn verweer, dat in het oudste boek der tijden wél een Sara voorkwam maar geen Louise, haalde niks uit.

Droeven had zijn handen plat op het tafeltje naast haar bed gelegd, liet ze tegen elkaar schuren en bootste het benauwend gerommel van een aardbeving na. Maar ze was er niet. Hoofd schuin, mond op een kier (hoofd en mond kenden alle afspraken nog) maar geen ogen. Ze hield zich ergens diep daarbinnen schuil. Zoals uw nagels groeien, zei hij en pakte haar hand. Ze gilde, maar trok haar hand niet terug, bood niet de minste weerstand. Hoofd schuin naar voren, mond op een kier: Aandacht en Verbazing. Maar geen zenuw die de pijn verried. Ze zat in een hoekje van zichzelf te gillen en het galmde door het onbeweeglijk karkas. Glasbrekend hard. Hij liet los en het stopte. Hij was veel te dichtbij geweest.

Hij liep door de tuin van de inrichting naar de uitgang. De bus hield halt bij de grote poort. Ze hadden hem een brief meegegeven, die zou hij later lezen. Blij dat het weer voorbij was.

Meteen viel de schuld als een wollen deken over zijn hersens. Tegen de muur bij de poort stond een man te roken. Hij leek op Boris Jeltsin. De man hield een sigaret tussen twee gestrekte vingers gekneld, die gestrekt bleven wanneer hij ze naar zijn mond bracht. Hij zoog, hamsterde de rook een tijdje in zijn bolle wangen en blies hem daarna niet uit, maar wég.

'Ge breekt u verdomme de rug om dat alles te geven en dan wil dat niet meer leven.'

Hij wreef met de rug van zijn hand langs zijn neus en zijn ogen werden vochtig.

'Zeventien. Dat moest door 't leven springen gelijk een veulen en dat snijdt zijn polsen over.'

Hij rechtte zijn rug en keek Droeven strak aan.

'Maar ik zweer het u...'

Hij haalde diep adem.

'Rik,' zei Droeven.

Hij knikte nadrukkelijk.

'Maar ik zweer het u, Rik, als hij mij dat nog één keer aandoet...'

Hij zakte weer in en keek naar de sigaret tussen zijn gestrekte vingers alsof hij ze voor het eerst zag.

'Aiaiaiaiai... ik mag niet zeggen wat ik denk hé?'

'Nee,' zei Droeven, 'ge moogt dat niet doen.'

De bus reed de halte op. Droeven haastte zich naar de openzwaaiende deuren.

'Rik!'

Hij moest gelopen hebben, want hij stond vlak achter hem.

'Ik doe de deur stilletjes dicht en ik laat hem liggen.'

De bus reed langs het bos terug naar de stad. De zon scheen en er viel motregen. April ten voeten uit. Boris Jeltsin had met hem iets gedaan en hij wist niet wat. De deur stilletjes dicht doen en hem laten liggen. Dat was gevaarlijk. Uitgesproken woorden zijn moeilijker te vergeten. Hij had ook al veel gedacht. Hij zou soms bomen hebben uitgetrokken om te vergeten wat hij had gedacht. Geschreven had hij ook en alles verbrand. Maar spreken. Ge hebt het gezegd. Dat was gevaarlijk. Midden in het bos. Kilometers in het ronde niks of niemand te horen of te zien. Maar gezegd is gezegd. Later kunt ge denken ik was jong, zat, zot. Het blijven schamele argumenten. Boris had het gezegd en het had hem deugd gedaan, dat was hem aan te zien geweest. En het leek nu of Droeven in die deugd begon te delen.

Het regende niet meer. Het bos lag druipnat in een flauwe voorjaarszon. Het eerste groen was het mooiste groen. Vooral nat, in de zon. De bus stopte midden in het bos en een vrouw stapte uit. Droeven sprong plots op en rende naar de reeds dichtslaande deuren. De bus vertrok. Hij drukte op de nood-bel. De bus kwam met een schok tot stilstand. De deuren zwaaiden vloekend open en dicht. Waarom was hij uitgestapt? Het was maandag. De winkel moest om één uur open. De vrouw die voor hem was uitgestapt stond al een eind op de bosweg die naar een groepje van een zevental huizen leidde. Ze was er niet gerust op. Waarom was hij uitgestapt? Ze wist wie daar woonde en dat hij daar niet bij hoorde. Hij volgde haar de bosweg op in de richting van de villa's. Grote oprijlanen en camera's op het dak. Mercedes, BMW, Dodge Ram. De bushalte was voor het werkvolk. De vrouw keek nog eens over haar schouder en verdween in het bijgebouw van het dichtstbij staande huis. Er was een groot asfalten vraagteken aangelegd waarvan de staart verderop in het bos verdween. De protse-rige huizen waren opgetrokken rond de krul. Griekse zuilen en Apollo in de voortuin. In het midden van de krul hadden ze wat bomen laten staan en een bank neergezet. Hij liep erop af en ging zitten. De deur waardoor de vrouw was verdwenen ging open en een man kwam naar buiten. Al wat door dat deur-tje komt of gaat is werkvolk, dacht Droeven. De man was blij-ven staan en sloeg hem vanop een afstand gade. De vrouw verscheen achter hem in de deuropening. Dan stapte de man kordaat op hem toe. Dag, zei de man. Dag, zei Droeven. Waarom hij hier was uitgestapt, vroeg de man. Droeven zei dat hij zich dat vanaf de bushalte tot hier al minstens tien keer had afgevraagd.

'Voelt ge u niet goed?' vroeg de man.

'Goed zou gelogen zijn,' zei Droeven, 'maar niet ziek, nee.'

De man monsterde hem, maar zei niets.

'Ge zijt er niet gerust op,' zei Droeven.

'Nee,' zei de man, 'ge zijt hier niet op uw plaats.'

'En gij,' zei Droeven, 'zijt gij hier op uw plaats?'

'Ik werk hier,' zei de man.

'Juist,' zei Droeven.
Hij stond op en wandelde tussen de huizen het bos in.
'Hier zijn geen wandelwegen,' riep de man.
Droeven keek niet op of om. Waarom deed hij wat hij nu deed? Voelde hij zich wel goed zoals de man gevraagd had. Beter dan de laatste jaren vond hij. Dat was er zo vreemd aan.

De winkel moest om één uur open. Hij stapte op hoge poten door het natte struikgewas. Hier zijn geen wandelwegen. Maar goed ook, dacht Droeven, want ik heb geen zin om te wandelen. Hij begon hardop te lachen. Hij schrok ervan. Was hij zot aan 't worden? Hij liep hier in z'n eentje te schaterlachen in een bos zonder wandelwegen. Hij kreeg er steken van in z'n zij en moest gaan zitten. Het was onbetamelijk zo vrolijk te zijn in zijn situatie. De laatste zes jaar had hij als het ware niet meer gelachen, tenzij om iemand een plezier te doen. Een gescheiden man met een dochter in een psychiatrische inrichting, dat was niet om te lachen. Er werd van hem verwacht dat hij het trieste van zijn lot inzag, dat hij het gewicht dat God op zijn schouders had gelegd waardig droeg. Zonder te lachen. Het ongeluk was zijn status, daar moest voorzichtig mee worden omgesprongen. Hij liet zich achterover glijden op zijn rug en keek tussen de kruinen door naar de wolken die als slagschepen voorbij de zon zeilden en het bos in een voorjaarse grauwheid dompelden. Af en toe vielen er gaten in de armada en lichtte alles op en toonde het woud trots het nieuwe groen. Hij voelde het vocht in zijn kleren kruipen. Straks doet ge een fleuris op. Fleuris was pleuris, pleuritis was borstvliesontsteking. Hij had het opgezocht, toen bleek dat Sara daarbij aan bloemen dacht. Het was een mooie naam voor zo een zware ziekte.
Was er iets of iemand waarvoor hij die winkel wou opendoen? De klanten, het gezin, de trots van de winkelier en vooral Sara en de toekomst van Sara. Dat was vroeger. Helga had het gezin stukgeslagen, Sara had hetzelfde gedaan met haar toekomst en hij was bezig de trots van de winkelier te nekken. De klanten? Inheems werkvolk dat zich krampachtig van alle bougnols en makaken poogde te onderscheiden door bij hem te kopen en niet in de kashba. Schoon fruit. Propere groenten. Niet beter dan in de kashba, maar duurder en dus

toch beter. In de watten gelegde peren, vacuüm verpakte komkommers, opgespoten waterpruimen, gewassen patatten uit Israël. De winkel ging niet open vandaag. En morgen ook niet. Helga had hem moeten horen. Zij die zo vaak gevraagd had de winkel nog even dicht te laten. Wat maakt die halve dag uit. Er zijn vier groentewinkels in de straat. Ze komen wel aan hun gerief. Eén dag voor ons, Droeven. We gaan wandelen. Ik wil minigolf spelen.

De winkel moest open. Dat wist hij van zijn vader. De mensen staan twee keer voor een gesloten deur en gaan op een ander. Eén keer kan ziekte of sterfte zijn, maar twee keer is niet meer te betrouwen. De klanten zijn uw kapitaal. Vader wist op honderd frank na wat hij aan een vaste klant verdiende. Tegen een sigarettenklant kon je al eens een nukkig woord laten vallen. Dat was een wisselende cliëntèle waar je niet veel aan overhield, maar de Verbovens waren met zes goede eters thuis en dronken wijn aan tafel. Dat volk liet je niet voor een gesloten deur staan. Daar plooide je, met een lumbago, fluitend dubbel voor. Dat was een stuk van het spaarboekje, die betaalden het huis mee af en een visvergunning voor de hele zomer. Bij de middenstandsvereniging had hij 'Wijn in drie lessen' besteld en de goeie jaren uit het hoofd geleerd. Een fles van een ander jaar kwam niet binnen. En hij zei het er van dan af bij: 'hij is van een goed jaar' en 'ge doet hem een uurtje voor 't eten open, want hij moet wat ademen.'

Vader wist elke dag van zijn leven wat hem te doen stond. Alles was geregeld. Er kon altijd iets onvoorziens gebeuren, daar was 't leven voor. Maar er werd hard aan gewerkt om dat te voorkomen. Het was een proper, goed verwarmd huis met veel grendels. Alles had zijn plaats. Moeder had wel eens geprobeerd een kast te verplaatsen of de zetels, maar dan vond hij zijn draai niet meer. Hij noemde haar Zoet. 'Maar Zoet, 't is donderdag!' Dan had ze de was op een foute dag gedaan. Dinsdag wasdag. Het was donderdag en dan vulde hij de rekken bij. Dan liep hij met een dun sigaartje tussen de lippen – twee per dag – heen en weer van de winkel naar de stock, over het koertje waar de was werd opgehangen. Zijn sigaartje bijna uit en een zwarte veeg op het ondergoed, omdat Zoet gewassen had op donderdag. Vader was de regel, moeder de uitzondering die hem bevestigde.

Droeven was een stil kind. De tevredenheid op school was groot. Altijd eenvoudig maar goed gekleed, beleefd en oplettend. Eén was genoeg. Meer kon de winkel niet trekken en zo was er geen ruzie bij de overname.

Ze hadden het kind zo vroeg vermoord, dacht hij nu. Er had eventjes wat koelekoele in de lucht gehangen. Er was wat gelachen bij de eerste pasjes en vooral bij het omvallen. Maar het eerste woordje was mama en het volgende papa. Bij *ikke* werd geleerd dat daar *mag* voor hoort en *alstublieft* na. Mag ikke alstublieft? Ja misschien. Als ge braaf zijt. En braaf betekende doen wat iemand anders wou. De ander. Vooral de anderen niet storen. Beleefd zijn. Vragen of het mag. Nee, het mag niet. Geen twee keer vragen. Ze hadden je wel gehoord. Als het wel mag, blij zijn. Dankuwel. Maar dat wil niet zeggen dat het iedere keer mag. Dat moet geen gewoonte worden. Mogen kan geen gewoonte worden.

Alles voor een ander tot je zelf een ander werd zodat je wat voor jezelf kon doen. Geld was het grote ruilmiddel. Hij was van jongs af onder de indruk van de macht van het geld. Hij kende van alles de prijs. Dat was goed want dan wist je wat je voor je geld kon krijgen. Voor tien frank had je een reep chocola van zes frank en vier neuzen van één frank. Vroeger had hij gedacht dat als je een reep chocolade van zes frank wou en je had tien frank in je hand, je vier frank te veel had. Zo leerden ze het op school. Maar dat klopte niet. Er was in de winkel altijd wel iets te vinden dat precies zoveel kostte als wat je overhield. Een neus bijvoorbeeld kostte één frank, daarmee kon je altijd uit de voeten. Moeilijker werd het wanneer je tien frank had en twee repen chocolade van zes frank wou. Dan had je twee frank te weinig. Dat leerden ze ook op school en dat klopte. Te weinig kon. Genoeg ook. Te veel niet.

Maar met te weinig kon je, met wat handigheid, doen alsof je te veel had. Tante Martha kocht grote hoeden met veel fruit erop en at één keer per week ijs bij Keysers. Vader zei dat ze thuis aan tafel zaten te verhongeren. Omgekeerd zat bij hen de winkelschuif toch goed vol, maar Droeven had als kleine jongen nooit een hele peer gegeten. Altijd één waaruit de rotte plek was weggesneden. En als hij daar wat van zei, riep vader dat als hij niet gauw zweeg, hij bij hem hetzelfde zou doen. Soms kwam er dan een vloek. Niet van vader. Nooit van vader. Van hem. Hij vond dat prettig. Gewone woorden vielen uit je mond als stukken brood wanneer je praatte tijdens het eten. Een vloek kwam als een windstoot. Het woord ontplofte heel diep in je, de brokstukken schoten omhoog en kaatsten door je keelgat, zoals een schreeuw onder de brug. Je tong kletterde tegen je gehemelte en je voorhoofd werd warm. Niet zoals gewone woorden. Een vloek ontsnapte je en liet een aangename smaak achter in je mond. Vader greep zijn oor en sleurde hem mee over het koertje naar de stock. De deur ging op slot en hij zat een uur in het donker. Wanneer zijn ogen gewend waren aan het duister, begon hij de merknamen te lezen van de producten die netjes om hem heen stonden opgestapeld. Hij kende van alles de prijs.

Droeven glimlachte. Er viel een gat en hij sloot zijn ogen voor het felle licht. Hij had medelijden met de kleine Droeven. Zo vroeg zat hij al in de liefdevolle wurggreep, dacht hij. Toen was de moord al bijna gepleegd. In de vloer van de stock zat bij zijn voeten een klein roostertje, waarlangs het water werd afgevoerd wanneer de stock werd geschrobd. Als hij zich, na alle merknamen te hebben gelezen en alle prijzen te hebben genoemd, begon te vervelen, ging hij op zijn rug liggen en probeerde zo in de afvoer te plassen. Je moest een beetje zijlings richten en tijdig doordraaien wanneer de druk verminderde. Eén keer had vader de deur opengetrokken net toen het straaltje omhoog schoot. Hij was hevig geschrokken overeind gekrabbeld en beschermde zijn ogen tegen het felle binnenvallende licht. Het water liep warm in korte geutjes langs zijn benen. Vader had een pak waspoeder genomen en de deur weer dichtgeslagen en in het slot gedraaid. Hij was beginnen wenen en had met zijn zakdoek beurtelings de vloer schoongemaakt en zijn tranen gedroogd. Wat een water, dacht Droeven, God heeft de mens verdund.

De zon was weer weg en hij kreeg het koud. Hij was nu stilaan doorweekt op zijn rug. Maar hij had geen zin om op te staan. Straks zou de zon erdoor komen en hem weer verwarmen. Hij lag hier graag met een hoofd vol. Er gebeurde zoveel, zonder dat hij zelfs maar bewoog. Waarom rilde je eigenlijk wanneer je het koud had? Het struikgewas achter hem kraakte zacht en regelmatig. Er zijn hier geen wandelwegen, dacht Droeven en hij moest er weer om lachen.

'Luister,' zei de man, 'het is misschien allemaal om te lachen maar ik doe hier mijn werk en ik wil weten wat ge hier doet.'

Het was heel stil in het bos.

'Ge zijt er niet op gekleed,' zei de man, 'ge moet goed zot zijn om bij dit weer met lage schoenen het bos in te trekken.'

'Dat is waar, Sherlock,' zei Droeven, 'maar ik was het niet van plan.'

De oppasser had de handen in de zij, keek om zich heen het bos in en beet op zijn onderlip. De man die daar voor hem op zijn rug lag, deed niets. Keek hem zelfs niet aan. Het licht brak weer door en Droeven glimlachte met gesloten ogen.

'Het verwondert mij dat hier niet meer volk uitstapt,' zei Droeven.

'Een week geleden is er in een van de huizen ingebroken,' zei de man, 'ik heb hem in zijn been moeten schieten.'

'Een mens moet zoveel,' zei Droeven, 'ik hoop dat ze u goed betalen.'

'Nooit genoeg,' zei de man.

'Genoeg kan,' zei Droeven, 'te weinig ook, te veel niet.'

Hij lachte dat hij schokte.

'Ge zijt een raar wezen,' zei de man en liet zich naast Droeven op de grond zakken.

'Vloekt gij graag?' vroeg Droeven.

'Af en toe lucht het op,' zei de man.

'Uw bazen willen niet dat we vloeken,' zei Droeven.

'Het zijn beleefde mensen.'

'Heel hun leven is één grote gestolde vloek, maar dat willen ze niet weten. Hun huizen, de camera's op hun dak. Hun Mercedessen, hun gazons: de ene vloek na de andere. Daar zijn strotten voor afgebeten, hersens voor ingeslagen, kloten voor blauw gestampt. Nu drinken ze sherry tussen hun gevloek en geven mekaar groot gelijk, terwijl de stront dunnetjes langs hun benen loopt van de schrik. Waarom hebben ze schrik? Hoe heet gij?'

'Alexander,' zei de oppasser zonder zijn blik af te wenden, 'Alex.'

'Waarom hebben ze schrik, Alexander? Als er volk is, noemen ze u Alexander, maar tegen u zeggen ze Alex. Waarvan moeten ze schrik hebben? Waarom filmen ze iedereen die in

de buurt van hun gevloek komt? Waarom betalen ze veel geld voor een Alexander met een pistool? Wat heeft hij kunnen meenemen? De radio? Een zilveren kandelaar?'
Hij schreeuwde het nu door het bos.
'Wat heeft de smeerlap meegenomen, Alexander?'
'Niks. Hij is gaan lopen voor het alarm.'
'De kogel voor de rotzak,' zei Droeven. 'Hij had maar moeten blijven staan.'
'Waar halen die mensen het geld vandaan om hier in een bos bij Brussel een asfalten vraagteken te laten aanleggen, Alexander? Waar halen ze de zelfverzekerdheid vandaan om hun BMW's dubbel te parkeren voor de Suisse op de boulevard Anspach? Wij moeten nogal domme kloten zijn, Alexander. Mijn vader plooide dubbel als ze de winkel binnenkwamen, ik doe het hem na en u hebben ze zover gekregen dat ge mij komt vragen wat ik hier doe. Ze weten iets dat wij niet weten, Alexander.'
Hij zweeg een poos en likte zijn lippen.
'Dit is niet de eerste keer dat ik dat allemaal denk. Het is de eerste keer dat ik het zeg. Dat iemand het hoort. Vroeger keek ik voor het slapengaan in mijn hart, verweet mijzelf jaloersheid en zweeg. Niemand had gehoord wat ik gedacht had. Blijf bij uw stand, zei vader. Universiteit is niks voor ons. De winkel. Dinsdag wasdag. Donderdag de rekken. Zijn leven was tot nu toe zonder ongelukken verlopen, waarom zou ik het anders doen? Ik moest alleen nog leren vissen. Maar 's zondags tijdens de wandeling wijzen ze met honderd vingers naar de mooiste villa's. En in *Wereldwijd* staat iets over het kastensysteem in India. Ge kunt dat jongenshoofd horen kraken vanop twintig meter. Maar ze wisten dat het geen kwaad kon, want ze hadden het hoofdje bij de geboorte langs de fontanel gebetonneerd. Daarom moogt ge niet vloeken. Elke vloek is een barst in het beton en door die barsten begint ge anders naar die villa's te kijken. Dat wordt dan lastig voor die mensen en dat mag niet want die drinken wijn aan tafel, die betalen het huis mee af. Die kunt ge niet voor een gesloten deur laten staan.'
De zon had hem helemaal opgewarmd en Droeven glimlachte.
'We kruipen met een betonnen kop over de wereld en als

we te rap vooruitkomen leggen ze een zak cement op onze rug.'

Hij zweeg. Zijn gezicht was zo ontspannen dat het leek alsof hij sliep. De oppasser had zijn blik niet één moment afgewend. Dat hoofd dat woorden losliet zoals een vis luchtbellen.

'De deur stilletjes dichtdoen en hem laten liggen. Dat moet te leren zijn, Boris,' zei Droeven. 'En als we 't echt zover willen brengen als zij, dan moeten we leren zelf zijn polsen over te snijden.'

'Wat zegt gij nu allemaal?' zei de oppasser geschrokken.

'Droeven, Masuistraat 79, 1000 Brussel.' zei Droeven. 'Noteer het en laat mij gerust.'

De oppasser stond op, sloeg de bosgrond van zijn broek en keek om zich heen het bos in zoals hij eerder had gedaan. Hij wou iets begrijpen maar wist niet hoe eraan te beginnen.

'Hebt gij familie?'

'Een dochter,' zei Droeven.

'Ik kan ze bellen als ge wilt.'

'Ze zal niet opnemen,' zei Droeven.

Het was vier uur. Hij had de hele tijd door dat bos gelopen zonder ook maar één keer bewust een richting te kiezen. Dat was aangenaam. Geen doel. Geen behoefte aan een doel.

Sommige bomen waren gebouwen. Er was geen vergelijk tussen hen en de jonge scheuten. Versteend in de tijd. Zolang al op diezelfde plek. Zelf de plek geworden. Onder de oude eik was de plek of bij de rode beuk. Bij Droeven, zeiden de mensen, of twee huizen verder dan Droeven of schuin tegenover Droeven. Ook nu de winkel niet meer openging en hij er niet meer was, zouden ze dat toch blijven zeggen. De Bevrijdingsstraat heette in de volksmond nog steeds Ter Wilgen, ook al was de laatste wilg tijdens de oorlog gekapt en opgestookt. Hier waren wél wandelwegen en af en toe kruiste hij wandelaars. Mensen die er wél op gekleed waren. Sommigen hadden zelfs een kniebroek aangetrokken en bergschoenen met zware kousen. Ze zeiden dag of bonjour en keken sluiks naar zijn doorweekte broek en zijn licht beige regenjas vol groene vegen. Hij was er niet op gekleed en ze verzonnen een verhaal om hun eigen miezerige leven op te fleuren.

Volgend teken van de bewoonde wereld was Le Forestier, een café-restaurant met een windvrij, verwarmd terras. In een kleine aanbouw hadden ze een winkeltje geopend waar je alles kon kopen voor een picknick. Het winkeltje heette Le Picnic du Forestier. Alles was er verschrikkelijk duur. Niks was gewoon. Een broodje met ham heette 'un piccolo de Parme' en een broodje met kaas 'un pain doux Emmenthal'. Droeven wou een stuk camembert met wat brood. Dat kon, maar het was verpakt als een setje met een halfje Bordeaux, een plastic wijnglas, een vlootje boter en een plastic mes voor 399. Een piccolo met camembert hadden ze niet, nee. Droeven wees er de vrouw achter de toonbank op dat ze piccolo's had én camembert, dat een piccolo met camembert dus tot de mogelijkheden behoorde, maar de winkeldame had zich al met een zangerig 'et pour vous madame' tot een andere klant gewend.

Ze had het geblondeerde haar van iemand anders op haar hoofd, droeg een onberispelijke lichtblauwe stofjas waar het witte kanten kraagje van haar blouse overheen lag en om haar hals hing een leesbrilletje aan een gouden ketting. Droeven haatte winkeldames met een leesbrilletje. Ze zong 'au revoir et merci' voor de klant die ze bediend had en richtte zich weer tot Droeven: 'Vous avez decidé monsieur?'

'De camembert,' zei Droeven en schoof vierhonderd frank over de toonbank. Ze gaf hem het setje, nam de vier briefjes en liep naar de kassa.

'C'est bien,' zei Droeven en liep de winkel uit. Hij zou een aangename plek zoeken.

Hij kende alle visvijvers in de buurt van de hoofdstad. Lange verloren zondagen. Vader wilde hem absoluut leren vissen, maar hij raakte verstrikt in de lijnen, moest kokhalzen bij het zien van de krioelende wormen en sloot zijn ogen om de vis van de haak te ontdoen. Hij tuurde in het water als een visser, maar volgde de wolken in de grote spiegel. En als de vijver onheilspellend donker kleurde, sprong zijn hart op. Hij hoopte op regen. Bij de eerste kringen op het water zette vader de grote groene paraplu op en kropen ze dicht tegen elkaar aan met chocolademelk en suikerwafels. De wind bracht de stemmen van andere vissers mee over het water dat zachtjes tegen de oever klotste na elke afgeleverde zin. Soms ging het harder waaien en joeg de wind de regen bij vlagen over de vijver. Dan kreeg het vissen iets heldhaftigs. Dan slopen er, al naargelang de laatste geschiedenisles, Wisigoten of oude Grieken door het lange gras aan de overkant. Toen vader het begrepen had, vertrouwde hij hem het schepnet toe. Uren zwijgend wachten en toen de dikke karper geduldig werd binnengehaald, was hij zo onder de indruk van dat ene oog dat hem bleef aankijken, de kop aan de strak gespannen lijn, het wanhopig slaande vissenlijf, dat hij het schepnet loste. Vader, in volle strijd, schreeuwde 'het schepnet!' en tussen de p en de n schoot zijn sigaartje uit zijn mond en landde sissend in het water, ongeveer tegelijk met de kleine Droeven die door het dwingende oog van de karper, de kreet van vader als een bevel had gehoord en achter het schepnet was gesprongen. De kleine Droeven kon zwemmen, maar toch had vader de lijn geknipt en hem op de oever geholpen. Hij had er niet bij nagedacht, zei hij later, anders had hij voor de vis gekozen. Eén van de andere vissers had hem een scheut hete koffie met rum gegeven en een andere haalde een deken uit zijn wagen en sloeg dat om hem heen. Bij het naar huis rijden voelde hij zich zalig. Een slachtoffer van een grote ramp dat ijlings werd afgevoerd. Belangrijk. Maar toen maakte het handschoenkastje zich los van de rest van de wagen en sloeg tegen zijn voorhoofd. Hij braakte zijn ziel uit. Vader wreef hem over de rug en zei dat het niet erg was, maar het was wel erg. Toen hij thuis de trap opstrompelde, hoorde hij hem zeggen: 'Dat is de laatste keer geweest.' Met deze goede tijding in gedachten sliep hij in. Maar de zondagmiddagen waren en bleven voor moeder. Zij nodigde vriendinnen uit op de koffie en hij ging mee met vader. Toen hij klein was speelde hij tussen de vrouwenbenen, werd af en toe over het hoofd geaaid en bewonderd voor wat hij allemaal al kon, maar sinds moeder had gemerkt dat hij bij verhalen over baarmoederontstekingen en tepelkloven heel stil werd en dromerig zat te luisteren, moest hij met vader maar gaan vissen. Hij werd te groot voor vrouwenpraat.

Dit was geen visvijver, anders was hij er niet gebleven. Het bos vormde een kom en er was een meertje ontstaan. Hij zette zich tegen een boom en maakte zijn pakje open. Hij deed al de hele dag dingen die Helga zeer zouden plezieren, bedacht hij. Zou het kunnen dat mensen bij mekaar nog verdoken gemeenschappelijke verlangens min of meer onbewust herkennen, daarom voor elkaar vallen, een derde oog, voelen dat de kans erin zit? Zoals hij hier nu zat, met brood en kaas en wijn bij een meertje, was hij dé man voor Helga. Zo laat. Dat hij dat niet ten volle begrepen had toen ze na de les naar de Zoete Waters trok met brood en kaas. Boeken lezen tot de letters begonnen te dansen in het duister en dan wat plagen en daarvan kwam vrijen. Tongen in de Zoete Waters.

Toen hij de winkel overnam had ze zich hardop afgevraagd of dat wel iets voor hen was. Zo kon zij haar studies afmaken, had hij gezegd. Voor hén, had ze benadrukt, niet voor haar, voor hén. Nee, natuurlijk niet, dat was niets voor hen. Hij had er de kloten van begrepen. De zak. Wat was hij toch een zak. Hij kon wel huilen. Hij wou haar nu hier naast hem. Waar woonde ze?

De winkeldame van Le Pic-nic du Forestier stond bleekjes met de sleutels in de hand bij de deur. Ze had eerst 'non' gezegd toen hij had gevraagd om te mogen bellen, maar hij had haar zo wild aangekeken dat ze hem toch maar binnengelaten had.

'Met Droeven,' zei hij.

Helga's zuster bleef stil aan de andere kant.

'Voor het adres van Helga,' zei hij.

'Droeven, ik weet niet of ik dat kan geven.'

'Het is voor Sara. Ik heb haar handtekening nodig.'

'Ik zal haar zeggen dat ze u moet bellen.'

'Agnes, doe niet onnozel, geef mij dat adres. Ik stuur die papieren op, dan heb ik ze deze week nog terug.'

'Droeven, ik kan dat niet doen.'

'Agnes, ik heb niet de minste zin om Helga te horen of te zien, geef mij dat adres dat ik die papieren kan regelen.'

'Hoeveel moet ik u?' vroeg Droeven en tastte naar zijn portefeuille.

'Rien,' zei de dame en liet hem uit.

'Très gentille,' zei Droeven.

Ze antwoordde niet.

Het huis stond te midden van een wilde bloementuin. Helga hield niet van die etalages zoals ze goed verzorgde tuinen placht te noemen. Haar buren hielden er wel van. Het kleine oerwoud lag een beetje uitdagend tussen de kortgeknipte hagen en goed bijgehouden grasperken. Ze denken maar wat ze willen, zei ze vroeger al, op een dag springt hun hoofd aan gruzelementen. Op haar vijftien droeg ze hoge hakken en haar rokken korter dan enig ander en ze had de eerste doorkijkblouse, waarin haar borstjes kwaad tekeer gingen wanneer ze zich haastte. Ze haalde de stoerste jongens onderuit. Ze kon een hele tafel aan het lachen maken met twee woorden op het goede moment. Hij was nooit op een ander verliefd geweest. Hij was met zijn brommer de trappen van het oorlogsmonument opgereden en tegen de onbekende soldaat aangeknald omdat hij naar haar keek en niet naar de weg. Toch had hij nooit enige hoop gekoesterd met Helga te gaan, want ze was met Boy. Boy heette Willy Boeykens maar werd zo genoemd vanwege het Amerikaanse baseballshirt dat hij vaak droeg en waar dat woord voor en achter op geborduurd stond. Boy was UEFA-scholier bij Anderlecht. Hij dook en zwom als een rat. 's Zomers werd het stil rond het zwembad, wanneer hij op de hoogste toren klom en iedereen applaudisseerde als hij na lang wachten aan de andere kant van het zwembad opdook. Helga noemde hem dikkenek als hij zich daarna naast haar op het badlaken liet neervallen en dan tilde hij haar op als een bruid en gooide haar in het water en dook er achteraan. Meestal gingen ze dan onder water aan mekaars badpakken friemelen, dan draaide Droeven zich op zijn buik. Boy maakte het uit tijdens een concert van Jethro Tull. Droeven was zoals altijd in de buurt en zag hoe het fout ging. Ze stond bleek tegen de muur op haar lip te bijten en had een zenuwtrekje aan haar linkeroog. Ze zag of hoorde niets meer.

Hij liep op haar toe, nam haar bij de schouders en bracht haar naar buiten. Hij stelde voor iets te gaan drinken waar het rustig was en ze stemde toe. In het café staarde ze met trillende lippen in haar glas cola. Als ze wou huilen moest ze dat doen, had Droeven gezegd. Ze werd heel klein en begon wild te schokken. Hij had zijn stoel verschoven zodat ze niet meer voor het hele café zichtbaar was. Toen ze wat bekomen was, had hij haar naar huis gebracht en niks geprobeerd. Later had ze gezegd dat dat haar verwonderd had en nog later dat dat typisch hij was: een open kans laten liggen. Van dat voetbaltaaltje was ze nooit helemaal afgekomen. Ze waren elkaar blijven zien na die avond en het jaar nadien gingen ze allebei naar de universiteit. Hij stopte na een jaar. Zij maakte haar studies af. Het was hun mooiste jaar geweest.

Het tuinhek hing scheef zoals het hoorde, maar was tot zijn verbazing geolied. De stijlen van het hek droegen een smeedijzeren boogje waarrond zich een bruidssluier had gekronkeld. Boven op het boogje zat hoog op een staaf een windwijzer in de vorm van een vliegtuigje. Hij wist dat ze hertrouwd was met een piloot en het rondslingerende speelgoed wees op kindervreugd. Hij baande zich een weg tussen de overhellende bloemen en liep de tuin in. Achterin stond een wilg met twee banken en een tafel. Hij ging op de bank zitten vanwaar hij het huis goed kon zien. Het was een gewoon huis met een zadeldak en een later bijgebouwde keuken. Tegen de witte zijgevel had ze zonnebloemen gezaaid. Een eenvoudige bloem, zoals je ze tekent als je er nog geen gezien hebt, had ze hem vroeger onderwezen. Het enige wat ze van het leven wil is zon. Plots stond ze in de keuken en keek naar hem. Het zweet brak hem uit en hij hapte naar adem. Alles tolde in zijn hoofd en zijn buik zat vol melk. Hij staarde naar de vrouw in het keukenraam en hoorde zichzelf 'Sara' zeggen. Ze verdween uit het raam, verscheen in de keukendeur en kwam op hem toelopen.

'Droeven,' zei ze, 'gij moet dringend in bad.'

'Ik zie u graag.' Het viel door het gat van zijn mond uit zijn hoofd.

'Zal ik koffie zetten?' vroeg ze.

Hij knikte, maar meer om wat hij zonet gezegd had dan om de koffie. Ze liep van hem weg. Alweer. Hij haakte zijn blik vast in de zonnebloemen en kwam tot zichzelf. In de keuken sloeg het halve koffieservies tegen de vloer aan scherven. Hij stond op en liep naar het huis.

Ze leunde met het voorhoofd op de rand van de keukentafel. Haar handen hingen slap in haar schoot. Hij nam een stoel en ging tegenover haar zitten. Ze kwam recht en keek hem vermoeid aan. Leunde dan ver door naar achteren, keek naar het plafond en schudde het hoofd.

'Droeven, Droeven, Droeven,' zei ze, en schudde nog heviger. 'Ge brengt een leven mee dat ik niet meer hoef,' zei ze. Ze wiste haar tranen met de volle hand en herstelde zich.

'Om vier uur komen de kinderen van school en ik wil geen vragen. Ik wil dat ge weggaat.'

Ze staarde door het venster naar de bank onder de wilg waar hij gezeten had. Ze hoorde hem opstaan maar wendde haar blik niet af van het raam. Hij schoof de stoel onder de tafel en ging weg. Ze wachtte op het moment dat hij in het venster zou verschijnen en vroeg zich af wat ze zou doen. Wat zou hij doen? Kijken, niet kijken, kijken en toch niet kijken, blijven staan en dan doorlopen of terugkomen. Het duurde lang. Ze schoot recht en rende over de krijsende scherven naar de woonkamer. Hij stapte onder de bruidssluier door de straat op. Hij was om het huis heen gelopen.

Het hoekhuis dat ze samen betrokken toen ze studeerden, zonder medeweten van hun ouders, had twee kamers en een keuken. De slaapkamer had een venster dat uitgaf op de Zijpstraat, de woonkamer gaf uit op de Emile Duboisstraat. De deur zat pal op de hoek. 's Ochtends dronken ze koffie in de kleine achterkeuken en lazen samen de krant en vertelden mekaar wat ze lazen. Voor hij naar de les vertrok, deed hij eerst alsof hij haar wurgde, stak dan zijn tong in haar oor en zei met een donkere stem: *My name is Droeven en I love you.* Het galmde door haar hoofd en ze moest er elke dag om lachen. Elke dag van de week. En als ze in het weekend bij haar ouders aan het ontbijt zat, schoot ze in de lach omdat ze het hoorde. Wanneer hij de deur achter zich dichtsloeg, rende ze naar een van de voorkamers en als hij daar niet was naar de andere waar hij in het raam stond met zijn gezicht tegen de ruit aangedrukt. Met een neus als een varken en dikke natte lippen. Ze schaterde en deed hetzelfde en ze bleven staan tot het glas dat hen scheidde warm werd. Elke dag. Een spelletje. En dat het later ernstiger moest, daar had ze nooit problemen mee gehad, maar dat spelen niet meer mocht, verboden werd, dat had ze niet aanvaard. Dat zou ze nooit aanvaarden. Dat het plezier uit haar leven werd gebannen, dat ze schuldig zou zijn op elk moment van de dag, dat liet ze zich niet aandoen. Ik heet Helga en ik rook Belga. Dat antwoordde ze vroeger op de vraag wie ze was.

Ze vroeg zich af of hij met opzet om het huis heen gelopen was.

Nadat ze de meisjes in bed had gestopt, zat ze met de jongen over de atlas gebogen. Hij zat al in het eerste leerjaar en ze toonde hem de landen waar papa overheen vloog, noemde de hoofdsteden en vertelde over het land van bestemming. Dat was Japan. Kimono, eetstokjes, tempels, Fuji-yama en die dikke worstelaars, maar ze was er met haar hoofd niet bij. De jongen vroeg of er ook papa's van dat land hierheen vlogen en ze zei nee. En pas na een poos: jawel, natuurlijk. Boos op zichzelf omdat ze onzin uitkraamde. De jongen keek haar onderzoekend aan en ze zei dat ze moe was. Waarom, vroeg hij. Ze wist het niet. Misschien werd ze ziek, zei hij. Ja, misschien en ze gaf hem een overdreven lange nachtzoen. Hij was een bezorgde jongen. Veel stiller dan de meisjes. Soms wou ze hem wat speelser. Minder met alles begaan.

Ze moest weer aan Droeven denken. Die was altijd op zijn best geweest met zieken in de buurt. Die zou mensen hebben ziek gemaakt om ze te kunnen verzorgen. Een slappe vorm van leiding geven. Ze had het hem zo vaak verweten. Hij behandelde Sara zoals de dikke blauwe druiven in zijn winkel. Het kind werd willoos, slap, vaak ziek en flemerig. Ze had zich daar hevig tegen verzet en het kind had zich van haar afgekeerd. Ze had hem het stille genoegen verweten dat hij daarin schiep. Tegen hem gevloekt, hem zelfs geslagen. Tot Sara op een avond tijdens een heftige ruzie op de trap stond en droog had gevraagd of ze wou zwijgen zodat zij kon slapen. 's Anderendaags was ze weggegaan.

De jongen zei dat ze kamillethee moest drinken voor het slapengaan en ze ging huilen op toilet. Nadat ze hem in bed had gestopt ging ze in de keuken zitten.

Hij zat onder de wilg. Ze zag het rode puntje van zijn sigaret.

Hij was niet verbaasd toen ze naar buiten kwam. Soms lukt het leven. Helemaal. Hij had het zo bedacht. Hij zou een bad nemen thuis. Een fris hemd en zijn goeie pak aantrekken. Zijn rode trui met de grijze wafeltjes. Hij zou een dagschotel eten in het restaurant op het Mariënplein met een halfje rode wijn. De bus hierheen nemen en onder de wilg gaan zitten. En dan zou ze naar buiten komen. Soms zat je zo op het ritme van de feiten dat je het gevoel had greep op het leven te hebben.

Ze schoof naast hem op de bank, nam zijn hand, plukte de sigaret tussen zijn vingers uit, nam een trek en stak zijn vrije hand onder haar jurk tussen haar dijen. Zelfs zijn tenen werden heet. Hij zei het: 'Zelfs mijn tenen worden heet.' 'Met uw wintervoeten,' zei ze. Ze keken elkaar aan zonder te weten wat ze zagen. 'Je tong in mijn oor,' zei ze. Ze bood hem de zijkant van haar hoofd en sloot de ogen. Haar spottend lachen had kleine rimpeltjes achtergelaten rond de buitenste ooghoek. Hij likte haar oor. 'Zeg het.' 'My name is Droeven en I love you,' zei hij. Hij zat in haar hoofd.

Zijn hand aarzelde tussen haar dijen en ze hielp hem door haar benen wat te openen. Ze had geen slipje aan. Alles was hier voorbedachten rade.

'De piloot is niet genoeg.' Zijn lippen plakten en de piloot plofte kwetsend uit zijn mond.

'Nee,' zei ze. 'Ik wil het hele vliegtuig.' Ze lachte. Ingehouden, want ze dacht aan de kinderen. Ze gooide de peuk in het lange gras en keek naar het langzaam dovende rode puntje. Nog voor het helemaal uit was, legde ze haar hand in zijn kruis en schoof haar been over het zijne. Beklom hem, wurgde hem, vrat hem helemaal op. Ze rolden voor de bank in het natte gras en vrijden, koortsig, stil voor de kinderen. Ze lag hijgend boven op hem.

'Gij hebt dat niet meer gedaan sinds ik ben weggegaan,' zei ze en keek hem recht in de ogen.

'Ik ben één keer op weg gegaan naar de hoeren,' zei hij, 'maar onderweg vond ik het te stom om er geld voor uit te geven.'

'Dit is voor u geen geld waard?'

Hij sloot zijn ogen. Alles was zo absoluut onmogelijk geworden.

Ze had een piloot, een huis, haar oerwoud en kinderen.

'Hoeveel?' vroeg hij.

'Wat?'

'Kinderen.'

'Drie.'

'Vier dus,' zei hij.

'Nee,' zei ze, 'ik heb er drie, gij één.'

Ze was zo klein en ze woog zo zwaar. Zo zwaar als een piloot en drie kinderen.

'Ik moet gaan,' zei hij en maakte aanstalten haar van zich af te wentelen.

'Ja,' zei ze, 'de winkel moet morgen open.'

Hij sloeg haar hard in het gezicht. Ze schrok maar gaf geen kik.

'Droeven, Droeven, Droeven,' zei ze en liep naar het huis.

Hij krabbelde overeind. Het huis bleef donker. Hij zocht tussen de natte struiken zijn weg naar het hek. Op straat draaide hij zich om. Het huis was dood. Hij vloekte, haalde een briefje van duizend uit zijn portefeuille en stopte het in de brievenbus naast het hek.

Ze zegt: 'Papa, ik heb bij Anton een film gezien van Lady en de Vagehond.' Ik zeg: 'Niet VageHond, maar VageBond. Een vagebond is een zwerver. Het hondje heeft geen eigen huis en zoekt elke avond een ander plekje om te slapen. Een zwerver. Zo noemen we dat. Een vageBond. Lady en de Vagebond.' Ze verdraagt het steeds moeilijker dat ik haar verbeter en ze houdt er al helemaal niet van als ik zolang aan het woord blijf. Om de halve zin probeert ze in te breken, probeert ze zélf aan het woord te komen. Dan wiegt ze haar kopje ongeduldig heen en weer en zegt op een zeurderig toontje: 'Maar papaaa...! Papa luister daaaan...! Maar papaaa... alstubliiiiiiiiiieft...!' Ik doe alsof ik nu pas merk dat ze wat wil zeggen, buig mij naar haar toe en zeg treiterend: 'Ja, wil mijn kleine meisje ook graag wat zeggen?' 'Maar papa,' zegt ze streng, 'in het begin is hij een VageBond, dat is waar, maar op het einde trouwt hij met Lady en dan heeft hij wél een huisje, dan is hij geen zwerver meer, dan is hij geen VageBond meer, maar een VageHond. Ah ja, want dan is hij getrouwd met Lady, dan is hij toch een VageHond!'

Ze haalt het steeds vaker.

SCHIJNHUWELIJK

Ik wil bij deze melden dat mijn eigen schijnhuwelijk nu al zestien jaren lang redelijk goed standhoudt. Wij vervloeken mekaar wel eens in de respectieve moedertalen, maar omdat de betekenis van wat we mekaar naar het hoofd slingeren ons doorgaans wederzijds ontgaat, heeft ons gescheld meer iets van wereldmuziek. Aan tafel wisselen wij stoverij af met sushi, en de vrolijk ratelende bastaard die aan deze gearrangeerde gemeenschap is ontsproten, slaat zowel het ene als het andere neuriënd naar binnen. Ons hoor je niet klagen. Terwijl het ooit toch kantje boordje is geweest. Wij dachten toentertijd niet aan trouwen, moet u weten. Wij zagen daar het nut niet van in. Wij hadden allebei onze eigen bezigheden en de tijd die we vrij hadden brachten wij samen door. Wij bewoonden hetzelfde huis, aten aan dezelfde tafel, sliepen in hetzelfde bed, namen af en toe samen een bad en openden allebei braaf het raampje als we naar het toilet waren geweest. Wij probeerden het leven zo aangenaam mogelijk te maken voor onszelf en voor elkaar, en konden niks bedenken wat daar door een huwelijk aan kon worden toegevoegd. 'De wet Gol', als ik het me allemaal nog goed herinner, verplichtte mijn vrouw (ik noemde ze toen al 'mijn vrouw') plots, elk jaar terug naar Japan te reizen om vandaaruit beleefd te vragen of ze mocht terugkomen om hier te werken en belasting te betalen. Een retourtje Japan was toen twee keer zo duur als nu (we mochten nog niet over Rusland vliegen, we moesten over de noordpool) en het papierwerk was slopend. Rosas, het dansgezelschap waarvan ze deel uitmaakte, trad steeds vaker op in het buitenland en Fumiyo mocht dan, na veel gedoe, wel een werkvergunning verkregen hebben voor België, die was niet altijd geldig in het buitenland. Moeilijk. Het leven werd moeilijk en daar zijn wij tégen. Plots was er dus een grondige reden om te trouwen. Fumiyo zou door het huwelijk Belgische worden en alles was opgelost. Wij dronken een fles wijn om in de stemming te komen, ik gooide mij aan haar voeten en deed een aanzoek. 'Ja,' zei ze. Het moet zo ongeveer zeven op de schaal van Richter geweest zijn. Wij woonden in de Masuistraat, grondgebied Laken, en togen, nadat wij van de schrik waren bekomen, naar het Bockstaelplein. Zij was tweeëntwintig en zag er zestien uit, ik was tweeëndertig en zag er veertig uit. Ik zeg dit omdat ik wel enig begrip kon opbrengen voor de starende blikken van de ambtenaren bij onze blijde intrede. Dutroux lag toen nog ver in het verschiet, maar toch, wij waren geen doordeweekse combinatie, dat besefte ik toen ook wel. Maar het staren bleef duren. Wij werden er zenuwachtig van. Ze keken mekaar aan met spottende mondjes. Ze stelden strikvraagjes vanachter hun schrijfmachines, zonder ons aan te kijken. Het was tamelijk vernederend allemaal. Ze geloofden ons niet. Maar wat viel er in godsnaam te geloven? Wij wilden trouwen, punt. Geloofden ze niet in onze liefde? Ik moet zeggen dat ik daar zélf ook altijd voorzichtig mee geweest ben. Het is zo een groot woord. Er wordt zoveel mee bedoeld. (Er bestaat ook dierenliefde, maar een mens trouwt toch niet met zijn hond?) Het zal wel. Zij waren waarschijnlijk allemaal uit liefde getrouwd, maar wij waren daar eerlijk gezegd niet mee bezig. Wij zagen mekaar graag, dat wel, al drie jaar lang. Wij waren graag samen. Wij zagen mekaars werk graag en nog zo van alles, maar trouwen wilden wij doen om ons leven gemakkelijker te maken. Was dat een probleem? Ze bleven ons pesten. Fumiyo haalde een groot papier boven, waarop in sierlijke Japanse tekens haar hele stamboom stond uitgetekend. Ze zeiden dat ze het niet konden lezen. Ik stelde hen gerust, vertelde hen dat het Japans was, een taal die in Japan gesproken en geschreven wordt, dat mijn vrouw het wél kon lezen, maar enkel en alleen omdat ze daar geboren was, omdat ze Japanse was, dat ze dus niet moesten denken dat ze dom waren of zo. Ze zeiden dat het allemaal moest vertaald worden, en wel door een beëdigde vertaler, en ze voegden eraan toe dat dat wel wat geld zou gaan kosten. Ze wilden niet dat we trouwden. Wij wilden het des te meer. Wij wilden koste wat het kost trouwen. Wij waren nog nooit zo samen geweest. Bij de Japanse ambassade heeft een vriendelijke mevrouw, in de Franse taal en op voornaam ambassadepapier, verklaard dat Fumiyo Ikeda in Fukui is geboren op 23 september 1962, als dochter van zus en zo en si en la, met een zwierige handtekening daaronder en ik heb aangedrongen op veel stempels, zo veel mogelijk stempels. Want als ik iets van mijn reizen heb geleerd, dan is het dat mensen die zélf stempels slaan, dol zijn op stempels. Het ontzag groeit met het aantal. Hun eigen stempel wordt er als het ware door opgewaardeerd. Toen we terug in Laken kwamen was het nog niet goed. Ik zei dat ze de Japanse ambassade toch maar beter ernstig konden nemen, maar het gezeur bleef aanhouden. Toen heb ik de stoel waarop ik zat door het kantoor geslingerd en een oerkreet geslaakt, zoals ik dat tijdens mijn toneelopleiding heb geleerd (met naar binnen klappend middenrif). Het werkte. Ze hebben mij gekalmeerd en gezegd dat het allemaal wel goed zou komen. Ze hebben gelijk gehad. Wij zijn getrouwd. Een fijn schijnhuwelijk. Wij zouden er geen ander gewild hebben. Ik vind, je kan het maar beter op voorhand weten, velen komen er pas later achter dat hun huwelijk een schijnhuwelijk was.

NOTITIES

100.

Het liefst blijf ik thuis. Ik zal het anders zeggen: als het is om
niks te doen, dan blijf ik liever thuis. Daar is namelijk alles
voorhanden om uitgebreid niks te doen. En in de maanden juli
en augustus word ik daarbij prima geholpen door mijn mede-
mensen, die allemaal ergens heen zijn en dus niet phonen of
faxen of mailen of mij anderszins afhouden van wat ik hier
op aarde misschien wel het allerliefste doe: niksen. Ach, ik
scheer wel eens een haag of ik maai wat gras, maar dat zijn
van die dingen die bij 'niks doen' horen. (Ik kan, als ik er geen
zin meer in heb, zo'n haag met een gerust geweten halfge-
schoren achterlaten).
    Wat is niksen? Ik zou het kunnen omschrijven als: daden
stellen die in geen enkel opzicht het levensbelang dienen en
als dusdanig op eender welk moment kunnen worden onderbroken, om een andere daad te stellen, die alweer in geen enkel
opzicht het levensbelang dient. Bijvoorbeeld: naar de stad rijden om verse koriander. De hoek opmeten waar de open haard
later moet komen. Een dode duif begraven in de tuin. Een boek
zoeken. Naar de draaiende wastrommel kijken. Een zin zoeken in een boek. Midden op de trap gaan zitten en kijken hoe
het huis er vandaar uitziet. Een half raam wassen. Over de
tuinmuur praten met de buren. Een post zoeken op de radio.
Een tekening maken van 'hoe de keuken later moet worden'.
Een dode vlieg van de muur krabben. Het bad zien vollopen.
Een liedje van de Beatles zingen in het Nederlands... Er valt
ongelooflijk veel en aangenaam te niksen.
    Een van de toppers is naar de Ronde van Frankrijk kijken.
Dat heeft te maken met de tegenstelling. De Ronde zal wel
een van de zwaarste aanslagen zijn die een mens op zijn eigen vege lijf kan plegen. Daar, languit in een zetel, naar liggen kijken... Het is de natte droom van de nikser. Dáár, voor
je ogen, wordt geleden en je krijgt uitleg bij de pijn. Een aan-
rader is: een tijdlang liggen staren naar de pancarte die de

Ronde aankondigt en je dan laten verrassen door de eerste beelden, door de verse stemmen van de commentatoren. Vroeger was dat Mark Vanlombeek. Die zat naast je, die keek met je mee naar de koers en gaf tussendoor wat uitleg over het landschap en de plaatselijke culinaria. Meestal zat er dan een 'specialist' bij, die je in zijn dialect vertelde wat er in de hoofden van de renners omging en tussendoor zijn eigen heldendaden in herinnering bracht. Af en toe werd er overgeschakeld naar Michel op de motor. Michel zat niet naast je, die keek niet met je mee, die zat midden in de koers. Die hoorde bij de renners, bij het lijden. Als Michel een vers 'uit de kuiten geschudde demarrage' rechtstreeks versloeg, was het alsof hij zélf ontsnapt was. Ik vond dat een zeer aangename combinatie.

Sinds Mark Vanlombeek aan het volk moet uitleggen waarom Roland Lommé een miljoenen schadevergoeding eist van VTM, heeft Michel zijn plaats bij de aankomst ingenomen en zit Mark Uytterhoeven naast hem. Ik weet wel, de tijden veranderen en zo, maar het minste wat ik kan zeggen is dat het wennen is. Het is mij allemaal wat te actief geworden. Ze zitten niet, zoals Vanlombeek destijds, gezellig naast je in de zetel mee naar de koers te kijken. Ze hebben allebei een kennis van de wielersport die aan het ongelooflijke grenst. Ze kennen verleden, heden en toekomst van elke renner, verzorger of sportdirecteur. Ze kennen het parcours op hun duimpje. Elke bocht naar links of rechts, elke vluchtheuvel, elk barstje in het asfalt is geregistreerd. Ze hebben weet van alle nieuwigheden, van het allerlaatste snufje, van de kleinste evolutie op het vlak van de techniek. Ze doorzien de sluwste tactieken. Ze rijden zélf. Het zijn professoren in de 'velologie'. Maar het is dus nooit meer stil. Soms lijkt het wel of ze alle twee op de motor zitten. Zelden zie je nog een stom beeld van lijdende renners. Er valt altijd wel iets over te zeggen. Bovendien heeft Uytterhoeven de zware taak op zich genomen 'de lichtheid' in deze wereld te brengen (af en toe raakt hij daarvan zo uitgeput dat hij zich voor een tijdje in zijn stulp in Frankrijk moet terugtrekken) en als er tijdens de rit weinig gebeurt, kan dat wel eens gaan vervelen. En laten we wel wezen: verveling is des Niksens vijand.

101

Brugge-Brussel door de regen, bij valavond. Ik zoek wat op de radio, iets dat bij al dat water past. Het regent hard en mijn radio is er nog zo één die niet zélf zoekt, ik moet een beetje uitkijken. Zo nu en dan draai ik wat aan de knop en hoop maar dat ik ergens terechtkom. Kraken, fluiten, piepen en dan muziek die ik herken, maar ik weet niet van waar of hoe. Wat rondtollende percussie en daarbovenuit een opstandige saxofoon. Een betwetertje. Een haantje. Borst vooruit. Shepp. Archie Shepp met Jasper van 't Hof. 'But I'll tell you Mama Rose, we are the victims...' Hij zingt zoals hij op zijn sax blaast. Soms weemoedig slepend en dan weer boos uithalen. Het is een gedicht van hemzelf over zijn grootmoeder, die hem opvoedde in Fort Lauderdale in Florida. 'Mama Rooooose! Never again, never again, never, never, never agaaaaiiiiin!' Hij past perfect bij de weersomstandigheden. Het getokkel van Jasper van 't Hof is als een golf die je van heel ver ziet aankomen, die zich voor je voeten op het strand stort en zich dan terugtrekt. Al dat water. Ik heb Archie Shepp ooit ontmoet. Voor de film *Just Friends* van Marc-Henri Wajnberg werd mij gevraagd de rol van 'een begaafde saxofonist' te spelen. Shepp speelde in werkelijkheid de noten die op het scherm uit mijn toeter kwamen. De muziek werd opgenomen voor we met het draaien van de film begonnen. Ik had lessen genomen om de vingerzetting toch min of meer onder de knie te krijgen. Ik had ademhalingstechnieken geoefend, optredens van verscheidene saxofonisten bestudeerd. En toen kwam hij. Shepp. Ik was uitgenodigd bij de opnamen. Wij schudden elkaar de hand. Hij noemde me 'Josh'. Marc-Henri vroeg hem *Besa me mucho* te spelen, maar verveeld, 'bored'. Want, legde de regisseur hem uit, mijn personage in de film speelt dat nummer in een tearoom, voor een publiek van taartjes etende ouderlingen. 'Bored' dus. Shepp wendde zich wel een volle minuut af, draaide zich dan weer naar ons toe en zei: 'Man, Marc-Henri, I can't do that, man! I mean, it's a nice tune, man! I cannot play that bored! It's a damn nice tune man!' En hij speelde *Besa me mucho* zoals ik het nog nooit gehoord had. Ik kende het vooral van de 'kuskesdans' op de volksbals vroeger, maar dit was wat anders, dit was 'a damn nice tune'. Hij praatte, fluisterde, schreeuwde, hoestte, gorgelde, spuwde in zijn 'horn' alsof zijn leven ervan afhing. Ik was ontdaan. Ik werd ziek. Echt waar. Ik moest weg, naar huis. Niemand zou ooit geloven dat ik die muziek speelde. Een rol is altijd min of meer een leugen, maar de basis van een personage moet wel blijven kloppen met jezelf. Hier was de basis 'een begaafde saxofonist', dat was ik niet. Ik was niet eens een saxofonist. Niet eens een fonist! Op de koop toe zou ik tijdens de meeste scènes de saxofoon in mijn handen houden. De leugen in haar meest concrete gedaante. Het instrument zou er mij voortdurend aan herinneren dat het niet waar was. Dat ik maar deed alsof. En dat is fnuikend voor een speler. Je moet op zijn minst toch zélf kunnen geloven dat het waar is. Als je het zelf al niet kan, hoe zouden andere mensen dat dan moeten doen? Ik sliep slecht. Over een week zouden de opnamen beginnen en het liefst had ik een slager gespeeld, zo een die niks zegt en alleen maar in vlees staat te hakken. Shepp belde. Hij wou wat gaan eten. Tijdens de maaltijd vertelde hij me hoe hij ooit als jongen op Coltrane was toegestapt. Hoe hij had gevraagd of hij les kon krijgen en dat Coltrane hem had gezegd 's anderendaags om elf uur bij hem thuis te komen. Hij, Shepp, had stipt op tijd aangebeld. Een vrouw had opengemaakt en hem gezegd te wachten. Hij had gewacht. Uren. Eindelijk was Coltrane in boxershorts naar beneden gekomen. Hij had zijn 'horn' gepakt en daarop een kleine twintig minuten geïmproviseerd en vervolgens aan het jongetje Shepp gevraagd: 'Can you do that?' De ouwe Shepp lachte na het verhaal zijn witte tanden bloot en keek mij met rollende ogen aan. 'You can do it Josh. You can play that horn. If fucking De Niro can do it... why shouldn't you?' Later, veel later, toen de film klaar was en hij hem te zien kreeg, belde hij me en riep in de hoorn: 'Man, Josh, the way you play that horn, man!... It is wonder, man!'

VERANTWOORDING

INSPIRATIE, STIL ZITTEN, HANA,BOKEN, NOTITIES, LAAT
BOONTJE, CAYENNEPEPER, BELLE VUE, EILAND, CUT!, DIOXINE,
RADEIS, GENOT, CHICAGO, IMAGO en SCHIJNHUWELIJK
verschenen eerder in de *Standaard der Letteren* onder de
hoofding 1001 NOTITIES. Ze werden hier en daar aangepast
in functie van het boek.

WARD COMBLEZ (He do the life in different voices) werd
geschreven en gecreëerd in opdracht van het Kaaitheater en
ging in première op 23 februari 1989 met Josse De Pauw, in
een regie van Peter van Kraaij.

HET KIND VAN DE SMID werd geschreven en gecreëerd in
opdracht van het Kaaitheater en ging in première op 18
december 1990 , met Josse De Pauw, Willy Thomas, Frank
Vercruyssen en José Verheire, in een regie van Peter van
Kraaij, die ook meeschreef aan de tekst.

JAPANS DAGBOEK (1) werd gepubliceerd in *Humo* op 28 mei
en 4 juni 1992.

WEG werd geschreven en gecreëerd in opdracht van het
Kaaitheater. De muziek werd gecomponeerd door Peter
Vermeersch. Het stuk ging in première op 9 juni 1998 met
Josse De Pauw, Peter Vermeersch en Pierre Vervloesem.
    De aria *Casta Diva* komt uit *Norma* van Bellini; *La nuit
n'enfinit plus* is een bewerking van *Needles and Pins* van
Nitsch-Bono-Plant.

DE WAARHEID werd uitgesproken bij de voorstelling van het
boek *Bravo, Bravo!* van Benoît, op zondag 13 februari 2000
in het SMAK in Gent.

JAPANS DAGBOEK (2) werd eerder gepubliceerd in NWT juni
1996.

ZETELKAT werd geschreven in opdracht van het theater-gezelschap Luxemburg en ging in première op 30 januari 1999 met Tinne Reymer, Dimitri Leue en Wouter Hendrickx in een samenwerking met Hilde Hebbinckuys, Griet Op de Beeck en Arlette Van Overvelt.

ALICANTE, SPAIN 1933 werd geschreven bij een foto van Henri Cartier-Bresson, in opdracht van De Tijd en maakte deel uit *Zien Kijken*, een tentoonstelling opgebouwd rond foto's van Cartier-Bresson. De voorstelling ging in première op 8 februari 2000, met Dirk Buyse, Johan Van Assche, Wim van der Grijn, Lucas Vandervost en Hilde Wils.

LARF werd geschreven en gecreëerd in opdracht van Victoria. De muziek werd gecomponeerd door Peter Vermeersch. Het stuk ging in première in de Vooruit op 4 mei 2000, met Josse De Pauw, Tom Jansen, Dirk Roofthooft, Koenraad Tinel, Roland Van Campenhout, Peter Vermeersch en Flat Earth Society, in een regie van Josse De Pauw.

DROEVEN werd nooit eerder gepubliceerd

VERANTWOORDING ILLUSTRATIES

Foto voorplat Phile Deprez
p 22 inkttekening Koenraad Tinel
p 60 inkttekening Koenraad Tinel
p 88 foto Sado, Brussel
p 117 foto, onbekend
p 180 inkttekening Koenraad Tinel
p 212 *De Kat*, Benoît, riet op papier, uit *Brava!Bravo!*,
Uitgeverij Jef Meert, 2000
p. 258 inkttekening Koenraad Tinel
p. 288, *Alicante Spain 1933*, foto Henri Cartier-Bresson
p. 358 inkttekening Koenraad Tinel
p. 411 foto Jérome De Perlinghi

Met dank aan

INHOUD

Inspiratie	7
Stil Zitten	8
Hana (1)	11
Boken (1)	12
Notities	14
Hana (2)	21
Ward Comblez	23
Notities	41
Boken (2)	48
Notities	50
Laat Boontje	54
Hana (3)	55
Notities	57
Het Kind Van De Smid	61
Noten	118
Notities	119
Boken (3)	124
Hana (4)	125
Notities	127
Japans Dagboek (1)	132
Notities	153
Cayennepeper	156
Hana (5)	162
Notities	163
Belle Vue	167
Notities	171
Weg	181
Notities	205
De Waarheid	213
Hana (6)	217
Notities	218
Japans Dagboek (2)	221
Notities	241
Eiland	245
Notities	250
Hana (7)	257
Zetelkat	259

Notities	284
Hana (8)	287
Alicante, Spain 1933	289
Notities	295
Cut!	300
Boken (4)	306
Hana (9)	308
Dioxine	309
Notities	315
Radeis	318
Hana (10)	322
Notities	323
Genot	328
Hana (11)	332
Boken (5)	333
Notities	338
Hana (12)	340
Notities	342
Hana (13)	347
Chicago	349
Hana (14)	354
Imago	355
Larf	359
Notities	375
Droeven	378
Hana (15)	397
Schijnhuwelijk	398
Notities	401
Verantwoording	407
Verantwoording illustraties	409